# Der Mörder läßt grüßen, Sir

Alfred Hitchcock

# Der Mörder läßt grüßen, Sir

Scherz

Sonderausgabe der unter dem Titel
«Alle meine Schreckensstunden» 1972 erschienenen Erstausgabe
Gesamtdeutsche Rechte beim Scherz Verlag, Bern · München · Wien

Schutzumschlag von Graupner & Partner

# *Inhalt*

# *Vorwort*

Lieber Leser!

Im Vorwort zu meinen früheren Büchern habe ich Ihnen oft einleitend einen «Guten Abend» gewünscht. Diesmal kann ich das nicht mit reinem Gewissen. Ich fürchte, diese Begrüßung stimmt nicht mehr.

Denn die Geschichten, die ich in diesem Band zusammengestellt habe, müssen Ihnen einen schrecklichen Abend bereiten. Vielleicht sogar eine schreckliche Nacht. Natürlich will ich nicht behaupten, daß Ihnen die von mir ausgesuchten Stories nicht gefallen: Sie werden nur einfach nicht einschlafen können. Köstliche Alpträume werden Ihre Nacht begleiten.

Köstliche Alpträume? Sicher glauben Sie, das ist ein Paradox. Da muß ich Ihnen widersprechen. Eine ganze Armee von Leuten schwelgt in diesem Alp-Gefühl und genießt es. Ich weiß Bescheid. Nicht umsonst war ich jahrelang Regisseur für makabre Vergnügen. Es hat mir Spaß gemacht.

Natürlich kann man eine ähnlich schreckliche Nacht auch mit Hilfe anderer Mittel durchleben: mit fetten Würsten, Eis und Torte, die man kurz vor dem Schlafengehen verschlingt. Vielleicht denken Sie, so wie ich aussehe, bin ich ein heimlicher Anhänger dieser Methode. Dazu gebe ich keinen Kommentar. Ein köstlicher Alptraum dieser Art dauert nur so lange, wie Sie ihn auf der Zunge spüren. Was danach kommt, ist fürchterlich und alles andere als köstlich.

Die Stories in diesem Band wirken nicht so. Zwar bleiben Sie wach. Sie kriegen Angst. Sie zittern. Aber Sie werden sich immer voller Vergnügen daran erinnern.

Ob Sie nun an den Typ denken, der sich in seiner Gerissenheit selbst einmauerte. Oder an den Mann, der zufällig seine Minikamera in der Brusttasche hatte, als der Mörder kam. Ob

Sie an den Jungen denken, der die tote Miss Finch in ein Abflußrohr zog, weil alle Leute behaupteten, sie sei nicht tot. Oder an den angeschossenen Zeugen, der seinen Todfeind erledigte, bevor er im Zeugenstuhl zusammenbrach: Sie leben mit diesen Geschichten, und Sie schlafen mit Ihnen – nicht ein.

Wissenschaftler behaupten, wir stammen von irgendwelchen raubgierigen Ungeheuern ab. Und manche Wissenschaftler sagen auch, daß wir unsere primitiven Instinkte auf zivilisierte Weise abreagieren müssen, um nicht im Gefängnis zu landen (Und wer wollte das schon?).

Meiner Meinung nach ist Lesen in diesem Sinn die beste Lösung. Und hier wieder das Lesen von Krimis und Kriminalgeschichten. Sollten Sie anderer Meinung sein, lassen Sie sich von Ihrer Frau zum Hochzeitstag ein Wanderbuch schenken.

Also: Wenn Sie knisternde Aufregung genießen können und köstliche Alpträume lieben – versperren Sie die Tür, schließen Sie die Fenster, blättern Sie um, fangen Sie an zu lesen ...

Ihr

# *Kein gewöhnlicher Montag*

*Charlotte Armstrong*

Mrs. Sarah Brady erwachte im Hause ihres Neffen Jeff im Gästezimmer, und einen Augenblick lang freute sie sich ganz einfach auf das saubere, unbeschriebene Blatt des neuen Tages. Aber dann fand sie die Verbindung zur Vergangenheit und Zukunft. Ach ja. Ihre Schwester Alice war am Montag gestorben und Mittwoch beerdigt worden. Heute war Samstag, und ihre Tochter Del würde abends kommen und sie morgen mit nach Hause nehmen.

Nun, da sie wußte, wo sie war, schickte Mrs. Brady ein Stoßgebet zum Himmel und stellte ihre mageren alten Füße auf den Boden.

Im Hause war es sehr still. Seit Tagen war das schon so; jeder bewegte sich langsam mit leiser Melancholie, gemildert durch gegenseitige Rücksichtnahme. Mrs. Brady hatte das Gefühl, als ob ihre Abreise der Auftakt zu einer Besserung der Stimmung sein würde. Und dieser Gedanke gefiel ihr nicht besonders.

Sie trottete ins Gästebadezimmer, um sich zu waschen und fachmännisch ihren Gesundheitszustand zu begutachten. Mrs. Brady hatte ein schwaches Herz, aber sie lebte schon lange damit und kam ganz gut zurecht. Sie versuchte immer noch, so wenig Medikamente wie möglich zu nehmen. Daher öffnete sie das Medikamentenschränkchen und betrachtete das Fläschchen mit ihren Tabletten, rührte es jedoch nicht an.

Nein, dachte sie, eigentlich war es besser, ohne Tablette den Vormittag durchzuhalten – zumindest, um zu sehen, wie sie sich dabei fühlte. Sie zog sich rasch an und machte sich auf den Weg in die Halle.

Es würde ein herrlicher Sommertag werden, was das Wetter betraf.

Die Tür zum riesigen vorderen Schlafzimmer stand weit offen, und das leere, ordentlich gemachte Bett ihrer Schwester erinnerte sie daran, daß die arme Alice tot war. Mrs. Brady prüfte den leisen Schock, den sie wie immer bei diesem Gedanken verspürte. Er war nicht eigentlich schwächer geworden, aber er war jetzt von anderer Art. Er schien sich vom Gefühl in ihren Verstand verschoben zu haben. Ja, sie war jetzt fähig, die Bedeutung vom Verfall der Materie, dem Verlust einer Gegenwart, dem Vergehen einer Kraft mit dem Verstand zu erfassen.

Mrs. Brady merkte, daß sie leicht die Stirn runzelte, als sie die Treppe weiter hinunterstieg und durch die Halle nach hinten ins Frühstückszimmer ging.

Heute war sie den letzten Tag hier. War es auch ihre letzte Chance? Hatte Sie Grund dazu, verletzt zu sein, oder wie immer sie das unbehagliche Gefühl nennen sollte, das sie empfand?

Henny, Köchin, Haushälterin und Mädchen für alles, erschien sofort mit ihrem Orangensaft. Sie war eine große, grobknochige Frau mittleren Alters mit einem goldenen Kreuz auf der Brust. In ihren Augen lag noch immer ein trauriger, wachsamer Ausdruck. Sie hatte sich seit Alices Tod sehr zusammennehmen müssen, zu sehr.

Henny war dazu übergegangen, sehr behutsam mit Mrs. Brady umzugehen und sie zu behandeln, als ob *sie* eine Kranke sei. Mrs. Brady und Henny waren schon seit vielen Jahren gute Freunde. Zwischen den beiden hatte sich eine Art burschikose Vertrautheit entwickelt, zu der es gehörte, daß Henny so tat, als ob Mrs. Bradys Anwesenheit eine große Last für sie sei und sie sie jedesmal, wenn sie zu Besuch da war, am liebsten wieder weggewünscht hätte.

Vielleicht war der gewohnte Ton im Augenblick nicht sehr taktvoll. Aber die ständige Fürsorglichkeit, mit der man sie umgab, ärgerte Mrs. Brady, die nie darum gebeten hatte und der sie jetzt ganz besonders mißfiel.

Als Henny ihr die Eier brachte, sagte Mrs. Brady: «Man kann sich nur schwer daran gewöhnen, daß Alice nicht mehr in ihrem Zimmer ist. Sie ist so lange da oben gewesen. Wann ist sie eigentlich das letzte Mal heruntergekommen und irgendwo hingegangen?»

«Ich weiß es nicht mehr, Miss Sarah.» Henny versuchte offensichtlich, ihr auszuweichen.

«Stimmt es, daß Sie sie zum letzten Mal am Montag nach dem Lunch sahen?»

«Ja, Ma'am», sagte Henny unglücklich.

«Ich nämlich auch. Karen fand, wir sollten ihr nicht sagen, daß wir in die Stadt fahren wollten. Ich habe nicht mal mehr mit ihr gesprochen.»

«Nein, nein, Sie sollten sich deswegen keine Vorwürfe machen. Schließlich haben Sie den ganzen Vormittag bei ihr verbracht.» Henny schien sie beschwichtigen zu wollen, was so gar nicht zu ihrer sonstigen Art paßte. «Sie konnten es ja nicht wissen. Miss Del wird zum Dinner hier sein, nehme ich an?»

«Ja. Henny ...?»

«Ihre Eier werden kalt, Miss Sarah.»

«Henny», wiederholte Mrs. Brady unerbittlich. «Gibt es irgend etwas, das man mir verschweigt?»

Henny sah sie erschrocken an. Sie rollte die Augen, und ihre Hände umklammerten das goldene Kreuz. «Ich weiß nicht, was Sie meinen. Ich will nur einfach nicht darüber sprechen, und ich finde, Sie sollten es auch nicht tun.»

«Warum, um alles in der Welt, soll ich nicht darüber sprechen?»

«Ich finde ... das Leben geht eben weiter», murmelte Henny. «Und wozu soll es gut sein, wenn man darüber spricht? Die Arme! Ich meine ... sie ist jetzt sicher besser dran.»

Henny sah zu Boden und stürzte durch die Schwingtür in die Küche.

Mrs. Brady begann, ihre Eier zu essen, und dachte dabei über den Widerspruch zwischen dem goldenen Kreuz und der Angst vor dem Tod nach – falls es das war, was Henny loswerden wollte, indem sie tot sein als «besser dran sein» bezeichnete.

Nun, Mrs. Brady selbst war nicht begeistert von dem Gedanken, sterben zu müssen, aber sie akzeptierte die Tatsache, daß es unvermeidlich war. Ihrer Meinung nach war es eine Anmaßung zu sagen, die arme Alice sei besser dran. Vielleicht war es so, vielleicht aber auch nicht.

Vielleicht fühlte Henny sich schuldig, weil sie an jenem anscheinend völlig normalen Nachmittag in ihr Zimmer im zweiten Stock hinaufgegangen war, um wie gewöhnlich ihr kleines Schläfchen zu machen, und nicht mal symbolisch dem Engel des Todes Widerstand geleistet hatte, indem sie vor der Gefahr auf der Hut gewesen war.

Niemand hatte damit gerechnet, daß Alice sterben würde. Nicht am Montag.

Der Schock? Vielleicht leide ich immer noch unter dem Schock, dachte sie, aber sie glaubte es nicht.

Bobby Conley schlenderte herein.

«Guten Morgen», sagte seine Großtante. «Keine Schule heute?»

«Nein», sagte Bobby, indem er sich in seiner jungenhaften Art auf seinen Stuhl schwang, was mehr einer schwierigen sportlichen Übung als einem einfachen Hinsetzen glich. «Aber ich klemm' mich am besten gleich hinter die Bücher.»

Bobby war zwanzig und ging aufs College. Im Augenblick nahm er an Sommerkursen in der Stadt teil.

«Del kommt heute und holt mich ab», sagte Mrs. Brady.

Bobby grunzte, daß er das wisse. Henny kam mit seinem Saft und einem Berg Toast herein. Mrs. Brady goß ihm Kaffee ein.

«Was hältst du davon, daß deine Eltern in Deutschland und Frankreich leben wollen?» fragte sie ihn.

«Das ist okay», sagte Bobby. «Ich werde ja sowieso im College sein.»

«Und Suzanne wieder im Internat. Du wirst also auf sie aufpassen können.»

Bobby warf ihr einen Blick zu, als wollte er sagen, wie altmodisch es war, zu denken, daß irgend jemand auf irgend jemand aufpassen sollte. «Ja, sicher», sagte er duldsam.

Seine Schwester Suzanne stürmte herein. Sie sah mit den riesigen Lockenwicklern rund um ihr kleines Gesicht gespenstisch aus. «Ich will nichts essen, Henny. Ich faste.»

Mrs. Brady warf einen verstohlenen Blick auf ihre bloße Taille zwischen den beiden Stückchen Stoff, die ihr so winzig schienen, daß sie glaubte, eine stärkere Brise könnte sie davonblasen. Aber sie sagte nichts. Sie hatte keinen wirklichen Kontakt zu diesen jungen Leuten. Sie schienen sie gern gemocht zu haben, als sie noch kleiner gewesen waren, doch jetzt war sogar Susie mit ihren fünfzehn Jahren ihr entwachsen. Sie gingen ihre eigenen Wege, und natürlich sollten sie das auch. Mrs. Brady fand, daß sie es besser hatten als ihr Vater in seiner Jugend.

Sarah Brady hatte sich für ihren Neffen Jeffrey immer irgendwie verantwortlich gefühlt, weil sie besser als jeder andere wußte, mit welcher Belastung er durchs Leben ging. Die arme Alice hatte geglaubt, schön zu sein sei alles, was der liebe Gott von ihr verlangte, und daß sie schon mit Anfang Dreißig Witwe war, könne nur auf irgendeinem lächerlichen Irrtum beruhen. Das konnte ihr doch nicht passieren! Die arme Alice, die keine eigenen Interessen besaß, jedoch über eine Menge Geld verfügte, hatte bei dem einzigen Zeitvertreib Zuflucht gesucht, der ihr verlockend erschien: Sie hatte sich eine schwache Gesundheit zugelegt.

Sarah verstand das, soweit es da etwas zu verstehen gab. Alice war der goldhaarige Liebling gewesen, das verhätschelte Schoßkind, während sie selbst, die drei Jahre jüngere Sarah, die «Intelligente» war. Und die Glücklichere, dachte Mrs. Brady. Vielleicht war es besser, Glück zu haben, als gut auszusehen. Sie lächelte vor sich hin und seufzte.

Alices einziges Kind, Jeffrey, hatte sein ganzes Leben lang unter der Fuchtel seiner Mutter gestanden. Aber Jeffreys Kinder schien die arme Alice, ob lebendig oder tot, wenig zu bekümmern.

«Du warst am Montag den ganzen Tag am Strand, Susie», sagte Mrs. Brady nachdenklich. «Aber du, Bobby, bist zum Mittagessen nach Hause gekommen und hast anschließend in deinem Zimmer gelernt, das gegenüber dem deiner Großmutter liegt.»

Sie sahen sich an wie zwei Eulen.

«Ich habe sie nicht gestört», sagte Bobby kauend.

Es war Henny gewesen, die Alice gefunden und den Doktor gerufen hatte, nach ihrem üblichen «kleinen Schläfchen».

«Und sie hat dich auch nicht gestört, wie?» meinte Mrs. Brady.

Suzanne sah sie mit runden Augen an. «Man durfte ihr einfach nicht erzählen, daß man irgendwo hinging.»

Mrs. Brady fühlte sich betroffen. Oder hatte das Mädchen ihren Vater gemeint?

Aber Susie dachte an sich selbst. «Ich habe ihr nie was gesagt, wenn ich an den Strand ging. Sie hätte sich nur aufgeregt, wegen der Haie.» Sie zuckte eine braune Schulter. «Oder wegen fehlender Anstandsdamen.»

«Sie wußte ja nicht mal, daß ich einen Sommerkurs mache», sagte Bobby, «um meine Zensuren ein bißchen aufzumöbeln. Sie hätte sich nämlich auch deswegen aufgeregt.»

«Nein, es war nicht leicht, ihr etwas zu sagen», gab Mrs. Brady gedankenvoll zu. «Das war es nie. Ich bin da ganz anders. *Ich* rege mich auf, wenn ich glaube, daß man vor mir Geheimnisse hat.»

Sie sahen sie beide an. Skeptisch? Amüsiert? Mitleidig? Oder mit einer Spur von Verwunderung?

Aha, dachte Mrs. Brady, der Tod ist ihnen nicht so gleichgültig, wie sie tun. «Sie hat also nicht geschrien? Oder geklingelt? Du hast nicht das geringste gehört?»

«Nein», sagte Bobby, «keinen Mucks.» Dann wandte er ihr sein Gesicht zu und sagte schnell: «Ich wollte das nicht so ... es tut mir leid.» Und einen einzigen kurzen Moment lang sah Mrs. Brady in das Gesicht eines ängstlichen, erschrockenen Jungen.

Doch jetzt kam Karen herein und sagte: «Guten Morgen alle miteinander.» Sie war sehr leise hereingekommen. Sie legte ihre Hand auf die Schulter des jungen Mädchens. Suzanne saß ganz still da. Dann fuhr Karen leicht über das Haar ihres Stiefsohns. Bobby verzog keine Miene.

Mrs. Brady dachte bei sich, sie wollen ihre Gefühle nicht zeigen.

Henny kam, um die Hausfrau in ihrer üblichen ergebenen Art zu bedienen. Dies war jetzt Karens Haus. Sie war eine hübsche Frau Anfang Dreißig, zierlich, wohlproportioniert, mit sanftem freundlichem Wesen. Sie war Krankenschwester gewesen und vor sechs Jahren als Pflegerin für Alice engagiert worden. Karen und ihre Patientin hatten sich angefreundet, und als der verwitwete Sohn der Patientin die Pflegerin heiratete, schien das – abgesehen von allem andern – auch ein nützliches und praktisches Arrangement zu sein.

Karens Selbstbeherrschung und ihre freundliche, nette Art, die durch ihre Ausbildung als Krankenschwester vielleicht noch ausgeprägter geworden war, hatten einen heilsamen und beruhigenden Einfluß auf ihre Umgebung. Sie war die einzige Person, überlegte Mrs. Brady, die der armen Alice immer den ihr gebührenden Tribut an Mitgefühl hatte zukommen und sich, soviel sie wußte, nie dazu hatte hinreißen lassen, ihr mehr oder weniger unmißverständlich zu sagen: «Um Gottes willen, so reiß dich doch endlich zusammen!»

Als die jungen Leute gegangen waren, schenkte sich Mrs. Brady noch eine Tasse Kaffee ein, die sie eigentlich gar nicht mehr wollte und auch nicht trinken sollte. Sie sagte zu Karen: «Ich habe so ein komisches Gefühl. Ich weiß nicht genau, wieso. Aber ich fahre morgen ungern weg, ohne zu wissen, was eigentlich los ist. Wieso habe ich den Eindruck, daß ihr mir eine Sonderbehandlung zukommen laßt – so ähnlich wie Alice?»

«Nun, Tante Sarah», sagt Karen lächelnd, «natürlich genießt du eine Sonderbehandlung. Wir haben dich eben alle gern. Denk ja nicht, uns wäre nicht bewußt, daß du deine einzige Schwester verloren hast. Es ist wirklich schlimm, daß das ausgerechnet während deines Besuches passieren mußte. Die arme Alice hat sich jedesmal so auf dein Kommen gefreut.»

Hat sie das wirklich getan, überlegte Mrs. Brady. Sie merkte, daß sie unruhig mit den Füßen scharrte. Normalerweise schätzte sie Karens beruhigende Art, aber heute gefiel sie ihr irgendwie nicht.

«Ich hoffe, du bist nicht unglücklich, weil wir beide am Montag unseren kleinen Ausflug gemacht haben», sagte Karen freundlich. «Es gab keinen Grund, weshalb wir nicht hätten fahren sollen. Es waren genug Leute im Haus. Wir dürfen uns deswegen keine Vorwürfe machen, nicht wahr?»

Mrs. Brady überlegte. Nein, dachte sie, ich habe kein schlechtes Gewissen.

«Wenn du erst zu Hause bist», sagte Karen gerade, «und wieder etwas zu tun hast, wird alles weitergehen wie immer, das weiß ich bestimmt.» Karens Stimme war butterweich. «Aber jetzt sag mir bitte, was Del besonders gern ißt. Ich werde mich mit dem Dinner danach richten.»

«Nichts Bestimmtes», sagte Mrs. Brady ziemlich kurz. «Sie ißt, was man ihr vorsetzt.» Sie merkte plötzlich, wie froh sie war, ihre Tochter wiederzusehen. «Genauso wie ich», fügte sie hinzu. «Normalerweise.»

«Liebe Tante Sarah», erklärte Karen freundlich, «als ob du uns je die geringste Mühe gemacht hättest. Aber ich glaube, Jeffrey hat es von uns allen am schwersten getroffen. Meinst du nicht auch, daß wir versuchen müssen – einfach weiterzuleben, bis die Zeit unsere Wunden heilt? Jeffrey will die Stellung in Europa annehmen. Ich habe ihn dazu ermutigt. Hältst du das nicht auch für sehr vernünftig? Daß er von diesem Hause wegkommt, wird gut für ihn sein. Eine andere Umgebung und neue Eindrücke helfen ihm sicher darüber hinweg.»

«Ja, natürlich ist es vernünftig, daß er das Angebot annimmt», sagte Mrs. Brady. «Ich fand das schon immer und habe es ihm, wie du weißt, auch gesagt.»

«Er gibt soviel auf dein Urteil», antwortete Karen. «Und ich auch. Es ist bestimmt nur der Schock. Ich finde, wir sollten uns jetzt gleich in die Arbeit stürzen. Du wirst wohl heute mit Pakken beschäftigt sein, nehme ich an.»

Ja, dachte Mrs. Brady, das wird mich ganze zwanzig Minuten beanspruchen. Sie wußte selbst nicht, wieso sie so gereizt war.

Karen entschuldigte sich, sie wollte ihre Einkaufsliste machen, und Mrs. Brady ging nach oben. Sie ging durch das große, hübsch möblierte Haus, das nun bald veröden würde. Der Haushalt würde aufgelöst werden, Jeffrey und Karen würden ins Ausland gehen, die Kinder in ihre Schulen. Was Henny wohl machen wird, überlegte sie. Aber Henny war ein Juwel, sie konnte für sich selbst sorgen. So was wie sie war so wertvoll geworden wie eine seltene Antiquität.

Mrs. Bradys Gedanken wanderten zum Montag zurück. Sie konnte einfach nicht anders.

Montag nach dem Lunch hatte Karen sie eingeladen, mit ihr in die Stadt zu fahren, während Alice sich ausruhte. Mrs. Brady, die Stadtbummel liebte, wann immer sie sich frisch genug dazu fühlte, hatte erfreut eingewilligt.

Sie war hinauf in ihr Zimmer gegangen, um ihre Sachen zu holen, hatte mit Vergnügen entdeckt, daß sie selbst eine dringende Besorgung zu machen hatte, die ihr Mitkommen rechtfertigte, und war dann am Zimmer ihrer Schwester vorbeigegangen. Karen, die mit einem Tablett in den Händen in der Tür stand, hatte mahnend den Finger an die Lippen gelegt. Alice sollte nicht wissen, daß sie wegfuhren.

Mrs. Brady hatte vermutet – und tat es immer noch –, daß sie sich andernfalls mindestens fünf Minuten lang Alices Klagen hätten anhören müssen, daß sie selber nicht mitkonnte oder daß man sie allein ließ.

Deshalb hatte Sarah nur einen Blick in ihr Zimmer geworfen, den Kopf ihrer Schwester gesehen und ihr Haar – immer noch golden, wenn auch gefärbt – und den zierlichen Bogen ihrer schönen Nase, die ihre eigene noch gröber als unbedingt nötig wirken ließ, hatte flüchtig ihr Bett gesehen, das parfümiert war und bedeckt mit den tausend kleinen Dingen, die Alice zu ihrem Wohlbefinden brauchte, und hatte ihre Schwester sagen hören, «Ich möchte jetzt ruhen», in gleichzeitig klagendem und gebieterischem Ton, der auszudrücken schien: Ich habe das Recht, immer und jederzeit das zu tun, was ich möchte, denn ich bin ja so krank.

Mrs. Brady erinnerte sich, wie Karen gesagt hatte, daß Henny sich nicht zu bemühen brauche und sie selber das Tablett hinuntertragen würde, und wie Henny auf die Treppe zu gestürzt war. Daß Bobby bäuchlings auf dem Bett lag, den Kopf über ein Buch auf dem Fußboden gehängt. Wie dann der Wagen leise aus der Einfahrt geglitten war. Und sie erinnerte sich an Karens halb trauriges, halb mutwilliges Lächeln, als sie – endlich frei – durch die kleine Stadt in Richtung Zentrum fuhren.

Mrs. Brady hatte sich fröhlich überlegt, was für Einkäufe sie guten Gewissens machen konnte, denn sie lebte ziemlich bescheiden, in einem kleinen Apartment nicht weit vom Hause ihrer Tochter Del entfernt, und Karen hatte von einer neuen Bettdecke für Suzanne und Socken für Bobby gesprochen und über ihren Termin beim Zahnarzt.

«Es macht dir doch nichts aus, auf mich zu warten, Tante Sarah?»

«Ich würde eigentlich lieber allein ein bißchen bummeln und dann mit dem Bus zurückfahren.»

«Aber es sind drei Blocks zu Fuß von der Bushaltestelle bis nach Hause.»

«Die schaffe ich schon. Außerdem habe ich eine kleine Besorgung zu machen.»

«Kann ich das nicht für dich erledigen?»

«Nein, nein.»

«Gut . . . wenn du darauf bestehst.»

Und so hatte Mrs. Brady sich damit vergnügt, im Warenhaus Bettdecken zu begutachten und Ratschläge in puncto Socken zu erteilen, und war dann, nachdem Karen sie unterwegs zu ihrem Zahnarzt kurz vor dessen Haus abgesetzt hatte, ihre eigenen Wege gegangen. Sie hatte ihre kleine Besorgung, die ihrem Ausflug so etwas wie ein Ziel gab, erledigt und anschließend einen Schaufensterbummel bis zur Bushaltestelle gemacht.

Als sie nach Hause kam, war Dr. Clarke schon da, und Henny weinte. Bobby saß stumm im Wohnzimmer, mit trockenen Augen. Jeffrey war benachrichtigt worden, und Alice war tot.

Fast im selben Moment, als sie ihr Schlafzimmer erreichte und eine Tablette gegen den Schock und die Belastung für ihr Herz nahm, hatte sie Karen die Treppe heraufrennen gehört. Und dann hatte sie von unten Jeffreys Stimme gehört. Sie war hinuntergelaufen, um Beistand zu leisten, war damit beauftragt worden, nach Suzanne Ausschau zu halten und ihr die Nachricht schonend beizubringen – und der Montag hatte aufgehört, ein gewöhnlicher Montag zu sein.

Mrs. Brady schüttelte den Kopf. Die bohrenden Zweifel blieben. Sie konnte sich nicht von dem Gedanken frei machen, daß man ihr etwas verschwieg.

Sie marschierte ins Bad und nahm eine Tablette, um sich zu stärken. Sie rüstete sich für eine lange Fahrt. Sie wollte mit ihrem Neffen allein sprechen. Sie hatte es noch nicht getan – nicht, seitdem es passiert war.

Es war schon fast elf, als Mrs. Brady endlich mit dem Bus bei Jeffreys Büro ankam. Sie sagte der Dame am Empfang, wer sie sei, und konnte nicht umhin, sich geschmeichelt zu fühlen, als Jeffrey aus seinem Allerheiligsten gestürzt kam.

«Tante Sarah, was zum Teufel tust du denn hier?» Er war groß und in letzter Zeit etwas dicklich um die Taille geworden. Seine Haare wurden schon grau. Sein langes Gesicht zeigte einen ständigen, leicht besorgten Ausdruck. Er war ein ruhiger Mann, leicht zu beeinflussen, dankbar, wenn man ihm seinen Frieden ließ.

«Dies ist meine letzte Chance, dich allein zu sprechen, Jeff.»

«Möchtest du hereinkommen?» Der sorgenvolle Ausdruck vertiefte sich. «Oder noch besser, wir trinken unten im Drugstore eine Tasse Kaffee.»

«Fein.» Sie würde es nicht riskieren, noch einen Kaffee zu trinken. Auf gar keinen Fall. Sie fuhren mit dem Aufzug hinunter und nahmen in einer ledergepolsterten Nische Platz. Das Lokal war ihr vertraut. Der Besitzer kannte sie. Mrs. Brady hatte bis vor zehn Jahren selbst in der Stadt gewohnt. Das Mädchen hinter der Snackbar war freundlich. Mrs. Brady fühlte sich wohl. Sie bestellte ein Stück Sandtorte.

Indem sie das Gesicht ihres Neffen prüfend betrachtete, sagte sie: «Jeff, es stimmt. Der armen Alice gefiel der Plan nicht. Wir beide wußten, daß sie dagegen sein würde. Es tut mir leid, daß dein letztes Gespräch am Montag mit ihr so unerfreulich verlief. Aber ich möchte dir sagen, daß ich deine Entscheidung, nach Europa zu gehen, immer noch für richtig halte, und daß es auch richtig war, es ihr zu sagen.»

«Aber natürlich, Tante Sarah», meinte er, ohne sie anzusehen. «Das weiß ich. Mach dir deswegen keine Sorgen.»

«Für Alice wäre bestens gesorgt gewesen, nach all den Vorkehrungen, die du für sie getroffen hattest, und sie wäre nicht unglücklicher gewesen als sonst.»

«Der Meinung bin ich auch. Bitte, Tante Sarah, du darfst auch nicht eine Minute lang denken, daß jemand dir einen Vorwurf macht – wegen deinem Rat oder sonst irgend etwas.»

«Ach, Jeff.» Seine Tante wurde ungeduldig. «Natürlich machst du mir keinen Vorwurf. Ich verstehe nicht, warum du überhaupt von Vorwürfen sprichst. Zufällig weiß ich, daß der liebe Gott die Welt regiert und mich bisher noch nicht beauftragt hat, es an seiner Stelle zu tun. Und dich auch nicht.»

Er lächelte sie an. «Mir geht es gut, Tante Sarah», sagte er herzlich. «Ich brauche nur ein wenig Zeit, das ist alles.»

«Ich fahre morgen.»

«Ich bin froh –» begann er und verstummte hastig.

Ja, er war froh, daß sie abfuhr. Es bestätigte nur, was Mrs. Brady bereits geahnt hatte. Nun ja, vielleicht war sie wirklich so etwas wie eine Plage. Schließlich war Jeff ein erwachsener Mann. Er brauchte sein Tantchen nicht, um ihm den Rücken zu stärken. Oder zumindest sollte er das nicht. Die Zeit würde vergehen, und die Wunden würden heilen. Was für Wunden eigentlich? In Wahrheit war es doch so, daß eine Bürde von Jeff und seiner Familie genommen worden war. Die ewigen Heimlichtuereien hatten endlich ein Ende. Ein frischer Wind würde wehen.

Aber bisher wehte er noch nicht. Fühlte die Familie sich schuldig? Vielleicht deswegen, weil sie ein bißchen zu erleichtert war? Und zu bald?

Nein, sie spürte immer noch, daß sie, Sarah Brady, zu behutsam behandelt wurde. Sie hätte auch nicht den winzigsten Beweis dafür nennen können – aber sie spürte in allen Knochen, daß man ihr etwas vormachte.

So weit war es mit Sarah Brady also gekommen! Und es gefiel ihr ganz und gar nicht. Immer war es Alice gewesen, der etwas vorgemacht worden war. Ihr ganzes Leben lang. Übrigens verfuhr Alice mit dem Rest der Welt ebenso. Wenn man sich nicht genauso verhielt, wie sie es wollte, bestand sie ganz einfach darauf, daß es so schien – zumindest innerhalb ihrer Reichweite. Und sie hatte immer gewonnen, weil es bequemer war. Alices Reichweite war ja so klein.

Aber nicht mit mir, überlegte Sarah. Nein, mit mir nicht!

«Ich habe mir schon gedacht, daß du froh bist, wenn ich wegfahre», sagte sie freimütig.

«Nicht etwa meinetwegen», antwortete Jeffrey zu schnell. «Aber ich möchte, daß du etwas zu tun hast und vergißt. Du mußt dein eigenes Leben leben, Tante Sarah.» Er lächelte, aber ihr gefiel weder sein Aussehen noch der Klang seiner Stimme. «Sonst bist du es immer gewesen, die mir gesagt hat, daß ich mein eigenes Leben leben soll.»

Vergessen? dachte Sarah, innerlich wütend. Nicht mal die arme Alice verdient es, so rasch vergessen zu werden. Außerdem ist das auch gar nicht möglich. Alice war, wie sie war, und sie wird ein Teil unseres Lebens bleiben.

«Ach, ich rede viel», antwortete sie. «In Freud und Leid bin ich immer ein Mensch gewesen, der alles loswerden mußte, was er auf dem Herzen hatte. Und im Augenblick habe ich das quälende Gefühl, daß es irgend etwas gibt, das ich sagen müßte – oder tun oder wissen.»

«Du brauchst nur so zu bleiben, wie du bist», sagte Jeff etwas töricht. Er tätschelte ihre Hand. «Ich freue mich darauf, Del wiederzusehen. Wird es ihr nicht zuviel, an einem Tag dreihundert Meilen zu fahren und morgen noch einmal?»

«So etwas macht Del nichts aus», sagte Mrs. Brady leichthin. Ihr war klar, daß ihr Neffe sie loswerden wollte.

Sie lehnte Jeffs Angebot, sie mit einem Taxi heimbringen zu lassen, unter dem Vorwand ab, daß die Busfahrt ihr Spaß mache. An ihren guten Tagen stimmte das auch, aber im Augenblick fühlte sie sich nicht so wohl, wie sie eigentlich sollte.

Als Jeff ihr zum Abschied einen Kuß auf die Stirn gab und in gespielt munterem Ton sagte: «Und beunruhige dich ja nicht länger», war sie ganz im Gegenteil davon überzeugt, daß es sehr wohl einen Grund zur Beunruhigung gab.

Sie stand auf der Straße und vertauschte in Gedanken ein Wort mit einem anderen. «Vormachen?» Nein. Man «schonte» sie. Nun, sie, Sarah Brady, würde sich nicht gefallen lassen, daß man sie schonte. Jetzt nicht und nie – nicht, wenn sie es verhindern konnte.

Mrs. Brady kehrte in den Drugstore zurück und sah im Telefonbuch nach, aber es gab mehrere Dr. Clarkes. Sie hatte keinen Anhaltspunkt, welcher der richtige sein konnte. Aber der Besitzer half ihr. «Kann ich etwas für Sie tun, Mrs. Brady?»

«Bitte, Mr. Fredericks, wissen Sie zufällig, welcher Dr. Clarke meine Schwester behandelte?»

«Aber sicher. Dr. Josephus Clarke. Möchten Sie seine Telefonnummer wissen?»

«Nein, seine Adresse», sagte sie nachdenklich.

«Er praktiziert im selben Haus, in dem früher Ihr Arzt, Dr. Crane, seine Praxis gehabt hatte.»

«Ach wirklich? Vielen Dank.» Mrs. Brady wußte jetzt, wohin sie sich wenden sollte.

Der Drugstorebesitzer sprach weiter. «Der Tod Ihrer Schwester tut mir sehr leid. Eine lange Krankheit vermutlich?»

Wollte auch er auf delikate Weise andeuten, daß es Grund zum Aufatmen gab?

Mrs. Brady betrat das Wartezimmer des Arztes und kam sich wie ein schäbiger Spitzel vor. Das Mädchen, bei dem sie sich anmeldete, schien ziemlich verwirrt, weil sie keine Patientin war. Mrs. Brady würde warten müssen, bis alle angemeldeten Patienten fertig waren. Das würde fast zwei Stunden dauern.

Also setzte sie sich hin und blätterte in alten Zeitschriften, sah die Patienten kommen und gehen und grübelte darüber nach, wie man eine Frage stellen sollte, wenn es eigentlich die Frage selbst war, die man wissen wollte? Falls es überhaupt eine gab.

Endlich kam sie an die Reihe. «Ich bin Mrs. Conleys Schwester, Sarah Brady.»

«Wir haben uns», sagte der Arzt, «unter traurigen Umständen kennengelernt. Was kann ich für Sie tun, Mrs. Brady?» Er war sehr zuvorkommend.

«Ich weiß es nicht. Vielleicht können Sie mir sagen, wieso meine Schwester am Montag starb.»

«Wieso ...? Ich verstehe Sie nicht ganz.»

«Ich meine, hätten wir damit rechnen müssen?»

«Nein, natürlich nicht», antwortete der Arzt. «Verstehe, verstehe. Sie haben das Gefühl, Sie hätten an ihrer Seite sein sollen! Das ist ein ganz normales Gefühl, aber ich kann Ihnen versichern, daß es jeder Grundlage entbehrt.» Er war wirklich sehr nett. Großmütig und freundlich.

«Wie ich hörte, behandelten Sie sie bereits eine ganze Weile?» tastete sie sich vor.

Dr. Clarke sagte mit traurigem Lächeln: «Ich habe getan, was ich konnte, Mrs. Brady.»

«Natürlich haben Sie das», sagte sie heftig. «Ich bin nicht hier, um anzudeuten, daß Sie es nicht getan hätten. Aber woran ist meine Schwester gestorben? Vielleicht hätte ich es besser so ausdrücken sollen.»

«Wie soll ich Ihnen das erklären?» Er schien seine Worte sorgfältig abzuwägen. Er beobachtete sie. Ziemlich wachsam. «Laienhaft ausgedrückt ... könnte man vielleicht von Herzversagen sprechen ... Ich weiß zwar nicht recht, was Sie so beunruhigt, Mrs. Brady, aber ich kann Ihnen mit Bestimmtheit versichern, daß es keinen Grund gibt. Mit solchen Dingen muß man immer rechnen.»

«Herr Dr. Clarke, ich bin nicht wie meine Schwester!»

Er ging nicht auf ihre Bemerkung ein. «In seinem Kummer bildet man sich alles mögliche ein», fuhr er fort. «Aber wenn man, wie Sie, etwas Sorge mit dem Herzen hat, sollte man ein wenig Gelassenheit lernen.»

«Ich habe einen sehr guten Arzt», sagte sie scharf, «der mir beigebracht hat, wie ich mit meinem Herzen umgehen muß.»

«Davon bin ich überzeugt.»

«Vielleicht kennen Sie ihn. Es ist Dr. Crane.»

«Dem Namen nach. Er hat einen sehr guten Ruf», schnurrte er. «Und Sie sehen auch sehr gut aus.»

Mrs. Brady schüttelte sich insgeheim. Sie hatte das Gespräch völlig verpatzt. Nicht so der Doktor. Er machte ihr etwas vor, sehr geschickt! Er war sie losgeworden. Wie Jeff.

Mrs. Brady fand sich an der vertrauten Bushaltestelle wieder. Vermutlich hatte sie ihn auf die Palme gebracht, wie man so schön sagte. Ich, dachte Sarah Brady, bin wirklich ein miserabler Detektiv. Es lag ihr eben nicht, hinter dem Rücken anderer Leute herumzuschnüffeln. So was war nie ihre Art gewesen, und sie wußte nicht, wie man es richtig anfing. Bis jetzt hatte sie jedenfalls nicht das geringste erfahren.

Moment mal, vielleicht doch. Dr. Clarke hatte gewußt, daß sie ein schwaches Herz hatte. Wieso hatte man ihm das erzählt?

Ah, jetzt war sie sicher, daß man sie schonte und ihr etwas vormachte, und es fing an, sie gleichzeitig zu freuen und zu ärgern.

Die drei Blocks bis zum Hause legte sie beinahe laufend zurück. Der Ärger spornte sie an, und sie hatte noch genügend Kraft übrig, um ihre Sachen im Eiltempo einzupacken. Dann kam Del in die Einfahrt gebraust. Und als Del kam, die mit ihren langen Beinen immer noch wie ein tolpatschiger junger Hund wirkte, schien sich die Atmosphäre merklich zu entspannen. Sie war jetzt eine junge Mutter mit ihrem eigenen Haushalt. Aber Del lehnte es ab, irgend etwas anderes als fröhlich zu sein. Sie hatte es nicht nötig, taktvoll zu sein. Durch sie konnte man sich unmöglich beleidigt fühlen. Del war so klar wie Quellwasser.

«Es tut mir leid, daß ich nicht zu Tante Alices Beerdigung kommen konnte», sagte sie. «Aber Georgie hatte die Windpocken. Sally ist nicht vor Dienstag fällig. Also bin ich hier. Hallo Kinder!»

Bobby und Suzanne betrachteten Del mit einer Art mißtrauischem Entzücken. Das Abendessen verlief beinahe unbeschwert. Danach fing Del an zu gähnen. Sie sagte, sie gehe neuerdings mit den Hühnern zu Bett. Warum dagegen ankämpfen? Ihre Kinder wären jeden Tag bei Morgengrauen wach.

Doch Mrs. Brady wollte nicht, daß Del von ihrer Seite wich, bis sie gesagt hatte, was sie zu sagen hatte. Sie würde den Schleier zerreißen. Der Ärger war immer noch da. Er spornte sie immer noch an.

Also sagte sie – ziemlich abrupt – zu der Versammlung im Wohnzimmer: «Ich werde keine andere Gelegenheit mehr haben. Darum frage ich euch hier und jetzt, was in diesem Hause vorgeht. Ich habe den ganzen Tag herumgeschnüffelt, um herauszufinden, was man mir verbirgt. Aber ich bin kein Detektiv. Deswegen *frage* ich jetzt. Warum habt ihr Geheimnisse vor mir? Womit habe ich verdient, daß ihr mir eine solche Beleidigung antut und mir die Wahrheit vorenthaltet?»

«Aber Mama!» sagte Del überrascht.

Jeff sah seine Tante an, sein Gesicht rötete sich. Die anderen schienen den Atem anzuhalten. «Es tut mir leid», sagte er steif, «wenn du dich durch uns beleidigt fühlst, Tante Sarah. Das ist das letzte, was wir alle möchten.»

«Oh, Tante Sarah», sagte Karen schmerzlich berührt, «wieso ist es eine Beleidigung, wenn man sich bemüht, nicht dauernd über traurige Dinge zu reden?»

«Ich rede nicht über traurige Dinge, nur weil sie traurig sind», sagte Sarah. «Ich weiß, daß Alice euch alle dazu erzogen hat – ihr traurige Dinge vom Leib zu halten. Aber ich mag so was nicht – ganz gleich, um was es sich handelt.»

Jeff sah ganz geschlagen aus, und seine Frau legte ihre Hand auf sein Knie. «Ach, Tante Sarah», sagte sie sanft, «es tut mir so leid, daß du das Gefühl hast. Ich wünschte, es wäre nicht so. Bitte, Del!» Sie blickte hilfesuchend Del an.

«Ich weiß nicht, wovon Mama eigentlich spricht», erklärte Del.

«Ich auch nicht», sagte Suzanne schroff von dem Sitzkissen aus, auf dem sie thronte.

Mrs. Brady verfolgte unbeirrt ihren Kurs. «Ich will wissen, warum ihr mich alle mit Samthandschuhen anfaßt. Um es klar zu sagen, ich wünsche zu wissen, was hier am Montag genau passiert ist.»

«Kinder», sagte Karen, «sie hat einen Schock bekommen, sie . . .»

Aber Bobby saß plötzlich kerzengerade auf seinem Stuhl. «Ich weiß, was sie meint», sagte er.

Mrs. Brady nickte ihrem unerwarteten Verbündeten zu. Karens Hände flatterten abwehrend. Doch jetzt sagte Jeffrey: «Die Sache ist die, daß wir nicht ganz sicher sind, was passiert ist. Wenn wir uns dazu entschlossen haben, dir nichts von einer bestimmten Möglichkeit zu sagen, dann, weil es sehr schmerzlich ist, daran zu denken, und weil sie keineswegs zutreffen muß.»

«Da siehst du es», meinte Karen. «Und es ist doch ganz bestimmt keine Beleidigung, wenn man versucht, nett zu sein. Del, meine Liebe, möchtest du noch etwas essen oder trinken, bevor du zu Bett gehst?»

Del sagte fröhlich: «So leicht läßt sie sich nicht abschütteln.»

Jeffrey antwortete gequält: «Nein, das fürchte ich auch.»

«Ich glaube, es ist besser, wenn du es uns erzählst, Daddy», meinte Bobby.

Suzanne rief ärgerlich: «Glaubst du, wir könnten es nicht verstehen?»

Jeffrey hob den Kopf. «Also gut. Es besteht die Möglichkeit, daß Mutter sich das Leben genommen hat.»

«Weiß der Doktor es nicht?» fragte Del und unterbrach das Schweigen, das der Schock ausgelöst hatte. Ihr Gesicht zeigte sachliches Interesse.

«Nein», sagte Karen. «Er vermutet, daß sie zuviel von ihrer Medizin genommen hat. Zufällig. Oder aus Unkenntnis. Er weiß nämlich nicht, daß sie sich an dem betreffenden Tag ziemlich aufgeregt hat.»

Bobby sprang auf seine Füße. «Ach komm, Dad! Du weißt

verdammt gut, daß Großmutter sich im Grund nichts daraus machte. Du hast ihr gesagt, daß du nach Europa willst – na und? Sie wußte genau, daß es ihr Spaß machen würde, eine Herde Pflegerinnen herumzuscheuchen und jedem zu erzählen, daß du sie im Stich gelassen hättest. Jawohl, das ist die Wahrheit!» Er schaute sich kriegerisch um.

«Sie war gräßlich verwöhnt», meinte Suzanne. «Das wissen wir alle. Aber nichts auf der Welt hätte sie umgehauen.»

«Das ist wirklich nicht nett von euch», warf Karen ein. «Ihr tut eurem Vater sehr weh damit. Wir wollen es ihm doch nicht noch schwerer machen. Bitte!»

«Ich verstehe gar nicht, warum ihr euch alle so aufregt!» rief Del.

«Da seht ihr. Del ist vernünftig.»

«Jawohl, vernünftig», sagte Mrs. Brady bissig. «Bis jetzt habt ihr noch nichts gesagt, aus dem man ein Geheimnis hätte machen müssen. Ihr glaubt also, daß sie aus irgendeiner Stimmung heraus absichtlich zuviel Tabletten eingenommen hat, und der Doktor glaubt es nicht. Ich kann absolut nicht einsehen, warum ihr mir etwas vorlügen wollt.»

«Wir wissen es nicht mit Bestimmtheit», sagte Karen. «Warum hätten wir dich damit beunruhigen sollen?»

Mrs. Brady antwortete mit lauter Stimme: «Warum nicht? Ich lebe noch.»

Ihr Neffe sah sie an. «Bitte verzeih, Tante Sarah. Wir hätten es dir sagen sollen. Ich glaube, du weißt, daß ihre Herztabletten die gleichen waren wie deine, nur schwächer – genau gesagt, kaum mehr als Beruhigungspillen. Karen hat es dir doch erzählt, nicht wahr? An dem Tag, als du deine Sachen ausgepackt hast.»

«Ja.»

«Mutter ging allem Anschein nach am Montag in dein Zimmer, nahm dein Fläschchen mit den Tabletten, schlüpfte ins Bett und schluckte zu viele davon. Sie hat sie selber genommen, daran besteht kein Zweifel. Als der Doktor gegangen war –.» Jeff geriet ins Stottern. «Als wir es entdeckten –.» Er preßte die Hände an die Augen. «Es war wegen Bobby, weil er nicht gesehen hatte, daß sie durch die Halle ging, und deinetwegen, Tante Sarah, weil du mir geraten hattest, Mutter zu sagen, daß ich weggehen wollte ... wir sahen keinen Grund – da wir es ja nicht mal mit Sicherheit wußten –, weshalb ihr euch mit Zweifeln herumquälen solltet.»

«Mit denen du dich jetzt herumquälst», antwortete Mrs. Brady. Dann schloß sie den Mund und versuchte, ihr rebellierendes Herz zu bändigen.

«Es ist gut möglich – sogar wahrscheinlich», sagte Jeff und bemühte sich, es selbst zu glauben, «daß sie vergessen oder nicht gewußt hatte, daß deine Tabletten soviel stärker waren als ihre. Es ist möglich, daß sie nur noch wenig eigene hatte –»

Del sagte erschrocken: «Mama!»

Sarah Brady war in ihren Sessel zurückgesunken. Sie saß zusammengeschrumpft wie ein kleiner alter Affe da, und daß ihr Herz rebellierte, sahen jetzt alle.

Ihre Tochter kam zu ihr herüber und sagte noch einmal: «Mama!»

«Hol meine Handtasche – die Tabletten», murmelte Mrs. Brady mit steifen Lippen.

Karen klatschte in die Hände und rief: «Henny, bringen Sie ein Glas Wasser, schnell!»

Dann stand sie neben Mrs. Brady und fühlte ihr mit geübten Fingern den Puls. Sarah atmete so langsam und tief, wie sie konnte.

«Nun hört mir mal alle zu!» rief Bobby. «Selbst wenn ich sie wirklich gesehen hätte – was nicht der Fall war –, hätte ich doch gar nicht gewußt, daß ich etwas hätte unternehmen müssen. Ein großer Quatsch, mir das nicht zu erzählen.»

«Wenn Großmutter sich umbringen wollte», meinte Suzanne, «dann hätte sie es auf jeden Fall getan. Wie, ist da doch ganz egal. Aber ich glaube niemals, daß sie es tat.»

Henny kam herein, und Del kehrte mit der Tasche zurück. Mrs. Brady schluckte eine Tablette, trank etwas Wasser nach und seufzte. Einen Augenblick später sagte sie: «Woher wißt ihr, daß sie *meine* Tabletten genommen hat?»

«Oh, Miss Sarah», jammerte Henny, «warum mußten Sie das unbedingt herausbekommen? *Ich* habe das Fläschchen unter ihrem Bett entdeckt – nachdem der Doktor gegangen war.»

«Und wer», fragte Mrs. Brady mit erhobener Stimme, ohne aufzublicken, «hat es zurück in mein Zimmer gebracht?»

«Ich», sagte Henny. «Miss Karen hatte es erkannt. Sie sagte – Mr. Conley fühlte sich so schrecklich –, beide meinten, je weniger darüber gesprochen würde, desto besser. Ich wollte auch nicht, daß Sie es sich zu Herzen nehmen.» Henny war dem Weinen nahe. «Wir müssen alle darum beten, daß Miss Alice nicht eine solche Sünde begangen hat!»

Mrs. Brady schüttelte den Kopf. «Jeff, hast du die Flasche, *meine* Flasche, am Montag gesehen?»

«Ja, das habe ich.» Ihr Neffe beugte sich besorgt über sie. «Mach dir bitte keine Sorgen, Tante Sarah – denk nicht mehr daran. Wir hätten es dir nicht sagen dürfen.»

Mrs. Brady fühlte, wie ihr Herz sich etwas beruhigte.

«Das kann ich nicht», sagte sie. «Ich kann nicht einfach nicht mehr dran denken. Mein Fläschchen war in der Stadt, als Alice starb – ich *weiß*, daß es dort war!»

«Aber nein», sagte Jeff. «Es tut mir leid, Tante Sarah. Das kann nicht stimmen – es war unter Alices Bett.»

«Ich war überrascht», sagte Mrs. Brady mit stärkerer Stimme, «als ich mittags feststellte, daß ich nur noch so wenig Tabletten hatte. Aber ich habe Dr. Cranes Rezept ständig bei mir. Als Karen und ich uns trennten, weil sie zum Zahnarzt wollte, ging ich bei Mr. Fredericks Drugstore vorbei.»

In der Stille, die folgte, sah sie nur Karen an.

«Dann muß sie –» sagte Karen, «die arme Alice muß –»

Mrs. Brady seufzte wieder. Nein. Mit Sicherheit nicht. Die tote Alice konnte kein Fläschchen unter ihr Bett gelegt haben. Sie sagte ohne Zorn: «Ich nehme an, du hättest dir nicht so viel Mühe gegeben, sie zu überreden, daß sie mich ‹schonten›, wenn du schließlich nicht doch noch Mr. Fredericks Namen und das Datum vom Montag auf dem Etikett bemerkt hättest. Ach, Karen, ich sagte dir doch, daß ich eine Besorgung zu machen hätte!»

Keiner sagte ein Wort.

«Wann hat Henny es dort gefunden, wo du es hingelegt hast?» drängte Mrs. Brady. «*Nachdem* ich es aus dem Drugstore zurückgebracht hatte, natürlich. Aber zu der Zeit war Alice bereits an dem gestorben, was du ihr eingegeben hattest. Hast du es mittags getan? Als du ihr Tablett holtest? Bevor wir in die Stadt fuhren?»

«Nein», sagte Jeff. «Nein, nein!»

«Wenn es noch ein Geheimnis gibt», meinte Tante Sarah traurig, «dann nur heraus damit.»

Nach einer Weile sagte Karen trotzig: «Sie ist tot und begraben. Jetzt können wir nach Europa. Wir können zur Abwechslung einmal leben.» Ihr Gesicht sah plötzlich fleckig aus. «Sie hätte ein solches Theater gemacht. Jeff hätte es nicht ausgehalten und nachgegeben wie immer. Sie war zu nichts nutze, nicht mal mit sich selbst wurde sie fertig. Das wißt ihr alle. *Ich* war diejenige, die sie ertragen mußte, den ganzen Tag lang, jeden Tag. Ihr könnt es Barmherzigkeit nennen.»

Doch niemand nannte es Barmherzigkeit. Die beiden Kinder hatten sich dicht neben ihren Vater gestellt. Henny ging und trat hinter sie. Jeffrey Conley starrte seine zweite Frau mit entsetzten Augen an.

«Tut, was ihr wollt», rief Karen wütend, «aber denkt vorher lieber nach. Wozu soll es gut sein, daß die Wahrheit ans Licht kommt?»

Im Zimmer blieb alles still. Keiner sagte etwas.

Mrs. Brady trank noch einen kleinen Schluck Wasser, obwohl ihr Herz jetzt regelmäßiger klopfte. Sie hatte das vertraute Gefühl innerer Sicherheit wiedergewonnen, aus dem sie ihre Kraft bezog.

«Das Wesen der Wahrheit», sagte sie, «liegt darin, daß es sie wirklich gibt. Das hat mich die arme Alice gelehrt.»

Es war Del, die sagte: «Ich rufe die Polizei an – es muß sein. Ich werde es tun.»

Arme Karen.

# *Mord ist keine Lösung*

*Francis Beeding*

Mr. Guy Partridge legte die Frühausgabe der *Evening News* mit jener mechanischen Genauigkeit zusammen, die seiner Gewohnheit entsprach, und stand etwas schwankend auf, als der Zug (ab Waterloo-Station 12.35 Uhr – an Leatherhead 1.15 Uhr) langsam in den Bahnhof einfuhr. Als der Zug hielt, nahm er seinen Hut von dem leeren Sitz, um das Abteil erster Klasse zu verlassen.

Am Fenster erschien ein lachendes Gesicht. Derek erwartete ihn auf dem Bahnsteig, und dicht hinter ihm stand Molly. Er freute sich, seinen ältesten Sohn zu sehen, einen breitschultrigen Jungen, der schon fast einen Kopf größer war als sein Vater. Und dann Molly, schlank wie eine Nymphe mit ihren fünfzehn Jahren, wie eine dieser ranken Göttinnen, die die Wälder der alten Griechen bevölkerten. Natürlich hatten sie das gute Aussehen von ihrer Mutter – und den Verstand eigentlich auch. Was Gertrude in ihm gesehen hatte, als sie ihn heiratete, konnte er sich nie erklären. Seine Verwandten waren in dieser Frage immer ganz offen gewesen. Sie hätte ihn des Geldes wegen geheiratet, sagten sie.

Vielleicht nicht nur des Geldes wegen, denn Gertrude war nicht habgierig. Vielleicht hatte sie ihn doch aus Liebe geheiratet. Die Liebe war eine geheimnisvolle und unberechenbare Sache. Die komischsten Leute wurden aus Liebe geheiratet. Jedenfalls mochte Gertrude ihn sehr gern. Und die Kinder auch. Nun, er hatte immer alles für sie getan und nie an etwas anderes gedacht. Und was Gertrude betraf, so hatte er nie in seinem Leben eine andere Frau angeschaut, und soweit er sich erinnerte, hatte auch keine andere Frau ihn angeschaut.

Irgend etwas beunruhigte ihn noch. Was war es nur? Ach ja,

Gertrude sollte ihn des Geldes wegen geheiratet haben. Warum hatte er nur plötzlich dieses beunruhigende Gefühl? Jetzt war Wochenende, und es gab bestimmte Dinge, an die er am Wochenende grundsätzlich nicht dachte. An die rumänischen Ölaktien zum Beispiel. Die Firma hatte sie für 81 gekauft; gestern standen sie bei 73, und heute morgen wurden sie zu $69^3/_8$ angeboten. Aber das war geschäftlich, und hier drückte Derek sein Gesicht an die Scheibe und lachte.

«Hallo, Bones! Freust du dich, daß wir dich abholen?»

Das war Derek. Die Kinder nannten ihren Vater immer «Bones». Vielleicht nicht sehr respektvoll, aber zu Haus nannten ihn alle «Bones» oder «Old Boy».

«Einundachtzig», sagte Mr. Partridge, als er aus dem Zug stieg, ohne zu merken, daß er laut sprach.

«Armer alter Bones.» Das war jetzt Molly. «Immer noch im Geschäft. Wach auf! Wir spielen nach dem Essen einen Familienvierer.»

Die Kinder nahmen ihn in die Mitte und marschierten mit ihm rasch zum Bahnhofsausgang. Der Bahnsteigschaffner nickte ihnen freundlich zu. Das war Mr. Partridge von Cedars mit einer Monatskarte erster Klasse, der ihm zu Weihnachten immer ein hübsches Trinkgeld gab.

«Wir wollten dich mit dem Auto abholen, Bones», sagte Molly. «Auf dem Herweg hat Derek fünfundsechzig Meilen herausgeholt. Wirklich, eine tolle Kiste.»

Partridge bemühte sich, heiter zu bleiben. «Du junger Halunke», sagte er zu seinem Sohn, der in einen lächerlich kleinen dreisitzigen Wagen ohne Kotflügel und mit einer schmalen Windschutzscheibe kletterte; es war ein Bugatti 1927, Sportausführung. «Eines Tages wirst du dich im Kittchen wiederfinden. Aber dann erwarte nicht, daß ich dich heraushole.»

«Kittchen!» Warum hatte er das gesagt? Wieder hatte er das Gefühl, daß etwas in der Luft lag. Aber das war lächerlich. Die Lage war schwierig, aber darum würde sich Bentham kümmern. Es wäre traurig, wenn man seinem eigenen Partner nicht trauen könnte.

Der Fahrtwind im Wagen munterte ihn auf. Bis Montag war er auf jeden Fall befreit von seinen beruflichen Sorgen. Und hier hatte er seine Familie, die sich freute, daß er da war. Eigens für ihn hatten sie einen Familienvierer geplant, weil sie wußten, daß er gern Golf spielte.

«Weißt du, Bones», sagte eine sanfte Stimme direkt in sein Ohr, um das Dröhnen des Motors zu übertönen. «Du sollst mit mir spielen. Sie geben uns nur eine kleine Vorgabe, deshalb mußt du wie der Teufel spielen.»

Er drehte den Kopf ein wenig zur Seite und fühlte sofort, wie sich zwei Lippen warm auf seine Wange preßten.

Mein Gott, wie er sie alle liebte. Derek, Molly, Joan und als letzten von ihnen Dick, das Baby, ihren Benjamin, der erst viel später als die anderen zur Welt gekommen war.

Der Wagen bog so scharf nach links ab, daß er sich an der Tür festklammerte. Sie erreichten die Auffahrt. Und dort stand Gertrude, seine Frau, schlank und zart. Achtzehn Jahre Ehe, und nie ein Streit – achtzehn Jahre Liebe, Hingabe und Glück. Die Zeit konnte ihr offenbar nichts anhaben. Sie wirkte eher wie seine Tochter, nicht wie seine Frau, mit ihrem Bubikopf und dem kurzen Rock.

«Da bist du ja, alter Knabe», sagte sie, als der Wagen mit einem Ruck hielt und er hinauskletterte. «Beeil dich, und zieh diesen schrecklichen Anzug aus! In zehn Minuten ist das Essen fertig, und pünktlich um zwei müssen wir mit dem Spiel anfangen, sonst verlieren wir unsere Plätze.»

Natürlich, es war alles in Ordnung, völlig in Ordnung. Es gab nichts, worüber er sich Sorgen machen mußte. Rumänische Ölaktien waren so sicher wie Grundstücke, obwohl man natürlich nie wußte, ob sich in solchen südlichen Ländern nicht plötzlich die Politik in die Geschäfte mischte.

Dann waren sie beim sechzehnten Loch angekommen. Sie standen alle gleich, und Derek hatte gerade mit einem einzigen Schlag den Ball 280 Yard weit geschlagen, als ob es nichts wäre. Derek war ein prächtiger Junge, kaum siebzehn und schon in der Rugbymannschaft. Er hatte Kräfte wie ein junger Löwe.

Aber das half nichts. Er mußte sich konzentrieren. Sorgfältig zielte er auf den Ball.

«Mein Gott, Bones, das war ein verdammt guter Schlag!»

Partridge errötete vor Stolz. Er freute sich über das Lob und kam gar nicht auf den Gedanken, gekränkt zu sein, weil es von einem Siebzehnjährigen stammte. Das war ganz natürlich. Derek spielte viel besser als er, und so sollte es auch sein.

«Bei weitem nicht so gut wie deiner, Derek», sagte er und beobachtete den Ball, der 150 Yard vor ihnen über das Feld hüpfte. «Aber für einen alten Mann gar nicht schlecht.»

«So was sollst du nicht sagen», widersprach seine Frau, als sie gemeinsam weitergingen. «Das ist mir gegenüber nicht nett. Ich bin fast so alt wie du, und heute fühle ich mich wie sechzehn.»

«So siehst du auch aus, meine Liebe», erklärte Partridge galant.

Eine halbe Stunde später trank er im Klubhaus einen Gin mit Wermut. Er hörte Oldsby zu. Oldsby war im Auswärtigen Amt und verstand etwas von Politik.

«Es scheint ihm ziemlich schlecht zu gehen, diesem Rumänen», sagte Oldsby. «Er mußte operiert werden, und das schon zum zweitenmal.»

Partridge öffnete den Mund, um etwas zu sagen, aber in diesem Augenblick kam seine Familie, und gemeinsam gingen sie zu ihrem Wagen. Diesmal war es nicht der Bugatti, sondern die Vauxhall-Limousine mit Sheldon am Lenkrad.

Während der kurzen Fahrt sprach er nichts. Sie ließen ihn in Ruhe, denn sie glaubten, er sei müde.

Auf dem Tisch in der Halle lag ein Telegramm. Er öffnete es ruhig.

Es war von seinem Partner. Langsam las er es zweimal. Der rumänische Minister war also tot.

«Das ist schlimm», sagte er sich und ging nach oben in sein Zimmer, um sich umzuziehen.

Erst am folgenden Montag, als er in sein Büro kam, entdeckte er, daß er ruiniert war.

Zwei Tage später saß Partridge allein in seinem Büro. Es war schon sehr spät. Er hatte alle Züge verpaßt, und es gab keinen mehr, mit dem er rechtzeitig zum Abendessen nach Haus kommen konnte. Gertrude würde glauben, daß ihm etwas zugestoßen war. Er mußte es ihr erklären, und bis jetzt hatte er ihr noch nichts gesagt. Achtzehn Jahre lang war er nie zu spät zum Essen gekommen – jedenfalls nicht, ohne vorher anzurufen. Das zeigte den Ernst der Lage.

Er weigerte sich immer noch, der Wahrheit ins Gesicht zu sehen. Er war ruiniert, sicher, aber es gab Dinge, die schlimmer waren als finanzieller Ruin.

Heute war Mittwoch. Die ganze Zeit seit Montag, als die rumänischen Ölaktien so tief gefallen waren, hatte er, freiwillig, wie in einer Art Nebel gelebt. Er hatte nichts klar gesehen, und er wollte auch nichts klar sehen. Er hatte Angst vor den Tatsachen und vor jedem, der ihn zwingen könnte, ihnen ins Auge zu sehen. Da war beispielsweise Walker, sein alter Bürovorsteher, seit dreißig Jahren bei der Firma, nun müde und abgehärmt, mit braunen sanften Augen. Walker hatte ihn mit unbeholfenen Worten zu trösten versucht, aber Partridge war eher erschreckt als getröstet. Denn seine Worte schienen anzudeuten, daß die Dinge noch schlimmer waren, als er sich bis jetzt eingestanden hatte.

Dann war da noch Bentham, sein Partner, dem er blindlings, zu blindlings, vertraut hatte. Benthams Verhalten erschreckte ihn noch mehr als das des Bürovorstehers; denn es war falsch. Bentham war ein Betrüger, trotz seiner Gelassenheit. Die goldene Kette, die sich straff über seine Weste spannte, wirkte plötzlich unanständig. Bentham sprach immer noch davon, die Lage zu retten, aber Partridge wußte, daß er gar nicht meinte, was er sagte. Bentham war zu schlau, um sich über die Lage zu täuschen. Bentham wußte zu viel. Ständig entdeckte er neue Beweise dafür, daß Bentham gewisse Aspekte ihrer letzten gemeinsamen Transaktionen gekannt hatte, die ihm selbst völlig entgangen waren.

Er hatte Bentham zu viel Freiheit gelassen. Häufig hatte er

die Verbindlichkeiten, die er unterschrieben hatte, gar nicht ganz verstanden. Die Zusammenarbeit war zu gut gewesen. Bentham hatte Geld verdient, Geld für beide, aber es hatte den Anschein, daß ein großer Teil des Geldes, das Bentham verdient hatte, in den Geschäftsbüchern der gemeinsamen Firma nicht aufzufinden war. Und Bentham sprach beiläufig davon, daß er, wenn es zum Schlimmsten käme, verschwinden und in einem anderen Land ein neues Leben anfangen wollte.

Dann war da der letzte verzweifelte Versuch, gewisse Sicherheiten, die die Firma in Verwahrung hatte, zu verpfänden, um die Deckungslücke zu füllen. Er hatte das Manöver nicht ganz verstanden. Er hatte Bentham freie Hand gelassen, denn am Montag hatte er ihm geschworen, daß er alles in Ordnung bringen und die Firma retten könnte. Und die Firma mußte natürlich gerettet werden. Was sollte sonst aus Gertrude und den Kindern werden?

Aber wie konnte er die Stunde der Wahrheit noch länger hinausschieben? Er mußte genau wissen, wo und wie er stand. Walker hatte ihm die Bücher dagelassen, und allein in seinem Büro zwang sich Partridge, sie zu prüfen, wie sie ein Konkursverwalter prüfen würde.

Und schließlich wurde ihm alles klar.

Bentham war ein Gauner. Das ergab sich einwandfrei aus den Zahlen und Tatsachen. Bentham hatte seinen Partner betrogen und die Firma um ihren guten Ruf gebracht. Die Sicherheiten beispielsweise, die er in letzter Stunde verpfändet hatte!

Das war ein klarer Fall von Unterschlagung. Und jetzt wollte Bentham verschwinden und ein neues Leben anfangen und Partridge mit dem Scherbenhaufen zurücklassen.

Partridge ballte die Fäuste und dachte nach. Bentham hatte er bereits vergessen. Was spielte Bentham noch für eine Rolle? Was spielte überhaupt noch eine Rolle außer seiner Familie? Das war das absolute Ende. Gertrude würde keinen Pfennig haben. Derek konnte nie seinen Platz in der Firma übernehmen, und die Oberschule für die Mädchen mußte auch gestrichen werden. Allerdings hatte Gertrude ihre Musik. Er konnte sich das

Messingschild vorstellen, an einer abgeblätterten Tür vor einer schäbigen Wohnung irgendwo in West Kensington: Gertrude Partridge, Klavierlehrerin. Oder vielleicht würde sie lieber Zimmer vermieten. Er selbst würde natürlich in Wormwood Scrubs seine Strafe absitzen. Er glaubte, daß das die Anstalt war, in der Ersttäter saßen. Das wußte er von dem Direktor des Gefängnisses, mit dem er befreundet war. Ein netter Bursche, der Direktor. Sie hatten sich oft über die Reformen im Strafvollzug unterhalten. Er brauchte vermutlich keinen gestreiften Gefängnisanzug zu tragen, und er würde auch seinen eigenen Namen behalten. Sie waren heute in diesen Dingen sehr viel milder zu Leuten, die zum erstenmal straffällig wurden.

Partridge stöhnte und bedeckte sein mageres Gesicht mit den Händen. Was spielte es für eine Rolle, was er im Gefängnis trug und ob er mit seinem Namen oder mit einer Nummer aufgerufen wurde? Es ging um seine Familie, nur die Familie war wichtig. Ihr zu dienen war der Sinn seines Lebens. Er hatte sich angewöhnt, immer zuerst an sie zu denken, sich selbst nur als ein Werkzeug zu betrachten, das ihre Wünsche erfüllte. Sie hielten viel von ihm, natürlich, aber nur aus Liebe und Zuneigung schätzten sie ihn so hoch ein. Immer war er stolz und glücklich gewesen, wenn er ihnen das beste verschaffen konnte, was das Leben zu bieten hatte. Derek sollte natürlich nach Oxford gehen. Sie brauchten alle ein bißchen eigenes Vermögen, wenigstens soviel, um unabhängig zu sein und das Gefühl zu haben, daß sie bekommen konnten, was sie wollten, denn das war nach seiner Erfahrung der einzig sichere Weg, es wirklich zu bekommen. Es war der Sinn seines Lebens gewesen, seinen Kindern den Weg zu ebnen.

Und nun ...

Er hatte versagt. Und es war ihr gutes Recht, ihn dafür zu verdammen. Da war zum Beispiel Gertrude. Sie hatte ihm ihre Jugend und ihre Schönheit geopfert, und er fühlte sich immer in ihrer Schuld. Er hatte ihr sein Leben gewidmet, um dafür zu zahlen, und bis jetzt war ihm das auch gelungen. Aber jetzt war er verarmt und entehrt, und er war einundfünfzig. Was hatte sie noch am letzten Samstag gesagt? Daß sie beide gleich alt wären. Aber das war lächerlich. Gertrude war zehn Jahre jünger. Aber es sah ihr ähnlich, so etwas zu sagen. Denn sie liebte ihn. Es war sonderbar, daß sie ihn liebte. Aber das war jetzt zu Ende. Sie konnte ihn nicht mehr lieben. Er verdiente es nicht. Sie würde ihn nie mehr sehen wollen, wenn er ihr sagte, was geschehen war. Leichtsinnig hatte er die Zukunft der Kinder ruiniert, die ihnen beiden alles bedeuteten und in denen sie ihre eigene Jugend noch einmal erlebten.

Nein, sie würde ihn niemals wiedersehen wollen, wenn es ihm nicht irgendwie gelang, das Unheil von den Kindern abzuwenden. Gab es denn keinen Ausweg für einen verzweifelten Mann, dem gleichgültig war, was aus ihm selbst wurde und der für keinen Menschen mehr von Nutzen war?

Er mußte sich zusammenreißen. Es mußte eine Lösung geben, und die mußte er finden. Er war entehrt, aber sie würden ihn rasch und leicht vergessen, wenn es ihm gelang, das Unheil von ihnen abzuwenden, das er auf sie gelenkt hatte. Oder vielleicht würden sie sich auch erinnern und ihm vergeben, freundlich an ihn denken, wenn er nur aus ihrem Leben verschwinden und sie in einigermaßen gesicherten Verhältnissen zurücklassen könnte.

Er beugte sich nach unten, um den Schlüssel in der untersten Schreibtischschublade umzudrehen und sie aufzuziehen. Dort bewahrte er seine persönlichen Papiere auf, die nicht einmal sein Privatsekretär sehen durfte. Er suchte sein Testament und faltete es auf. Mit einem bitteren Lachen las er es durch. Es war nicht mehr das Papier wert, auf dem es geschrieben war. Aber daneben lag etwas anderes, in einem langen Umschlag. Das war die Police seiner Lebensversicherung. Er nahm den Umschlag und zog mit zitternden Händen den Bogen heraus. Die Police war in Ordnung, und in einem kleinen getrennten Fach dort unten in der Schublade lagen die Quittungen für die Prämien, die er bezahlt hatte. Das war das einzig Wertvolle, was ihm geblieben war.

Die Versicherung lautete auf 30 000 Pfund, eine große Summe. Aber er hatte auch keine Ersparnisse gemacht. Er hatte sein

Geld lieber auf diese Weise angelegt. Er hatte eine hohe Prämie bezahlt für eine hohe Versicherungssumme. Das war völlig richtig, ein gutes Geschäft, und das Ergebnis – 30 000 Pfund, ein kleines Vermögen.

Damit konnte Derek nach Oxford gehen und Molly nach Newnham, und Gertrude würde dafür sorgen, daß sie alle eine gute Ausbildung bekämen.

Ja, aber wenn sie das Geld bekommen sollten, mußte er sterben. Mehr konnte er nicht tun, um ihnen zu helfen. Das einzige, was er tun konnte, war, für sie zu sterben. Und das war das Ende der Firma Partridge & Bentham.

Er stieß ein heiseres Kichern aus. Soweit war es also gekommen. Tot war er für seine Familie mehr wert als lebend. Einen Augenblick starrte er brütend auf den Bogen mit dem geprägten Kopf.

Dann begann sein Herz heftig zu pochen. Die Lösung starrte ihm direkt ins Gesicht. Es war also besser, wenn er tot war, und das ließ sich natürlich leicht einrichten. Dann würde Gertrude das Geld bekommen. Nichts einfacher als das. Und das Geld würde Gertrude gehören. Es konnte nicht beschlagnahmt oder zur Konkursmasse geschlagen werden. In diesem Punkt war er sehr vorsichtig gewesen. Das Geld war völlig sicher, und es reichte aus. 30 000 Pfund, gut angelegt, zu 6 Prozent, oder vielleicht sogar 7 Prozent, das waren über 2000 Pfund im Jahr – nein, nicht ganz, denn davon mußte die Einkommensteuer abgezogen werden. Aber immer noch etwa 1700 Pfund im Jahr. Das war gar nicht schlecht. Damit hatten die Kinder einen guten Start, und die Umstellung ihrer Lebensgewohnheiten würde nicht sehr arg sein. Natürlich mußten sie die Autos verkaufen und in eine kleinere Wohnung ziehen, aber das war nicht so wichtig. Gertrude würde das nichts ausmachen.

Er öffnete eine andere Schublade und nahm einen kleinen Revolver heraus, den er seit Jahren dort aufbewahrte. Er hatte ihn gekauft, um Walker zu beruhigen, der anscheinend glaubte, daß es gut war, für alle Fälle eine Waffe zur Hand zu haben. Walker war immer dafür, alles für alle Fälle vorbereitet zu haben. Um

Walker zu beruhigen, hatte er den Revolver am Tag nach dem aufsehenerregenden Überfall in der Gracechurch Street gekauft, als der alte Hanson in seinem Privatbüro am hellen Tage von zwei Verbrechern ausgeraubt worden war. Er hatte Walker ausgelacht, aber den Revolver hatte er doch gekauft, und da lag er nun, und daneben eine kleine Schachtel mit Patronen. Er prüfte die Waffe und sah, daß sie geladen war. Nun, sie war seit zehn Jahren geladen. Vielleicht waren die Patronen feucht geworden. Er wollte ganz sichergehen.

Rasch ließ er die sechs Patronen in die Hand gleiten und legte sie auf den Tisch. Dann nahm er sechs andere aus der Schachtel, lud die Waffe neu und legte sie vor sich hin.

Sie lag auf der Versicherungspolice, die Mündung des glänzenden Laufes ungefähr in der Mitte des Bogens.

Mechanisch las er die Worte, auf die der Revolver zeigte. Er las sie einmal, noch einmal und ein drittes Mal. Beim Lesen erstarb die Hoffnung in seinem Herzen. Was hatte das zu bedeuten?

*Die Zahlungsverpflichtung der Gesellschaft erlischt, wenn der Versicherungsnehmer Selbstmord begeht.*

Da stand es schwarz auf weiß! Er durfte sich also nicht selbst töten. Wenn er das tat, war die Police wertlos. Offenbar mußte er auf natürliche Weise oder durch einen Unfall sterben. Ein natürlicher Tod war ausgeschlossen. Er war kerngesund, und so würde es mindestens noch zehn Jahre bleiben. Einen Unfall vorzutäuschen war sehr schwer. Die Leute von der Versicherung waren keine Idioten, und wenn einer ihrer Kunden, der für seine Erben 30 000 Pfund wert war und allen Grund hatte, möglichst schnell aus dieser Welt zu verschwinden, durch einen Unfall ums Leben kam, gab es eine Untersuchung. Es hatte keinen Sinn, sich einfach vor einen Zug zu stürzen oder zu weit aus dem Fenster zu lehnen oder so etwas. Er mußte sich das gründlich überlegen.

Lange Zeit saß er bewegungslos da und versuchte, sich einen wirklich überzeugenden Unfall auszudenken, der so offensichtlich nicht gestellt war, daß niemand auch nur im Traum auf den Gedanken kam, es für einen sonderbaren Zufall zu halten, daß er, nachdem er ruiniert und um seinen guten Ruf gebracht war, gerade auf diese Weise ums Leben gekommen sein sollte. Aber er fand nichts. Es fiel ihm nichts ein, was auch nur die geringste Aussicht hatte, unentdeckt zu bleiben. Es würde mit Sicherheit eine Untersuchung geben. Die Gesellschaft würde sich um seine finanziellen Verhältnisse kümmern, und dann bestand immer die Möglichkeit, daß sie die Zahlung verweigerte. Vielleicht konnte Gertrude die Gesellschaft verklagen. Dann gab es einen Prozeß, endlose Verzögerungen und zum Schluß wahrscheinlich doch kein Geld.

Und dann fiel es ihm ein. Er packte die Armstützen des Sessels und lehnte sich zurück. Auf seiner Stirn glitzerten Schweißperlen, aber er merkte es nicht. Jetzt hatte er es. Warum war er nicht schon vorher darauf gekommen?

Er nahm die Police wieder in die Hand und las sie sorgfältig vom Anfang bis zum Ende durch. Ja, natürlich. Das war der Ausweg. Es gab keine Fehlerquelle. Der Plan war völlig sicher.

Partridge lachte. Im Inneren fühlte er fast so etwas wie Triumph. Was sprach gegen seinen Plan? Zuerst natürlich die Schande. Aber die kam ohnehin; und die Kinder konnten einen anderen Namen annehmen. Mit 30 000 Pfund konnte man vieles regeln auf dieser Welt, einschließlich der Schande, doch ohne Geld überhaupt nichts.

Entschlossen griff er zum Telefon. Benthams Butler wollte ihn nicht verbinden, aber danach ging alles glatt. Zuerst weigerte sich Bentham natürlich, ins Büro zu kommen. Aber Partridge erklärte seinem Partner, daß er gerade unvorstellbares Glück gehabt hätte; dabei war er sich des grimmigen Humors der Situation völlig bewußt. Natürlich konnte er am Telefon keine Einzelheiten erörtern, aber die Lage war ohne jeden Zweifel gerettet. Partridge & Bentham hatten es geschafft. Und er erklärte Bentham, daß er ganz plötzlich einen Weg entdeckt hätte, wie er über 30 000 Pfund verfügen könnte.

«Das ist mehr als genug», kicherte er. «Mehr als genug für den dringendsten Bedarf.»

Partridge saß gelassen in seinem Sessel und wartete. Er begann zu träumen. Er dachte an seine Flitterwochen in Amalfi. Er sah das Meer vor sich und die sanften Hügel mit den Olivenbäumen. Hinter ihnen, hoch oben in den Bergen, lag Ravello in der Sonne. Wie er mit Gertrude über das Mosaik von Jonas und dem Walfisch in der Kirche gelacht hatte, es war so naiv und schön.

Plötzlich hörte er Schritte.

«Nun?» kam eine Stimme von der Tür.

Partridge stand auf.

«Sind Sie es, Bentham?» fragte er.

Ja, es war wirklich Bentham, der in der Tür stand. Seine goldene Uhrkette spannte sich straff zwischen den beiden Westentaschen.

Partridge ging ruhig auf ihn zu, hob den Revolver und schoß seinem Partner ohne Bedauern eine Kugel in den Kopf.

Dann ging er zum Schreibtisch, nahm den Telefonhörer ab und verlangte die nächste Polizeiwache.

Partridge war sehr besorgt über das Verhalten seines Anwalts. Zunächst einmal, er wollte gar keinen Anwalt. Er hatte es abgelehnt, irgend etwas zu unternehmen, außer sich für schuldig zu erklären. Aber es wurde ihm natürlich ein Anwalt zugeteilt. Es handelte sich um ein Kapitalverbrechen, und das bedeutete, daß der Angeklagte sich nicht selbst verteidigen durfte. Sie hatten einen Anwalt gefunden, einen jungen Burschen, der seinen Fall übernahm. Er hieß Tomlinson oder Tomkinson oder so ähnlich und besuchte Partridge in seiner Zelle in Holloway.

Partridge hatte seinen Anwalt nicht sehr freundlich empfangen und überhaupt nichts unternommen, um ihm bei der Verteidigung zu helfen. Was sollte das für einen Sinn haben? Er erklärte sich für schuldig und hatte den Aussagen, die er bei seiner Verhaftung gemacht hatte, nichts hinzuzufügen. Diese Aussagen waren völlig klar gewesen. Er hatte mit seinem Partner James Bentham gestritten, und dieser hatte zur gewohnten Zeit, gegen fünf Uhr, das Büro verlassen. Er, Partridge, war bis nach sieben geblieben und hatte über den Streit mit seinem Partner nachgedacht. Endlich war er zu dem Entschluß gekommen, ihn zu beseitigen. Um 7.10 Uhr hatte er Bentham angerufen und ihn unter einem Vorwand veranlaßt, wieder ins Büro zu kommen. Gleich nach seiner Ankunft hatte er Bentham erschossen und sich dann der Polizei gestellt.

Es war doch ganz einfach. Jetzt sollte die Gerechtigkeit ihren Lauf nehmen, und zwar möglichst schnell. Er wußte, daß zwischen der Verkündung und der Vollstreckung des Urteils drei volle Wochen vergehen durften.

Aber nun kam dieser junge Dummkopf daher und bestand darauf, ein Plädoyer zu halten. Was sollte das für einen Sinn haben? Der Angeklagte hatte sich für schuldig erklärt, und er wollte keine Verteidigung. Er hatte vorsätzlich und kaltblütig einen Mord begangen. Er war bereit, die Strafe auf sich zu nehmen.

Doch was war das? Der Strafverteidiger ritt nun auf Benthams Charakter und seinen Untaten herum.

«Ich bedaure, über einen Toten so offen sprechen zu müssen, aber aus den Tatsachen ergibt sich unumstößlich, daß er meinen Klienten um sein gesamtes Vermögen betrogen hat. Er hat diesen unglücklichen Mann und seine Familie an den Bettelstab gebracht. Ich gebe zu bedenken, daß mein Klient, als er die Tat beging, aufs äußerste gereizt war . . .»

Woher wußte der Mann über Bentham Bescheid? Er hatte ihm nichts davon erzählt, gar nichts. Hatte Gertrude es ihm vielleicht gesagt? Gertrude. Sein Herz tat einen Sprung. Er hatte sie seit der Verhaftung nur ein einziges Mal gesehen.

Aber das hier war unerträglich. Irgendwie mußte er den jungen Mann zum Schweigen bringen.

Hastig kritzelte Partridge etwas auf einen Zettel, der seinem Anwalt sofort gebracht wurde. Dieser hielt einen Augenblick inne, las den Zettel, und redete weiter, als ob nichts geschehen wäre.

Endlich war er fertig. Er hatte fast eine halbe Stunde gesprochen, die reinste Zeitverschwendung. Und außerdem ziemlich beunruhigend, dieses Zeug über Bentham, das er dem Gericht vorgetragen hatte. Aber die Geschworenen hatten natürlich keine Wahl. Sie mußten ihn für schuldig erklären, und der Richter mußte sich an das Gesetz halten. Es war alles völlig sicher, ohne Frage, aber trotzdem war er etwas beunruhigt.

Und jetzt hielt der Richter seine Rechtsbelehrung. Das konnte nicht lange dauern. Der Richter war ein vernünftiger, sachlicher Mann, der weder Zeit noch Worte verschwendete. Ja, es war alles in Ordnung. Der Richter erklärte den Geschworenen, daß sie auf «schuldig» erkennen müßten. Das war ein guter Schritt vorwärts.

Partridge atmete erleichtert auf.

Hinter dem Kopf des Richters erschien eine Hand und legte eine kleine viereckige schwarze Kappe auf seine Perücke.

«Angeklagter, haben Sie Gründe vorzubringen, warum die Todesstrafe an Ihnen nicht vollstreckt werden sollte?»

Einer der schwerfälligen Wärter, zwischen denen Partridge stand, gab ihm einen Stoß. Für einen Augenblick herrschte völlige Stille.

«Ich habe nichts vorzubringen», sagte Partridge mit einem merkwürdigen schwachen Lächeln.

Und er lächelte immer noch, als sie ihn, nachdem er zum Tode verurteilt worden war, abführten.

Die erste Woche in der Todeszelle verbrachte Partridge recht zufrieden. Am dritten Tag hatte ihn ein Rechtsanwalt wegen des Konkurses seiner Firma besucht. Es waren die gesamten Verbindlichkeiten aufgenommen worden, und es schien, daß die Gläubiger mindestens achtzehn Shilling für das Pfund bekommen würden, vielleicht sogar noch ein bißchen mehr. Das war gewiß befriedigend, äußerst befriedigend. Natürlich waren Gertrude und die Kinder mittellos – aber Gott sei Dank nicht für lange, nur für ein paar Tage. Die Vollstreckung konnte nicht lange verschoben werden, denn er hatte auf einen Einspruch gegen das Urteil verzichtet, und dadurch wurde der Ablauf natürlich sehr beschleunigt. In der Zwischenzeit hatte Gertrude ihre

Perlen. Dafür konnte sie eine schöne Summe bekommen, mindestens vierhundert Pfund, und das reichte für den Lebensunterhalt, bis die Versicherungsgesellschaft gezahlt hatte. Am Tag nach seiner Hinrichtung würde sie 30 000 Pfund bekommen. Da gab es keinen Ausweg für die Versicherung. Wenn er sich selbst getötet hätte, würde sie gar nichts bekommen, aber es gab keine Klausel in dem Vertrag, die für den Fall eines Todesurteils eine Ausnahme machte.

Ja, das hatte er alles sehr klug eingefädelt, äußerst klug sogar. Und seine Freunde – das waren alle, die jetzt noch zugaben, daß sie ihn kannten – hielten ihn für verrückt. Partridge lächelte heiter, und er hörte nicht auf zu lächeln, sehr zur Verwunderung seines Wärters. Denn jetzt ließ man ihn nicht mehr allein. Er wurde Tag und Nacht bewacht. Das war lästig, aber es gehörte zu dem, was er als Folge seines eigenen freiwilligen Entschlusses auf sich zu nehmen hatte. Er sah das ein und fügte sich. Er tat das alles für seine Familie. So hatte er zum Schluß doch nicht versagt, und bald würden sie von ihm befreit sein, ein kleines Vermögen haben und unbesorgt in die Zukunft blicken.

Er hatte nicht die geringste Angst vor dem Sterben. Es gab nur eine Sache, die ihn wirklich beunruhigte. Der Tag kam näher, an dem er sich von Gertrude verabschieden mußte. Das würde schrecklich werden. Die Zeit verging, und er fürchtete sich immer mehr vor diesem Tag. Auch für Gertrude mußte es schrecklich sein. Es war besser für sie, wenn sie ihn los war, aber wahrscheinlich würde sie das am Anfang nicht einsehen. Sie würde Zeit brauchen, und es war auf jeden Fall für eine Frau bedrückend, sich von einem Gatten zu verabschieden, der gehenkt werden sollte. Sie waren so gut miteinander ausgekommen. Es würde bestimmt schrecklich werden. Er würde sie aus der Tür gehen sehen, und dann würde er sie nie wieder sehen. Das war ein entsetzlicher Gedanke.

Wie würde sie ihn wohl begrüßen? Bei ihrer einzigen Begegnung nach der Verhaftung wirkte sie wie betäubt. Ja, das war das richtige Wort – betäubt. Oder hatte sie sich nur zu beherrschen versucht? Sie hatte keine Tränen vergossen und, äußerlich jedenfalls, ganz ruhig gewirkt. Die einzige Bewegung hatte sie beim Abschied gezeigt, als sie ihn inniger küßte, als es ihre Art war. Er betete, daß sie sich bei ihrem Abschied auch so verhalten würde. Sonst wußte er nicht, was er tun würde.

Den wahren Grund, warum er Bentham erschossen hatte, konnte er ihr natürlich nicht sagen oder auch nur andeuten, denn dann hätte er sie zur Mitwisserin gemacht. Sie sollte völlig unschuldig bleiben. Sie sollte entweder glauben, daß er durch die Gemeinheit seines betrügerischen Partners plötzlich in Wut geraten war, oder sie sollte die Ansicht der wohlwollenderen seiner Freunde teilen und glauben, daß er in einem plötzlichen Anfall von Geistesgestörtheit gehandelt hatte.

Partridge hoffte, daß sie von diesen beiden Hypothesen die erste wählen würde. Sie sollte ihn nicht für verrückt halten, wenn es sich vermeiden ließ. Denn sonst würde sie ständig nach Zeichen dafür suchen, daß sich die Krankheit auf die Kinder vererbt hatte. Außerdem war er nicht verrückt. Im Gegenteil, niemand hätte klüger und überlegter handeln können als er.

Inzwischen blieb ihm nichts zu tun übrig, als auf das Ende zu warten und den Kopf hochzuhalten. Gertrude konnte wählen, ob sie glauben wollte, daß er den Mord aus Rache begangen hatte oder in einem Anfall von Geistesgestörtheit. Er wollte sie nicht beeinflussen. Das war das wenigste, was er tun konnte, das wenigste, was er ihr schenken konnte für achtzehn Jahre der Liebe und des Glücks, wie sie nicht vielen Männern beschieden waren, dessen war er sicher.

Der wirkliche Abschied war nicht so schlimm, wie er gefürchtet hatte. Der Gefängnisdirektor kam um neun Uhr morgens und erklärte ganz ruhig, daß er am nächsten Tag um acht Uhr früh sterben würde.

Fröhlich lächelnd schaute er den Wärter an, der ihn mit einem Kopfschütteln verwundert ansah, als ob er nicht wüßte, was er mit diesem Gefangenen anfangen sollte. Partridge allerdings ließ sich durch das Verhalten des Wärters nicht beunruhigen. Der Mann hielt ihn natürlich für verrückt, wie so viele andere auch. Es ist wohl ungewöhnlich, dachte er, daß jemand lächelt, wenn ihm in kurzen Worten mitgeteilt wird, daß er in vierundzwanzig Stunden gehenkt wird. Aber er hatte jeden Grund zum Lächeln. Sein großer Plan war gelungen. Jetzt konnte nichts mehr schiefgehen. Die Erklärung des Direktors war endgültig und befreite ihn von allen Sorgen. Er hatte sich manchmal wirklich Sorgen gemacht. Dieser Tomlinson oder Tomkinson zum Beispiel hatte ihm mit seinen «mildernden Umständen» und seiner «unerträglichen Herausforderung» manche unruhige Minute bereitet. Zum Glück waren der Richter und die Geschworenen ganz vernünftig gewesen und hatten keine Begnadigung oder solchen Unsinn empfohlen, sondern die zwölf Männer hatten sich schlicht und einfach auf das Todesurteil geeinigt. Und jetzt sollte er wirklich hingerichtet werden. Die Stunde stand schon fest.

Partridge saß auf der Bettkante oder ging in der Zelle auf und ab. Ab und zu hob er den Kopf und lauschte auf die hämmernden Geräusche, die mit Unterbrechungen zu hören waren; nach einer Weile fragte er den Wärter, der in seiner Zelle Dienst hatte, was das bedeutete. Der Wärter schien durch die Frage in Verlegenheit zu geraten, aber dann sagte er, es würde nur alles vorbereitet.

«Für morgen meinen Sie?» fragte Partridge.

Der Wärter nickte.

«Hören Sie», fuhr Partridge eifrig fort. «Ich nehme an, daß alles in Ordnung ist wegen morgen früh. Ich meine, es gibt da sicher keine – Fehler?»

«Keine Angst», sagte der Wärter. «Es wird nie ein Fehler gemacht. Darüber brauchen Sie sich keine Sorgen zu machen.»

«Ich meine etwas anderes», drängte Partridge. «Wenn das Seil reißt oder das Fallbrett klemmt, habe ich mir sagen lassen, oder wenn etwas anderes passiert, wird es dreimal versucht, und wenn man dann immer noch lebt, muß man begnadigt werden.»

«Darüber machen Sie sich keine Sorgen», erklärte der Wärter beruhigend. «Das ist in den letzten hundert Jahren höchstens ein- oder zweimal vorgekommen.»

«Sehr gut», sagte Partridge, wieder mit einem Lächeln.

Komischer Kerl, dachte der Wärter.

«Da fällt mir etwas ein», berichtete Partridge gesprächig. «Ich habe mal von einem Zimmermann gelesen, der gehenkt wurde. Als er unter der Schlinge stand, erklärte er dem Direktor: ‹Als Fachmann ist es meine Pflicht, Ihnen zu sagen, daß diese Plattform ganz und gar nicht sicher ist.› Sehr lustig, finden Sie nicht?»

Der Wärter gab keine Antwort, weil er nicht wußte, was er sagen sollte. Außerdem klopfte es in diesem Augenblick an die Zellentür, und dann wurde sie geöffnet.

Partridge drehte sich um und sah, daß Gertrude gekommen war, um Abschied zu nehmen.

Für einen Augenblick stand er ganz still, und sein Kopf war leer. Er starrte sie an und nahm ihren Anblick in sich auf. Wie wundervoll sie aussah! Sie war viel mehr wert als das, was er für sie tat. Grau kleidete sie immer besonders gut. So standen sie einen Augenblick da und sahen sich an.

Schließlich merkte Partridge, daß sie weinte. Das war überhaupt nicht gut. Er nahm sie in die Arme und versuchte, sie zu beruhigen.

«Bitte, weine nicht!» Mehr konnte er nicht sagen.

Über ihre Schulter hinweg sah er den Wärter, der ihnen den Rücken zukehrte. Das ist sehr taktvoll von dem Mann, dachte er.

«Denk einfach, daß ich auf eine lange Reise gehe», meinte Partridge, obwohl er nicht wußte, warum er etwas so Dummes sagte.

Gertrude konnte nur antworten: «Guy, Liebling, ich liebe dich.» Und das war sehr nett von ihr, besonders, weil sie wirklich meinte, was sie sagte. Er begann endlich, die Tatsache zu begreifen, daß Gertrude ihn liebte, und das war ein Grund mehr, daß er alles tun mußte, um sie vor dem Ruin zu bewahren, in den er sie durch seine Achtlosigkeit und Unfähigkeit gestürzt hatte. Er schuldete ihr alles. Er konnte ihr niemals zurückzahlen, was sie ihm mit ihrer Liebe so großzügig geschenkt hatte – und wenn er hundert Jahre lebte. Aber dazu bestand nicht die geringste Aussicht, er hatte nur noch ein paar Stunden. Aber wenn er nicht für sie leben konnte, so konnte er für sie sterben, für ihre Zufriedenheit und ihre Geborgenheit und für die Sicherheit und den Erfolg der Kinder, die sie beide so sehr liebten.

Um sechs Uhr morgens wurde er geweckt. Er hatte gut geschlafen und wachte etwas benommen auf. Sechs Uhr war eine barbarische Stunde, um einen Menschen zu wecken. Warum konnten sie ihre Hinrichtungen nicht auf eine vernünftigere Zeit legen? Er war etwas verärgert darüber und brummte beim Waschen und Anziehen leise vor sich hin.

Er zog seine eigenen Sachen an, allerdings keine Krawatte. Auf das Frühstück verzichtete er. Eine Tasse Tee war alles, was er so früh am Morgen brauchte. Er hatte gehört, daß manche Mörder ein kräftiges Frühstück aßen, aber er hatte wirklich kein Verlangen danach.

Er war fertig und wartete schon einige Zeit, als draußen im Flur Schritte hörbar wurden.

«Das wird der Pfarrer sein», sagte der Wärter; aber anscheinend hatte er sich geirrt, denn als die Tür geöffnet wurde, stand der Direktor da, hinter ihm der Arzt und als letzter der Pfarrer.

Als sie hereinkamen, trat der Wärter zur Seite, und Partridge hielt eifrig Ausschau nach einem vierten Mann. Die wichtigste Persönlichkeit fehlte. Wo steckte der Henker?

Aber es blieb noch genug Zeit, es war erst kurz nach halb acht, und vielleicht mußten noch einige Formalitäten erledigt werden, bevor sie zu der Sache kamen, wegen der sie hier waren.

Ja, mit den Formalitäten hatte er recht. Denn sie alle schauten jetzt den Direktor an, der mit sehr feierlichem Gesicht ein Schriftstück zu verlesen begann.

Das Schriftstück mußte wichtig sein, denn alle sahen sehr ernst aus, und der Direktor warf ab und zu einen Blick über den Rand des Papiers, als ob er sich vergewissern wollte, daß der Sinn seiner Worte von der Person, die es offensichtlich anging, auch wirklich aufgenommen wurde.

Partridge riß sich zusammen. Er mußte sich auf das, was der

Direktor sagte, konzentrieren. Was sagte der Mann? Wo hatte er das schon einmal gehört?

*«... Verbrechen begangen im Zustand äußerster Gereiztheit ... mildernde Umstände ... Die Todesstrafe wird hierdurch in eine lebenslängliche Freiheitsstrafe umgewandelt ...»*

Partridge starrte leer vor sich hin.

«Es tut mir leid, Partridge», sagte der Direktor. «Ich konnte Sie von der Begnadigung nicht vorher benachrichtigen. Ich habe sie selbst erst vor einer halben Stunde bekommen.»

Partridge starrte weiter vor sich hin. Als der Direktor sich umdrehte, um die Zelle zu verlassen, trat der Pfarrer auf ihn zu und legte ihm freundlich die Hand auf den Arm.

«Hören Sie, Partridge», sagte der Pfarrer. «Der Innenminister hat sich den Gründen nicht verschließen können, die ihm in einem langen Gnadengesuch vorgelegt wurden. Der Allmächtige hat Ihnen noch eine Chance gegeben!» Als Partridge weiter regungslos dastand und schwieg, fügte er freundlich hinzu: «Sie müssen wissen, daß Sie ein Gesuch einreichen können.»

Partridge blickte auf, und in seinen Augen leuchtete plötzlich ein Hoffnungsschimmer.

«Ein Gesuch einreichen», wiederholte er.

«Ja», bestätigte der Pfarrer, noch freundlicher als vorher. «Sie können ein Gesuch um vorzeitige Entlassung einreichen – nach dreizehn Jahren.»

# *Täglich frische Blumen*

*Robert Bloch*

In Großmutters Haus standen immer frische Blumen auf dem Tisch. Das lag daran, daß Großmutter direkt neben dem Friedhof wohnte.

«Nichts macht ein Zimmer so freundlich wie Blumen», sagte Großmutter immer. «Ed, sei ein lieber Junge und lauf mal eben rüber. Hol mir was Hübsches. Ich hab' so das Gefühl, daß gestern nachmittag nahe bei der Weaver-Gruft was losgewesen ist – du weißt schon, wo ich meine. Such was Hübsches aus, aber ja keine Lilien.»

Also zottelte Ed los, kletterte auf den Zaun des Hinterhofs und sprang auf der anderen Seite über das Putnam-Grab mit dem eingesunkenen Grabstein hinunter. Er lief über die Wege und kürzte durch Büsche oder um Statuen herum ab. Ed war noch keine sieben Jahre alt, als er schon jeden Fußbreit Friedhof in- und auswendig kannte – er hatte ihn im Dunklen beim Versteckspielen mit der Bande genau kennengelernt.

Ed liebte den Friedhof. Er war schöner als der Hinterhof und schöner als das baufällige alte Haus, in dem er und Großmutter lebten. Seit er vier Jahre alt war, spielte er täglich zwischen den Gräbern. Überall waren große Bäume und Sträucher; überall war grüner Rasen, und es gab aufregende, gewundene Pfade, die sich in einem Irrgarten aus Grabhügeln und weißen Steinen verloren. Ständig sangen die Vögel und huschten zwischen den Blumen umher. Es war dort wunderschön und still, und es gab niemand, der ihn beaufsichtigte, störte oder schimpfte – solange Ed sich vorsah und dem alten Sauertopf, dem Wärter, aus dem Weg ging. Aber der alte Sauertopf wohnte anderswo, in einem großen Steinhaus am anderen Ende, dicht beim Haupteingang des Friedhofs.

Großmutter hatte Ed vom alten Sauertopf erzählt und ihn davor gewarnt, sich auf dem Friedhofsgelände von dem Wärter erwischen zu lassen.

«Er mag es nicht, wenn kleine Jungen dort spielen», sagte sie. «Schon gar nicht, wenn gerade eine Beerdigung stattfindet. Man könnte glauben, der Friedhof gehörte ihm. Und dabei gibt es niemand, der soviel Recht auf den Friedhof hat wie wir. – Du darfst auf jeden Fall dort spielen, soviel du willst, Ed, du mußt nur aufpassen, daß er dich nicht sieht. Man ist nur einmal jung.»

Großmutter war Klasse, ganz große Klasse. Sie ließ ihn sogar bis spät in die Nacht aufbleiben und zwischen den Grabsteinen mit Susie und Joe Versteck spielen.

Im Grunde war es ihr aber ziemlich gleichgültig, weil sie ja gerade am späten Abend selbst Besuch erhielt.

Tagsüber kam so gut wie niemand mehr zu Großmutter. Es kamen nur noch der Eismann und der Junge vom Lebensmittelgeschäft und manchmal der Briefträger – eigentlich kam er nur einmal im Monat und brachte den Scheck mit Großmutters Pension. Tagsüber waren Großmutter und Ed fast immer allein im Haus.

An den Abenden aber bekam sie Besuch. Sie erschienen nie vor dem Abendessen, aber so etwa gegen acht Uhr, wenn es dunkel wurde, begannen sie einzutreffen. Manchmal war es eine ganze Schar. Fast immer kamen Mr. Willis, Mrs. Cassidy und Sam Gates. Es waren auch andere Gäste da, aber Ed erinnerte sich an diese drei besonders gut.

Mr. Willis war ein komischer Mann. Er murrte immer und beklagte sich über die Kälte und fing mit Großmutter über eine Sache Streit an, die er «mein Grundstück» nannte.

«Du hast ja keine Ahnung, wie kalt das wird», sagte er des öfteren, wenn er in der Ecke beim Kamin saß und sich die Hände rieb. «Von Tag zu Tag kommt es mir kälter vor. Nicht, daß ich mich beklagen will, versteh das bitte richtig. Es ist nicht mit dem Rheuma zu vergleichen, das ich früher gehabt habe. Aber man hätte ja doch glauben sollen, sie würden mir eine anständige Ausstattung gönnen. Da habe ich ihnen soviel Geld hinterlassen, und sie suchen so ein billiges Fichtenholz aus und irgendeinen glänzenden Baumwollstoff, der nicht mal den ersten Winter übersteht ...»

Ja, Mr. Willis war wirklich ein Nörgler. Er hatte ein schmales, blasses Altmännergesicht, das nur aus Falten und Verdrießlichkeit zu bestehen schien. Ed hatte ihn sich nie genau ansehen können, weil Großmutter gleich nach dem Abendessen, wenn sie ins Wohnzimmer gingen, alle Lichter ausmachte und nur das Kaminfeuer brennen ließ. «Wir müssen sparen», sagte sie dann zu Ed. «Meine kleine Witwenrente hält kaum Körper und Seele zusammen, geschweige denn, daß sie auch noch für ein Waisenkind langt.»

Ed war Waise. Er wußte es, aber es machte ihm nichts aus. Ihm machte nichts etwas aus, er war da ganz anders als zum Beispiel Mr. Willis.

«Wenn man sich vorstellt, was aus mir geworden ist!» stöhnte Mr. Willis. «Das Grundstück hat meiner Familie gehört. Vor fünfzig Jahren war es Weideland – nichts als grüne Wiesen. Du weißt Bescheid, Hannah.»

Hannah war Großmutters Name: Hannah Morse. Großvater hatte Robert Morse geheißen. Großvater war vor langer Zeit im Krieg gefallen, und Großmutter wußte nicht einmal, wo er beerdigt worden war. Davor aber hatte er dieses Haus für Großmutter gebaut. Ed glaubte, daß Mr. Willis deswegen so wütend war.

«Als Robert dieses Haus baute, gab ich ihm das Land», beklagte sich Mr. Willis. «Das war in Ordnung. Aber als die Stadt kam und den Grund nahm – sie zwangen mich, es in Bausch und Bogen zu einem festen Preis an sie zu verkaufen –, das war nicht in Ordnung. Ein Haufen korrupter Juristen, der einen Mann um sein rechtmäßiges Eigentum betrügt, mit all dem Gewäsch über Zwangsversteigerung und Enteignung. Meiner Meinung nach habe ich immer noch einen moralischen Anspruch. Nicht nur auf den winzigen Fleck, auf dem sie mich abgeladen haben, sondern auf den ganzen Kram.»

«Was wollen Sie denn unternehmen?» fragte dann Mrs. Cassidy, «wollen Sie uns ausweisen?»

Und dann lachten sie. Sie lachten leise, denn alle Freunde von Großmutter waren immer leise, egal, wie fröhlich oder wütend sie wurden. Ed sah besonders gern Mrs. Cassidy beim Lachen zu, weil sie eine große Frau war und mit dem ganzen Körper lachte.

Mrs. Cassidy trug immer dasselbe wunderschöne schwarze Kleid und war gepudert und geschminkt. Sie sprach oft mit Großmutter über etwas, das «ewige Pflege» hieß.

Ed erinnerte sich, daß sie einmal sagte: «Ich werde immer für etwas dankbar sein, und das ist meine ewige Pflege. Die Blumen sind so entzückend. Und der Schmuck ist immer einwandfrei, sogar im Winter. Ich wollte, Sie könnten die Holzschnitzereien sehen; alles Handarbeit, echtes Mahagoni. Ich kann Ihnen wirklich sagen, sie haben keine Kosten gescheut. Ich bin ihnen so dankbar. Sehr dankbar. Wenn ich es nicht im Testament verboten hätte, hätten sie bestimmt noch ein Denkmal errichtet. Aber so, wie es jetzt ist, mit dem schlichten Granitstein aus Vermont, kommt es mir bescheidener vor – würdiger, wissen Sie.»

Ed verstand Mrs. Cassidy nicht besonders gut, und im übrigen fand er es interessanter, Sam Gates zuzuhören. Sam war der einzige, der sich etwas mehr mit Ed befaßte.

«Na, Junge», sagte er, «komm her und setz dich zu mir! Soll ich dir von den großen Schlachten erzählen?»

Sam Gates sah noch jung aus und lächelte ständig. Er saß gewöhnlich vor dem Kaminfeuer. Ed lag zu seinen Füßen und lauschte den aufregenden Erzählungen. Zum Beispiel der, in der Sam Gates mit Abe Lincoln zusammentraf – nicht mit Präsident Lincoln, sondern nur mit Abe, dem Anwalt aus Springfield in Illinois. Dann gab es eine Geschichte über die Blutecke, in der die Blauen es ihnen wirklich gegeben hatten.

«Ich wollte, ich hätte durchgehalten und das Ende miterlebt», seufzte Sam Gates. «Na ja, im Jahre 64 wußte natürlich jeder von uns, gleich auf welcher Seite er stand, wie es ausgehen würde. Nach Gettysburg sind sie sowieso nur noch gelaufen. Vielleicht war es ganz gut, daß ich dann nichts mehr mit dem zu tun hatte, was sie Wiederaufbau oder so ähnlich nannten. Nein, Junge, ich glaub', ich habe Glück gehabt. Ich mußte nicht alt werden wie Willis hier. Ich habe nie geheiratet und mußte keine Familie gründen und landete auch nicht als alter Mann in einem Winkel, wo ich an einem Kotelettknochen nur noch rummümmeln konnte. Das Ende ist ja doch immer dasselbe – stimmt's, Freunde?»

Dann sah sich Sam Gates zwinkernd nach allen Seiten um. Manchmal bekam es Großmutter mit der Wut.

«Mußt du dich immer so aufführen?» sagte sie. «Ist das eine Art zu reden? Als ob das Kind taub wäre! Nur weil ihr alle gern unter Leuten seid und hierherkommt, weil das Haus sozusagen zum Grundstück gehört, ist das noch lange kein Grund, einem Sechsjährigen Flausen in den Kopf zu setzen. Das gehört sich nicht.»

Wenn Großmutter so redete, war sie sehr wütend. Und wenn das vorkam, stand Ed meistens auf und ging hinaus, um mit Susie und Joe zu spielen.

Als Ed Jahre später darüber nachdachte, konnte er sich nicht erinnern, wann er zum ersten Mal mit Susie und Joe gespielt hatte. Die gemeinsam verbrachten Stunden waren in seiner Erinnerung ganz deutlich, andere Umstände aber waren ihm entglitten: Wo sie wohnten, wer ihre Eltern waren, warum sie nur am Abend kamen und vor dem Küchenfenster nach ihm riefen.

«Hallo, Eddie! Komm spielen!»

Joe war ein schwarzhaariger, stiller Junge von etwa neun Jahren. Susie war so alt wie Ed, vielleicht auch etwas jünger. Sie hatte braune Locken und trug immer ein Rüschenkleid, auf das sie sehr achtete, damit es nicht schmutzig wurde, ganz egal, was sie spielten.

Ed schwärmte für sie.

Jede Nacht spielten sie auf dem kühlen, dunklen Friedhof Versteck: Sie riefen sich leise beim Namen und kicherten gedämpft. Sogar jetzt wußte Ed noch, wie leise die Kinder gewesen waren. Er versuchte vergeblich, sich an andere Spiele zu erinnern, die sie gespielt hatten, Fangen zum Beispiel, wobei sie sich hätten berühren müssen. Irgendwie war er sicher, die Kinder berührt zu haben, aber er konnte sich an keine einzige Gelegenheit erinnern. Am deutlichsten sah er noch Susies Gesicht vor sich, ihr Lächeln, und den Tonfall, in dem sie mit ihrer Kleinmädchenstimme rief.

«Oh, Ed-die!»

Ed erzählte später niemals, an was er sich erinnerte. Später, das war nämlich der Beginn der ganzen Katastrophe. Es fing damit an, daß die Leute von der Schule kamen und Großmutter fragten, warum er nicht in die erste Klasse ginge.

Sie redeten mit ihr; dann redeten sie mit Ed. Es gab große Aufregung – er erinnerte sich, daß Großmutter weinte und ein großer Mann in einem blauen Anzug kam und ihr eine Menge Papiere zeigte.

Ed mochte an diese Vorfälle gar nicht denken, weil sie der Anfang vom Ende waren. Nachdem der Mann gekommen war, gab es keine Abende am Kamin mehr, keine Spiele auf dem Friedhof, keine Spur von Joe oder Susie.

Der Mann brachte Großmutter zum Weinen und sprach von Unfähigkeit und Vernachlässigung und von etwas, das Entmündigung hieß; und das nur, weil Ed so dumm gewesen war, ihm von den Spielen auf dem Friedhof und von Großmutters Freunden zu erzählen.

«Soll das heißen, Sie haben das arme Kind so verwirrt, daß es sie auch zu sehen glaubt?» fragte der Mann Großmutter. «So kann es nicht weitergehen, Mrs. Morse – einem Kind diesen krankhaften Unsinn über Tote einzureden!»

«Sie sind nicht tot!» fauchte Großmutter. Ed hatte sie noch nie so wütend gesehen, obwohl sie doch gerade geweint hatte. «Für mich sind sie es nicht und für ihn auch nicht und für keinen, der ihnen freundlich gesinnt ist. Ich habe fast mein ganzes Leben lang in diesem Haus gewohnt, seit Robert damals auf den Philippinen fiel, und heute kam zum ersten Mal ein Fremder ins Haus. Ein lebender Fremder würden Sie das wohl nennen. Die anderen aber – sie kommen regelmäßig. Wir wohnen sozusagen Tür an Tür. Die sind nicht tot! Das sind *Nachbarn*, jawohl. Für Ed und mich sind sie verdammt viel wirklicher als es je einer von Ihrer Sorte gewesen ist.»

Aber der Mann hörte Großmutter gar nicht zu, obwohl er keine Fragen mehr stellte, und sie von da an freundlich und höflich behandelte. Alle waren von da an freundlich und höflich; die anderen Männer, die kamen; auch die Dame, die Ed in den Zug und in die Stadt ins Waisenhaus mitnahm.

Das war das Ende. Im Waisenhaus gab es nicht jeden Tag frische Blumen; und obwohl Ed viele Kinder kennenlernte, traf er nie jemand wie Joe oder Susie.

Dabei waren sie alle, Kinder wie Erwachsene, sehr nett zu ihm. Sie behandelten ihn wirklich gut, und Mrs. Ward, die Leiterin, sagte Ed, er solle in ihr seine eigene Mutter sehen – das wäre das mindeste, was sie tun könne, nachdem er so Gräßliches erlebt habe.

Ed wußte nicht, was sie damit meinte, und sie wollte es ihm nicht erklären. Sie wollte ihm auch nicht sagen, was mit Großmutter geschehen war und warum sie nicht kam und ihn besuchte. Nie sagte sie etwas, wenn er irgendwelche Fragen über die Vergangenheit stellte, außer, es wäre am besten, er versuchte alles zu vergessen, was vor seiner Ankunft im Waisenhaus geschehen sei.

Ganz allmählich vergaß Ed. In den folgenden zwanzig Jahren vergaß er so gut wie alles – und darum war es jetzt auch so schwer, sich wieder zu erinnern. Denn Ed wollte sich um jeden Preis wieder erinnern.

Während der zwei Jahre im Lazarett in Honolulu verbrachte Ed einen großen Teil der Zeit damit, daß er sich zu erinnern versuchte. Sonst hatte er ja nichts zu tun. Er lag nur flach auf dem Rücken da, und im übrigen wollte er, falls er von hier wegkam, dorthin zurückkehren.

Als er zur Armee ging, nachdem er das Waisenhaus verlassen hatte, erhielt er einen Brief von Großmutter. Es war einer der wenigen Briefe, die Ed in seinem einsamen Leben erhalten hatte, und anfangs sagten ihm die Adresse und der Name Mrs. Hannah Morse sehr wenig.

Der Brief aber – nur ein paar Zeilen in einer dünnen, zittrigen Handschrift auf liniertem Briefpapier – beschwor einen Wirrwarr verschwommener Erinnerungen.

Großmutter war in einem Sanatorium gewesen, schrieb sie, aber sie sei nun wieder zu Hause und habe alles herausbekommen über «den gemeinen Plan, den sie ausbrüteten, um dich in ihre Klauen zu bekommen». Wenn Ed gern nach Hause kommen wollte ...

Ed sehnte sich verzweifelt nach Hause. Aber er war schon in Uniform und wartete auf den Marschbefehl, als der Brief eintraf. Natürlich hatte er geschrieben. Er schrieb immer, solange er in Übersee war, und schickte außerdem Geld.

Manchmal erreichten ihn Großmutters Antworten. Sie wartete auf seinen Urlaub. Sie las die Zeitungen. Sam Gates meinte, dieser Krieg sei etwas ganz Entsetzliches.

Sam Gates ...

Ed sagte sich, er sei jetzt ein erwachsener Mann und Sam Gates gehöre in eine Phantasiewelt. Aber Großmutter schrieb immer wieder von ihren Phantasiegestalten: von Mr. Willis und Mrs. Cassidy, ja sogar von «neuen Freunden», die zu Besuch kamen.

«Viele frische Blumen gibt es zurzeit, lieber Ed», schrieb Großmutter. «Es vergeht kaum ein Tag, an dem sie drüben nicht den Zapfenstreich blasen. Natürlich bin ich nicht mehr so rüstig, wie ich mal war – immerhin werde ich siebenundsiebzig, weißt du, aber die Blumen hole ich mir trotzdem noch.»

Als Ed verwundet wurde, kamen keine Briefe mehr. Lange Zeit hörte für Ed alles auf. Es gab nur noch das Bett, die Ärzte, die Krankenschwestern, alle drei Stunden die Spritzen und die Schmerzen. Daraus bestand Eds Leben, daraus und aus dem Versuch, sich zu erinnern.

Einmal hätte Ed um ein Haar einem Arzt alles erzählt, aber

er beherrschte sich gerade noch rechtzeitig. Darüber konnte man nicht reden und hoffen, verstanden zu werden. Ed hatte schon genug Ärger; er wollte nicht auch noch in die Klapskiste.

Sobald er dazu fähig war, schrieb er wieder. Fast zwei Jahre waren vergangen, und der Krieg war längst zu Ende. So viele Dinge waren inzwischen geschehen, daß Ed kaum auf Antwort zu hoffen wagte. Hannah Morse ging nun auf die Achtzig zu, falls ...

Er bekam den Antwortbrief ein paar Tage vor der Entlassung aus dem Lazarett.

«Lieber Ed.» Dieselbe zittrige, dünne Schrift, wahrscheinlich ein Blatt vom selben linierten Schreibblock. Nichts hatte sich verändert. Großmutter wartete immer noch und hatte gewußt, daß er nicht aufgeben würde. Aber es sei etwas Merkwürdiges passiert, das sie ihm mitteilen wolle. Erinnerte er sich noch an den alten Sauertopf, den Friedhofswärter? Also, der alte Sauertopf sei im vorigen Winter unter einen Lastwagen gekommen, und seither hätte er es sich angewöhnt, abends mit den anderen zu ihr zu kommen, und jetzt sei er so freundlich wie man es sich nur vorstellen könnte, richtig nett. Sie würden soviel zu erzählen haben, wenn Ed wiederkäme ...

Und darum kam Ed wieder.

Nach zwanzig Jahren, nach einem neuen Leben, kehrte Ed zurück. Davor lag ein endloser Monat in Honolulu – angefüllt mit unwirklichen Menschen und Ereignissen. Es gab in einer Bar verbrachte Nächte, es gab ein Mädchen namens Peggy und eine Krankenschwester namens Linda, es gab einen Lazarettkumpel, der mit Ed und dem gesparten Sold ein Geschäft aufmachen wollte.

Aber die Bar war nie so wirklich wie das Wohnzimmer in Großmutters Haus, und Peggy und Linda waren kein bißchen wie Susie; und Ed wußte, daß er nie ein Geschäft aufmachen würde.

Auf dem Schiff sprachen alle ständig von Rußland, von der Inflation und vom Wohnungsproblem. Ed hörte zu, nickte und suchte sich an die Worte zu erinnern, die Sam Gates gebraucht hatte, wenn er vom alten Abe aus Springfield in Illinois erzählte.

Ed schrieb von Frisko aus an Mrs. Hannah Morse und reiste mit dem Flugzeug weiter. Er kam mitten am Nachmittag auf dem Flugplatz an, es gab aber erst am Abend einen Bus für die letzten vierzig Meilen der Reise. Er aß eine Kleinigkeit im Bus-Bahnhof und fuhr dann in der Abenddämmerung in die Stadt.

Ein Taxi brachte ihn zu Großmutters Haus.

Ed zitterte, als er vor dem Haus an der Ecke des Friedhofs ausstieg. Er gab dem Taxifahrer einen Geldschein und sagte, er solle das Wechselgeld behalten. Dann blieb er stehen, bis das Taxi abfuhr und er genügend Energie gesammelt hatte, um an die Tür zu klopfen.

Er tat einen tiefen, langen Atemzug. Dann öffnete sich die Tür, und er war zu Hause. Er wußte, daß er zu Hause war, weil sich nichts verändert hatte. Überhaupt nichts.

Großmutter war immer noch Großmutter. Sie stand unter der Tür, klein, zerknittert und wunderschön. Eine sehr, sehr alte Frau, die im dämmrigen Licht des Kaminfeuers zu ihm aufblickte und sagte: «Ed, Junge – nein so was! Du bist es doch, nicht wahr? Meine Güte, was für Streiche einem doch die Erinnerung spielt. Ich glaubte, du wärst immer noch ein kleiner Junge. Komm herein, Ed, komm herein. Putz dir erst die Schuhe ab.»

Ed putzte sich die Schuhe wie eh und je auf der Matte ab und trat ins Wohnzimmer. Das Feuer brannte im Kamin, und Ed legte ein Holzscheit nach, bevor er sich setzte.

«In meinen Jahren ist das gar nicht mehr so einfach, Junge», sagte Großmutter. Sie setzte sich ihm gegenüber und lächelte.

«Du solltest auch nicht ganz allein wohnen», sagte Ed.

«Allein? Aber ich bin doch nicht allein! Erinnerst du dich nicht mehr an Mr. Willis und die anderen? Sie haben dich auf jeden Fall nicht vergessen, das kann ich dir sagen. Sie haben kaum von etwas anderem geredet als von deiner Rückkehr. Sie kommen nachher.»

«Wirklich?» fragte Ed leise und starrte ins Feuer.

«Aber natürlich. Das weißt du doch, Ed.»

«Ja, schon. Ich dachte nur ...»

Großmutter lächelte. «Ich versteh' dich schon. Du hast dich von den anderen Leuten beeinflussen lassen, die nicht Bescheid wissen. Ich hab eine Menge von ihnen im Sanatorium getroffen; sie hielten mich bald zehn Jahre fest, bis ich begriff, wie man mit ihnen umgehen muß. Immer das Gerede über Geister und Gespenster und Wahnvorstellungen. Am Ende gab ich nach und tat, als hätten sie recht; und dann, nach einer Weile, ließen sie mich nach Hause. Ich kann mir vorstellen, daß es dir ganz ähnlich ging, nur daß du jetzt nicht so recht weißt, was du glauben sollst.»

«Ja, das stimmt, Großmutter», sagte Ed. «Ich weiß es nicht.»

«Ach, Junge, reg dich nicht auf. Du brauchst dich auch nicht über deine Lunge aufzuregen.»

«Meine Lunge? Woher weißt du ...»

«Sie schrieben einen Brief», sagte Großmutter. «Vielleicht stimmt das, was sie sagten, vielleicht nicht. Aber das ist jetzt egal. Ich weiß, daß du dich nicht fürchtest. Du wärst nicht zurückgekommen, wenn du dich fürchtetest, nicht wahr, Ed?»

«Ja, Großmutter. Ich dachte, auch wenn mir nur wenig Zeit bleibt, gehöre ich hierher. Und außerdem wollte ich ein für allemal wissen, ob ...»

Er verstummte und wartete, daß sie antworten würde. Aber sie nickte nur und hielt im Dämmerlicht den Kopf gesenkt.

«Du wirst es bald genug erfahren», sagte sie schließlich. Ihr Lächeln leuchtete auf, und Ed erinnerte sich auf einmal an so viele vertraute Gesten und Angewohnheiten. Komme was wolle, das war etwas, das ihm niemand fortnehmen konnte. Er war zu Hause.

«Meine Güte, was sie wohl aufhält?» sagte Großmutter, stand rasch auf und trat an das Seitenfenster. «Sie haben sich ganz schön verspätet.»

«Bist du sicher, daß sie kommen?» Ed hätte sich im nächsten

Augenblick am liebsten die Zunge abgebissen, aber dazu war es zu spät.

Großmutter drehte sich steif um. «Ich bin sicher», sagte sie. «Aber vielleicht habe ich mich in dir getäuscht. Vielleicht bist du nicht sicher.»

«Sei doch nicht böse, Großmutter . . .»

«Ich bin nicht böse! Ach, Ed, haben sie dich vielleicht doch kleingekriegt? Bist du so weit weggewesen, daß du dich nicht mehr erinnern kannst?»

«Natürlich erinnere ich mich. Ich erinnere mich an alles, sogar an Susie und Joe und an die täglich frischen Blumen, aber . . .»

«Die Blumen.» Die Großmutter sah ihn an. «Ja, du erinnerst dich, und ich freue mich. Du hast mir jeden Tag frische Blumen geholt, nicht wahr?»

Sie warf einen Blick auf den Tisch. In der Mitte stand eine leere Vase.

«Vielleicht könnte das helfen», sagte sie. «Wenn du Blumen holtest. Jetzt. Bevor sie kommen.»

«Jetzt?»

«Bitte, Ed!»

Wortlos ging er in die Küche und öffnete die Hintertür. Der Mond stand am Himmel; er schien hell genug, um den Pfad zum Zaun zu finden. Hinter ihm lag der Friedhof in silberner Pracht.

Ed spürte keine Angst, er spürte nichts Merkwürdiges, er spürte überhaupt nichts. Er kletterte über den Zaun und beachtete den heftigen, plötzlichen Schmerz in seiner Brust nicht. Dann ging er über den Kiesweg zwischen den Grabsteinen, schritt langsam aus und ließ sich von der Erinnerung leiten.

Blumen. Frische Blumen von frischen Gräbern. Das war alles falsch, er war doch reif für die Klapsmühle, aber gleichzeitig war es auch ganz richtig. Es mußte richtig sein.

Er sah den Hügel, drüben dicht beim Zaun. Außerhalb der Mauer. Aber auf einem Grab waren Blumen; der einsame Strauß lehnte an einem Holzpfahl.

Ed bückte sich; er spürte die Frische und fühlte die feuchte Härte der geschnittenen Stiele, als er den Strauß aufnahm. Der Mond schien sehr hell.

Er las die einfachen Blockbuchstaben auf dem Schild am Pfahl.

HANNAH MORSE
1870–1949

Hannah Morse war Großmutter. Die Blumen waren frisch. Das Grab war nicht mehr als einen Tag alt.

Langsam ging Ed den Pfad zurück. Es fiel ihm sehr schwer, über den Zaun zu klettern und die Blumen nicht fallen zu lassen, aber er brachte es fertig, wenn es auch sehr weh tat. Er öffnete die Küchentür und ging in das Wohnzimmer, in dem das Kaminfeuer heruntergebrannt war.

Großmutter war nicht da. Ed stellte die Blumen trotzdem in die Vase. Großmutter war nicht da, und ihre Freunde waren auch nicht da. Aber Ed machte sich nun keine Sorgen mehr.

Sie würden wiederkommen. Auch Mr. Willis und Mrs. Cassidy und Sam Gates. Bald würde er sicher wieder die dünnen, fernen Stimmen vor dem Küchenfenster hören.

«Hallo, Ed-die!»

Wahrscheinlich würde er heute abend nicht hinauskönnen; die Schmerzen in seiner Brust waren zu stark. Aber früher oder später würde er hinausgehen. In der Zwischenzeit würden sie ihn besuchen, bald.

Ed lächelte und lehnte sich im Stuhl vor dem Kamin zurück. Er war zu Hause und wartete.

# *Canavans Garten*

*Joseph Payne Brennan*

Zum erstenmal traf ich Canavan vor über zwanzig Jahren, kurz nachdem er aus London emigriert war. Er war Antiquar und liebte alte Bücher, und so war es ganz natürlich, daß er ein Bücherantiquariat eröffnete, nachdem er sich in New Haven niedergelassen hatte.

Da sein kleines Kapital es ihm nicht erlaubte, ein Ladenlokal im Stadtzentrum zu mieten, pachtete er ein alleinstehendes altes Haus am Stadtrand und richtete sich darin Wohnung und Geschäft ein. Das Viertel war nur spärlich besiedelt, aber da ein großer Prozentsatz seines Geschäfts sich per Post abwickelte, kam es darauf nicht sonderlich an.

Sehr oft, wenn ich einen Morgen an meiner Schreibmaschine verbracht hatte, spazierte ich zu Canavans Laden hinaus und stöberte fast den ganzen Nachmittag in seinen alten Büchern. Es war mir jedesmal ein großes Vergnügen, zumal Canavan niemals Druck ausübte, um seinen Umsatz zu heben. Er kannte meine mißliche Finanzlage; er runzelte nie mißbilligend die Stirn, wenn ich mit leeren Händen abzog.

Im Gegenteil, meine Gesellschaft allein schien ihm angenehm zu sein. Nur wenige Buchkäufer kamen regelmäßig in seinen Laden, und ich glaube, er war oft einsam. Manchmal, wenn wenig im Geschäft zu tun war, machte er eine Kanne englischen Tee, und dann saßen wir zwei stundenlang zusammen, tranken Tee und sprachen über Bücher.

Sogar sein Aussehen war das eines antiquarischen Buchhändlers – oder vielmehr der landläufigen Karikatur eines solchen. Er war klein von Gestalt, mit leicht vornübergebeugten Schultern, und seine blauen Augen lugten hinter einer altmodischen Brille mit Stahlfassung und eckig geschliffenen Linsen hervor.

Obwohl ich bezweifle, daß sein Jahreseinkommen jemals das eines guten Tapezierers erreichte, hatte er sein Auskommen und war zufrieden. Zufrieden jedenfalls, solange er nicht an seinen Hinterhof dachte.

Hinter dem baufälligen alten Haus, in dem er wohnte und seinen Laden betrieb, erstreckte sich ein langer, verkommener, von Dornengestrüpp und hohem, buntscheckigem Gras überwucherter Garten. Mehrere hinfällige Apfelbäume mit schartiger und schwarz angefaulter Rinde verstärkten den trostlosen Anblick der Szenerie nur noch. Die zusammengebrochenen Holzzäune zu beiden Seiten des Gartens versanken beinahe in dem wüsten Gewirr. Es war, als verschlucke sie der Erdboden. Der ganze Garten bot ein ungewöhnlich deprimierendes Bild, und ich habe mich oft gewundert, warum Canavan nicht ein wenig Ordnung schaffte.

Aber es ging mich eigentlich nichts an, und so sprach ich nie davon.

Eines Nachmittags, als ich wieder einmal den Laden besuchte, war Canavan nicht in seinem vorderen Ausstellungsraum. Ich ging daher durch einen schmalen Korridor nach hinten zu einem Lagerraum, in dem er manchmal mit dem Einpacken und Auspacken von Büchersendungen beschäftigt war. Als ich den Lagerraum betrat, stand Canavan am Fenster und schaute in den Hinterhof hinaus.

Ich wollte etwas sagen, tat es dann aber aus irgendeinem Grund nicht. Was mich veranlaßte zu schweigen, war wohl Canavans Gesicht. Er starrte mit seltsam angespannter Miene in den Hof hinaus, so als verlange etwas, das er dort sah, seine ganze Aufmerksamkeit. In seinen angestrengten Zügen spiegelten sich widerstreitende Gefühle. Er wirkte fasziniert und furchtsam, angezogen und abgestoßen. Als er mich schließlich bemerkte, fuhr er fast zusammen. Einen Moment lang sah er mich an, als wäre ich ein völlig Fremder.

Dann war wieder sein altes, unbekümmertes Lächeln da, und seine blauen Augen blinzelten hinter den eckigen Brillengläsern. Er schüttelte den Kopf. «Manchmal sieht dieser Hinterhof einfach komisch aus. Wenn man lange genug hinschaut, könnte man meinen, er zieht sich meilenweit hin!»

Das war alles, was er an jenem Tag sagte, und ich hatte es schon bald wieder vergessen. Hätte ich nur geahnt, daß das erst der Anfang der schrecklichen Geschichte war!

Nach diesem Tag fand ich Canavan bei all meinen Besuchen im hinteren Lagerraum. Ab und zu arbeitete er auch dort, aber meistens stand er ganz einfach am Fenster und starrte in seinen öden Garten hinaus.

Manchmal stand er völlig versunken da und nahm meine Anwesenheit gar nicht zur Kenntnis. Was immer er dort sehen mochte, es schien seine ganze Aufmerksamkeit zu fesseln. Sein Gesicht zeigte dann jedesmal einen Ausdruck der Furcht, gemischt mit einer sonderbaren Art freudiger Erwartung. Gewöhnlich mußte ich erst laut husten oder mit den Füßen scharren, ehe er sich vom Fenster abwandte.

Wenn wir dann hinterher über Bücher sprachen, schien er wieder ganz der alte zu sein, aber ich hatte mit der Zeit das verwirrende Gefühl, daß er nur schauspielerte, daß er, während wir über Inkunabeln plauderten, in Gedanken tatsächlich noch immer bei seinem vermaledeiten Hinterhof war.

Mehrmals war ich im Begriff, ihn zu fragen, was es mit dem Hinterhof auf sich habe, aber jedesmal, wenn mir die Worte schon auf der Zunge lagen, hielt mich das Gefühl, ich könnte mich blamieren, zurück. Kann man einem Mann einen Vorwurf machen, weil er durchs Fenster in seinen eigenen Hinterhof hinausschaut? Was soll man da sagen, und wie soll man es sagen?

Ich schwieg. Später sollte ich es bitter bereuen.

Canavans Geschäft, das nie so recht geblüht hatte, begann nachzulassen. Schlimmer noch: Er schien auch physisch zu verfallen. Er ließ sich immer mehr hängen, wurde hagerer und hohlwangiger, in seinen Augen war zwar noch immer dieser stechende Glanz, aber ich begann allmählich zu argwöhnen, daß es vielmehr ein fiebriges Flackern als das fröhliche Zwinkern gesunder Lebensfreude war.

Als ich eines Nachmittags in den Laden trat, war Canavan nirgends zu finden. Da ich annahm, er hätte hinter dem Haus irgend etwas zu tun, stellte ich mich ans Fenster und schaute hinaus.

Canavan sah ich nicht, aber während ich den Garten überblickte, beschlich mich plötzlich ein unerklärliches Gefühl der Trostlosigkeit, ein Gefühl, das sich wie eine eiskalte Meereswoge über mich hinwegwälzte. Schon wollte ich einer inneren Regung nachgeben und mich abwenden, aber da war etwas, das mich gefesselt hielt. Während mein Blick über das armselige Gewirr aus Sträuchern und Unkraut schweifte, befiel mich etwas, das ich mangels eines besseren Wortes als *Neugier* bezeichnen möchte. Vielleicht war es nur ein kühler, analytischer, leidenschaftsloser Teil meines Verstandes, der herausfinden wollte, was diesen plötzlichen Zustand akuter Depression bei mir verursacht hatte. Möglicherweise war auch irgend etwas an diesem elenden Anblick, das mich auf einer Ebene meines Unterbewußtseins ansprach, die ich bisher in meinen normalen, wachen Stunden stets verdrängt hatte.

Jedenfalls blieb ich am Fenster. Das trockene, braune Gras schwankte leicht im Wind. Die angefaulten schwarzen Bäume standen bewegungslos. Kein Vogel, nicht einmal ein Falter schwebte über der Einöde. Nichts war zu sehen als die langen, fleckigen Grashalme, die verrottenden Bäume und vereinzeltes niedriges Dornengestrüpp.

Und doch war da irgend etwas an diesem abgeschiedenen Stück Landschaft, das mich faszinierte.

Ich hatte wohl das Gefühl, als handle es sich hier um eine Art Vexierbild, das sich von selbst auflösen würde, wenn ich nur lange genug hinschaute.

Nachdem ich so einige Minuten lang hinausgeschaut hatte, konnte ich mich des merkwürdigen Eindrucks nicht erwehren, als ob sich die Perspektive immer wieder kunstvoll verändere. Weder das Gras noch die Bäume änderten sich, und doch war es, als ob sich der Garten in seinen Dimensionen ausdehnte. Zuerst dachte ich lediglich, daß der Garten in Wirklichkeit viel länger war, als ich bisher vermutet hatte. Dann kam mir der Gedanke, daß er sich tatsächlich über mehrere Morgen hinzog. Und zuletzt war ich überzeugt, daß er sich endlos weit erstreckte und ich, wenn ich ihn beträte, meilenweit laufen könnte, ehe ich ans Ende gelangen würde.

Plötzlich wurde ich von dem fast übermächtigen Drang gepackt, durch die Hintertür hinauszustürzen, in dem Meer aus schwankendem Gras unterzutauchen und immer geradeaus zu laufen, bis ich selbst entdeckt hätte, wie weit er sich ausdehnte. Ich war tatsächlich gerade im Begriff, es zu tun – da sah ich Canavan.

Er tauchte unvermittelt aus dem Wirrwarr des hohen Grases am vorderen Ende des Gartens auf. Mindestens eine Minute lang wirkte er völlig verloren. Er betrachtete die Rückseite seines eigenen Hauses, als sehe er sie zum erstenmal in seinem Leben. Er war zerzaust und offensichtlich erregt. An seiner Hose und Jacke hingen Dornen, und in den Ösen seiner altmodischen Schuhe steckten Grashalme. Seine Augen irrten wild in die Runde; es war, als wollte er jeden Moment umkehren und Hals über Kopf in das Gewirr zurückstürzen, aus dem er eben aufgetaucht war.

Ich klopfte laut an die Fensterscheibe. Er hielt halb umgewandt inne, sah über die Schulter zurück und gewahrte mich. Allmählich nahmen seine gehetzten Züge wieder einen normalen Ausdruck an. Mit müdem, schleppendem Gang kam er auf das Haus zu. Ich sprang rasch zur Tür und ließ ihn ein. Er ging direkt in den vorderen Ladenraum und ließ sich auf einen Stuhl niedersinken.

Als ich ihm folgte, hob er den Kopf.

«Frank», sagte er beinahe flüsternd, «würden Sie uns frischen Tee machen?»

Ich bereitete Tee, und er trank ihn brühheiß, ohne ein Wort zu sagen. Er sah äußerst erschöpft aus; mir war klar, daß er zu müde war, um von seinem Erlebnis zu erzählen.

«Sie bleiben wohl besser für ein paar Tage im Haus», sagte ich, als ich mich verabschiedete.

Er nickte schwach, ohne aufzublicken, und wünschte mir noch einen guten Tag.

Als ich am nächsten Nachmittag wieder zu seinem Laden kam, schien er mir erholt und erfrischt, aber trotzdem launisch und deprimiert. Mit keinem Wort erwähnte er den Vorfall vom Vortag. Ungefähr eine Woche lang hatte es den Anschein, als dächte er nicht mehr an seinen Hinterhof.

Aber als ich eines Tages wieder in seinen Laden kam, stand er am Hoffenster, und mir fiel auf, daß er sich nur mit größtem Widerwillen losreißen konnte. Von dem Tage an wiederholte sich regelmäßig das gleiche, und ich wußte, daß das unheimliche Gewirr von Dornen und Gras hinter seinem Haus langsam zu einer Zwangsvorstellung bei ihm wurde.

Weil ich um sein Geschäft und um seine anfällige Gesundheit fürchtete, stellte ich ihn schließlich zur Rede. Ich wies ihn darauf hin, daß er Kunden verlor. Er hatte schon seit Monaten keinen Buchkatalog mehr herausgegeben. Ich versuchte ihm klarzumachen, daß die Zeit, die er mit dem Anstarren dieses verhexten Stückes Land hinter seinem Haus verschwendete, besser genutzt werden könnte, wenn er Bücher katalogisierte und seine Aufträge erledigte. Ich hämmerte ihm ein, daß eine fixe Idee wie die seine mit Sicherheit seine Gesundheit untergraben würde. Und schließlich hielt ich ihm das Absurde und das Lächerliche der ganzen Sache vor Augen. Wenn die Leute wüßten, daß er stundenlang zum Fenster hinausstarrte, von wo aus es nichts weiter zu sehen gab als einen Gras- und Dornendschungel in Miniaturausgabe, dann würden sie ihn für total verrückt halten!

Und am Schluß wagte ich die Frage, was er denn an jenem Nachmittag erlebt hätte, als ich ihn mit völlig verwirrtem Gesichtsausdruck aus dem Gras auftauchen sah.

Er setzte mit einem Seufzer die Brille ab. «Frank», sagte er, «ich weiß, Sie meinen es gut. Aber dieser Hinterhof birgt etwas – ein Geheimnis –, das ich herausfinden muß. Ich weiß nicht genau, was es ist – etwas, das mit Entfernungen, Dimensionen und Perspektiven zu tun hat, das wird es wohl sein. Aber was es auch sein mag, ich muß es als eine ... nun, als eine Herausforderung betrachten. Ich muß der Sache auf den Grund gehen. Wenn Sie mich für verrückt halten, so bedaure ich das. Aber ich werde keine Ruhe finden, bis ich das Rätsel um dieses Grundstück gelöst habe.»

Er setzte seine Brille mit gerunzelter Stirn wieder auf. «An dem Nachmittag», fuhr er fort, «als Sie am Fenster standen, hatte ich da draußen ein seltsames und erschreckendes Erlebnis. Ich hatte vorher ebenfalls am Fenster gestanden, und schließlich fühlte ich mich wie von einem unwiderstehlichen Zwang nach draußen gezogen. Ich stürzte mich in das hohe Gras mit einem Gefühl freudiger, abenteuerlustiger, erwartungsvoller Begeisterung. Und während ich weiter in den Garten eindrang, schlug dieses Glücksgefühl in tiefe Depression um. Ich kehrte um, wollte wieder hinaus aus dem Gewirr – aber es ging nicht. Ich weiß, Sie werden mir nicht glauben – aber ich hatte mich verirrt! Ich hatte jeden Orientierungssinn verloren und wußte nicht mehr, wohin ich mich wenden sollte. Das Gras da draußen ist höher, als es aussieht! Wenn man erst drinnen steckt, sieht man nicht mehr darüber hinweg. Ich weiß, es klingt unglaublich – aber ich bin eine Stunde lang darin herumgeirrt. Der Garten kam mir phantastisch groß vor, nachdem ich erst in das wuchernde Gras eingedrungen war. Es war mir beinahe, als veränderten sich die Dimensionen mit jedem Schritt, so daß immer eine unendlich weite Fläche vor mir lag. Ich muß wohl im Kreis gelaufen sein. Ich schwöre: ich bin meilenweit gewandert!»

Er schüttelte den Kopf.

«Sie müssen mir nicht glauben. Ich erwarte es nicht von Ihnen. Aber so ist es gewesen. Den Weg hinaus fand ich schließlich nur durch reinen Zufall. Und das Seltsamste war die panische Angst, die ich plötzlich verspürte, als ich draußen war und nicht mehr das hohe Gras um mich herum hatte – am liebsten wäre ich gleich wieder hineingestürzt! Und das trotz des entsetzlichen Gefühls der Trostlosigkeit, das dieser Ort in mir geweckt hatte. Aber ich muß noch einmal wieder hinein. Ich muß das Geheimnis ergründen. Da draußen ist etwas, das allen uns bekannten

Gesetzen irdischer Natur widerspricht. Und ich will herausfinden, was es ist. Ich habe auch schon einen Plan, den ich in die Praxis umsetzen will.»

Seine Worte berührten mich seltsam, und als ich mir voller Unbehagen mein eigenes Erlebnis am Fenster an jenem Nachmittag in die Erinnerung zurückrief, fiel es mir schwer, seine Geschichte als puren Unsinn abzutun. Ich versuchte zwar – halben Herzens –, ihn vom nochmaligen Betreten des Gartens abzubringen, aber ich wußte, noch während ich sprach, daß ich meine Worte nur verschwendete.

An diesem Nachmittag verließ ich den Laden mit einem Gefühl der Beklemmung und der bösen Vorahnung, das durch nichts zu beschwichtigen war.

Als ich ihn mehrere Tage später wieder besuchte, bestätigten sich meine schlimmsten Befürchtungen – Canavan war nicht da. Die Ladentür war, wie üblich, nicht verriegelt, aber Canavan war nicht im Haus. Ich schaute in allen Räumen nach. Schließlich öffnete ich mit einem unbeschreiblichen Gefühl des Unbehagens die Hintertür und sah in den Garten hinaus.

Die langen braunen Grashalme rieben sich in der leichten Brise mit trockenem, zischendem Flüstern aneinander. Die dunklen Bäume reckten sich schwarz und bewegungslos in die Höhe. Trotz der Jahreszeit – es war Spätsommer – hörte ich weder das Zwitschern eines Vogels noch das Zirpen eines einzigen Insekts. Es war, als ob auch der Garten selbst lauschte.

Dann spürte ich etwas an meinem Fuß; ich schaute hinunter und sah eine dicke Schnur, die zur Tür hinausführte, über den schmalen, gepflegten Platz unmittelbar hinter dem Haus und weiter in die Wand aus schwankendem Gras hinein. Sofort fiel mir ein, daß Canavan von einem «Plan» gesprochen hatte. Sein Plan – das war mir mit einemmal klar – bestand darin, eine kräftige Schnur hinter sich herziehend in den Garten einzudringen. Wie er sich auch drehte und wendete, mußte er sich gedacht haben, er würde den Ausgang finden, wenn er einfach die Schnur zurückverfolgte.

Der Plan schien mir durchaus praktikabel, und ich fühlte mich erleichtert. Wahrscheinlich war Canavan noch im Garten. Ich beschloß zu warten, bis er herauskäme. Wenn man ihn nur lange genug in dem Garten umherstreifen ließe, ohne ihn zu stören, würde der Ort vielleicht die unheilvolle Faszination verlieren, und er könnte alles vergessen.

Ich kehrte in den Laden zurück und stöberte in den Büchern. Nach einer Stunde wurde mir jedoch wieder unbehaglich zumute. Ich fragte mich, wie lange Canavan nun schon in dem Garten sein mochte. Als ich über den zweifelhaften Gesundheitszustand des Alten nachdachte, überkam mich ein Gefühl der Verantwortung.

Ich kehrte wieder zur Hintertür zurück, sah ihn nirgendwo und rief laut seinen Namen. Ich hatte das beunruhigende Empfinden, daß meine Stimme nicht über den Rand des flüsternden Grasrains hinaustrug. Es war, als würde der Klang gedämpft, erstickt, gelöscht, sobald die Tonschwingungen die Grenze dieses überwucherten Gartens erreichten.

Ich rief wieder und wieder, aber es kam keine Antwort. Am Ende beschloß ich, ihm nachzugehen. Ich würde der Schnur folgen, dachte ich, und ihn so ganz sicher nicht verfehlen. Ich sagte mir, daß das dichte Gras zweifellos meine Rufe dämpfte – und daß Canavan möglicherweise auch unter leichter Altersstaubheit leiden könnte.

Das Ende der Schnur war im Haus an dem Bein eines schweren Tisches befestigt. Ich ergriff die Schnur, überquerte den aufgeräumten Teil des Hofes direkt hinter dem Haus und tauchte in das leise raschelnde Gras ein.

Zuerst hatte ich keine Schwierigkeiten, und ich kam gut voran. Je weiter ich jedoch eindrang, desto dicker wurden die Halme und desto dichter standen sie beieinander, und es erforderte Mühe, sich hindurchzuschieben.

Ich war erst wenige Meter in das Gewirr eingedrungen, da überfiel mich wieder dasselbe bodenlose Gefühl der Trostlosigkeit, wie ich es schon einmal erlebt hatte. Der Ort hatte wirklich etwas Unheimliches an sich. Ich kam mir vor, als wäre ich plötzlich in eine andere Welt versetzt worden – eine Welt aus

Dornen und Unkraut, deren unablässiges, kaum vernehmliches Flüstern Unheil und Böses barg.

Ich arbeitete mich weiter vor, und plötzlich war die Schnur zu Ende. Ich schaute nach unten und sah, daß sie sich in einem Dornenbusch verfangen hatte, durchgescheuert und gerissen war. Obwohl ich die Umgebung minutenlang absuchte, konnte ich das abgerissene Ende nicht wiederfinden. Wahrscheinlich hatte Canavan nicht gemerkt, daß die Schnur gerissen war, und zog nun das lose Ende hinter sich her.

Ich richtete mich auf, legte die Hände trichterförmig an den Mund und rief. Aber es war, als ob meine Rufe mir in der Kehle steckenblieben, so dicht umgab mich die düstere Grasmauer. Ich kam mir vor wie jemand, der vom Boden eines tiefen Brunnens nach oben ruft.

Die Stirn in wachsendem Unbehagen gerunzelt, stapfte ich voran. Die Grashalme wurden dicker und härter, und schließlich brauchte ich beide Hände, um mich durch sie hindurchzuarbeiten.

Ich begann, am ganzen Körper zu schwitzen; mein Kopf schmerzte, und ich hatte den Eindruck, daß mein Blick immer mehr verschwamm. Ich litt unter der gleichen spannungsgeladenen, fast unerträglichen Bedrückung, wie man sie an einem schwülen Sommertag empfindet, wenn sich ein Gewitter zusammenbraut und die Atmosphäre mit statischer Elektrizität aufgeladen ist.

Außerdem wurde mir mit einem bangen Schock bewußt, daß ich in die Irre gelaufen war und nicht mehr wußte, in welchem Teil des Gartens ich mich befand. Schätzungsweise eine halbe Minute lang versuchte ich mir vernünftig klarzumachen, daß ich mir Sorgen machte, weil ich mich in irgendeinem Hinterhof verirren könnte – und fast hätte ich laut aufgelacht. Fast. Wenn ich nicht gespürt hätte, daß irgend etwas an diesem Ort jedes Lachen verbot. Ich stapfte ernüchtert weiter.

Und bald beschlich mich das Gefühl, daß ich nicht allein war. Plötzlich hatte ich die haarsträubende Überzeugung, daß jemand – oder etwas – hinter mir durchs Gras schlich. Ich kann nicht mit Sicherheit sagen, daß ich etwas hörte, aber es ist möglich; jedenfalls war ich mit einemmal fest davon überzeugt, daß irgendein lebendes Wesen in kurzem Abstand hinter mir her kroch oder schlich.

Ich spürte, daß ich beobachtet wurde und daß der Beobachter mir übel wollte.

Einen verzweifelten Augenblick lang erwog ich, Hals über Kopf zu fliehen. Dann packte mich unerklärlicherweise wilde Wut. Ich war plötzlich wütend auf Canavan, wütend auf diesen Garten, wütend auf mich selbst. All meine angestauten Spannungen explodierten in einem Wutausbruch, der die Furcht hinwegfegte. Jetzt, gelobte ich, würde ich dieser unheimlichen Geschichte auf den Grund gehen. Ich wollte mich nicht länger von ihr quälen und frustrieren lassen.

Ich wirbelte überraschend herum und hechtete in das Gras, wo ich das Versteck meines heimlichen Verfolgers vermutete.

Ich hielt jählings inne; mein wilder Zorn wich einem unsagbaren Entsetzen.

In dem schwachen, bronzenen Sonnenlicht, das durch die hohen Halme einfiel, hockte Canavan auf allen vieren wie ein sprungbereites Tier. Seine Brille war verlorengegangen, seine Kleider waren zerfetzt, und sein Mund war zu einer Grimasse verzerrt, halb Grinsen, halb Zähnefletschen.

Ich stand wie versteinert und starrte ihn an. Seine sonderbar verschwommenen Augen sahen mich voll Haß und ohne den kleinsten Funken des Erkennens an. Sein graues Haar war mit Gras und kleinen Zweigen durchsetzt; sein ganzer Körper, auch die zerfetzten Überreste seiner Kleidung, war übersät damit, als ob er sich wie ein wildes Tier am Boden gewälzt hätte.

Nachdem mir der erste Schreck die Kehle zugeschnürt hatte, fand ich endlich die Sprache wieder.

«Canavan!» schrie ich ihn an. «Canavan, um Himmels willen! Erkennen Sie mich denn nicht?»

Seine Antwort war ein leises heiseres Knurren. Seine Lippen schoben sich über den gelblichen Zähnen zurück, und sein kauernder Körper spannte sich zum Sprung.

Nacktes Entsetzen ergriff mich. Ich sprang zur Seite und warf mich in das teuflische Gras, bevor er zupacken konnte.

Die Intensität meines Entsetzens muß mir zusätzliche Kräfte verliehen haben. Ich bohrte mich, Kopf voran, durch die ineinanderverschlungenen Halme, die ich vorher nur mit Mühe beiseite gebogen hatte. Ich hörte das Knacken des Grases und des Unterholzes hinter mir, und ich wußte nur, daß ich um mein Leben lief.

Ich keuchte voran wie in einem bösen Traum. Grashalme peitschten mir ins Gesicht, Dornen ritzten mich wie scharfe Klingen, aber ich spürte nichts. All meine physischen und geistigen Kräfte waren nur auf ein verzweifeltes Ziel gerichtet: Ich mußte hinaus aus diesem satanischen Grasgewirr, weit fort von diesem monströsen Etwas, das mir dicht auf den Fersen war.

Mein Atem ging in heftigen Stößen. Meine Beine wurden schwach, und mir war, als sehe ich durch wirbelnde Lichträder hindurch. Aber ich lief weiter.

Das Ungeheuer hinter mir holte auf. Ich hörte sein Knurren, und ich spürte, wie es nur wenige Handbreit hinter meinen fliehenden Füßen auf dem Boden landete. Und die ganze Zeit brachte mich das Gefühl vollends zur Raserei, daß ich ständig im Kreis herumlief.

Schließlich – ich war überzeugt, in der nächsten Sekunde zusammenbrechen zu müssen – stieß ich durch ein letztes Dickicht hinaus ins offene Sonnenlicht. Vor mir lag der aufgeräumte Platz hinter Canavans Laden. Und jenseits davon das Haus selbst.

Keuchend und nach Atem ringend, schleppte ich mich zur Tür. Aus irgendeinem Grund, den ich auch heute noch nicht erklären könnte, war ich absolut sicher, daß das Schreckgebilde, das mir auf den Fersen war, sich nicht ins Freie hinauswagen würde. Ich drehte mich nicht einmal mehr um, um mich davon zu überzeugen.

Im Haus sank ich schwach auf einen Stuhl. Mein gehetzter Atem beruhigte sich langsam, aber meine Gedanken blieben weiter in einem Wirbel aus nackter Angst und greulicher Phantasie gefangen.

Canavan, das war mir klar, war völlig wahnsinnig geworden. Ein grausiger Schock hatte ihn in eine tollwütige, raubgierige Bestie verwandelt, die es nach blinder Vernichtung alles Lebenden gelüstete, das ihren Weg kreuzte. Und als ich mich an die seltsam verschwommenen Augen erinnerte, die mich mit einem Funkeln tierischer Wildheit angestarrt hatten, wußte ich, daß er nicht nur vorübergehend um den Verstand gebracht worden war, sondern daß sein Geist endgültig und für immer zerstört war. Die einzig mögliche Erlösung war der Tod.

Aber immerhin war Canavan noch die Hülle eines menschlichen Wesens, und er war mein Freund gewesen. Ich konnte das Gesetz nicht selbst in die Hand nehmen.

Voll böser Ahnungen rief ich die Polizei und einen Krankenwagen.

Was dann folgte, war die Fortsetzung des Wahnsinns und dazu eine Ermittlungsprozedur mit Fragen und Verhören, die mich an den Rand des Nervenzusammenbruchs brachten.

Ein halbes Dutzend stämmiger Polizisten verwendeten fast eine geschlagene halbe Stunde darauf, durch das schwankende Grasfeld zu trampeln, ohne eine Spur von Canavan zu entdekken. Sie kamen fluchend heraus, rieben sich die Augen und schüttelten den Kopf. Sie waren hochrot vor Zorn – und fühlten sich nicht wohl in ihrer Haut. Sie meldeten, daß sie nichts gesehen und nichts gehört hätten, außer einem umherstrolchenden Hund, der sich immer verborgen hielt und sie von Zeit zu Zeit angeknurrt hatte.

Als sie den knurrenden Hund erwähnten, öffnete ich den Mund, um etwas zu sagen, doch dann überlegte ich es mir und schwieg. Sie betrachteten mich auch so schon mit unverhohlenem Argwohn, als glaubten sie, daß auch mein Verstand schon Risse bekommen hätte.

Ich wiederholte meine Geschichte mindestens zwanzigmal, und sie waren immer noch nicht überzeugt. Sie stellten das ganze Haus auf den Kopf. Sie durchsuchten Canavans Geschäftsakten.

Sie entfernten sogar ein paar lose Dielenbretter in einem der Räume und sahen darunter nach.

Am Ende kamen sie äußerst unwillig zu dem Ergebnis, daß Canavan infolge eines Schockerlebnisses einen totalen Gedächtnisverlust erlitten und das Anwesen kurz nach der Begegnung mit mir im Garten im Zustand der Amnesie verlassen habe. Meine eigene Beschreibung seines Aussehens und seiner Handlungsweise stuften sie als grausige Übertreibung ein. Mit dem Hinweis, daß ich wahrscheinlich noch weiter zur Sache vernommen und eventuell auch meine Wohnung durchsucht werden würde, erlaubte man mir widerstrebend, mich zu entfernen.

Ihre späteren Untersuchungen und Ermittlungen ergaben nichts Neues, und Canavan wurde als vermißt, vermutlich unter akuter Amnesie leidend, registriert.

Aber ich konnte mich damit nicht zufriedengeben. Ich fand keine Ruhe.

Sechs Monate geduldiger, gründlicher, ermüdender Forschung in den Archiven und Regalen der örtlichen Universitätsbibliothek förderten schließlich etwas zutage, das ich keineswegs als Erklärung verstanden wissen möchte, nicht einmal als schlüssigen Hinweis, sondern lediglich als phantastische, nahezu undenkbare Möglichkeit, die ich niemand aufdrängen will.

Eines Nachmittags, nachdem meine über Monate andauernden umfangreichen Nachforschungen nichts Bedeutsames ergeben hatten, brachte der Universitätsbibliothekar aus der Abteilung «Seltene Bücher» triumphierend ein kleines zerrissenes Pamphlet in meine Studiernische, das im Jahre 1695 in New Haven gedruckt worden war. Es verzeichnete keinen Autor und trug nur den Titel: *Der Thodt der Hexe Goodie Larkins.*

Mehrere Jahre zuvor, so entnahm ich der Lektüre, war ein uraltes Weib namens Goodie Larkins von Nachbarn beschuldigt worden, ein vermißtes Kind in einen wilden Hund verwandelt zu haben. Damals wütete der Salem-Wahn überall im Land, und Goodie Larkins war summarisch zum Tode verurteilt worden. Anstatt sie zu verbrennen, hatte man sie in ein Moor tief in den Wäldern getrieben, wo sieben wütende Hunde, die seit vierzehn Tagen hungerten, auf ihre Fährte gehetzt wurden. Offenbar waren ihre Beschuldiger der Auffassung gewesen, dies sei ein Zug wahrer poetischer Gerechtigkeit.

Als die gierigen Hunde über sie herstürzten, hörten ihre Nachbarn aus dem sicheren Hinterhalt sie einen schrecklichen Fluch ausstoßen:

*«Moege das Land, auf dem ich sterbe, sein ein Vorfeld der Hoelle!»* hatte sie geschrien. *«Und wer immer es zu betreten waget, soll sein wie diese Bestien, die mich in Stuecke zerreihsen!»*

Spätere Studien alter Karten und Grundbücher brachten mich zu der Überzeugung, daß das Moor, in dem Goodie Larkins nach ihrem gräßlichen Fluch von den Hunden in Stücke gerissen worden war, ursprünglich dieselbe Parzelle eingenommen hatte, auf der heute Canavans höllischer Hinterhof lag.

Mehr sage ich nicht. Nur einmal noch kehrte ich an diesen teuflischen Ort zurück. Es war ein kalter, trostloser Herbsttag, und ein scharfer, jammernder Wind rüttelte an den hohen Halmen auf dem unheimlichen Stück Land. Ich kann nicht sagen, was mich dorthin zurücktrieb. Vielleicht war es ein nachwirkendes Gefühl alter Verbundenheit mit dem Canavan, den ich einst gekannt hatte. Vielleicht auch war es ein letzter Fetzen Hoffnung. Aber kaum daß ich den freien Platz hinter Canavans mit Brettern vernageltem Haus betreten hatte, wußte ich, daß es ein Fehler war.

Während ich auf das steif wogende Gras, die kahlen Bäume und die schwarzen, schartigen Dornenbüsche hinausstarrte, hatte ich das Gefühl, ebenfalls beobachtet zu werden, als ob etwas Fremdartiges und zutiefst Bösartiges mich fixierte. Und trotz meiner Angst verspürte ich einen perversen, wahnsinnigen Drang, mich Hals über Kopf in das wispernde Gewoge hineinzustürzen. Und auch jetzt wieder war mir, als sähe ich, wie sich langsam, fast unmerklich, die Dimensionen und Perspektiven dieser monströsen Landschaft veränderten, bis ich schließlich über eine meilenweite Fläche aus wogendem Gras und verfaulten Bäumen hinwegschaute. Irgend etwas drängte mich hineinzugehen, mich in dem herrlichen Gras zu verlieren, mich am Boden herumzuwälzen, mich der unsinnigen Last meiner Kleider zu entledigen und immer weiter zu laufen, unter Heulen und gierigem Geschrei, immer weiter, weiter, weiter ...

Statt dessen machte ich kehrt und rannte davon. Ich lief durch die windigen Herbststraßen wie ein Irrer. Ich taumelte in meine Wohnung und verriegelte die Tür.

Seitdem bin ich nie wieder hingegangen. Und ich werde nie wieder hingehen.

# *Intuition ist alles*

*Marguerite Dickinson*

Im Sommer, als Dolly Tyler getötet wurde, waren meine Eltern auf einem Vergnügungs- und Geschäftstrip in Argentinien. Dad hatte mir einen Thunderbird zum Examen geschenkt. «Du brauchst dir nicht gleich eine Stelle als Lehrerin zu suchen, Annie», sagte er. «Amüsier dich!»

Als gehorsame Tochter nahm ich mir ein Zimmer im Potowatomi-Hotel im nördlichen Michigan, wo wir seit Jahren unsere Sommerferien verbrachten. Meine Tage waren eine endlose Folge von Sonnenbaden, Schwimmen, Lesen und Golf. Um die Euphorie perfekt zu machen, verliebte ich mich.

Dan und ich spielten Golf an diesem kapriziösen Augustmorgen. Strahlender Sonnenschein in der einen Minute, mystische Schauer in der anderen – aber was machte das schon? Dan hatte die ersten neun in vierunddreißig Schlägen gespielt, und ich war mit meinen zweiundvierzig nicht unzufrieden. Wir wollten gerade bei Loch Nummer zehn anfangen, als sie mit aufreizendem Hüftenschwenken aus dem Clubhaus kam.

«Da kommt die böse Hexe», murmelte ich. Dolly war den ganzen Sommer hinter ihm her gewesen.

Sie nickte mir kaum zu, griff sich Dans Arm und zog ihn beiseite. Sie drückte ihm ein rosa Papier in die Hand, das er zerknüllte und, da kein Papierkorb greifbar war, in die Hosentasche steckte.

Dolly Tyler war eine Pastell-Blondine mit milchweißer Haut, und an jenem Tag waren ihre Augen lavendelblau. Sie paßte die Farbe ihrer Kontaktlinsen ihren Kaschmirpullovern an. Sie spielte so lausig Golf, daß man sich fragte, warum sie sich überhaupt die Mühe machte; aber beim Golf gab es Männer. Sie war verheiratet.

Ich schlug meinen Abschlag von Nummer zehn in den Bunker. Es war ein «Spiegelei», und ich brauchte zwei Schläge mit meinem Wedge, um den Ball herauszuschlagen. Ich kaute im wahrsten Sinne des Wortes Sand.

«Du wirst dich doch durch ein aufgeblasenes Nichts wie sie nicht im Spiel stören lassen», sagte Dan.

«Wenn wir jetzt auf der Stelle heirateten», antwortete ich, «müßten dich diese Raubtierweibchen in Ruhe lassen.» Er sagte nichts. Ich beugte mich vor, um meinen Putt auf dem regendurchweichten Grün zu studieren.

«Den lochst du ein», kommandierte er, «oder ich knall dir eine.»

Dan Preston war ein Medizinstudent, der im Sommer als Sport- und Freizeitleiter im Hotel arbeitete. Er war groß und kantig, mit einem rauhen, sonnenverbrannten Gesicht und Augen von der Farbe dänischen Porzellans. Ich hatte nicht lange gebraucht, um hinter seiner Schroffheit eine verständnisvolle und weiche Natur zu entdecken. Mein Putt war eine Sache von neun Metern. Er rollte kühn aufs Loch zu, wobei er Miniaturfontänen auslöste, die verschwanden, als der Ball langsamer wurde. Langsamer, noch langsamer und dann das befriedigende *Ponk*, als er ins Loch fiel.

Dan legte mir den Arm um die Schultern, und wir gingen unter schattigen Bäumen zum nächsten Abschlag. Unser Caddie, ein Indianer, marschierte mit unseren Schlägertaschen vor uns her.

Plötzlich blieb Dan stehen und drehte mich herum, so daß ich ihm ins Gesicht sah. Ich bin einen Meter siebzig groß, aber sogar mit hohen Absätzen muß ich zu ihm aufschauen. «Ich wäre stocksauer», sagte er, «wenn meine einzige Tochter, eine blauäugige, schwarzhaarige Schönheit, mit einem Typ davonliefe, der sie nicht ernähren kann und den ich nicht einmal kenne.»

«Wir könnten wenigstens unsere Verlobung bekanntgeben.»

«Nicht, bevor du eine Antwort auf dein Telegramm bekommst.»

Dan beugte sich nieder und küßte mich, und der Zauber der

bösen Hexe war gebrochen. Jedenfalls solange, bis wir bei Nummer achtzehn waren und ich sie da stehen sah, mit ihrem riesigen Sonnenhut, den sie immer trug; sie wartete ...

Als wir den Club verließen, hatte es heftig zu regnen begonnen; aber als wir in der Stadt gegessen hatten, eine lange Besorgungsliste für den Hotelmanager erledigt hatten und zum Hotel zurückgefahren waren, hatte es sich wieder aufgeklärt. Vorsichtig stahlen wir uns über die Hintertreppe nach oben – bridgewütige Gäste verfügten oft allzu großzügig über Dans freien Tag –, zogen uns zum Baden um und trafen uns am Strand.

Es hat etwas Beruhigendes, sich im warmen Wasser treiben zu lassen und ab und zu einen Regentropfen auf die Nase zu bekommen. Ich fühlte mich besser, als wir Hand in Hand am verlassenen Strand entlangspazierten. Dunkle Kiefern, die am Hang über uns standen, verdeckten das Hotel und die meisten Sommerhäuser; nur das protzige Chalet der Tylers trat in einsamer Herrlichkeit hervor. Ich dachte an den exzentrischen alten Mr. Tyler und die anämische Puppe, mit der er verheiratet war, und ließ Dans Hand los. «Ihr Mann sollte Dolly in dem Adlerhorst da einschließen und den Schlüssel wegwerfen.»

«Das tut er praktisch auch. Deshalb will sie ja, daß ich ihr helfe.»

«Helfen!» Ich rümpfte die Nase.

«Sie hat ihn ertappt, wie er ihre Telefongespräche mitschnitt.»

«Sehr wahrscheinlich.»

«Wollen mal sehen, wer zuerst am Hotel ist», sagte er.

Als wir lachend und atemlos ankamen, trafen wir auf Paul Whipple, den Manager, der auf der großen Veranda des altmodischen braunen Gebäudes hin- und herlief. Er stolperte über einen Schaukelstuhl und fiel beinah in einen Kübel mit weißen Petunien, als er uns sah. «Wo seid ihr gewesen?» rief er, und sein Schnurrbart zitterte vor Aufregung. «Polizeichef Amory will mit euch reden.»

«Weshalb denn?» Während wir die Stufen hochstiegen, griff meine Hand instinktiv nach Dans festem Arm.

«Dolly Tylers Leiche ist vor zwei Stunden in dem Waldstück hinter der Caddie-Bude gefunden worden. Amory verhört das Clubpersonal und jeden, der heute Golf gespielt hat.»

Ich erstarrte. An meinem Hinterkopf fühlte ich ein merkwürdiges Kribbeln, als ob mir jemand eine schwere Dosis Novocain direkt ins Gehirn injiziert hätte. Aber es betäubte nicht die Erinnerung, trübte weder das Bild von Dolly, wie sie dastand und wartete, noch von Dans zweitem Schlag, der in die Bäume flog . . .

Ich spürte, wie sich Dans Armmuskeln spannten. Er zog den Ellbogen an und preßte meine Hand warnend gegen seine gebräunten Rippen. Seine blaugrauen Augen, dunkler als sonst, suchten die meinen. «Sag nichts», warnten sie.

Paul Whipple, ein Junggeselle in den Fünfzigern, hatte ein Apartment auf der Rückseite des Hotels, das er lachend die Kasbah nannte. Über dem Privateingang hing eine flotte, gestreifte Markise. Ein Ventilator auf einem Ständer drehte sich träge in dem heißen Zimmer, wo der Polizeichef von Potowatomi Point auf uns wartete.

Jeff Amory wirkte klein für einen Polizisten, aber das machte er durch Aggressivität und Energie wieder wett. Ohne von dem gelben Sessel aufzustehen, ließ er seine Augen über meinen Körper wandern. «Sie haben sich ganz schön verändert, seit Sie mich vor sechs Jahren beim Golf geschlagen haben.»

Die Tatsache, daß eine Sechzehnjährige besser spielen konnte als er, hatte ihn tief getroffen. Und, wie ich sehen konnte, tat es immer noch weh.

Er fragte nach meinen Eltern, und als ich antwortete, sie seien in Argentinien, sagte er, er habe gelesen, daß mein Vater Direktor von Amalgamated Motors geworden sei, und fügte hinzu: «Eine Art Verletzung der Privatsphäre, so wie die ihre Hunderttausend-Dollar-Gratifikationen veröffentlichen.»

Er beobachtete Dan.

«Sie wollen uns verhören?» fragte Dan.

«Genau. Setzen Sie sich bitte.»

Nachdem Paul Whipple versichert hatte, daß unsere nassen

Badesachen dem Kunstleder nicht schaden würden, setzten wir uns aufs Sofa. Whipple ging zu einer transportablen Hausbar und mixte sich einen Scotch mit Soda. Wir übrigen lehnten ab.

Amory sagte: «Dan, ich habe gehört, Sie haben Mrs. Tyler zu Anfang dieses Sommers häufig gesehen. Um es genau zu sagen, bis Miss Blackstone kam –»

Ich unterbrach ihn. «Meine Ankunft hatte nichts zu tun –»

Amory wandte mir sein muskulöses Gesicht zu. «Vielleicht würden Sie lieber gehen und sich umziehen. Ich kann Ihnen später Fragen stellen.»

Ich preßte die Lippen aufeinander und blieb, wo ich war.

Dan gab zu, daß er Dolly Tyler tatsächlich häufig gesehen habe, nicht aus eigenem Antrieb, sondern weil ihr Mann ihn gebeten hatte, mit ihr Golf zu spielen, Wasserski zu fahren und sogar mit ihr tanzen zu gehen, drüben im Par Four, wo die jungen Leute der Gegend verkehrten. «Es war unangenehm», sagte Dan, «aber da Mr. Tyler Vorsitzender der Gesellschaft ist, die das Hotel betreibt, und ich Freizeitleiter bin, konnte ich es nicht ablehnen.»

«Es scheint, daß Sie es regelmäßig ablehnten, sobald Miss Blackstone auf der Bildfläche erschien.»

Dan runzelte die Stirn. «Weil Dolly mir erzählte, daß sich ihr Mann verändert habe. Er führte sich plötzlich so eifersüchtig auf, daß sie Angst vor ihm bekam. Ich war froh, von ihr loszukommen.»

Im Zimmer war es heiß und stickig. Ich fühlte mich eingeschlossen, und das Atmen fiel mir schwer. «Das hört sich an, als ob jemand Dan als Sündenbock brauchte», sagte ich. «Haben Sie Mr. Tyler verhört?»

Amory gab ein müdes Schnauben von sich. «Natürlich! Er hat mit Paul Whipple zur Mordzeit in der Algonquin-Grillbar zu Mittag gegessen. Tyler kam dort um 12.05 Uhr an, das hast du doch gesagt, Paul?»

Der Manager, der seinem Drink noch einen Schuß Scotch zufügte, drehte sich nicht um. «Auf die Minute.»

«Der indianische Caddie, der euch jungen Leuten die Taschen getragen hat», fuhr Amory fort, «sagte, er habe Mrs. Tyler zuletzt lebend gesehen, als sie auf das Waldstück zusteuerte, wo Dan auf der Suche nach seinem Ball verschwunden war. Der Caddie sagte, er konnte nicht suchen helfen, weil Sie, Miss Blackstone, im Rough auf der anderen Seite des Fairway Schwierigkeiten hatten. Es kam ihm seltsam vor, daß Mr. Prestons Ball so in die Bäume flog. Er sagte, es sei das erste Mal gewesen, daß er bei Mr. Preston einen Slice gesehen habe. Einen Hook ja, aber keinen Slice.»

Der Ventilator surrte und drehte sich hin und her, wie ein riesiges Gesicht, das uns beobachtete. Ich hatte ein komisches Gefühl im Magen.

«Diese Indianer sind gute Caddies», sagte Amory, «ruhig, aufmerksam –» Er machte eine kurze Pause und sagte dann: «Dan, was hat Mrs. Tyler Ihnen in die Hand gesteckt, als Sie bei Nummer zehn aufs Abschlagen warteten? Was war es?»

«Wir brauchen diese Fragen nicht zu beantworten», hörte ich mich mit zitternder Stimme sagen.

«Laß mich das machen.» Dans Stimme klang ärgerlich. «Sie werden es mir nicht glauben, Sir, aber diesen Zettel hatte ich völlig vergessen. Er ist noch in meinem Zimmer, zusammengeknüllt in meiner Hosentasche.»

«Sie haben nur zu dreißig Prozent Recht, mein Sohn.» Amory zog ein zerdrücktes rosa Papierknäuel aus seiner Tasche. Nachdem er es glattgestrichen hatte, beugte er sich über den Kaffeetisch und reichte es mir.

Ein braunes Tulpenmuster zog sich über das rosa Briefpapier. Nach seinem zackigen oberen Rand zu schließen, war es von einem Block abgerissen worden. «Lieber Dan. Ich kann es nicht länger ertragen. Ich will nach Kalifornien, wie Du gesagt hast. Ich muß Dich hinter der Caddie-Bude treffen, wenn Du Dein Spiel beendet hast. *Es ist besser, wenn Du kommst.* Ich meine es ernst. Dolly.»

Dan las über meine Schulter mit und stand auf, die nackten Füße fest auf dem Boden, das weiße Handtuch über seiner Brust drapiert wie die Toga eines Märtyrers. «Ich habe den Fehler gemacht», sagte er, «ihr von meinem Onkel in Beverly Hills zu erzählen. Er holt tolle Abfindungen für seine Scheidungsklienten in Hollywood heraus. Dolly bat mich, mit ihm Kontakt aufzunehmen. Sie sagte, Tyler würde sich sofort von ihr scheiden lassen, wenn sie sich mit lächerlichen zehn- oder fünfzehntausend zufrieden gäbe, aber nach fünfjährigem Zusammenleben mit dem alten Bock wollte sie nicht –»

«Also», griff Amory ein, «kamen Sie überein, die Sache mit Ihrem Onkel zu arrangieren. Später hätten Sie sich getroffen, und sie hätte Ihnen eine Praxis eingerichtet –»

«Verzeihung, Sir, aber das muß ein Witz sein!»

«Und dann fand sich ganz plötzlich eine andere Gelegenheit. Sie erkannten, daß ein schwerreicher Schwiegervater bessere Sicherheit bot als ein überdrehtes Weib. Aber Dolly wollte Sie nicht gehenlassen. Sie war den ganzen Sommer hinter Ihnen her. Und als sie Ihnen heute mittag ins Gehölz folgte – wohin Sie Ihren Ball absichtlich verschlagen hatten, damit Sie sie treffen und ihr ein für allemal sagen konnten, daß Sie es satt hatten –, da wollte sie nicht hören. Sie wußten, daß sie Ärger, großen Ärger machen wollte, und Sie verloren Ihre berühmte Ausgeglichenheit. Alle, mit denen ich gesprochen habe, sagen, daß Sie nicht der Typ sind, der sich herumstoßen läßt. Sie verloren die Beherrschung *und* Ihren kühlen Kopf. Sie erwürgten sie. Dann schlugen Sie ihr, um ganz sicher zu gehen, mit ihrem eigenen Eisen 9 den Schädel ein.»

Dan sah wie betäubt aus. «Nein! Das ist nicht wahr!»

«Aber Sie haben sie doch gesehen und mit ihr gesprochen – dort im Wald?»

Ich schnappte nach Luft wie ein Fisch auf dem Trockenen und kam auf die Füße. «Einen Moment!»

«Klar habe ich mit ihr gesprochen», antwortete Dan Amory, «aber als sie anfing, mir von einer Menge komischer Sachen zu erzählen, die sie gegen ihn in der Hand hatte, und behauptete, daß die letzte Hausangestellte, die er rausgeschmissen hatte, vor Gericht aussagen wollte –»

«Halt endlich den Mund!» schrie ich. «Solange Polizeichef Amory dich nicht zum formellen Verhör aufs Präsidium bringt, hat er keine rechtliche Grundlage, dich zu –»

Amory starrte mich an; seine Backenmuskeln arbeiteten. «Da ist was dran, Miss. Sie ziehen sich besser etwas über, mein Sohn.»

Dan sah mich nicht einmal flüchtig an, als er hinausging. Wie vom Donner gerührt rannte ich hinter ihm her. Draußen räkelte sich ein Polizist an der braunen Hauswand und rauchte eine Zigarette.

Dan drehte sich um, als ich hinter ihm angerannt kam. «Ich möchte», sagte er mit leiser, eindringlicher Stimme, «daß du so tust, als ob wir nur gute Freunde sind, nicht mehr.»

«Aber ich –»

«Tu, was ich sage! Denk an das Aufsehen –»

«Ich schere mich einen Dreck um das Aufsehen. Ich komme mit dir.»

Er packte meine Arme und schüttelte mich; der Druck seiner Finger war hart und schmerzhaft. «Nein!» Der Polizist ließ seine Zigarette fallen und kam, die Hand am Halfter, auf uns zu. Dans Flüstern war eindringlich. «Das ist kein Kinderspiel. Halt dich raus, sonst kriegst du was ab.»

Es wurde bald klar, daß auch Amory mich nicht im Präsidium haben wollte. Als ich zur Kasbah zurückkehrte, stellte er ein paar Routinefragen, dann sagte er, daß ich, da der Zeitpunkt des Mordes an Dolly durch den plötzlichen starken Regenschauer genau festgelegt war, durch Aussagen des Caddies und einer Angestellten im Frauenumkleideraum automatisch ein Alibi hätte.

Als er fort war, sank ich auf die Couch und fing an zu weinen; Tränen rollten mir über die Wangen.

Paul Whipple gab mir eine Schachtel mit Papiertaschentüchern. «Großartig, Anne. Du hast deinen Freund dem Polizeichef auf einem silbernen Tablett überreicht, mit komplettem Motiv.»

«Motiv?»

«Du hast doch gehört, daß Amory was von einem reichen

Schwiegervater sagte. Wenn du deine Gefühle nicht so stark zeigtest, würde das Dan mehr nützen als dieses ganze Theater. Jedesmal, wenn du den Mund aufgemacht hast, hat Amory neue Munition bekommen.»

Ich saß da und kam mir ziemlich idiotisch vor. Das hatte Dan also gemeint . . .

«Ich lasse dir dein Abendessen hier servieren, Anne.»

«Nein danke, Paul. Ich will mich nicht in den Ecken herumdrücken, als ob ich mich über etwas schämen müßte.»

Aber nachdem ich geduscht und ein blaues Leinenkleid angezogen hatte, wäre ich doch lieber in meinem Zimmer geblieben. Durch die Chintzvorhänge beobachtete ich, wie späte Gäste den Zementweg von ihren Ferienhäusern zum Hotel entlangschlenderten. Das aufgeregte Stimmengewirr bedeutete natürlich, daß alle über den Mord redeten.

Als ich schließlich den holzgetäfelten Speisesaal betrat, war er beinahe leer. Allerdings nicht ganz. Mr. Tyler, ein massiver Klotz im weißen Anzug, ließ den Tisch für zwei Personen, den er mit seiner Frau geteilt hatte, klein erscheinen. Er stand auf und bat mich, bei ihm Platz zu nehmen. Ich war zu erstaunt, um mir eine Ausrede auszudenken.

«Ich habe schon zu Abend gegessen», sagte er, «aber wenn Sie meine Zigarre nicht stört –» Ohne auf eine Antwort zu warten, zündete er sich eine an. Sein strohblondes Haar ging in weiß über, und die durch die farblosen Wimpern glitzernden kleinen Augen erinnerten mich an einen Eisbären. «Die Sache mit Dan hat Sie wohl ganz schön mitgenommen?»

Ich nickte.

«Ich glaube nicht, daß er es war», sagte Mr. Tyler.

Ich starrte ihn an.

«Ich kenne den Jungen schon seit einiger Zeit. Ich bewundere seinen Mumm. Deshalb habe ich ihm ja zu Hause einen Nebenjob besorgt, und auch den Sommerjob hier. Deshalb habe ich ihm geholfen, ein Stipendium für sein Medizinstudium zu bekommen. Es war nicht seine Schuld, daß Dolly dachte –» Er nahm den Stift, der neben seiner Rechnung auf dem Tisch lag.

«Ein Arbeiter – ein Landstreicher – oder einer der Caddies könnte der Mörder gewesen sein. Dolly wußte nicht, wie aufreizend sie in ihren hübschen Kleidern wirkte.» Die kleinen Augen wurden rot. «Für ihre Kleider gab sie eine Menge Geld aus.» Er studierte die Rechnung.

Ferienhausgäste unterschrieben für alle Mahlzeiten im Hotel eine Rechnung. Wenn sie es nicht anders bestimmten, wurden ihnen zwanzig Prozent Trinkgeld für die Kellnerin berechnet. Mr. Tyler bestimmte es anders. Er schrieb zehn Cent auf.

Ich sah hastig weg, als er sich zu mir beugte. Ich spürte einen Hauch Zigarrenrauch und dann eine feuchte Hand auf meiner. Graue Haare sahen unter dem weißen Jackenärmel hervor. «Lassen Sie sich von einem alten Golffreund Ihres Vaters einen Rat geben! Halten Sie sich aus der Sache raus. Das Aufsehen würde Ihrem Vater schaden, und Dan würde es nichts nützen. Jeff Amory werde ich übernehmen. Er ist mir einiges schuldig. Ich bin sicher, daß ich ihn von der Unschuld Ihres Liebhabers überzeugen kann.»

Mit meiner freien Hand griff ich nach einem Glas Wasser. Ich hatte eine Gänsehaut. «Er ist nicht mein Liebhaber», brachte ich heraus. Dann kam mein kaltes Roastbeef mit Kartoffelsalat. Mr. Tyler tätschelte mir die Hand und stand auf. Während ich seinem massiven weißen Rücken nachsah, fragte ich mich, wie sehr wohl Jeff Amory diesem wohlhabenden und einflußreichen Mann verpflichtet war.

Ich schob den Teller beiseite, trank meinen Eistee und ging dann in die Halle, froh, sie bis auf den Mann am Empfang leer zu finden. Mein Ziel war der Flügel im hinteren Teil des Hotels, wo in der Saison das Hilfspersonal wohnte.

Zwei Collegestudenten, mit denen Dan und ich oft ausgegangen waren, spielten im Freizeitraum Tischtennis. Ich fragte nach Neuigkeiten über Dan.

«Sie haben ihn noch nicht richtig eingelocht», antwortete Bruce, der gerade den Aufschlag hatte, «aber soviel ich weiß, halten sie ihn vorläufig für vierundzwanzig Stunden fest.»

Ich bekam ein flaues Gefühl im Magen und mußte schlucken,

als ich mich an Nan wandte. «Wir müssen ihm helfen. Kennst du jemand, der eine Affäre mit Dolly gehabt haben könnte?»

Sie lachte nervös auf. «Im vergangenen Sommer ist sie in die Kasbah geschlichen, beinah jede –» Der Zelluloidball knallte auf ihre Tischhälfte, und sie mußte sich ducken.

«Wenn du eine Aussage zu machen hast», riet Bruce, «dann solltest du das besser bei Polizeichef Amory tun.»

Obwohl es erst kurz nach acht war, als ich in mein Zimmer zurückkam, zog ich mir einen Schlafanzug an, schlug die Decke zurück, kroch ins Bett und machte das Licht aus. Dann lag ich da und lauschte dem entfernten Rauschen der Wellen, die auf den Sandstrand rollten. Stimmen von der Veranda unter meinem Fenster mischten sich mit dem Quietschen der altmodischen Kettenschaukel. War der Mörder jetzt da unten und lachte sich ins Fäustchen? War es richtig, daß meine Einmischung Dan eher schadete als nützte? Ich dachte daran, daß er jetzt hinter Gittern hin- und herlief, und wußte, daß ich nicht aufhören würde, mich einzumischen. Eines der Alibis, die jeder außer Dan zu haben schien, konnte nicht stimmen; das mußte ich herausbekommen.

Um sieben am nächsten Morgen parkte ich mein Auto auf dem leeren Parkplatz am Golfclub. Meine Schuhe hinterließen eine dunkelgrüne Spur im taubedeckten Gras. Trotz der tropischen Atmosphäre fröstelte ich und wünschte, ich hätte etwas Wärmeres angehabt als Shorts und passende Bluse. Ich ging auf die Stelle zu, wo man Dollys Leiche gefunden hatte.

Die Caddie-Bude war verschlossen, aber die Tür des nahegelegenen Geräteschuppens war nur angelehnt. Ich sah vorsichtig hinein. Im trüben Licht zeichneten sich zwei Traktoren ab; ihre sperrigen Anhänger standen abgekuppelt daneben. An dem Wandbrett über einer Werkbank hingen Werkzeuge in ordentlichen Reihen.

Ich ging zu dem Weg zwischen den flachen grünen Gebäuden zurück und begann, den feuchten Boden Zentimeter für Zentimeter abzusuchen; hier war, nach Amory, Dollys Leiche entlanggeschleift worden. Die Mordzeit hatte er deshalb genau festlegen können, weil der Mörder die Leiche unter die tiefhängenden

Zweige einer norwegischen Rottanne geschoben hatte, bevor der Regen so heftig geworden war, daß er auch diese geschützte Stelle durchnäßt hatte.

Gerade als es gestern zu gießen anfing, waren Dan und ich von dem Parkplatz des Clubs weggefahren.

Ich kniete neben dem riesigen Baum, hob die unteren Zweige und ließ die rostbraunen Nadeln prüfend durch die Finger gleiten. Ich fand nichts. Ich hörte ein Auto und rannte in den Geräteschuppen. Dort war es dunkel und feucht; es roch nach Öl und feuchter Erde. Schaudernd machte ich mir klar, daß der Mörder genau an derselben Stelle wie ich, bei angelehnter Tür, gestanden haben und alles, was Dan und Dolly gesagt hatten, gehört haben konnte.

Meine Muskeln spannten sich, als eine Wagentür zugeworfen wurde. Sekunden später kam der fette Platzgärtner mit einer Ölkanne in den Schuppen. Sein üblicher geplagter Gesichtsausdruck verwandelte sich in Angst, als ich vortrat. «Ich wollte Sie nicht erschrecken», sagte ich, «aber ich würde gern wissen, ob Sie gestern Mr. Tyler hier in der Nähe gesehen haben –»

«Miss Blackstone!» Seine Augen waren anklagend, sein Mund verdrießlich. «Ich habe den Auftrag, die Leute fernzuhalten, bis die Polizei einen Mann herschickt.» Er stellte die Ölkanne auf die Werkbank und ging zur Tür hinaus. Ich folgte ihm.

«Nur ein paar Fragen.»

«Die werden Sie der Polizei stellen müssen.» Er ging, so schnell es seine kurzen Beine erlaubten, zu einem alten blauen Auto und schloß den Kofferraum auf. «Ich soll mit *niemand* über den Mord sprechen. Sie hätten die Leute sehen sollen, die sich hier gestern abend herumgedrückt haben. Als ob es nicht schon reicht, daß ich keine vernünftige Hilfe kriegen kann. Jedesmal, wenn ich mich umdrehe, beklagt sich jemand.»

«Sie kennen mich doch schon lange», sagte ich. «Sie können mir vertrauen –» Ich brach ab und zog die Stirn in Falten, als ich sah, was er im Kofferraum hatte. «Ist das nicht der Golf-Scooter, den Mr. Tyler verkaufen wollte?»

«Nein.» Der Gärtner machte eine verächtliche Mundbewegung. «Den hier habe ich für die Hälfte des Preises, den er für seinen haben wollte, aufgegabelt. Jetzt will er dem Vorstand einreden, daß ich gar keinen Scooter brauche. Aber durch die Zeit, die ich damit spare, macht er sich schnell bezahlt.»

Schweratmend zog er den Scooter aus dem Kofferraum, und ich half ihm, ihn auf den Boden zu setzen. «Ich kann meine Jungs überall auf dem Platz in Sekunden erreichen», sagte er. «Hatte ihn gerade bei Shortie zur Inspektion. Mit diesem Ding komme ich schneller dahin als mit meinem Wagen – in genau einer Minute.»

«Den ganzen Weg zu Shortie?»

Er zeigte auf eine schmale Öffnung zwischen den Bäumen. «In der letzten Woche haben wir einen Weg direkt zu Shortie gerodet. Wenn man die Landstraße benutzt, hat man zwei Halteschilder an den Kreuzungen und muß um die Middlebury-Plantage herumfahren. Das dauert viereinhalb Minuten. Wie ich dem Vorstand sagte, dreieinhalb Minuten klingt vielleicht nicht viel, aber wenn man vier bis fünf Mal wegen Material rüberfährt –»

Ich hörte ihm nicht zu. Ich hörte auf den Computer, der in meinem Gehirn klickte. «Hat Mr. Tyler seinen Scooter noch?»

«Weiß ich nicht», sagte der Gärtner kurz angebunden. «Wenn Sie mich jetzt entschuldigen –»

Das Alibi für Whipple und Tyler hing an Sekunden, dachte ich, als ich zu meinem Auto zurückging.

Shorties Betrieb ist in der Nähe des Hotels. Er liegt an der Kreuzung, wo man rechts zur Landstraße nach Potowatomi Point oder links zum Hotel abbiegt. Er hat eine Tankstelle mit Werkstatt und Ferienhäuser, die er wochenweise vermietet. Ich blieb eine halbe Stunde dort und fuhr dann in die Stadt.

Polizeichef Amory sah mich, als ich das Rathaus betrat. Er winkte mich zu sich, bot mir einen Stuhl neben seinem Schreibtisch an und sagte mir, daß Dan mit seinem Anwalt beim Richter sei, um die Kaution festzusetzen.

«Ich bin nicht gekommen, um Dan zu sehen. Mr. Tyler hat seine Frau getötet, und ich kann es beweisen.»

Er sank in seinen Stuhl und lächelte wie jemand, der auf eine faule Olive gebissen hat. Aber er zog ein Notizbuch aus der Schublade und sagte: «Okay; geben Sie mir die Fakten.»

«Nach Ihrer Meinung ist es unmöglich, daß Mr. Tyler zur Mordzeit im Golfclub war und Paul Whipple zur angegebenen Zeit in der Algonquin-Grillbar traf. Aber was ist, wenn Tyler in einer Lichtung bei Shorties leeren Ferienhäusern geparkt und eine direkte Abkürzung zum Club genommen hat?»

«Ich habe einige Male auf dem Platz gespielt», Amorys Ton war unfreundlich, «und glauben Sie mir, es gibt keine Stelle, an der Tyler hätte durchkommen können, ohne gesehen zu werden. Bevor der heftige Regen anfing, waren an jedem Loch Spieler. Ein Rennläufer hätte nicht rechtzeitig zur Mordstelle und zurück laufen können, ganz zu schweigen von einem Zweizentnermann.»

«Doch, wenn er einen Motor-Scooter benutzte», sagte ich. «Mr. Tyler hat einen. So einen, der in den Kofferraum paßt, wenn man den Steuerknüppel abschraubt. Wenn er mit dem über den neuen Weg zwischen Shortie und dem Club fuhr – Sie wissen doch von dem neuen Weg, den der Platzgärtner gerodet hat?» Das Aufflackern seiner Augen sagte mir, daß er nichts davon wußte. «Eine Minute bis zum Schuppen – er konnte seinen Scooter direkt reinfahren –»

«Natürlich», Sarkasmus unterstrich die Worte, «waren keine Arbeiter am Schuppen!»

«Es war Mittag. Die Leute hören Punkt zwölf auf zu arbeiten und nehmen ihr Essen mit rüber zu den Picknicktischen. Eine Minute für Tyler, um von der Stelle, wo er seinen Wagen versteckt hatte, zum Schuppen zu kommen, und etwa vier oder fünf Minuten, in denen er wartete und Dolly und Dan belauschte. Dann, als Dan gegangen war, sprang Tyler hinaus, tötete sie, zerrte die Leiche – Sie sagten selbst, das könne in zwei bis drei Minuten geschehen sein –, zerrte also die Leiche unter die norwegische Rottanne, sprang auf seinen Scooter und war in einer Minute wieder bei seinem Auto und unterwegs zu Whipple.»

Amory schrieb hastig in sein schwarzes Notizbuch. Er hörte auf, studierte seine Notizen und sah mich dann über den Schreibtisch hinweg an. «Aber auch dann –»

Ich war darauf vorbereitet. «Sie wollen sagen, daß er irgendwo neun bis zehn Minuten Luft gehabt haben müßte.»

«Genau; ich habe drei Leute, die in ihren Aussagen übereinstimmend die genaue Zeit festgelegt haben, in der Mr. Tyler sein Haus verließ, um Whipple im Algonquin zu treffen.»

«Aber für den genauen Zeitpunkt, an dem Tyler dort eintraf, haben Sie nur Paul Whipple als Zeugen.»

Amory kniff die Augen zusammen. «Wollen Sie Whipple beschuldigen, in die Sache verwickelt zu sein?»

«Nein, aber wenn Tyler fest behauptet hat, daß sie sich zu einer bestimmten Zeit getroffen haben, und Paul nicht ganz sicher war, würde er Tyler zustimmen. Vor allem, da er nicht wollte, daß seine Affäre mit Mrs. Tyler im letzten Sommer durch eine Untersuchung herauskäme.» Ich sah an Amorys Gesichtsausdruck, daß er das alles wußte.

Er starrte auf seine Notizen, dann wieder auf mich und lächelte unfreundlich. «Wie Sie es sehen, könnte Tyler also neun oder zehn Minuten gewonnen haben. Sie würden nicht noch weitergehen und zwanzig oder dreißig Minuten erklären wollen?»

«Was soll das heißen?»

«Ihre Theorie klingt großartig, aber wie zum Teufel konnte Mr. Tyler die Sache auf die Sekunde genau planen? Wie konnte er *genau* die Zeit und den Ort wissen, an dem Ihr Freund und seine Frau sich treffen wollten?»

Als ich erkannte, was seine Frage bedeutete, preßte ich meine schwitzigen Hände gegen die harte Schreibtischkante. Ich hielt mich dort fest und konnte einige Sekunden nicht sprechen. Dann sagte ich: «Er hätte im Club anrufen und feststellen können, wann wir beim achtzehnten Loch ankommen mußten. Er wußte, daß Mrs. Tyler Golfunterricht hatte.»

«Nein, meine Liebe! Dieser Golfunterricht war ein plötzlicher Entschluß. Sie wollte ursprünglich zum Friseur. Tyler verbrachte den Vormittag mit einem Farmer, dessen Anwesen die Gesellschaft kaufen will. Er und Paul wollten den Vertrag nach dem gemeinsamen Essen in der Stadt durchgehen. Mr. Tyler hat nicht im Club angerufen, und er hat auch nicht beim Friseur angerufen. Er konnte also auf keinen Fall wissen, daß seine Frau ihre Pläne geändert hatte.»

Ich stand auf und versuchte, nicht zu weinen. «Tut mir leid, daß ich Ihre Zeit verschwendet habe.»

«Ganz und gar nicht. Ich werde das mit dem Motor-Scooter nachprüfen. Nicht, daß es von Bedeutung wäre –» Er klopfte ungeduldig mit dem schwarzen Notizbuch auf seinen Schreibtisch.

«Wann?»

Sein Gesicht schien flach zu werden. «Vielleicht sollte ich Sie in Schutzhaft nehmen. Sehen Sie nicht so schockiert aus. Es steht zwar nur eins zu tausend, daß Sie im Recht sind und wir den falschen Mann haben, aber ich möchte doch nicht, daß Ihr sogenannter Mörder mir noch eine übel zugerichtete Frauenleiche präsentiert.»

Ich ging ins Hotel zurück, versuchte zu essen, sagte höflich, daß ich nichts wüßte, wenn Leute nach Dan fragten, zog mir dann meinen Badeanzug an und ging zum Strand.

An den Holzstufen, die zum Wasser führten, mußte ich den starken Drang bekämpfen, auf den Zementweg abzubiegen, der sich von einem Privathaus zum andern schlängelte und schließlich am snobistisch isolierten Haus der Tylers endete.

Ich suchte mir eine einsame Stelle am Strand und legte mich auf mein Handtuch. Der Sonnenschein malte abstrakte hellrote Muster auf meine geschlossenen Lider. Ich fühlte mich leer und völlig hilflos. Ich konnte nichts tun als abwarten, dabei brannte ich darauf, in Tylers Garage nachzusehen, ob der Scooter da war. Ich wollte in seinem Haus nach blutbefleckten Kleidern suchen, nach Briefen – nach *irgend etwas*, das mir helfen konnte, Dan freizubekommen.

Aus dem Augenwinkel sah ich eine Bewegung, und ich drehte den Kopf. *Unmöglich!* Ich starrte die schwere Gestalt in faltiger brauner Badehose an. Ich konnte mich nicht erinnern, wann ich Mr. Tyler zuletzt am Strand gesehen hatte, und dann *niemals* vor Sonnenuntergang. Er trug ein Schlauchboot, ging, ohne nach rechts oder links zu sehen, ins Wasser, kroch dann auf das Boot und begann, ins tiefere Wasser hinauszupaddeln.

Ich hörte einen tiefen Atemzug und merkte, daß ich die Luft angehalten hatte. Ich hob mein Handtuch auf und ging bis zu der Treppe, die ins Hotel führt. Du bist übergeschnappt, sagte ich mir. Aber als ich am Zementweg war, bog ich nach rechts ab; ich zwang mich, langsam zu gehen, und passierte ein Haus nach dem anderen. Ich sah niemand. Als ich an die Treppe kam, die zum Haus der Tylers führte, schlich ich gebückt wie ein Dieb weiter. Durch die Bäume konnte ich das Boot weit draußen in der Bucht sehen und auch den vagen Umriß darauf.

Ich begann zu rennen. Die Garage war hinter dem Haus, am Ende einer Straße, die am Hang entlangführte. Zwei Autos standen darin; beide Kofferräume waren verschlossen. Natürlich keine Schlüssel. Ich ging zur Rückseite des Hauses. Eine zweiteilige Tür führte in die Küche. Die obere Hälfte stand offen. Ein leeres Haus hat dieselbe nichtsahnende Verletzlichkeit wie ein Mensch, den man beobachtet, ohne daß er es weiß. Ich drehte den Türgriff und ging eilig durch die Küche ins Wohnzimmer mit der Eßecke. Die Aussicht aus dem Fenster war überwältigend. Weit unten erstreckte sich die Bucht. Leer.

Kriminologen behaupten, daß manche Leute Verbrechen begehen, weil es ihnen Spaß macht. Wenn mein trockener Mund, mein laut klopfendes Herz und meine feuchten Hände das waren, was sie unter Spaß verstanden, sollten sie es einmal probieren! Dann kam das Boot in Sicht, ein winziger Fleck auf blaugrünem Wasser.

Ich musterte den Raum, in dem ich war. Ich suchte auf jedem Möbelstück nach Wagenschlüsseln und öffnete jede Schublade. Kein Glück.

Tylers Schlafzimmer war in düsteren Braun- und Schwarztönen gehalten. Der Geruch der kalten Zigarren, die in einem kupfernen Aschenbecher lagen, ließ mich schwer schlucken. In seiner Schreibtischschublade fand ich Schnüre, zusammengefaltete Papiertüten, teilweise benutztes Papier – sogar ein paar gebrauchte Blätter Kohlepapier von ungewöhnlichem Format –, aber keine Briefe, keine Notizen, keine Schlüssel. Auch in den Kleidern, die im Schrank hingen, fand ich nichts.

Ich rannte wieder an das große Fenster. Das Boot schwamm immer noch weit draußen. Ich redete mir ein – es war schwer, aber ich schaffte es –, daß Tyler zu geizig war und zu große Angst hatte aufzufallen, um das Boot auf dem Wasser zurückzulassen und an Land zu schwimmen.

Als nächstes nahm ich mir Dollys Zimmer vor; es war ganz in rosa, mit einer Frisiertoilette voller glitzernder Kristallgefäße. Auf dem kleinen Schreibtisch war nur ein Telefon, natürlich rosa, und der rosa Schreibblock mit dem Tulpenmuster, von dem die Nachricht für Dan abgerissen worden war. Ich hielt ihn eifrig gegen das Licht, sah aber keine durchgedrückte Schrift, die Mr. Tyler hätte entziffern können. Ich war so enttäuscht, daß ich den Block schluchzend wieder hinwarf. Er rutschte vom Schreibtisch auf den Fußboden. Als ich ihn aufhob, sah an der Seite etwas Dunkles heraus. Es war ein kleines Stück Kohlepapier, das unter dem dritten Blatt steckte und offenbar so zurechtgeschnitten war, daß es nicht auffiel.

Ich versuchte, meinen aufsteigenden Jubel zu unterdrücken, und rannte wieder in Mr. Tylers düsteres Zimmer. Das Stück Kohlepapier in meiner Hand paßte genau zu den gebrauchten Stücken in seiner Schublade. Jetzt hätte ich sofort aus dem Haus verschwinden sollen. Aber mir fiel der Handspiegel auf Dollys Frisiertisch ein. Ich setzte mich auf einen plüschbezogenen Hocker und stellte fest, daß ich im Handspiegel die Worte ohne Schwierigkeiten lesen konnte, wenn ich das Stück Kohlepapier schräg in das Licht vom Fenster hinter mir hielt. Da stand einige Male «Lieber Paul, Lieber Bruce» und schließlich «Lieber Dan. Ich kann es nicht länger –» Etwas trat mir ins Licht. Ich hob den Kopf und sah in den großen Spiegel über Dollys Frisiertisch.

Wie konnte sich eine so riesige Kreatur mit solcher Geräuschlosigkeit bewegen? Er sah mehr denn je wie ein Eisbär aus. Hellgraue Haare wuchsen auf seiner Brust und sogar auf den breiten Schultern. Die weißbewimperten Augen starrten auf das Kohlepapier in meiner Hand. Dann sah er auf; sein wissender Blick traf meine Augen im Spiegel.

Der Hocker fiel um, als ich aufsprang. Er stieß ihn weg und preßte seinen harten Leib gegen meinen Rücken, während er einen Arm um meine Taille legte. Ich wollte schreien, aber seine andere Hand war schon auf meinem Mund und hielt mir mit Daumen und Zeigefinger die Nase zu. «Aber, aber», sagte er, als ich nach ihm schlug, «wir wollen doch keine Kratzer an Ihnen und an mir auch nicht.»

Ich bewegte meinen Kopf heftig hin und her, um Luft zu bekommen. «Atmen Sie tief durch», sagte er überraschend und nahm die Hand von meinem Mund. Als ich hastig einatmete, spürte ich, wie er sich zurücklehnte und mich aufhob. Ich fing an zu schreien. Er drückte mich abrupt an sich. Ich hatte das Gefühl, daß meine Rippen mein Rückgrat berührten. Der Schrei wurde zu einem jämmerlichen Nichts, als die Luft aus meinen Lungen zischte.

Es folgte ein Alptraum von Bewußtlosigkeit und Bewegung, von Übelkeit, vom Kampf gegen glatte Seide, die mich zu einer Mumie verschnürte. Der Duft von Dollys Parfüm haftete an dem Kissen, das er auf mein Gesicht drückte, und ich drehte und wendete mich, um Luft zu kriegen. Dunkelheit, holpernde Bewegung. Dann spürte ich die Vibrationen eines laufenden Motors. Ich war in einem engen Raum, noch immer verschnürt wie eine Mumie, aber das Kissen war zum Glück verschwunden. Ich atmete in tiefen Zügen die vergiftete Luft ein, ehe mir klar wurde, was das bedeutete.

«Ihre Farbe ist gut», sagte Dan. «Nichts gebrochen.»

Ich hörte das leise Rauschen von Kiefern im Wind, dann Schritte auf dem Kies. Ich konzentrierte mich auf die herrliche Beschäftigung des Atmens, bevor ich langsam die Augen öffnete. Dans Gesicht war über mir, und ich merkte, daß ich im Gras lag; mein Kopf war in seinem Schoß.

«Mr. Tyler –», begann ich, meine Stimme am Rande der Hysterie.

«Alles in Ordnung, Liebling», sagte Dan sanft. «Man hat ihn schon zur Polizei gebracht.»

«Aber das Kohle –»

«Sie haben nur wenig Kohlenmonoxyd abbekommen», sagte eine andere Stimme. Zwei graue Hosenbeine kamen in Sicht. «War schon ein Glück», fuhr Polizeichef Amory fort, «daß Sie mir wegen dem Motor-Scooter auf die Nerven gegangen sind. Sonst hätte ich mich nicht entschlossen, heute nachmittag danach zu suchen. Als ich Tyler traf, wie er aus seiner Garage fahren wollte, habe ich darauf bestanden, daß er den Kofferraum öffnete.»

«Das Kohlepapier!» Ich richtete mich mühsam auf. Als ich die Sache erklärt hatte, sagte Amory: «Auch wenn wir das Papier nicht finden sollten, wird Tyler es ganz schön schwer haben, einer Jury zu erklären, warum er Sie in den Kofferraum gestopft hat, mit einem Schlauch vom Auspuff vor Ihrer Nase.»

«Meine Patientin braucht Ruhe», sagte Dan fest.

«Wie bist *du* hierher gekommen?» fragte ich.

«Nachdem mein Rechtsanwalt die Kaution für mich gestellt hatte, habe ich dich im Hotel gesucht. Eine Sommerhausbewohnerin sagte, sie habe gesehen, wie du auf das Haus der Tylers zugingst.»

Polizeichef Amory starrte noch immer auf mich herunter. «Wenn Sie eine Idee haben, dann lassen Sie wirklich nicht locker. Gute Eigenschaft für eine Polizistin. Wenn Sie eine Stelle brauchen, wenden Sie sich an mich.»

«Dann war also meine Theorie richtig, daß Dan den Sündenbock spielen sollte?»

«Sie brauchen mir das nicht noch unter die Nase zu reiben!» Polizeichef Amory ging.

«Beharrlichkeit ist auch für die Frau eines Arztes eine prima Eigenschaft», sagte Dan, als er mir auf die Füße half. «Das heißt, wenn du dich nicht vorher umbringen läßt. Vielleicht sollte ich lieber umgehend Schritte ergreifen, um das zu verhindern.»

Der Schmerz in meinen Rippen und in meiner Kehle schien zu verschwinden. «Wir schicken meinen Eltern noch ein Telegramm, und wenn sie nicht sofort von sich hören lassen, ist es wirklich ihre eigene Schuld. In Ann Arbor kann ich eine Stelle als Lehrerin bekommen. Wir finden da auch bestimmt eine Wohnung –»

«Du redest zuviel!» Dan beugte sich zu mir herunter. In seiner Stimme klang zärtliches Lachen. «Auch dagegen kann ich etwas tun.»

Er hatte ja so recht.

# *Glück im Spiel*

*Charles Einstein*

Rafferty war nicht der einzige, der am Siebzehn-und-Vier-Tisch verlor, aber er saß schon am längsten da. Seit zehn Uhr morgens. Jetzt war es nach drei, und die Kellnerinnen vom Wanderlust, dem schicksten und neuesten Hotel in Las Vegas, hatten ihm schon mindestens fünfmal einen freien Schnaps angeboten. Das Hotel konnte es sich leicht leisten, ihm Drinks zu spendieren, damit er blieb, wo er war.

Aber er trank nicht; er verlor nur. Verlierende Spieler sind von vornherein mißtrauisch. Dies hier war Las Vegas, das Wanderlust war ein ganz neues Hotel, und die Gesichter der Kartengeber kannte er nicht.

Der Geber gab Rafferty zwei Fünfen, sich selbst eine Sechs. Rafferty hatte vierzig Dollar gesetzt. Er legte noch acht Fünf-Dollar-Chips auf den Tisch, um seinen Einsatz zu verdoppeln, und nahm eine verdeckte Karte auf. Verstohlen schielte er unter eine Ecke: eine Königin. Rafferty hatte jetzt zwanzig.

Der Geber deckte seine Karte auf: eine Sieben. Jetzt hatte er dreizehn. Dann ein Aß. Vierzehn. Er nahm noch einmal: eine Zwei. Sechzehn. Er gab sich zum letzten Mal: eine Fünf. Einundzwanzig. Mit einer geübten Seitwärtsbewegung seiner Hand räumte er Raffertys Chips ab.

«Ich möchte ein neues Kartenspiel», sagte Rafferty.

«Wie bitte?»

«Ich sagte, ich möchte neue Spielkarten.»

«Aber wir haben doch diese hier erst vor zehn Minuten angebrochen.»

«Es macht mich kaputt. Ich will ein neues Spiel.» Rafferty befeuchtete seine Lippen. «Und einen neuen Geber.»

Die beiden anderen Mitspieler wurden unruhig. Sie verloren

auch, und vielleicht waren sie im stillen Raffertys Meinung, aber sie wollten nicht in die Sache hineingezogen werden.

Sie wurden mit hineingezogen. Der Geber tat es: «Will sich einer der Herren beschweren?» fragte er.

Die beiden Männer starrten schweigend auf den grün bezogenen Tisch.

«Kümmern Sie sich nicht um die andern», sagte Rafferty kühl. «Es genügt, wenn sich einer beschwert. Und das bin ich.»

Wie aus dem Nichts tauchte der Geschäftsführer auf. Das ist keine genaue Beschreibung: alle Geschäftsführer tauchen wie aus dem Nichts auf. Der Mann war klein, ging leise, hatte ein Ledergesicht und schwarze Haare. «Und?» fragte er den Geber.

Der Geber nickte zu Rafferty hinüber.

«Bitte, Mr. Rafferty?» sagte der Geschäftsführer. Sie wußten seinen Namen. Er hatte heute schon drei Schecks eingelöst.

«Mir gefallen die Karten nicht.»

«Vor zehn Minuten habe ich ein neues Spiel angebrochen», erklärte der Geber.

«Breiten Sie sie aus», sagte der Geschäftsführer.

Der Geber legte die Karten offen auf den Tisch.

«Nein», sagte Rafferty. «Sie vergeuden nur Ihre Zeit.»

«Okay», sagte der Geschäftsführer, «neue Karten.»

«Wozu?» fragte Rafferty. Er seufzte. «Sie kommen doch alle aus derselben Kiste, oder?»

«Aber», sagte der Geschäftsführer, «was wollen Sie dann?»

Rafferty seufzte wieder. «Sie wissen», begann er, «daß es für ein neues Hotel wie dieses schlimm wäre, wenn es in Verruf käme. Wenn Sie Ihre Spiellizenz verlieren, sind Sie erledigt. Das wissen Sie genau, nicht wahr?»

«Er hat ein neues Spiel verlangt», sagte der Geber gereizt zum Geschäftsführer. «Sie wollen ihm eins geben, und jetzt sagt er ‹Nein›. Vielleicht nörgelt er bloß, weil er verliert.»

«Ich will ja ein neues Spiel», sagte Rafferty. «Aber nicht aus der Kiste da hinter dem Vorhang. Nehmen wir einmal an, ich hätte oben in meinem Zimmer ein neues Spiel. Würden Sie mit meinen Karten spielen?»

Der Geschäftsführer lachte. Dann sah er Rafferty ins Gesicht und brach ab. «Sie wissen ganz genau», sagte er, «daß das nicht geht, Mr. Rafferty. Das Haus stellt die Karten.»

«Ich habe sie dort drüben am Zigarettenstand gekauft», sagte Rafferty. «Es ist die gleiche Marke, wie Sie sie benützen.»

«Wir haben nicht gesehen, wie Sie sie kauften», meinte der Geber. «Wir wissen auch nicht, was Sie oben damit gemacht haben.»

«Halten Sie den Mund!» sagte der Geschäftsführer zu ihm.

«Und ich weiß nicht, was Sie hier unten mit ihnen machen», sagte Rafferty zu dem Geber. «Ich weiß nur, daß in Ihrem Spiel eine Menge Fünfen sind.»

«Niemand zwingt Sie zu spielen», sagte der Geber. «Wenn Sie das Spiel nicht mögen, zwingt Sie niemand, hier sitzen zu bleiben.»

«Ich sagte Ihnen doch, Sie sollen den Mund halten», sagte der Geschäftsführer. Vier oder fünf Leute waren hinter Rafferty und den beiden anderen Spielern stehengeblieben und hörten zu. «Mr. Rafferty, kann ich Sie einen Augenblick sprechen?»

«Wir können uns hier unterhalten», meinte Rafferty. Aber in dem Blick des Geschäftsführers lag etwas, das ihn veranlaßte, achselzuckend aufzustehen. «Na schön.» Er ging vom Spieltisch weg, und der Geschäftsführer bückte sich unter dem Seil hindurch und folgte ihm.

«Wieviel haben Sie verloren?» fragte er leise.

«Ich weiß es nicht genau. Ein paar tausend ungefähr. Ist das wichtig?»

«Hören Sie, wir spielen sauber. Andererseits wollen wir keinen Ärger. Wir werden in vernünftigen Grenzen alles tun, um zu beweisen, daß wir ehrlich sind.»

«Aber Sie wollen nicht mit meinen Karten spielen.»

«Ich sagte, in vernünftigen Grenzen.»

«Es sind die gleichen Karten, die Sie auch verwenden. Ich habe Sie da drüben gekauft.»

Der Geschäftsführer schüttelte den Kopf. «Das würde kein Mensch vernünftig nennen, Mr. Rafferty. Der Geber hat recht.

Keiner weiß, ob Sie sie dort gekauft haben. Und keiner weiß, wie lange das schon her ist. Wenn Sie jetzt auf der Stelle ein Spiel kauften und wir sofort damit spielten, wäre das etwas anderes.»

«Einverstanden», sagte Rafferty.

«Wie bitte?»

«Ich bin einverstanden. Es war Ihr Vorschlag. Ich nehme ihn an.»

«Ich verstehe Sie nicht.»

«Ich gehe mit Ihnen zum Zigarettenstand und kaufe ein neues Kartenspiel. Dann kehren wir zum Spieltisch zurück und spielen damit.»

«Ach, Mr. Rafferty», sagte der Geschäftsführer, «seien Sie nicht lächerlich.»

«Lächerlich?» Raffertys Stimme wurde lauter, und der Geschäftsführer sah sich unsicher um. «Ich akzeptiere doch nur einen Vorschlag, den Sie eben selbst gemacht haben.»

«Aber es ist einfach nicht üblich», meinte der Geschäftsführer. «Stellen Sie sich vor, jeder käme hier herein und wollte mit seinen eigenen Karten oder Würfeln spielen. Wir wären nur damit beschäftigt, die Leute zu überprüfen.»

«Ich bin aber nicht jeder», erwiderte Rafferty. «Sie machen einen Vorschlag, und in dem Moment, wo ich ihn annehme, fallen Sie um. Sie behaupten, daß die Karten hier die gleichen sind wie da drüben. Ich spiele also gar nicht mit meinen eigenen. Ich spiele mit Ihren Karten.»

«Und wo ist der Unterschied?»

«Der Unterschied ist, daß Sie behauptet haben, es wären die gleichen Karten; ich habe das nicht gesagt. Ich möchte gern feststellen, ob die Karten, die Sie hier am Stand verkaufen, die gleichen sind wie die, mit denen Sie spielen. Nennen Sie es ein Experiment.»

Rafferty grinste kalt. Dann drehte er sich plötzlich um und ging mit ein paar Schritten zum Zigarettenstand. Der Geschäftsführer folgte ihm. «Was machen Sie?» fragte er.

«Ich kaufe nur ein Spiel», antwortete Rafferty. Er nickte dem Mädchen hinter der Theke zu. «Ein Päckchen Karten.»

«Einen Dollar, Sir», sagte das Mädchen und schob ihm das Päckchen über die Glasplatte der Theke zu.

Rafferty legte einen Silberdollar auf die Platte, drehte sich um und hielt dem Geschäftsführer die Karten hin. «Hier, nehmen Sie sie! Damit Sie sicher sind, daß ich nicht schwindle.»

Der Geschäftsführer nahm die Karten und starrte ihn an. «Sie wissen, daß wir sehr empfindlich sind, und deshalb versuchen Sie, Schwierigkeiten zu machen, nicht wahr?»

«Nein. Sie sind derjenige, der Schwierigkeiten macht. Ich will bloß eine reelle Chance. Ich wiederhole, ich nehme nur Ihr Angebot an.»

Der Geschäftsführer schluckte. «Und wenn Sie jetzt eine Glückssträhne haben?»

«Dann habe ich eben eine.»

«Und Sie können herumgehen und behaupten, es beweise, daß wir nicht ehrlich sind.»

«Wenn Sie ehrlich sind, brauchen Sie sich keine Sorgen zu machen.»

«Und wenn Sie weiter verlieren? Was dann? Wollen Sie es dann dem Geber in die Schuhe schieben?»

«Die Leute werden uns beobachten. Vor Kartentricks habe ich keine Angst. Diesmal nicht.»

«Sie könnten aber sitzenbleiben und sich beschweren und noch mehr Ärger machen.»

«Nein. Ein Spiel wird nur etwa eine Stunde benützt. Wenn ich dann wieder zum Zigarettenstand ginge und noch ein Spiel kaufte, das wäre *unvernünftig*, nicht wahr? Nein, ich habe mein Spiel gemacht. Es würde mich wirklich interessieren, ob Sie meinen, daß das zuviel verlangt ist.»

Der Geschäftsführer sah auf seine Schuhe hinunter. «Es beweist gar nichts, wissen Sie. Wenn wir unehrlich wären, wäre es für uns die einfachste Sache von der Welt, zu schwindeln, damit Sie gewinnen.»

«Ich wäre entzückt», sagte Rafferty. «Doch das würde für Sie ganz dumm aussehen.»

«Aber was wollen Sie denn dann?»

«Einen neuen Start mit neuen Karten.»

«Mr. Rafferty», begann der Geschäftsführer, «ich ...» Er machte eine Pause. «Schön. Ich gebe Ihnen eine Stunde.»

«Danke», sagte Rafferty. Sie gingen zum Spieltisch zurück. Ein neuer Geber wurde geholt. Der Geschäftsführer selbst brach das Siegel auf und breitete die Karten aus.

Rafferty spielte eine Stunde lang, wobei ihn der Geschäftsführer und eine ständig wachsende Zuschauermenge beobachteten.

Nach der Stunde stand Rafferty auf. Er hatte achtzehntausend Dollar gewonnen.

«Sind Sie zufrieden?» fragte der Geschäftsführer.

«Nicht ganz», antwortete Rafferty glatt. «Ich bekomme noch einen Dollar.»

«Sie bekommen ...?»

«Für die Karten.»

«Ach so», sagte der Geschäftsführer. Er konnte sich nur noch mühsam beherrschen. «Keinen Dollar, Mr. Rafferty, die Karten sind jetzt keinen Dollar mehr wert. Sie sind gebraucht. Hier haben Sie die Karten, Mr. Rafferty. Verkaufen Sie sie, so gut Sie können. Und ich möchte noch etwas hinzufügen, auch wenn ich das eigentlich nicht darf – kommen Sie nicht wieder her, Mr. Rafferty! Es ist uns zu teuer, Ihnen zu beweisen, daß wir ehrlich sind, und ich meine damit nicht nur das Geld. Wir schätzen Leute, die unsere Worte nicht anzweifeln, denn wir sind ehrlich, und wir haben ihr Vertrauen. Die einzige Möglichkeit, im Geschäft zu bleiben, ist, ehrlich zu sein und sich mit dem üblichen Anteil zu begnügen. Verstehen Sie, was ich meine, Mr. Rafferty?»

«Sehr gut», antwortete Rafferty. «Sie brauchen sich keine Sorgen zu machen: Ich komme nicht wieder. Noch so eine Glückssträhne wäre sehr unwahrscheinlich.»

Er nickte, bahnte sich einen Weg durch die Zuschauermenge, ging zum Fahrstuhl und fuhr zu seinem Zimmer hinauf. Eine junge Frau saß an einem Schreibtisch. Sie hatte eine hauchdünne Zeichenfeder in der Hand und markierte die Rückseiten eines neuen Kartenspiels. Die Verpackung der Karten hatte sie so geöffnet, daß das Siegel unbeschädigt geblieben war.

«Hallo», begrüßte sie Rafferty. «Wie steht's?» Sie war das Mädchen, das hinter der Theke des Zigarettenkiosks gestanden hatte.

«Fünfzehn netto», sagte Rafferty. «Ich habe dir doch gesagt, daß du dich hier oben nicht sehen lassen sollst. Laß die Karten sein. Warte damit, bis wir in Reno sind.»

# *Der Bumerang*

*Guy Fleming*

Der hagere Mann im Zeugenstand fummelte an seiner Krawatte herum. Er war Raynors Sekretär und hatte sich zusammen mit einem anderen Mann im Haus des Staatsanwaltes aufgehalten, als dieser ermordet wurde.

Ich fragte ihn: «An dem Tag, als Raynor umgebracht wurde, sagte er Ihnen da nicht, er habe genügend Beweise, um den Angeklagten an den Galgen zu bringen?»

«Einspruch!» Sam Lubock, der Verteidiger, sprang auf. Sein massiges Gesicht war rot angelaufen.

«Stattgegeben!» schnappte Richter Martin. Er sagte es, ohne mich überhaupt anzusehen.

So ging es schon die ganze Verhandlung hindurch – Lubock erhob Einspruch, und der Richter gab ihm statt. Dabei sollte vor diesem Gericht das Recht zu seinem Wort kommen. Die Dame, die draußen vor dem Gebäude ihre Waagschalen hielt, lachte sich bestimmt in ihr steinernes Fäustchen. Nur war die ganze Sache gar nicht lustig.

Lubock grinste und setzte sich wieder neben seinen Klienten.

Ich warf einen Blick auf den Angeklagten, und wilde Erregung durchfuhr mich. Ich hatte nicht den geringsten Zweifel, daß dieser Mann meinen Chef, Staatsanwalt Raynor, ermordet hatte, den einzigen Menschen, den ich verehrt und respektiert hatte.

Für gewisse Leute war Frank Hauser sicherlich ein erfolgreicher Mann. Er hatte dreimal ein Vermögen erworben und nicht wieder verloren – drei Vermögen, die Hunderten von Menschen Schweiß und Schmerzen und Blut gekostet hatten. Mit Nachtbars, Sexschuppen, Spielautomaten, Roulette, Schutzgesellschaften – alles, was nur irgendwie einen hohen Ertrag abwarf.

Er war ein schlanker, aalglatter Mann, kalt und gefährlich wie eine Klapperschlange. Da saß er nun und lächelte verächtlich, ein Schandfleck der menschlichen Gemeinschaft. Wenn er seine Fäden zog, begannen Politiker zu tanzen.

Aber dann war vor zwei Monaten im Zug einer Reform Dan Raynor Staatsanwalt dieses Bezirks geworden. Und Dan Raynor ließ sich nicht kaufen. Das gab es einfach nicht. Allein war Raynor noch nicht gefährlich. Doch zusammen mit seinem Spezialermittler Tom Gahagan stellten sie eine Bedrohung für die Organisation dar, stellten das weitere Funktionieren von Hausers Maschinerie in Frage.

Gahagan war von Kopf bis Fuß Polizist. Zielbewußt hatte er die Beweise gegen Hauser aufeinandergehäuft, Beweise, die den Mann und ein halbes Dutzend seiner dicksten Freunde an den Galgen gebracht hätten.

Das hatte natürlich zur Folge, daß Raynor verschwinden mußte. Auch die Beweise mußten aus dem Safe verschwinden. Und Gahagan – ja, das war die Frage. Wo war Gahagan? Der einzige, der Hauser mit dieser Sache in Verbindung bringen konnte.

Irgendwo auf dem tiefen Grund des Flusses? Ausgezahlt? In einem Versteck? Ich wußte es nicht, und es hätte mir wahrscheinlich auch nichts genützt.

Denn ich hatte es hier mit einem Mordfall zu tun, der von vorn bis hinten manipuliert war. Hauser würde freigesprochen werden.

Die Geschworenen waren gekauft. Ich wußte das seit dem zweiten Tag der Verhandlung. Aber damit noch nicht genug – Hauser hatte auch noch Martin auf seinen Posten gebracht. Und der Richter gedachte, ihn zu schützen, selbst wenn er dazu die Regeln der Beweisführung umgestalten mußte. Da ich Gahagan nicht zur Verfügung hatte, konnte ich gar nichts tun.

Was ich mir gewünscht hätte, war ein Gahagan, der da oben im Zeugenstand seine Aussagen hinausbrüllte, bis ihn die Gerichtsdiener aus dem Saal führten. Sicher, das brachte Hauser noch nicht an den Galgen, doch die Zuschauer würden es mitbekommen, ebenso die Reporter, und dann erfuhr die Welt vielleicht, was in unserer schönen Stadt vorging.

Sie müssen wissen, daß auch Gahagan im Haus des Staatsanwaltes gewesen war, als er umgebracht wurde. Er hatte sich in einem anderen Raum aufgehalten, doch nach dem Schuß hatte er noch kurz einen Blick auf den davonschießenden Wagen werfen können. Und er hatte dieses Fahrzeug als Hausers Auto identifiziert.

Aber – Gahagan war verschwunden!

Ich ballte die Fäuste. Fünfzigtausend! Hunderttausend! Solche Beträge waren Kleinigkeiten für Hauser. Aber sie mochten ausreichen, um selbst Männer wie Gahagan ins Wanken zu bringen.

Ich wußte Bescheid. Man hatte mir ein entsprechendes Angebot gemacht. Die Versuchung ließ mir noch immer die Knie zittern. Aber wenn ich von Raynors Killer eine Bestechungssumme angenommen hätte, wäre ich nie wieder mit mir ins reine gekommen.

Die Waffe, mit der man Raynor erschossen hatte, war durch das Fenster in sein Arbeitszimmer geworfen worden. Es war eine alte Colt Army Automatic, von denen es Millionen gab – praktisch unmöglich aufzuspüren. Die Waffe war bereits zu den Beweisstücken genommen worden. Ich hob sie jetzt auf und zeigte sie dem hageren Mann im Zeugenstand.

«Als Sie den Schuß hörten und in das Arbeitszimmer des Ermordeten liefen, wo fanden Sie da diese Waffe?»

Raynors Sekretär fuhr sich mit der Zunge über die Lippen und senkte den Blick. Er sagte: «Mr. Raynor hielt sie in der Hand.»

Einen kurzen Augenblick war ich vom Schock wie erstarrt. Ich stand einfach da und starrte ihn verwirrt an. Ein Flüstern lief durch den Gerichtssaal.

Sie hatten es geschafft. Sie hatten Raynors Sekretär bestochen. Sie wollten den Tod des Staatsanwalts als Selbstmord hinstellen. Mein eigener Zeuge hatte sich gegen mich gewandt. Und ich war an seine Antworten gebunden.

Was nun geschah, ist wohl gänzlich ohne Beispiel. Ich sah rot. Mein Gesicht brannte. Ich sprang vor und versetzte ihm einen heftigen Faustschlag ins Gesicht.

Die Hölle brach los. Richter Martin fuhr auf und schlug mit seinem Hammer auf den Tisch. Sam Lubock sprang brüllend von seinem Sitz. Zwei Gerichtsdiener zerrten mich zurück. Um Hausers Mund spielte ein dünnes Lächeln. Wenn ich in diesem Augenblick an ihn herangekommen wäre, hätte ich ihn erwürgt!

Ich wartete darauf, daß der Richter mit seinem beißenden Tadel fertig wurde. Ich entschuldigte mich nicht. Ich sagte überhaupt nichts. Ich stand einfach nur da – betrogen, abgeschlagen, bereit aufzugeben. Da entstand plötzlich Bewegung im hinteren Teil des Gerichtssaales.

Ich wandte mich um, und das Blut begann mir in den Schläfen zu pochen. Eine große, schlanke Gestalt, die Arme fest an die Seiten gepreßt, kam mit steifen, ruckartigen Schritten durch den Mittelgang.

Tom Gahagan ...

Er sah mich nicht an. Sein Blick war überhaupt auf niemand gerichtet. Er ging geradewegs auf den Zeugenstand zu, packte die Seitenlehnen des Stuhls und zog sich hinein. Seine Augen waren zu Schlitzen zusammengezogen, seine farblosen Lippen zusammengepreßt. Er schien müde zu sein, fast am Ende seiner Kräfte. Dann bohrte sich sein Blick in meine Augen, und ich bemerkte einen dünnen Schweißfilm auf seinem Gesicht.

Lubock zuckte sichtlich zusammen. Hauser hatte die Augen aufgerissen. Beide machten einen völlig erschlagenen Eindruck, als hätten sie Gahagan eine Reise nach Afrika bezahlt und müßten nun zu ihrer Überraschung feststellen, daß er doch noch da war. Ich wußte jedenfalls, daß sie mit seinem Erscheinen auf keinen Fall gerechnet hatten.

Erregung durchfuhr mich. Das war die Gelegenheit, etwas zu unternehmen. Wenn nur Richter Martin nicht Anweisung gab, uns wegen Mißachtung des Gerichts aus dem Saal zu werfen! Ich stellte Gahagan einige einleitende Fragen, die er mit kurzen

Sätzen beantwortete. Dann nahm ich die alte Colt Army Automatic und reichte ihm die Waffe.

«Das ist Beweisstück Nummer eins», sagte ich. «Erkennen Sie es wieder?»

Langsam drehte er die Pistole in der Hand. Man konnte die Uhr des Gerichtssaales ticken hören. Alle Blicke waren auf ihn gerichtet. Er öffnete die Waffe, starrte in die leere Kammer und hielt sie dann locker im Schoß. Er blickte auf.

«Ja. Das ist die Waffe, die Mr. Raynors Tod verursachte.»

«Wo waren Sie, als der Schuß abgefeuert wurde?»

Gahagan blickte mich ruhig an. «Ich hatte gerade die Tür zu Mr. Raynors Arbeitszimmer geöffnet.»

Das war eine Lüge! Ich zog scharf den Atem ein und wartete auf Lubocks Einspruch. Gahagan war gar nicht in der Nähe des Arbeitszimmers gewesen. Aber der Verteidiger ließ sich Zeit. Ich erkannte, was Gahagan im Sinn hatte. Wahrscheinlich meinte er, daß er ruhig für die Anklage lügen konnte, wenn alle anderen Zeugen sich von der Verteidigung hatten kaufen lassen.

Da kam mir ein Gedanke, der meine Hände feucht werden ließ. Wenn sich Gahagan nun auch hatte kaufen lassen! Wenn er nun aussagte, daß er gesehen hatte, wie Raynor Selbstmord beging! Leise stellte ich meine nächste Frage.

«Was haben Sie dann gesehen?»

Lubock und Hauser saßen gespannt vornübergebeugt und beobachteten Gahagan. Richter Martin saß stocksteif auf seiner Bank. Gahagans Blick wanderte langsam über die Bänke der Anklage und der Verteidigung und richtete sich schließlich auf Hauser. Leise sagte er:

«Ich sah Hauser am Fenster mit einer Waffe in der Hand. Sie war auf Raynor gerichtet – genau so ...»

Und er hob die Pistole und zielte auf den Angeklagten. Hauser riß den Mund auf und erstarrte auf seinem Stuhl. Zum erstenmal in meinem Leben sah ich, daß Lubock sprachlos war. Doch seine Halsmuskeln spannten sich, und er machte Anstalten, aufzuspringen. Einen kurzen Augenblick lang war jeder von Gahagans Spiel überrascht.

Seine Augen waren dunkel wie leere schwarze Fenster. Eine Ader zog eine dicke blaue Linie über seine Stirn. Seine Stimme tönte klar und durchdringend:

«Hauser drückte auf den Abzug – so . . .»

Ein Schuß dröhnte durch den Gerichtssaal. Urplötzlich entstand ein gezacktes, rotumrandetes Loch auf Hausers Stirn über der Nasenwurzel. Für einen Sekundenbruchteil fuhr ein Ausdruck des Unglaubens über das Gesicht, dann fiel er vornüber auf den Tisch der Verteidigung.

Eine Frau stieß einen schrillen Schrei aus. Zuschauer duckten sich zwischen die Sitzreihen. Die Geschworenen fuhren in ihren Stühlen zurück. Richter Martin war erstarrt, die Hand mit dem Hammer in der Luft erhoben. Lubock sah entsetzt auf seinen Klienten hinab.

Gahagan ließ die Waffe fallen. Sie polterte zu Boden. Auf seinem wachsfarbenen Gesicht stand ein Lächeln, ein seltsam triumphierendes Lächeln. Unbeobachtet hatte er ein Magazin in die Automatic gleiten lassen. Ich packte ihn am Arm und preßte meine Finger hinein.

«Sie wollten nicht, daß ich hier aussage», flüsterte er. «Sie haben mich in einem Lagerhaus gefangengehalten.»

«Mein Gott, Mann! Das ist Mord! Sie haben doch gar nicht gesehen, wie Hauser den Staatsanwalt erschoß!»

Gahagan hustete. «Nein, aber ich habe gesehen, wie er einen anderen Menschen umbrachte, heute morgen im Lagerhaus.»

Ich starrte ihn an. «Wen?»

«Mich», flüsterte Gahagan heiser.

Damit stürzte er vornüber aus dem Zeugenstand, drehte sich im Fallen halb herum und fiel langhingestreckt auf den Rücken. Er sagte nichts mehr. Ich erwartete das auch gar nicht. Denn sein Mantel war aufgegangen, und im grellroten Kontrast zu seinem weißen Hemd starrten mich die gezackten Umrisse eines Kugeleinschusses an.

# *Der Schlaf ist mein Feind*

*Anthony Gilbert*

Ich glaub's einfach nicht, es ist bestimmt ein Traum – natürlich ist es ein Traum –, denn wenn es Wirklichkeit ist, was geschieht dann?

Ich bin immer empfänglich gewesen für Träume, obwohl ich nicht viel darüber rede. Leute wie meine Mutter und Honor – das ist meine verheiratete Schwester – sagen, es ist krankhaft, über Träume zu reden. Sie lassen sogar durchblicken, daß mit Leuten, die träumen wie ich, etwas nicht ganz in Ordnung ist. Und selbst mit Ronnie habe ich nie darüber gesprochen, nicht etwa, weil er kein Verständnis dafür haben würde – das hätte er natürlich, aber es ist einfach nicht notwendig. Zwischen uns gibt es keine Geheimnisse.

Ich kenne Ronnie so lange, wie ich überhaupt irgend jemand richtig kenne. Man lernt die Menschen ja eigentlich erst kennen, wenn man so um die Achtzehn ist; bis dahin lebt man in einer Art Tagtraum dahin, so wie in diesem Gedicht von Tennyson – glaub' ich –, wo alle Männer edel sind und alle Frauen hold.

Ich selber bin blond und das, was man einen zierlichen Typ nennt. Ich hab' mal zu Honor gesagt, ich hätte ein Bild von Andromeda gesehen, wie sie aus den Wellen steigt, und daß sie ausgesehen hätte wie ich, wenn sie nicht so groß gewesen wäre. Honor hat gesagt: «Unsinn! Andromeda war an einen Felsen gekettet und wurde von Perseus befreit.» Wenn ich an einen Felsen gekettet wäre, würde mich Ronnie auch befreien, hab' ich da zu ihr gesagt.

Ich bin sehr viel mit Ronnie zusammengewesen, bevor ich nach Spanien fuhr zur Schwester meiner Mutter, Rosa heißt sie, die da so 'ne Art Villa hat – also, nicht gerade das, was ich unter Komfort verstehe, kein fließendes Wasser, kein elektrisches Licht, der nächste Nachbar zwei Meilen entfernt. Kein Wunder, daß sie sich einsam fühlte, und da meinte meine Mutter, ich sollte hinfahren und ihr für eine Weile Gesellschaft leisten. Mir war klar, daß ich dem Leben was schuldig war wegen Ronnie, und deshalb bin ich gefahren. Allerdings bin ich nicht so lange geblieben, wie sie gedacht hatten. Tante Rosa änderte ganz plötzlich ihre Pläne, warum versteh' ich nicht ganz, und ich mußte wieder nach Hause.

Mit das Seltsamste an diesem Traum ist der Zeitpunkt, wann er angefangen hat. Meine Träume sind nun mal so – die Wirklichkeit geht unmerklich in den Traum über, und manchmal kann ich den Augenblick, in dem das geschieht, nicht auf die Sekunde genau bestimmen. Jedenfalls weiß ich, daß das kein Traum war – meine Spanienreise meine ich –, und es war auch kein Traum, daß Honor mich abholte, als ich nach Hause kam.

Während ich fort war, hatten sie mein Zimmer neu hergerichtet. Ich war nicht sehr begeistert darüber – mir hatte es gefallen, wie es vorher war, mit seiner gestreiften Regency-Tapete und der weißen Porzellankatze, die ich auf einem Stand in Dorchester gekauft hatte, und der Spieldose in Form eines Kanarienvogels im Käfig, die zu pfeifen anfing, wenn man auf eine Feder drückte.

Es ärgerte mich auch, als ich erfuhr, daß die Katze irgendwie kaputtgegangen war. «Wer hat das getan?» fragte ich, und meine Mutter sagte: «Ach, laß nur, wir werden bestimmt eine andere für dich finden.»

«Das ist dann nicht meine Katze», gab ich ihr zur Antwort. Ebensogut hätte sie sagen können, wir finden einen anderen Ronnie für dich.

Ich habe von jeher gewußt, daß Ronnie und ich einmal heiraten würden. Allerdings fand ich, daß wir es vor meiner Abreise nach Spanien offiziell hätten bekanntgeben können, aber wahrscheinlich hätte es dumm ausgesehen, wenn ich sofort danach verreist wäre. Wenn ich verheiratet bin, werde ich mich Sarah nennen. Sally mag ich nicht – klingt wie aus einem Gassenhauer, finde ich. Wir wohnen natürlich nicht in einer Gasse; wir wohnen in einem sehr netten Haus – meine Mutter und ich, heißt das. Honor wohnt mit ihrem Mann Charles zusammen, außer wenn er auf Dienstreise ist oder so. An meinen Vater kann ich mich nicht erinnern; der ist gestorben oder abgehauen oder was weiß ich.

Mein Traum muß angefangen haben, als ich Ronnie über die Market Street gehen sah – das ist die Hauptstraße in unserem kleinen Nest – und neben ihm ein Mädchen, das mir noch nie im Leben begegnet war. Im Traum erkennt man ja im allgemeinen niemand, aber ihn hab' ich natürlich sofort erkannt. Ronnie könnte nie ein Fremder für mich sein.

Das Mädchen war größer und kräftiger als ich, und man konnte leicht sehen, daß es das Leben in einer Kleinstadt nicht gewöhnt war. Wir laufen nämlich hier alle mit Strickjacken über unseren Sommerkleidern herum und im Winter mit Rock und Twinset. Vielleicht hat sie gemeint, sie würde uns imponieren mit ihrem schicken Kostüm. Sogar einen Hut hatte sie auf. Und ihre Perlen waren echt.

Sicher, meine Perlen sind auch echt, aber eben echte Zuchtperlen, und die ihren waren echte echte Perlen. Keine Ahnung, woher ich das wußte, ich wußte es eben. Und am Aufschlag ihrer Kostümjacke trug sie eine Brosche, so ähnlich wie ein Pfau mit gestreiftem Schwanz, und auf dem Schwanz blitzten kleine Edelsteine – Smaragde und Saphire. Und der Schopf von dem Pfau, der war aus Brillanten. Sie ging in der Sonne, und es sah aus, als würde ein Feuer brennen auf ihrer Brust.

Ich erwartete, daß Ronnie ihren Arm loslassen und auf mich zustürzen würde – wir hatten uns seit meiner Rückkehr aus Spanien nicht mehr gesehen –, aber er bemerkte mich nicht. Dafür sorgte sie schon. Sie schubste ihn und zerrte ihn mit sich über die Straße und redete dabei auf ihn ein, daß er halb taub geworden sein muß davon.

Natürlich war mir gleich klar, daß sie wußte, wer ich war, und ihn schleunigst aus meiner Reichweite befördern wollte. Ich fand das schrecklich komisch und mußte lachen. Zugegeben, einen Augenblick lang hab' ich mit dem Gedanken gespielt, den beiden nachzugehen, aber dann dachte ich, ich brauch' ihm schließlich nicht nachzulaufen, soll er doch zu mir kommen.

Als ich nach Hause kam, sagte ich beim Mittagessen spaßhaft: «Wen, glaubt ihr, hab' ich heute morgen auf meinem Spaziergang gesehen? Ronnie. Und das Tollste ist, er hat mich nicht bemerkt. Wahrscheinlich weiß er noch gar nicht, daß ich wieder da bin.» Ich habe doch schon erklärt, nicht wahr, daß ich früher als allgemein erwartet aus Spanien zurückgekommen war?

«Hast du mit ihm gesprochen?» fragte meine Mutter. Sie ist klein wie ich, hält sich aber gebeugt. Eigentlich ist sie richtig untersetzt. Sie muß eine Menge Kummer mit meinem Vater gehabt haben. Arme Mutter, dachte ich. Solche Sorgen würde ich nicht kennen, wenn ich mal mit Ronnie verheiratet war.

Ich lachte leise vor mich hin, etwas, was ich nicht oft tue, aber im Traum ist eben alles anders. «Nein, ich habe nicht mit ihm gesprochen – ich wollte kein Spielverderber sein. Er hatte ein Mädchen dabei – eins, das ich nicht kenne.»

«Thelma Bennett», erklärte meine Schwester. «Ihr Vater hat The Grange gekauft. Sie und Ronnie sind viel zusammen gewesen während deiner Abwesenheit. Sie ist eine recht bekannte Pianistin.»

«Nie von ihr gehört», erwiderte ich. Und dann sah ich, wie meine Mutter Honor Zeichen machte. Ich wußte genau, was sie damit sagen wollte. Mach Sally nicht eifersüchtig. Als ob ich auf ein Mädchen eifersüchtig sein könnte, das er erst seit ein paar Wochen kannte! Und außerdem war es ganz natürlich, daß er mit jemand ausgehen wollte, solange ich in Spanien war.

«Ein Zeitvertreib», faßte ich meine Überlegung in Worte. «Ob sie wohl weiß, daß wir verlobt sind?»

«Wie sollte sie?» entgegnete Honor grob. «Du bist nicht verlobt.»

«Menschen, die sich so gut verstehen wie Ronnie und ich, brauchen keine langen Worte. Trotzdem sehe ich jetzt eigentlich keinen Grund, warum man die offizielle Bekanntmachung unserer Verlobung noch länger hinausschieben soll. Außerdem wäre das auch fairer gegenüber dieser – wie war noch gleich ihr Name?»

«Thelma Bennett. Ihr Vater ist ein reicher Fabrikant.»

«Kaufmann», bemerkte ich, aber in durchaus freundlichem Ton. Das Mädchen konnte schließlich nichts dafür, daß ihr Vater einem Gewerbe nachging statt einem Beruf.

Meine Mutter fragte: «Hat Ronnie dir geschrieben, während du in Spanien warst?»

Ich zuckte die Achseln. «Du kennst das ja – heutzutage schreibt kein Mensch mehr Briefe. Bald werden sie einem in der Schule das Schreiben gar nicht mehr beibringen und alles nur noch per Telefon und Computer machen. Jetzt, wo Ronnie weiß, daß ich wieder da bin, wird er schnellstens hier erscheinen. Es würde mich gar nicht wundern», fügte ich hinzu, «wenn er noch heute nachmittag vorbeikäme.»

«Du hast doch gesagt, er hätte dich nicht bemerkt», sagte Honor spitz.

«Er weiß es schon», gab ich zurück.

Ich bin an jenem Nachmittag nicht noch mal weggegangen – na ja, ich war müde, und außerdem wollte ich nicht gerade aus dem Haus sein, wenn er anrief. Bloß muß ihm leider etwas dazwischengekommen sein. Aber wenn man sich eines Menschen so sicher ist, wie ich mir Ronnies sicher bin, was spielt dann ein einziger Nachmittag für eine Rolle? Immerhin beschloß ich am nächsten Morgen, aus dem Haus zu gehen. Liebe läßt sich viel gefallen, aber sie sollte sich auch nicht alles gefallen lassen. Ich sagte deshalb leichthin zu Honor, falls ein Anruf für mich käme, möchte sie ihn doch bitte entgegennehmen.

«Wo gehst du hin?» fragte sie scharf.

«Aus», antwortete ich heiter.

Ich machte die Runde durch die Geschäfte und kaufte ein paar Sachen, die ich brauchen würde, sobald ich mein eigenes Heim hätte.

«Was soll denn das alles?» fragte Honor.

«Das sind Küchengeräte», erklärte ich ihr sanft. «Siehst du das nicht?»

«Natürlich seh' ich das. Aber wofür?»

«Für meine eigene Küche.» Ich sprach wirklich in überaus geduldigem Ton mit ihr, das hörte ich selber.

«Es wäre vernünftiger, du wartest, bis du eine hast», entgegnete sie scharf.

«Selbstverständlich werden wir eine haben. Ich werde doch nicht im Hotel leben, wenn wir verheiratet sind. Ronnie wird sein eigenes Zuhause haben wollen. Dabei fällt mir ein», fügte ich ungeheuer beiläufig hinzu, «ist ein Anruf für mich gekommen?»

Als Honor den Kopf schüttelte, wurde ich böse. Dann dachte ich, sie würde mich vielleicht anschwindeln, und fragte meine Mutter, aber die sagte das gleiche. Na schön, dachte ich mir, wenn der Herr zu bequem ist, anzurufen – na, ich fand eben, daß es vielleicht eine ganz gute Idee wäre, wenn ich ihm einen kleinen Schubs gäbe. Zu sehr als Selbstverständlichkeit genommen zu werden, das möchte man nun auch wieder nicht.

Nach dem Tee holte ich also meinen Schreibblock heraus und schrieb ihm einen Brief. Ich schrieb, ich hätte während meiner Abwesenheit Zeit gehabt, unsere Situation zu überdenken – die Dinge nüchtern zu betrachten, sagte ich –, und ich sei dabei zu dem Schluß gekommen, daß ich vielleicht doch übereilt gehandelt hätte. Schließlich hätte ich noch nichts von der Welt gesehen gehabt oder einen anderen Mann gekannt als ihn; nun jedoch habe sich mein Gesichtskreis erweitert, und ich hielte es für richtiger, wenn ich mich noch ein wenig umsähe, bevor ich mich endgültig festlegte. Ich bäte ihn deshalb, unsere Verlobung noch nicht sofort offiziell bekanntzugeben, und wir wollten uns einstweilen als frei betrachten.

Es war ein guter Brief – ich war selbst ganz hingerissen davon. Als ich ihn durchlas, war ich überrascht, wie lang er war, aber kürzen konnte ich ihn nicht. Einmal macht mich Briefeschreiben immer müde, und in den letzten Absätzen purzelten die Zeilen schon ein bißchen durcheinander. Und außerdem hätte ich es sowieso nicht übers Herz gebracht, auch nur ein

Wort zu streichen. Als ich von der Post zurückkam, traf ich meine Mutter in der Diele.

«Wo warst du, mein Liebes?» fragte sie.

«Bin ich geistesschwach, daß ich nicht mal allein zur Post gehen darf?» gab ich patzig zurück.

Sie warf mir einen überaus sonderbaren Blick zu. «Hast du Ronnie geschrieben?»

Ich klatschte in die Hände. «Eins mit Stern», lobte ich. «Schon gut, Mutter, ich weiß, was ich tue. Mit der Wurst nach der Speckseite werfen, könnte man sagen.» Obwohl ich eigentlich nicht ganz genau weiß, warum ich das anfügte, schien es mir ein passendes Ende für unser Gespräch.

An diesem Abend war ich in glänzender Stimmung. Ich sang im Bad: Daniel in der Löwengrube. Löwen mit Gesichtern wie Honor, die mich in einen Käfig sperren würde, wenn sie könnte – so, wie die mich beobachtete. Ob es wohl zwischen ihr und Charles Schwierigkeiten gab, fragte ich Mutter. Männer mögen es nicht, wenn man sie dauernd beobachtet.

«Unsinn! Die beiden verstehen sich ausgezeichnet. Setz nicht so alberne Geschichten in die Welt, Sally.»

Am nächsten Morgen malte ich mir aus, wie Ronnie jetzt meinen Brief aufmachte. Der würde einen schönen Schreck kriegen. Es hätte mich nicht gewundert, wenn er in unser Frühstück hereingeplatzt wäre. Das ist das Schlimmste dabei, wenn du es soweit kommen läßt, daß sich ein Mann deiner zu sicher fühlt. Dieses Mädchen, mit der er herumzog, diese Thelma Sowieso, die würde es bei einem Mann nie soweit kommen lassen.

Als er nicht erschien, dachte ich, er würde anrufen, aber das tat er auch nicht. Wahrscheinlich fand er, die Angelegenheit sei zu wichtig, um sie am Telefon zu besprechen. Trotzdem beschloß ich, zu Hause zu bleiben, und weigerte mich auch, mit Honor ins Odeon zu gehen, um einen Disney-Film zu sehen, der gerade da lief.

Honor starrte mich an. «Aber du läßt doch nie einen Disney-Film aus. Das ist einer über Tiere.»

«Na und?» entgegnete ich kühl. Aber innerlich kochte ich.

Der Tag verging, und das Telefon klingelte nicht ein einziges Mal. Ich kam gar nicht auf den Gedanken, daß Ronnie meine Entscheidung wortlos akzeptieren würde – wahre Liebe läßt sich nicht so einfach abspeisen. Man bedenke nur, was ich aus Liebe getan hatte. An diesem Punkt geriet ich in Verlegenheit. Was hatte ich eigentlich getan? Doch irgend etwas war es gewesen, dessen war ich sicher.

Am nächsten Morgen kam ein Brief. Er schrieb, er freue sich, von mir zu hören und zu erfahren, daß es mir so viel besser ginge. Besser? Ich war doch nicht krank gewesen! Ich war nach Spanien gefahren, um Tante Rosa Gesellschaft zu leisten. Ich begann, mich zu fragen, was für Geschichten Honor über mich verbreitet haben mochte ... Er sei überzeugt, daß mein Entschluß, noch keine endgültige Entscheidung zu treffen, das einzig Richtige sei. Er versichere mir, daß er mir nichts nachtrage. Warum sollte er? Vergangenes sei vergangen. Und eines Tages, wenn ich wirklich ganz wiederhergestellt sei – da, schon wieder diese Anspielung, als ob mir irgend etwas fehlte –, dann hoffe er, möge ich eine glückliche Zukunft finden. Und er fügte hinzu, er nehme an, Honor habe mir schon von seiner Verlobung mit Miss Bennett erzählt, obwohl diese noch nicht offiziell sei. Wir müßten uns alle bald einmal sehen ...

Eine lange Zeit verging, so wie das im Traum ist. Dann hörte ich Honors Stimme, und sie klang richtig scharf. «Nimm dich zusammen, Sally! Fang bloß nicht wieder damit an! Einmal war schlimm genug.»

«Ronnie hat mir geschrieben», sagte ich. «Wenn das ein Witz sein soll ...»

«Es ist kein Witz.»

«Du hast meinen Brief doch nicht gelesen?»

«Wie sollte ich, wenn du ihn in deiner Hand zusammenknüllst. Ich nehme an, er hat dir das mit Thelma Bennett gesagt.»

«Er hat geglaubt, ich meine es ernst. Er hat sie aus Enttäuschung genommen.»

«Nein, das stimmt nicht», widersprach Honor. «Die beiden

sind schon seit Wochen inoffiziell verlobt. Jeder Mensch weiß das, außer dir. Wir haben wirklich versucht, es dir schonend beizubringen.»

«Ich hätte ihn nicht für so wankelmütig gehalten. Da sieht man es mal wieder, aus den Augen, aus dem Sinn! Bloß, weil ich so gutmütig war und zu Tante Rosa gefahren bin, damit die nicht so einsam ist.»

Ich konnte nicht weiterreden. Meine Zunge kam mir so groß und dick vor, daß sie keinen Platz in meinem Mund fand, und meine Worte kamen ganz undeutlich hervor. «Alle haben gewußt, daß er mich heiraten würde.»

«Kein Mensch hat das gewußt, außer dir. Und in Wirklichkeit hast auch du die Wahrheit gekannt. So ist es doch. Oder willst du vielleicht behaupten, daß du alles vergessen hast?»

«Ich könnte nie etwas vergessen, das mit Ronnie zusammenhängt. Was soll ich denn vergessen haben?»

«Den wahren Grund, warum du nach Spanien gefahren bist. Na ja, du mußtest schnell weg von hier, und Mutter hat Tante Rosa inständig gebeten . . .»

«Also, sie wollte mich loswerden? Das ist ja reizend!» Ich fing an zu schreien: «Mutter! Mutter!»

Mutter kam angelaufen wie einer dieser kleinen Vögel – Rebhühner sind es, glaub' ich –, die sich so schnell und geräuschlos bewegen, daß man das Gefühl hat, sie müßten unsichtbare Flügel haben.

«Sally, was ist los? Honor, du hast doch nicht –?»

«Sie hat einen Brief von Ronnie bekommen», sagte meine Schwester mit monotoner Stimme.

«Was hat er geschrieben?»

«Die Wahrheit.»

«O nein! Wie konnte er bloß so grausam sein.»

«Einmal mußte sie es ja erfahren. Nach allem, was geschehen ist . . .»

«Was ist denn geschehen?» schrie ich. «Warum hat man mich weggeschickt?»

«Du hattest so eine Art Nervenzusammenbruch», erklärte meine Mutter.

«Wegen Ronnie?»

«Nun – ja. Liebling, du mußt dich mit der Tatsache abfinden, daß im Leben die Dinge nicht immer so verlaufen, wie wir es gern möchten. Wir alle wissen, was du Ronnie gegenüber empfindest ...»

«Dummes Gerede!» Ich machte eine weitausholende Handbewegung. Etwas klirrte, ich weiß nicht was. «Ich habe ihm geschrieben, um ihm zu sagen, daß er frei ist.»

«Das war sehr großzügig, Sally. Ich bin stolz auf dich. Nicht jeder hätte den Mut dazu gehabt.»

«Ach, was soll das alles?» rief Honor. «Das bringt uns doch nicht weiter. Nein, Mutter, das hat jetzt lange genug gedauert – dieses törichte So-tun-als-ob. Selbst wenn Ronnie Thelma Bennett nicht heiratet, wird er dich trotzdem nicht heiraten, Sally. Das wußtest du, nicht wahr?»

«Habe ich deshalb einen Nervenzusammenbruch gekriegt?»

«Ich hab' dir ja gesagt, sie hätte nicht zurückkommen dürfen», meinte Honor zu Mutter.

«Aber Rosa ...» begann meine Mutter. Sie redeten, als ob ich gar nicht da wäre.

«Ich werde mit Ronnie sprechen», erklärte ich. «Ich werde ihm klarmachen ...»

«Er wird dich nicht sehen wollen», widersprach Honor. «Er hat schon eine Narbe, die ihm sein Leben lang bleiben wird.»

Ich wußte nicht, wovon sie sprachen. Ronnie hat keine Narbe – er ist der bestaussehende Mann, dem ich je begegnet bin.

«Vielleicht fahren wir für eine Weile fort, nur du und ich», schlug meine Mutter hastig vor.

«Aber ich bin doch eben erst zurückgekommen.» Ich starrte die beiden an. «Ach, jetzt verstehe ich – Honor mag mich nicht hierhaben. Na, wenn sie's nicht aushalten kann, mit ihrer eigenen Schwester im gleichen Haus zu leben, dann soll sie doch gehen. Sie hat schließlich einen Ehemann, oder? Nicht, daß ich dich vertreiben will», fügte ich großzügig hinzu, «aber das ist mein Zuhause, und du solltest nicht vergessen, daß du jetzt hier nur noch ein Gast bist.»

Droben in meinem Zimmer fing ich an nachzudenken und fragte mich, ob ich nicht zu egoistisch gewesen war. Mutter brauchte offensichtlich Erholung. Mir war schon aufgefallen, wie abgespannt sie aussah. Ich hätte begreifen sollen, daß sie den Vorschlag zu verreisen im Grunde wegen sich selbst gemacht hatte. Ich konnte es ihr nicht übelnehmen – Honor würde jeden Stein höhlen. Das klang nicht ganz richtig; es ist Wasser, das den Stein höhlt...

Alles war sehr still. Es war plötzlich, als ob man in einem luftleeren Raum lebte. Schließlich kam Honor mit einem Tablett herauf. «Ich hab' dir was zu Essen 'raufgebracht», sagte sie. «Geh lieber nicht hinunter. Mutter hat Kopfschmerzen.»

«Sie muß mal hier 'raus», antwortete ich. «Tut mir leid, daß ich das nicht begriffen habe. Ich werd's ihr sagen, wenn ich hinunterkomme.»

«Soll das heißen, daß du mit ihr fahren willst?»

«Na ja!» Ich lachte und spürte, wie sich in meinen Augenwinkeln schlaue Fältchen bildeten. «Ich glaub' kaum, daß sie mit dir fahren möchte. Du hättest dich besser um sie kümmern sollen, während ich in Spanien war. Ich konnte schließlich nicht an zwei Plätzen gleichzeitig sein, und ich hatte Tante Rosa zu versorgen.»

«Ich sag's ihr», versprach Honor mit beherrschter Stimme.

«Oh, ich sag's ihr schon selber», entgegnete ich nachsichtig. «Laß dein Essen nicht kalt werden.»

Ich sprach ganz ungezwungen und fühlte, daß ich die Situation vollkommen beherrschte. Arme Mutter, all diese Wochen mit Honor allein in einem Haus. Eigentlich kein Wunder, daß sie nicht wollte, daß ich Ronnie heiratete. Seit Vater starb oder wegging oder was auch immer, hatte sie sich um alles kümmern müssen. Honor war ihr keine große Hilfe, und dann hatte sie ja auch so früh geheiratet.

Und wenn ich wegginge, würde Mutter ganz allein sein. Es muß schrecklich sein für einen Menschen, wenn er von niemand wirklich gebraucht wird. Zum ersten Mal hatte ich verstanden, wie sehr sie mich brauchte.

Ich merkte erst, als Honor das Tablett nahm, daß ich mein ganzes Mittagessen aufgegessen hatte. Ich erklärte, ich wollte versuchen, ein bißchen zu schlafen. Sie alle wollten jetzt ein bißchen schlafen, gab Honor zurück. «Was für eine gute Idee», lobte ich.

Nachdem sie gegangen war, wartete ich lange Zeit, bevor ich auch nur meine Zimmertür aufmachte. Es war ganz still im Haus, mäuschenstill. Ich trat hinaus auf den Vorplatz und dachte sogar daran, meine Schuhe nicht anzuziehen. Kein Mensch rührte sich. Ich stieg hinunter, vergaß auch nicht die Stufe zu umgehen, die immer knarrte, und ging durch die Gartentür hinaus.

Die Sonne schien wunderschön, und sie fiel auf die Rosen in ihren kreisrunden Beeten. Das brachte mich auf eine neue Idee. Ich lief herum und pflückte, bis ich beide Arme voll hatte. Wenn man hingeht, um einem anderen Menschen Kummer zuzufügen – und was blieb mir anderes übrig? –, sollte man es taktvoll tun, und was gab es da Besseres als Rosen?

Ich ging durchs Gartentor hinaus. Als ich über die Schulter zu den Fenstern zurückblickte, erwartete ich so halb und halb, gleich einen sich bewegenden Vorhang, eine Hand oder ein Gesicht zu sehen. Aber alles war still, von jener göttlichen, sonnenüberstrahlten Stille, die einen hoffen läßt, daß die Ewigkeit einmal so sein möge.

Ich ging nicht durch die Market Street. Ich ging durch Seitenstraßen und war sehr bald bei The Grange. Ein Schwan schwamm dort auf dem Teich, ganz rein und lautlos, Brust an Brust auf dem hellen Wasserspiegel. Ich hätte ebensogut ein Geist sein können – niemand achtete im geringsten auf mich.

Ich kam zum Portal, den Arm noch immer voller Rosen, obwohl mir unterwegs ein paar hinuntergefallen waren. Es mußte mich doch jemand gesehen haben, denn die Tür ging auf, noch ehe ich auf die Klingel gedrückt hatte.

«Die hier habe ich für Miss Bennett mitgebracht», erklärte ich ohne aufzusehen. «Miss Thelma Bennett.»

«Ich bin Thelma Bennett», sagte eine Stimme. Ich schaute auf, und es war wahr. Es war das Mädchen, das ich mit Ronnie gesehen hatte.

«Die sind für Sie.» Ich drückte ihr die Rosen in den Arm. Ein paar Dornen hatten sich in meinen Haaren verfangen, und ich hatte Mühe, sie loszubekommen. Zeit der Rosen – Swinburne hatte etwas darüber zu sagen gehabt.

«Ronnie hat mir geschrieben, er möchte, daß wir uns kennenlernen», erklärte ich. Wir traten in einen an die Diele angrenzenden Raum; er war voll von sehr schönen Möbeln, aber Ronnie konnte ich darin nicht entdecken. «Er hat mir eine Nachricht für Sie aufgetragen», fuhr ich fort.

«Sind Sie Sarah Trent?» fragte sie.

«Wie haben Sie das erraten?» spottete ich. Ich fühlte mich so leicht, so unendlich beschwingt. Mir war, als könnte ich mich jeden Moment vom Erdboden in die Luft heben. «Er hat Ihnen natürlich von mir erzählt. Wir heiraten nämlich, wissen Sie.»

«Nein», sagte sie vorsichtig. «Das hat er mir nicht erzählt.»

«Nun, in gewissem Sinn weiß er es selbst noch nicht. Ich habe ihm nämlich geschrieben und unsere Verlobung gelöst.»

«Und jetzt haben Sie es sich anders überlegt?»

Sie sah aus wie die Schneekönigin, so still und bleich, so schön wie eine Statue; aber kein Mann will mit einer Statue leben. Man kann eine solche Schönheit anbeten, aber wie kann man sie lieben? Und Liebe war das, was Ronnie brauchte.

Ich begann, ihr das alles zu erklären. Ich wurde sehr beredt, und ich konnte sehen, wie bewegt sie war.

«Sie sagten, Sie hätten eine Nachricht von Ronnie», erinnerte sie mich.

«Ja. Er läßt Ihnen sagen, daß das Ganze ein Irrtum gewesen sei. Er möchte, daß Sie ihn freigeben.»

«Er ist kein Gefangener. Er ist sein eigener Herr.»

«Da irren Sie sich. Er gehört mir. Und ich werde, wenn nötig, bis zum Tod um ihn kämpfen.»

«Sie wissen nicht, was Sie reden», begann sie, und da wurde ich plötzlich schrecklich wütend. «Honor hat Ihnen eingeredet, daß Sie das sagen sollen, nicht wahr? Wissen Sie auch, warum? Es ist wegen meiner Mutter. Honor spürt, daß sie sie zu sich nehmen sollte, aber sie ist egoistisch; solange ich da bin, kann sie ihre Verantwortung auf mich abwälzen. Bloß – ich ziehe da nicht mit.»

Das hörte sich gut an, fand ich, deshalb sagte ich es noch mal. «Ich ziehe da nicht mit. Ich will auch leben. Ich will mit Ronnie leben.»

Sie kam ein Stückchen näher. «Legen Sie doch das Ding da weg», sagte sie in ganz normalem Ton. Und zu meiner Überraschung sah ich, daß ich ein silbernes Papiermesser vom Tisch genommen hatte. Es hatte eine sehr scharfe Klinge.

«Danke, daß Sie mich darauf aufmerksam gemacht haben», erwiderte ich ernst. «Das ist zu scharf zum Papierschneiden. Es ist gefährlich. Es sollte nicht so herumliegen.»

«Ich sorge dafür, daß es weggeräumt wird», versprach sie und streckte die Hand aus. Es war eine sehr schöne Hand, mit langen Fingern, sehr biegsam, jeder Finger schien ein Leben für sich zu haben. Aber diese Hand war dazu da, Klavier zu spielen, nicht, nach Ronnie zu greifen oder mich gängeln zu wollen.

«Was soll das?» Ich versetzte ihrer Hand einen leichten Schlag mit dem Messer.

Sie versuchte, mir das Messer zu entreißen – das beweist ja, daß sie verrückt war, nicht wahr? Eben hatte sie noch gesagt, wie scharf die Schneide war. Plötzlich war da Blut, und ich kann den Anblick von Blut nicht vertragen.

«Was machen Sie da?» schrie ich. Ich riß das Messer weg. Dann kam sie immer näher auf mich zu. Das Blut tropfte, und ich sagte ihr, sie solle mich nicht anfassen.

«Gehen Sie zurück!» rief ich. Ich stand schon mit dem Rücken zur Wand. Da mußte ich mich doch wehren, nicht wahr? Der Mann, den ich später in der Klinik sprach, der Mann, der sich gar nicht so benahm wie ein Arzt – der hat mir zugestimmt. Natürlich mußte ich mich wehren. Das hat er gesagt – das weiß ich genau ...

Eins ist sonderbar im Traum. Fast immer gibt es einen kurzen Augenblick, in dem einem klar wird, daß es ein Traum ist, und wenn man sich dann ordentlich anstrengt, kann man entkommen. Aber das ist eben nur ein kurzer Augenblick, und es bedarf einer so großen Anstrengung, daß, wenn man zögert, man den Moment verpaßt und es bis zum Ende durchmachen muß. Bis dahin ist aber etwas mit einem geschehen, das nie wieder ganz ungeschehen gemacht werden kann. Es ist wie bei einer Narbe – da hat doch schon mal jemand von einer Narbe gesprochen, ich kann mich bloß nicht mehr recht erinnern, wer.

Nun, in diesem Traum hatte ich den entscheidenden Augenblick, in dem ein Sichzurückziehen noch möglich ist, nicht einmal bemerkt, und ich wußte, jetzt war ich schon zu tief drinnen, um mich daraus zu befreien.

Als ich die Augen öffnete, war Thelma Bennett verschwunden, und ich befand mich in einem Zimmer, das ich noch nie gesehen hatte. Das war nicht weiter merkwürdig – im Traum ist es vielmehr merkwürdig, wenn man sich an einem vertrauten Ort wiederfindet.

Dieser Raum war weiß gestrichen, mit einem hellgrünen Kaminsims. Es gab einen großen weißen Schrank mit einem stark glänzenden Metallschlüssel, und vor dem Fenster waren Gitterstäbe. Ich wunderte mich, warum da Gitterstäbe waren, und dann begriff ich, daß sie dazu dienten, die Vögel fernzuhalten. Durch die Fensterscheiben konnte ich Bäume sehen, und wo Bäume sind, sind immer auch Vögel.

Wissen Sie, die Leute haben viele falsche Vorstellungen über Vögel. Sie reden von gefiederten Sängern und von dem Vogel auf dem Kalvarienberg, der den Dorn aus der Stirn unseres Herrn gezogen hat, und von jenen anderen Vögeln – Rotkehlchen, glaub' ich –, die die Kinder im Walde mit Blättern zugedeckt haben. Aber so sind sie in Wirklichkeit gar nicht. Sie haben Schnäbel, die hacken und hacken. Da gab es vor einer Weile im Odeon mal einen Film über Vögel, den ich gesehen habe – Honor war wütend, als sie davon erfuhr. «Jetzt wirst du wieder wochenlang Alpträume haben», sagte sie, aber ich hörte sie kaum wegen des Lärms, den die Vögel machten. Wie ein Geschwader von Düsenjägern. Es dröhnte in meinem Kopf noch lange, nachdem ich das Odeon verlassen hatte.

Dann bemerkte ich, daß sie oben einen kleinen Teil des Fensters offengelassen hatten, und kroch aus dem Bett, denn selbst kleine Vögel können böse werden. Ich versuchte gerade, das Fenster zu schließen, als die Tür aufging und jemand hereinkam – ein Hausmädchen nahm ich an, denn sie trug ein gestreiftes Kleid und ein Häubchen. Ich hatte gar nicht gewußt, daß heutzutage noch irgendwer so herumlief. Sie rannte durchs Zimmer und packte mich an der Hand.

«Was machen Sie da?»

«Das Fenster schließen natürlich.»

«Das dürfen Sie nicht – Sie brauchen frische Luft.»

«Dann können Sie ja die Tür offenlassen.»

Aber sie sagte, das wäre gegen die Vorschriften.

«Was für Vorschriften? Wo bin ich?»

«In einer Klinik.»

«Ich bin doch nicht krank.» Dann fing ich an, mich zu erinnern. «Was hat sie mir getan?» Merkwürdig – ich hatte mich noch nie in eine Klinik geträumt. «Ist sie hier – Thelma Bennett, meine ich?»

Sie warf mir einen überaus sonderbaren Blick zu. «Nein», erwiderte sie. «Sie ist nicht hier.»

«Die gehörte hinter Gitter.» Ich nickte wütend. «Wußten Sie, daß sie mich mit einem Messer angegriffen hat?»

«Warum, glauben Sie, hätte sie das tun sollen?»

Ohne daß ich es merkte, hatte sie mich wieder ins Bett manövriert.

«Na, wegen Ronnie selbstverständlich. Ich mußte ihr sagen, daß es keinen Sinn hatte – sie konnte ihn nicht heiraten, weil er mich heiraten wollte. Ein Glück für Ronnie, daß er gemerkt hat, wie sie ist.» Allerdings ist das unlogisch, nicht wahr, denn er hatte sie sowieso nicht heiraten wollen. «Ist er hier?» fragte ich weiter. Ich konnte mir lebhaft vorstellen, wie er in den Gängen auf und ab lief.

«Sie durften keinen Besuch haben, es ging Ihnen nicht gut.»

«Aber jetzt geht's mir doch wieder gut.»

«Wir werden sehen, was der Doktor sagt.»

Sie ging hinaus und verschloß die Tür hinter sich. Da wurde mir klar, daß sie mir nicht die Wahrheit gesagt hatte. Thelma war irgendwo in der Nähe, und sie mußten die Tür absperren, um mich vor ihr zu schützen. Man konnte schließlich nicht von mir erwarten, daß ich mich immerzu selbst verteidigte.

Das sagte ich auch zu dem Doktor, als er mich besuchen kam. Er wirkte gar nicht wie ein Doktor – stellte nicht die üblichen Fragen, fühlte mir nicht den Puls, maß mir nicht das Fieber. Er fragte nur, an wieviel von dem, was geschehen war, ich mich erinnern könne.

«Was gibt's da zu erinnern?» fragte ich spitz. «Ich hab' ihr gesagt, daß sie Ronnie nicht heiraten könnte, und da ging sie mit einer Schere auf mich los.»

«Mit einer Schere?»

«Ach nein, jetzt erinnere ich mich, es war ein Papiermesser. Ich hab' sie gewarnt, daß es zu scharf sei, als daß man es einfach so herumliegen lassen durfte.»

«Und dann?»

Plötzlich war ich furchtbar müde. «Was spielt das schon für eine Rolle?» Ich fing an zu gähnen. «Es ist ja nur ein Traum, und der ist schon beinahe vorüber. Es hat nie eine Person wie Thelma Bennett gegeben.»

Jenes wunderbare Gefühl der Leichtigkeit überkam mich wieder, als ich das sagte. Das ist das Köstliche an einem Traum – wenn man ihn einmal abgeschüttelt hat, weiß man, daß nichts, was einen gequält hat, wirklich geschehen ist. Ich hatte nie gesehen, wie Ronnie mit einer Frau, die ich nicht kannte, über die Market Street ging. Ich war nie mit einem Arm voller Rosen zu The Grange gegangen – das fand ich sogar ein bißchen schade, denn es war so ein hübsches Bild. Aber alles, was mich gepeinigt und mich in den Abgrund getrieben hatte – es machte nichts mehr aus, denn nichts davon war wirklich geschehen.

Ich lachte vor Entzücken.

Dann kam eine Zeit der Dunkelheit, wie ein Korridor, der von der Unwirklichkeit zur Wahrheit führt. Als ich aus dem Dunkel auftauchte, lag ich noch immer im Bett, aber jetzt machte ich mir nichts mehr daraus, denn es war mein eigenes Bett. Ich brauchte nur die Augen zu öffnen, und ich würde die neue Tapete sehen mit den verwaschenen Rosen und den singenden Vogel – wenn ich bloß wüßte, was mit der Katze passiert war – und meine eigenen Bäume vor meinem eigenen Fenster. Voll Wohlbehagen drehte ich mich um und öffnete die Augen.

Es war alles da – die weißen Wände und der blaßgrüne Kaminsims, der Schrank mit dem glänzenden Metallschlüssel und die Gitterstäbe vor dem Fenster.

«Wach auf», sagte ich wütend zu mir selbst. «Wach auf, wach auf!»

Denn das gibt es ja, nicht wahr, daß man zu tief in einen Traum gleitet und nie wieder herauskommt. Vielleicht kommt einer und nimmt den bewußtlosen Körper und gibt ihn nicht mehr frei – wie bei diesem Mädchen, das auf einem Sofa einschlief und mit dem dann etwas ganz Schlimmes passierte. Was das war, darauf konnte ich mich komischerweise nicht mehr besinnen.

Ich muß gerufen haben, denn die Tür ging auf und die Pflegerin kam herein. Ich erkannte jetzt, daß es eine Pflegerin war und kein Hausmädchen.

«Sie dürfen nicht solchen Lärm machen», herrschte sie mich an. «Sie stören die anderen Patienten. Wenn Sie schlecht geträumt haben . . .»

«Das ist es ja!» Ich fing an zu schluchzen. «Wecken Sie mich doch auf. Warum wecken Sie mich nicht auf?» Ich faßte sie am Arm, aber ich hatte sie bestimmt nicht kratzen wollen.

Sie zog ihren Arm weg. «Sie sind wach. Schauen Sie sich um. Es ist dasselbe Zimmer, nicht?»

«Das ist nicht mein Zimmer.» Ich schrie und schluchzte abwechselnd. «Machen Sie, daß es anders wird. Hören Sie – machen Sie, daß es anders wird!»

«Das kann ich nicht.» Sie zog den Ärmel über den Kratzer. Wahrscheinlich würde sie jetzt sagen, daß ich sie angefallen hätte wie eine Irre. «Ich bin kein Zauberer. Im übrigen, was gefällt Ihnen denn nicht an diesem Zimmer? Wenn Sie vor den Vögeln Angst haben, sehen Sie, es ist ein Drahtgitter über der oberen Fensterluke; man hat das angebracht, damit die Fliegen nicht hereinkommen. Sie sind hier vollkommen sicher. Sicherer, als Sie irgendwo anders wären», fügte sie in einem Ton hinzu, als ob sie gar nicht mit mir spräche.

Sie ging und sperrte wieder die Tür hinter sich zu. Sie werde mir etwas bringen, versprach sie, damit ich schlafen könnte. Aber ich will nicht schlafen. Der Schlaf ist mein Feind. Wenn ich nicht geschlafen hätte, hätte ich mich nie in diesen Traum verirren können. Denn es kann ja nichts anderes sein als ein Traum – es gab eine Tür, die hineinführte, da muß es doch auch eine Tür geben, die wieder hinausführt.

Denn wenn es keine Tür nach draußen gibt, was geschieht dann?

# *San Quentin*

*Joe Gores*

*Bohr deinen Blick ins Tal.*
*Schon naht der Blutstrom. Darin sieden alle,*
*die andren durch Gewalt geschadet haben.*
Dantes Inferno, 12. Gesang

Ich habe viel darüber nachgedacht: Warum nur sind Victor und ich zu diesem gräßlichen Schauspiel hinaus nach San Quentin gefahren? Wir haben uns eingeredet, es sei nur so zum Spaß. Victor war ganz verrückt auf immer neue Nervenkitzel, das war schon ein Tick bei ihm. Er war ein temperamentvoller, dunkelhaariger junger Kerl mit blitzenden Augen, schlank und durchtrainiert wie ein Froschmann. Sein alter Herr schwamm im Geld, und so war auch Victor immer gut bei Kasse. Wir kamen in seiner Wohnung auf diese verrückte Idee – er bewohnte natürlich ein Penthouse, in Portrero Hill. Es war eines Nachmittags, wir lagen auf der Sonnenterrasse, nur in Badehosen, und tranken Gin.

«Weißt du, mein Lieber», sagte er, «ich habe so ziemlich alles gesehen, was es auf der Welt zu sehen gibt. Ich habe alle möglichen Puppen ausprobiert, rote und gelbe und schwarze und weiße, und ich war auch schon oft genug high, von diesem und jenem Zeug. Ich habe es sogar ein- oder zweimal mit Heroin versucht. Aber ...»

«Du bist eben ein toller Hecht, Väterchen.»

«... aber etwas gibt es, das habe ich noch nie erlebt, mein Lieber.»

Als er nicht weitersprach, hob ich den Kopf von der Ginflasche, die mir als Kissen gedient hatte, und sah ihn an. Er hatte glitzernde, ganz wilde Augen.

«Und das wäre?»

«Ich habe noch nie bei einer Hinrichtung zugeschaut.»

Ich dachte ein Weilchen darüber nach, benommen wie ich war. Die Sonne brannte so heiß, als wollte sie mich an die Luftmatratze schmieden. Bei einer Hinrichtung zusehen. Sehen, wie ein Mensch ins Jenseits geht. Für einen Künstler eine irre Idee.

«Meinetwegen», murmelte ich. «Ich bin dabei, Väterchen.»

Am nächsten Tag hatte ich es natürlich schon wieder völlig vergessen. Ich arbeitete an ein paar abstrakten Bildern für meine erste Solo-Ausstellung, da rief Victor an.

«Hast du dem Direktor von San Quentin schon geschrieben? Er muß sich mit dem Polizeichef von San Francisco in Verbindung setzen und sich erkundigen, ob du nichts auf dem Kerbholz hast und auch ganz normal bist – ein nützliches Glied der Gesellschaft.»

Also setzte ich mich hin und schrieb den Brief, denn auch nüchtern betrachtet schien es mir immer noch etwas Ausgefallenes zu sein, das mitzumachen lohnte. Ich wußte, daß man jeweils zwölf Zeugen benötigt, die sich überzeugen müssen, daß der Angeklagte nicht zur Hintertür hinausgeschmuggelt wird oder so etwas – in letzter Minute, wie in einem alten Jimmy-Cagney-Film. Es dauerte zwei Monate, bis ich Antwort erhielt. Star der Vorstellung sollte ein Kerl sein, der in einen Wohnwagen bei Fort Ord eingedrungen war und die Frau eines Armeeleutnants vergewaltigt hatte – und dabei hatte sie zu schreien angefangen und er hatte ihr ein Kissen aufs Gesicht gedrückt, damit sie ruhig blieb, bis er fertig war. Aber sie war erstickt. Bei den Geschworenen hatten acht Frauen gesessen, und ich glaube, drei von ihnen haben sich die Knöchel gebrochen, so eilig hatten sie es, ihn in die Gaskammer zu schicken. Nicht, daß mir daran etwas gelegen hätte. Man redet halt über solche Dinge.

Victor holte mich morgens um halb acht ab, eine Stunde vor dem Termin, zu dem wir uns in San Quentin melden sollten. Er trug den taillierten, aus Italien importierten Anzug und Fünfzig-Dollar-Schuhe und ein Hütchen mit schmaler Krempe und einer kleinen Feder drauf, und wenn er noch eine Aktenmappe getragen hätte, dann hätte man ihn für einen Aufsichtsratsvorsitzenden halten können. Das Verdeck seines Mercedes hatte er eingefahren, obwohl es ziemlich kalt war, und als er meinen schwarzen Anzug und die handgestrickte Krawatte sah, grinste er so breit und unverschämt, wie es bei einer Aufsichtsratssitzung gewiß niemand tut.

«Zuviel der Ehre. Wenn du dir jetzt noch die Haare kämmst, siehst du aus wie der Leichenbestatter, der den Toten abholen will.»

Da ich sehr lang und sehr schmal bin und mir die schwarzen Haare immerzu in die Augen hängen, und da ich angezogen etwa soviel wie ein mittelgroßer schottischer Schäferhund wiege, war seine Behauptung nicht mal stark übertrieben. Ich steckte eine Flasche Schnaps in die Türtasche des Wagens, und wir fuhren los. Wir waren beide ziemlich aufgedreht – ich will sagen, wir waren heiter und guter Laune, als habe uns gerade einer den besten Witz der Welt erzählt. Oder wolle es nun tun.

Es war einer jener kühlen, klaren Tage in Kalifornien, wo der Himmel blau ist und die Sonne scheint und hier und da eine Wolke am Himmel hängt. Ich genoß die Bilder: das Segel einer einsamen Jacht draußen in der Bucht, das an einen weggeworfenen Pappbecher erinnerte; die Möwen, die bei Angel Island herumschwirrten. Ich atmete tief die kalte Luft, die uns um die Ohren pfiff und nach Meer roch. Aber hinter dem Tunnel vom Highway 101, auf dem Weg nach Marin City, durchlief mich plötzlich ein eisiger Schauer, als habe sich eine Wolke zwischen mich und die Sonne geschoben. Aber das war gar nicht der Fall, und jetzt begriff ich zum ersten Mal, worauf ich mich da eingelassen hatte.

Victor ging es wohl ebenso, denn er wandte den Kopf und sagte: «Ganz ruhig bleiben, mein Lieber.»

«Na klar. Ich bin die Ruhe in Person.»

Das Gefängnis von San Quentin, draußen am Ende der Halbinsel, sah aus wie ein häßlicher Drache, der sich auf die Felsen gelegt hatte, um sich zu sonnen. Wir hielten vor dem Osttor, und wir hörten hier keinen einzigen Vogel singen. Nur ein paar mucksmäuschenstille Kerle ganz in Schwarz waren da, Quäker oder Mennoniten oder so, die gegen die Todesstrafe protestierten, nur durch ihre stumme Gegenwart, als ständen sie schon da, seit Chessman da drinnen sein letztes Stündlein erlebt hatte. Ich hatte das Gefühl, in mir gingen dunkle Gestalten um, als ich die Leute erblickte.

«Väterchen, laß uns umkehren», sagte ich in einer unvermittelten Anwandlung von Panik. «Wir können uns die Matinee ja nächste Woche anschauen.»

Aber Victor wollte auf seinen Nervenkitzel nicht verzichten, und er war schon derart in Stimmung, daß er die Kerle in den schwarzen Gewändern anpflaumen mußte. Als sie zu uns herüberschauten, sprang er auf den Notsitz im Fond und breitete die Arme aus wie der Prediger auf dem Berge. Mit seiner Schildpattbrille und den blitzenden Zähnen und diesem Anzug für dreihundert Dollar sah er aus wie Christus auf dem Weg nach Hollywood.

«Was ihr dem Geringsten unter euch antut, meine Brüder, das tut ihr mir an!» rief er mit weithin hallender Stimme.

Ich packte ihn am Arm und zog ihn herunter. «Um Himmels willen, Mann, jetzt beruhige dich mal!»

Aber er fing irr zu lachen an und hieb auf meinem Arm herum, und dann riß er ein kleines Sternenbanner aus der Tasche und winkte damit. Ich sah die Schweißperlen auf seiner Stirn.

«Es lohnt, in diesem Lande zu leben!» brüllte er ihnen zu.

Er kuppelte ein, und wir fuhren weiter. Ich blickte zurück und sah, wie einer sich bekreuzigte. Das rückte die Dinge wieder zurecht: diese Leute kamen aus einem Niemandsland. Aus dem Mittelalter. Nicht daß ich über sie richten wollte, das war ihr Auftritt, sollten sie doch, von mir aus. Jeder nach seiner Fasson.

Der Posten am Tor schickte uns in ein kleines Holzhaus, das an der Außenmauer stand. Fünf andere Zeugen waren schon drin. Drei waren Reporter, einer war ein Dicker mit einem Balken von Zigarre, die ihn wie einen Politiker aus Sacramento aussehen ließ, und der letzte war ein Soldatentyp mit den Rangabzeichen eines Leutnants. Sein Koppelschloß und das übrige Messing glänzten, als habe er es die ganze Nacht gewienert.

Ein Wärter kam herein und sagte, wir sollten sämtliche Taschen ausräumen und den Inhalt gegen Quittung abliefern. Wir mußten auch die Schuhe ausziehen, sie waren zu dick zum Durchleuchten. Dann mußten wir einer nach dem anderen durch ein düsteres kleines Zimmer mit Röntgenstrahlen – Durchsuchung wegen Kameras und so weiter. Man will nicht, daß einer fotografiert, wenn die Kügelchen fallen. Schließlich waren wir drinnen im Gefängnisbau, hatten die Schuhe wieder an den Füßen und die Nasen voll von diesem ewigen Putz- und Desinfektionsmittel-Gestank.

Der Politikertyp, der kalte Augen wie ein Sherman-Tank hatte, fing an, Witze zu reißen, aber alles zeigte ihm die kalte Schulter, sogar die Reporter. Ich glaube, außer der Polizei findet sich kein Mensch mit Hinrichtungen ab. Der Offizier war so blaß, daß seine Sommersprossen wirkten, als habe ihn eine Schrotladung getroffen. Er hatte rötliche Haare.

Nach einer Weile gesellten sich fünf Mann vom Wachpersonal zu uns, damit das Dutzend voll wurde. Sie sahen wohlgenährt aus, wie das bei Bullen ja üblich ist, und sie standen in einer Ecke zusammen und schwatzten und lachten wie eine Schar Kinder, die einen Hund kujoniert. Victor und ich schlenderten hinüber, um zu hören, was sie redeten.

«Wer kriegt denn heute die Ostereier zu schnüffeln?» fragte einer.

«Ich weiß nicht, ich habe die Zeitung noch nicht gelesen.» Der andere gähnte, als er antwortete.

«Weißt du nicht mehr?» erinnerte ihn ein dritter. «Das ist der Kerl, der die Frau im Wohnwagen fertiggemacht hat. Drunten bei Salinas.»

«Ach ja. War die Frau eines Soldaten, er hat sie vergewaltigt und ...»

Wie Hunde, die ihre Futterschüssel klappern hören, wandten

alle zusammen die Köpfe in Richtung des Leutnants, aber in diesem Augenblick kamen noch mehr Polizisten herein, um uns in den Zuschauerraum zu geleiten. Wir marschierten in Zweierreihen, jeweils ein Zeuge und ein Wachmann und unwillkürlich im Gleichschritt. Ich ertappte mich dabei, wie ich die Ohren spitzte, ob vielleicht Trommelwirbel zu hören sei, wie bei einem Militärbegräbnis.

Der Zuschauerraum umgab die Gaskammer halbkreisförmig, die Bankreihen wurden nach hinten höher. Die Kammer selber war sechseckig, die drei Seiten zu uns her waren aus dickem Glas. Eine Messingstange umgab sie, von der Art, wie man sie an Theken in alten Saloons findet. Die drei anderen Wände waren aus Stahl, die mittlere davon diente als Tür und war mit Nieten übersät. In den beiden Wänden neben ihr befanden sich kleine Gucklöcher.

In der Gaskammer standen zwei stabile Stühle, wahrscheinlich aus Eichenholz, nebeneinander, mit den Lehnen zum Zuschauerraum. Sie waren so hoch, daß sie jedem bis ans Genick reichten, der drinsaß. Unter jedem Stuhl befand sich eine Schale mit Salzsäure, das wußte ich. Auf ein Zeichen hin ließ der Henker dann Kugeln aus Natriumzyanid in die Flüssigkeit fallen, mit Hilfe eines Apparats von außen natürlich. Dadurch entstand Blausäuregas – und aus war's mit jedem, der im Stuhl saß.

Der Politikertyp, der einen vollen Bariton wie Burl Ives hatte, fragte, wieso es denn zwei Stühle seien.

«Für den Fall, daß mal ein Doppel gespielt wird, Väterchen», sagte ich.

«Sie belieben zu scherzen.» Aber er sagte das, als gefalle ihm die Idee. Dann beschwerte er sich: «Ich verstehe nicht, wieso die Stühle nicht andersherum stehen. Wir können ja sein Gesicht gar nicht beobachten, wenn es soweit ist.»

Er war ein richtiges Kriechtier, ein feister Sadist – ich hätte seine Träume nicht haben wollen.

Wir standen herum wie Vieh in der Koppel am Schlachthof, wenn das Blut von drinnen zu riechen ist und die Tiere spüren, daß es sie irgendwie betrifft; dann hörten wir Geräusche und sahen, wie die Tür zur Gaskammer aufging. Ein uniformierter Wärter bezog Posten, gefolgt von einem ganz in Schwarz gekleideten Priester mit einem unwahrscheinlich langen Gesicht. Er muß zum erstenmal dabeigewesen sein, denn er hatte Mühe, ruhig und gelassen zu bleiben. Als er neben dem Posten stand, ließ er sein kleines schwarzes Buch dreimal hintereinander fallen.

Der Leutnant sagte zu mir, so als könne er das Schweigen nicht länger ertragen: «Man ... man inszeniert das alles wie ein Theaterstück, nicht wahr?»

«Aber es gibt kein Dakapo», sagte Victor mit hohler Stimme.

In der Tür tauchte noch ein Wachmann auf, und sie führten den Verurteilten herein. Es war ein Schock. Man denkt doch, so ein Kerl benimmt sich, wie ein Mörder sich zu benehmen hat. Ich meine, er bricht beim Anblick des Stuhls zusammen, weil er weiß, daß jetzt alles aus ist, es gibt keinen Ausweg mehr, kein Gnadengesuch, nichts mehr. Oder aber er marschiert mit falschem Hurrageschrei hinein und tut, als sei ihm alles ganz egal. Aber der Mann hier schien nur mäßig interessiert, sonst nichts.

Er trug ein weißes Hemd mit hochgekrempelten Ärmeln, keinen Schlips. Er war noch keine dreißig, hatte kurzgeschorene dunkelblonde Haare – das Schreckliche ist, daß ich mich überhaupt nicht mehr an sein Gesicht erinnern kann. Wenn ich ihn beschreiben müßte, könnte ich höchstens sagen, er ähnelte dem Leutnant, der neben mir die Nase am Glas plattdrückte.

Eins werde ich allerdings nie vergessen: seine Hände. Er hatte die ganzen Monate in der Todeszelle gesessen, und doch waren seine Hände noch rot und rissig und zerschunden, als habe er bis heute im San Joaquin Valley Rüben ausgebuddelt. Dann merkte ich: Ich dachte schon in der Vergangenheitsform, was ihn betraf.

Zwei Bullen fingen an, ihn im Stuhl festzuschnüren. Ein breiter Lederriemen quer über die Brust, schmälere Riemen an Armen und Beinen. Man gab sich viel Mühe mit dem Festschnallen. Ich will sagen, man wollte vermeiden, es ihm unbequem zu machen. Und die ganze Zeit sprach er mit den beiden. Wir konnten ja nichts hören, aber ich nehme an, er sagte etwa folgendes: So ist es gut, meine Freunde, nein, der Riemen ist nicht zu stramm, und hoffentlich kommt ihr meinetwegen nicht zu spät zum Mittagessen.

Das begriff ich nicht, er schien sich in einem fort zu entschuldigen. Während sie ihn über diesem kleinen tödlichen Eimer festzurrten, wandte der arme Hund den Kopf und sah uns an – und lächelte! Ich glaube, wenn er einen Arm frei gehabt hätte, dann hätte er sogar gewinkt. Einer von den Bullen, er hatte weiße Haare und sanfte, traurige Augen, tätschelte ihm den Kopf, ehe er hinausging. Persönlich habe ich gar nichts gegen dich, mein Sohn, ich tue nur meine Pflicht.

Danach ging es rascher voran, so wie das Herz schneller schlägt, wenn man nachts um drei durch eine einsame Straße geht und das Echo der eigenen Schritte sich anhört, als werde man verfolgt. Der Wärter stand an einem Guckloch, der Pfarrer und der Arzt am anderen. Der Schwarzgekleidete schlug das Kreuz. Und da stand dieser Doktor der Medizin, der den Eid des Hippokrates abgelegt hatte, das Leben zu bewahren – und er fuchtelte mit den Armen herum wie ein Fernsehregisseur, um dem armen Teufel da drin zu zeigen, wie er am leichtesten sterben könne.

Halt die Luft an, dann atme ganz tief ein – und du spürst gar nichts. Das Blausäuregas wird deine Eingeweide natürlich in rotglühenden Brei verwandeln und jedes Äderchen in deinen Lungen verbrennen, aber du wirst es nicht eigentlich spüren, wie du Krämpfe kriegst, da reagieren die Gefühlsnerven schon nicht mehr richtig.

Und wir standen hier, drei Meter von ihm entfernt und durch anderthalb Zentimeter Glas von ihm getrennt. Wir starrten ihn an, und er konnte den Kopf drehen und zurückstarren, wenn er wollte, aber er drehte sich nicht um. Zwischen ihm und uns war ein Unterschied, so gewaltig wie eine Million Lichtjahre. Er war festgeschnallt und unterrichtet, wie er sterben sollte, und er war auf das Gas gefaßt. Später erfuhr ich, daß er seinen Körper einem medizinischen Forschungsinstitut vermacht hatte.

Ich sah mich rasch um.

Victor schwitzte mächtig, er klebte am Fenster.

Dem Politikertyp fielen fast die Augen aus dem Kopf. Er preßte die Nase ans Glas und beugte sich vor, so daß ihm die Messingstange den Bauch eindrückte, und die Stummelfinger, die an Cocktailwürstchen erinnerten, verschmierten das Glas neben seinem Kopf. Er sah schon aus wie einer, der auf einem Mädchen liegt.

Die Reporter schienen sich zu schämen, als seien sie eben erwischt worden, wie sie über die Trennwand in die Damentoilette gepeilt hätten.

Der Leutnant sah aus, als sei ihm schlecht.

Nur die Bullen blieben, wie sie waren, verschwendeten nicht mehr Gefühl an diesen Vorgang als an die Zielscheibe auf dem Schießstand nach dem Schnellfeuertraining.

Kein Gesicht zeigte Haß.

Plötzlich, zum ersten Mal in meinem Leben, hatte ich die Gewißheit, beteiligt zu sein. Ich wollte «Halt!» schreien. Wir waren dabei, den Kerl da zu vergasen, aber keiner von uns wollte, daß er starb!

Da haben wir unsere Gesellschaft geschaffen, und wir alle sind für das verantwortlich, was sie tut, aber keiner von uns will als Individuum diese Verantwortung tragen. Keiner.

Der Wärter gab ein Zeichen. Ich hörte es zischen, als das Gas um den Stuhl hochwallte.

Der Verurteilte rührte sich nicht. Er befolgte die Anweisungen des Arztes: Er holte ganz tief Luft, wie der Doktor es ihm pantomimisch vorführte. Urplötzlich ging ein gewaltiger Ruck durch seinen Körper, er zerrte an seinen Riemen, der Kopf fuhr herum, und ich konnte sehen, daß er die Augen fest geschlossen und die Lippen über den Zähnen zurückgezogen hatte. Dann fing er zu keuchen an wie ein Baby unterm Sauerstoffzelt, schnell und kurzatmig. Nur war es kein Sauerstoff, was seine Lungen zu verarbeiten versuchten.

Der Leutnant wich vom Fenster zurück, blinzelte und übergab sich. Zwei Polizisten stützten ihn und führten ihn hinaus, und wir anderen zogen uns von der Stelle zurück, die er beschmutzt hatte. Bis auf den Politiker. Er hatte es gar nicht gemerkt, er befand sich in Henry Millerville, ihn schaffte das.

Ich glaube, der Mann in der Gaskammer hatte es nie für bare Münze genommen, daß er binnen zwei Sekunden sterben werde. Sein Körper krümmte sich noch immer so schauderhaft, und seine Hände glichen Klauen. Ich sah, wie die Kinnmuskeln hervortraten, als habe er Murmeln in den Backen. Schließlich sank er zurück und hing in den Gurten wie ein Fallschirmjäger, den eine Maschinengewehrgarbe erwischt hat.

Aber das war noch nicht das Ende. Wieder holte er keuchend Luft, und ich sah, wie seine Rippen sich unter dem weißen Hemd abzeichneten. Danach vergingen zwanzig Sekunden. Wir dachten, er habe ausgelitten.

Dann wieder ein Keuchen. Dann nichts. Eine halbe Minute lang nichts.

Wieder so ein gräßliches Zucken und Keuchen. Endlich nichts mehr. Alles vorbei. Unterwegs zu den Engeln. Dachten wir.

Aber dann tat er es noch einmal. Jede Faser dieses toten zerstörten Körpers strengte sich an, gierte nach Luft. Keine Luft, nur Blausäuregas. Die Nerven lebten noch, wie bei einem Fisch, der zuckt, wenn man ihm mit dem Messergriff auf den Kopf geschlagen hat. Nur war das hier kein Fisch, den wir sterben sahen.

Sein Kopf fiel zur Seite, und langsam kam seine Zunge zum Vorschein, wie bei einem toten Hirsch. Dann rann ihm etwas aus dem Mund. Es war nur Speichel, man sagte uns, es könne gar nichts anderes sein, aber mich erinnerte es an die Rückstände von Widerständen, die nach einem Kurzschluß verbrannt sind. So schwarz. So verkohlt.

Ganz leise, wie zu sich selbst, murmelte Victor: «Später, Väterchen.»

Das war es. Wir sehen uns wieder, im ewigen Leben, Väterchen. Nur zehn Minuten, und du bist drüben. Der Mister Kurtz, er ist tot. Der Mister Kurtz, der ist ganz mausetot.

Ich glaubte es. Wenn ich mir ansah, was von dem Mann übriggeblieben war – das war wie bei einem Mädchen, das an den Starkstrom geraten ist, und wenn man ihm ein Streichholz vor die Augen hält, dann reagiert es nicht mehr. Nichts mehr. Aus. Ende.

Wir gingen.

Auf dem Weg hinaus mußte ich immerfort an den Leutnant denken, und ich fragte mich, wieso ihm schlecht geworden war. Vielleicht, weil der Mann auf dem Stuhl der letzte gewesen war, der den Körper seiner Liebsten berührt hatte, wenn auch gewaltsam, und weil nun auch diese Bindung zerrissen worden war? Was auch der Grund gewesen sein mochte: sein Körper hatte gespürt, was sein Verstand nicht hatte wahrhaben wollen – dieses Ende war kein Neubeginn, dieser Tod brachte ihm die tote Frau nicht zurück. Dieser Tod, ganz gleichgültig, wie gerecht er in seinen Augen war, hatte ihm nur Übelkeit verursacht.

Victor und ich saßen lange Zeit im offenen Mercedes und blickten hinaus über die sonnenbeschienene, schöne, menschenleere Halbinsel, die nicht, wie man meinen möchte, nach einem Heiligen benannt ist, sondern nach einem armen Teufel von Indianer, der hier vor ungefähr hundert Jahren gehängt wurde. Bäume und Wolken und blaues Meer, und nirgends ein Vogel. Selbst die Kerle in Schwarz waren verschwunden, aber jetzt verstand ich, weshalb sie hiergewesen waren. Mit ihrem stummen Protest hatten sie die richtige Glocke geläutet. Die aus dem Mittelalter, das sind wir.

Victor holte tief und schnaufend Atem, als könne er nie Luft genug bekommen. Dann sagte er, kaum hörbar: «Wie hat dir denn die Schau gefallen, mein Lieber?»

Ich zuckte ein wenig die Schultern, und mir fiel nichts anderes ein als: «Ganz schaurig, Väterchen.»

«Und ob, mein Lieber. Ich bin ganz melancholisch. Ein Irrsinn, ehrlich.»

Etwas stimmte nicht mit dem Ton, in dem er das sagte, aber ich schraubte die Tequilaflasche auf, und wir tranken sie in einer Viertelstunde aus, pur und ganz ohne alles. Dann ließ er den Motor an, und wir rauschten ab. Und jetzt merkte ich, was nicht stimmte. Als er den Mann in der Gaskammer sah, war Victor zum allerersten Mal klargeworden, daß das Leben viel, viel mehr ist als nur Spaß und Nervenkitzel. Wir beide waren mitverantwortlich für das, was da drin geschehen war, und das Ereignis hatte uns ganz schön zusammengestaucht.

Auf dem 101 scheuchte er den Mercedes mit hundertsiebzig Sachen durch den Verkehr, immer weiter. Es war verrückt, es war das Letzte, aber ich sagte kein Wort. Als die Polizei es schließlich schaffte, uns anzuhalten, da war Victor so wild und ich so still, daß sie uns mit der Hand am Pistolenknauf umzingelten und unsere Arme nach Nadeleinstichen untersuchten.

Ich sprach kein Wort, kein einziges. Ich nannte nicht einmal meinen Namen. Da mußten sie in meiner Brieftasche nachsehen, wer ich war. Und während sie das taten, drehte Victor völlig durch. So mit beißen und Schaum vor dem Mund und allem – er zog eine tolle Schau ab, bis sie ihm schließlich mit dem Knüppel auf den Kopf schlugen. Ich sah nur zu.

Sie nahmen ihm für ein Jahr den Führerschein ab, sonst nichts, weil sein alter Herr eine Menge Geld für einen Psychiater ausgab, der bezeugte, Victor sei vorübergehend nicht bei Verstand gewesen, und der ihn eine Zeitlang in eine Anstalt steckte. Jetzt ist er wieder draußen, aber er geht immer noch zu seinem Psychiater, dreimal wöchentlich für vierzig Mäuse je Sitzung.

Er braucht das auch. Vor ein paar Tagen bin ich ihm begegnet. Er ging durch den grauen, nebligen, unfreundlichen Februarmorgen, nur in Jeans und kurzem Hemd, barfuß. Er schien in sich gekehrt, deprimiert, ganz mit seinen eigenen Sorgen beschäftigt, aber ich hielt ihn an.

«Ah ... wie geht es dir denn so, mein Lieber. Was treibst du denn in diesem Aufzug?»

Er schüttelte bedächtig den Kopf. «Weißt du, man läßt uns das nicht durchgehen. Daß man lebt, ist ja allein schon ein Verbrechen.»

«Warum hast du nichts an den Füßen, Väterchen?»

«Ich kann keine Schuhe tragen.» Er trat näher, blickte die Straße hinauf und hinab und sagte in tragischem Ernst: «Ich kann nur noch mit den Fußsohlen hören, weißt du ...»

Dann nickte er und tappte davon, lautlos mit nackten Füßen

an den Leuten vorüber wie ein Panther, der sich verirrt hat. Er wanderte durch das Gewühl von Obsthändlern und betrunkenen Teenagern und Bullen, die drauf aus waren, ein paar Mann wegen Rauschgiftbesitz festzunehmen. Ich glaube, Victor will nur noch auf die gute alte Mutter Erde hören: was er allein noch hören will, sind die beruhigenden Geräusche der Würmer, wenn sie fressen.

Sie fressen und fressen und warten auf Victor und vielleicht auf die Wiederkunft Christie.

# *Wer andern eine Falle stellt*

*Dion Henderson*

Als er sah, daß die Bärenfalle aus dem Schuppen verschwunden war, wo er seine Felle und das Gerät aufbewahrte, wußte LaCroix, daß sie ihn töten wollten. Vorher hatte er gedacht, sie wollten ihn nur berauben und dann verschwinden. Schließlich war einer von ihnen sein Neffe, der Sohn seiner Schwester, die vor vielen Jahren in die Stadt gezogen war. LaCroix schnitt eine Grimasse. Vielleicht war es gar nicht so unglaublich. Dennoch, er hatte nicht damit gerechnet. Und jetzt hatten sie die Bärenfalle geholt. Er empfand es als Herausforderung. In der Welt der freien Natur, in der LaCroix alt geworden war, bedeutete es nichts Ungewöhnliches, wenn der Nichtbesitzende den Besitzenden tötete, um den Unterschied zwischen beiden wettzumachen. Und um dann selbst getötet zu werden, fügte LaCroix in Gedanken hinzu, und dachte an den endlosen Kreislauf des Lebens, der von der Maus zum Habicht, vom Habicht zum Fuchs und vom Fuchs zum Wolf führte. Und zu guter Letzt wieder zum Wurm. Er überlegte nicht, ob das gerecht war oder nicht.

Aber daß sie die Bärenfalle gewählt hatten, empfand er dennoch als schwere Beleidigung. Selbst wenn man einen Bären fing, befreite man ihn schnell wieder aus der Falle. Man ließ ihn nicht im Wald hilflos festgekettet, so daß sich die Nagetiere an ihn heranmachen konnten, bevor er tot war. Sie hatten von Fallen gesprochen, speziell von der Bärenfalle, und dann hatten sie seine Falle genommen und für ihn gestellt. LaCroix zweifelte nicht länger, als er sah, daß die Falle verschwunden war, und es machte ihn wütend.

Zuerst hatte er sich gefreut, als sie auftauchten. Es gab so selten Gesellschaft hier draußen. Die Eichhörnchen, die die

Ritzen seines Kamins bewohnten, kamen zwar abends immer heraus, um mit ihm um Kirschkerne zu feilschen, und die langschwänzige Waldmaus wagte sich manchmal die Sparren entlang bis in seine Nähe, wenn er reglos in seiner Koje lag. Aber die Eichhörnchen waren während der Zeit der großen Kälte nicht ansprechbar, schliefen ihren Winterschlaf, und die Maus tauchte nur in sehr unregelmäßigen Abständen auf, zwischen denen sie sich mit den vielfältigen Problemen der Mutterschaft abplagen mußte. Das große Wild – die Füchse, die Kojoten, das Rotwild und die Bären – zeigte nicht die Spur eines freundschaftlichen Verhaltens. Sie teilten nur die Wildnis mit ihm, wie Nachbarn die Stadt mit einem teilen.

Als er das Geräusch des Flugzeugs gehört hatte, dachte er zuerst, es sei eine Gesellschaft von Anglern, die ihm der Ranger schickte. Der Ranger war der einzige Mensch, den er in regelmäßigen Abständen zu Gesicht bekam, und wie die Eichhörnchen tauchte auch er in der Zeit der großen Kälte nicht bei ihm auf. Als das Flugzeug mit dem Rumpf eines Bootes über die kiefernbewachsenen Hügel herankam und dann im späten Junisonnenschein auf seinem See wasserte, lief LaCroix von der Hütte zum Anlegeplatz. Es war das Flugzeug, das ihm regelmäßig die Angler herbrachte und sie nach einer bestimmten Zeit wieder abholte. Und bei dem Gepäck am Steg befand sich auch Angelgerät.

Aber die zwei Männer waren keine Angler. Der eine war LaCroix' Neffe, der andere ein Mann, den sein Neffe Al nannte – ein sanft dreinblickender Mann mit harten Augen, der mit dem Neffen wie mit einem zurückgebliebenen Kind oder einem besonders klugen Hund sprach. Der Mann trug einen schwarzen Strohhut mit einem weißen Band, den er nicht abnahm, bis er zu Bett ging.

Sie hatten sich keine Lebensmittelvorräte mitgebracht. LaCroix buk Plätzchen, bereitete Sirup aus geschmolzenem braunem Zucker und röstete dünne Scheiben Schweinebauch. Aber weder sein Neffe noch der Mann, den er Al nannte, hatten großen Appetit.

«Morgen früh werden wir uns Fisch zum Essen fangen», entschuldigte sich LaCroix. «Wir fahren mit dem Boot hinüber zum anderen Ende des Sees, wo die großen Fische im kalten Wasser stehen.»

«Nein», sagte der Mann namens Al. «Sie werden allein hinfahren.»

LaCroix war überrascht.

Sein Neffe fügte hinzu: «Al will damit sagen, daß wir uns mit dem Fischen im See nicht so gut auskennen. Wir fischen sonst meistens in Bächen und Flüssen.»

«Aber was ist mit eurem Angelzeug?» fragte LaCroix. «Ihr habt doch Angelzeug mitgebracht, sogar eine Schleppangel.»

«Dann benützen Sie es doch», sagte Al.

LaCroix wußte nicht, was er antworten sollte. Sie saßen um den Tisch, den LaCroix aus einem großen Holzblock angefertigt und säuberlich glattpoliert hatte. Der Mann namens Al schaute sich in dem großen Raum um, wo die Felle an den Wänden hingen – schmale Hermelinfelle, große, runde, ausgewachsene Biberfelle, dichte Fuchspelze –, als wolle er sich alles genau einprägen.

«Das ist eine ganze Menge wert», sagte er zuletzt. «Verkaufen Sie die Felle denn nicht?»

«Nur hier und da, das eine oder andere», meinte LaCroix. «An einen der Angler, der nicht ohne ein hübsches Geschenk nach Hause kommen will. Ich brauche das Geld nicht.»

Sie verstanden nicht, was LaCroix damit sagen wollte. Sein Neffe sagte schnell zu Al: «Schau, der Onkel braucht kein Geld. Wenn er welches braucht – es gibt genug Gold in den Flüssen hier in der Gegend. In all den Jahren hat er das Gold aus den Flüssen gesammelt und behält die Felle für sich.»

Al schaute ihn an; seine Augen leuchteten auf einmal.

«Seit so vielen Jahren sammeln Sie das Gold? Sie heben es wohl für jemand auf, was?»

Na schön, dachte LaCroix. Lassen wir es dabei.

«Es ist ganz einfach», meinte er. «Man braucht nur eine Bratpfanne und zwanzig, dreißig Jahre Zeit.»

Sie sprachen nicht weiter darüber, aber LaCroix begann zu begreifen. Als er den Eimer nahm und den Pfad entlang hinunter zur Quelle ging, wurde ihm klar, daß sie sich hinter seinem Rücken darüber unterhielten. Na schön, sollten sie doch; sie konnten ihn nicht zwingen, mehr über das Gold zu verraten. Selbst in seinem Alter hatte er mehr Kräfte als die beiden zusammen. Töten konnten sie ihn nicht, denn als Toter war er nicht mehr imstande, ihnen zu sagen, wo sich das Gold befand.

Er kam mit dem Eimer voll Wasser ins Haus zurück, und die beiden saßen wie vorher auf den Stühlen da, die er aus sorgfältig zusammengebundenen Geweihstangen angefertigt hatte. Aber LaCroix entdeckte sofort – ohne es sich anmerken zu lassen –, daß der Hahn des Karabiners über dem Kaminsims gespannt war. Also hatten sie die Waffe heruntergenommen, die Patronen entfernt und sie dann wieder an Ort und Stelle gehängt.

Sie machten einen zufriedenen Eindruck. Auch LaCroix fühlte sich wohl. Er freute sich, jemand zu haben, mit dem er reden konnte, und er versuchte, das Beste daraus zu machen, weil er wußte, daß es doch nur für kurze Zeit sein würde. Aber zugleich spürte er eine immer stärker werdende Erregung. Die wilden Tiere zu überlisten war eine feine Sache – aber es war im Grunde genommen nicht ganz fair. Für jeden wirklichen Jäger ist der Mensch selbst das edelste Wild.

Also legte LaCroix das Feuer nach, als die Kühle vom See heraufkam, rührte sich einen großen Löffel wilden Honig in seinen Kaffee und erzählte ihnen Geschichten vom Gold, von Pelzen und vom Fallenstellen. Er berichtete von einem Nugget, der so groß gewesen war wie seine Faust und den er im seichten Wasser eines Forellenteichs gefunden hatte, und von dem Bären, der seine Falle einen Tag und eine Nacht mit sich herumgeschleppt hatte, bevor LaCroix ihn befreien und erlegen konnte.

«Hätte er sich denn nicht losmachen können?» fragte LaCroix' Neffe.

«Nicht, wenn es ihn sauber erwischt hat, an der richtigen Stelle», sagte LaCroix. «Dann kann kein Bär aus der Falle entkommen. Und auch kein Mensch, nebenbei bemerkt. Die Falle und die Kette wiegen zusammen schon siebzig Pfund, abgesehen von dem Gewicht der Verankerung. Die ist bei meiner Falle aus Eichenholz und mit fast vierzig Pfund Metall beschwert.»

«Das kann ein Mensch allein nicht weit schleppen», sagte Al.

«Ein Bär normalerweise auch nicht», entgegnete LaCroix. «Aber es ist weniger das Gewicht, was einen Bären behindert. Der Ankerklotz verhängt sich in den Sträuchern, und es braucht schon sehr viel Kraft, sich dann wieder loszureißen.»

«Ich wußte gar nicht, daß man sich überhaupt mit einer Falle losreißen kann», sagte der Neffe.

«Wenn du Glück hast, erwischt die Falle den Bären an beiden Beinen», sagte LaCroix. «Manchmal kommt es nämlich vor, daß sich ein besonders starker und entschlossener Bär den festgeklemmten Körperteil abreißt, um sich zu befreien.»

Der Neffe war ein wenig bleich geworden, wie LaCroix bemerkte. Al dagegen hatte sich nicht verändert.

LaCroix sagte: «Ich kannte einmal einen Mann vom Stamme der Chippewas, der mit dem Bein dicht über dem Knöchel in eine Bärenfalle geriet. Obwohl der Knochen durch das Zuschnappen der Feder nicht ganz gebrochen war, band er sich seinen Gürtel fest um das Bein, um nicht zu verbluten, und schnitt sich dann aus der Falle frei.»

LaCroix' Neffe wurde noch ein wenig blasser.

«Die Chippewas sind ein sehr stolzer, mutiger Stamm», erklärte LaCroix. «Und sie sind praktisch veranlagt. Hätte er sich nicht den Fuß abgetrennt und befreit, wäre das eingeklemmte Bein spätestens nach zwei Tagen abgestorben und brandig geworden. Ohne Wasser hätte er bald durchgedreht. Dann wären die Insekten gekommen, und bald danach hätte der Verwesungsgeruch alle kleinen Tiere angelockt.»

Zur Erklärung fügte er hinzu: «Die kleinen mit den scharfen Zähnen. Da ist es schon besser, rechtzeitig mutig zu sein.»

Al und LaCroix' Neffe hatten darauf nicht viel zu erwidern. LaCroix zeigte ihnen, wo sie schlafen sollten, und ging dann selbst zu Bett.

Am nächsten Morgen verließ er die Hütte, während die beiden noch schliefen, und fuhr mit dem Boot hinaus auf den See. Einen Augenblick lang dachte er daran, daß er ja nur zu verschwinden brauchte. Sie wären vermutlich verhungert, ehe der Ranger oder der Mann mit dem Flugzeug sie finden konnte. Aber ein Neffe gehört zur Familie, und LaCroix hatte keine anderen Verwandten als diese Schwester.

Deshalb kam er vor Mittag zur Hütte zurück mit vier Hechten, deren weißes Fleisch leicht von den Gräten ging und etwas süßlich schmeckte. Er wusch die Fische sehr sorgfältig, trocknete sie, nahm sie aus und packte sie in Torf.

Er war allein in der Hütte. LaCroix schaute in den Schlafraum und in die Küche, dann ging er zum Schuppen, wo er die übrigen Felle und die Geräte aufbewahrte. Und da entdeckte er, daß seine Bärenfalle fehlte, und wurde sehr zornig. Er durchsuchte rasch die Hütte, aber sie hatten nichts übersehen, sein Neffe und Al. Keine Waffen, kein Stück Munition hatten sie ihm dagelassen.

LaCroix verließ die Hütte und folgte dem Pfad durch das Fichtendickicht. Vom Kamm des ersten Hügels aus blickte er hinunter auf sein Land, so, wie ein Städter auf seinen Garten blicken mochte. Da war der See, der etwas weiter oben in dem Sumpf endete, wo die Quellen aus der Erde brachen und sich Ströme von eiskaltem Wasser in ihn ergossen. Dann der Fluß selbst, der eine große Schleife in Form eines Hufeisens bildete und eine weite Fläche von Brombeergesträuch fast ringsum eingrenzte, das von hier aussah wie ein wogendes, smaragdgrünes Meer. Es wucherte auf einem Untergrund von Asche und Holzkohle, denn dort hatte einmal ein Buschfeuer gewütet, das vom Fluß aufgehalten worden war. Unterhalb des Hügelkammes vereinigten sich mehrere kleine Rinnsale zu einem größeren Bach, der zwischen hohen Ufern dahinfloß und weiter unten in den Fluß mündete. Jetzt, Ende Juni, führte er nur wenig Wasser. Zur Zeit der Schneeschmelze aber wälzte er sich in seinem bis an den Rand mit gurgelndem Wasser gefüllten Bett dahin, und kein Mensch konnte gegen die Strömung ankämpfen.

Vom Pfad dort oben konnte LaCroix das alles gut überblicken, und er sah auch hinter der Brombeerbuschwildnis, dort wo der Fluß fast bis zu dem ursprünglichen Punkt seiner Schleife zurückkam, die Stelle, wo sein Kanu versteckt war. Dort, unterhalb der Stromschnellen, lag es sicher, und wenn er von der Fahrt zur nächsten Siedlung zurückkam, war es leichter und einfacher, das Kanu an dieser Stelle liegenzulassen und die letzte Strecke bis zu seiner Hütte zu Fuß zu gehen, als gegen den reißenden Fluß anzupaddeln.

Während er dort oben stand und sein Land betrachtete, tauchten sein Neffe und Al in der Nähe der Stelle auf, wo sein Kanu lag. Sie gingen langsam und machten einen erschöpften Eindruck. Aha, dachte LaCroix. Es war eine ganz schöne Strecke. Und eine schwere Last.

Der Zorn ergriff nun ganz von ihm Besitz. Er war nur selten wirklich zornig. Wenn man ein Mitglied in der großen Gemeinschaft der Wildnis sein will, darf man nicht seine eigenen Gesetze auf die anderen anwenden. Man beobachtet die Gesetze derer, mit denen man die Gemeinschaft teilen muß, und dann verhält man sich entsprechend. Diese Gesetze sind von Individuum zu Individuum verschieden. Es gibt ein Gesetz für die Eichhörnchen, die kleinen, possierlichen Tiere, denen es in erster Linie um Kirschkerne, Pfirsichkerne und Tomatensamen geht. Für die Waldmaus gibt es ein anderes Gesetz, wenn es auch dem der Eichhörnchen weitgehend gleicht. Das Gesetz für den Wolf dagegen ist sehr verschieden – es ist ein Gesetz ohne Mitleid und Nachsicht, aber dennoch ein gerechtes, ehrwürdiges Gesetz. Und es gibt ein Gesetz, das nur für die Menschen gilt. Ihr Gesetz. Recht so, dachte LaCroix. Und so soll es auch sein.

Er ging zurück zur Hütte und zündete ein gewaltiges Feuer im Herd an. Der Kamin wurde so heiß, daß die Eichhörnchen aus den Ritzen kamen, zitternd auf den obersten Steinen saßen und auf LaCroix herunterschimpften. Als sein Neffe und der andere Mann zur Hütte kamen, hatte LaCroix einen von den großen Fischen in der Mitte geteilt und ließ ihn auf dem Blech zusammen mit den Kartoffeln braten, während er im Backofen einen Brombeerkuchen buk.

Er war sehr guter Laune. Sein Neffe und Al dagegen nicht. Sie trugen nagelneue Kleidung, die sie sich mitgebracht hatten, Flanellhemden und Segeltuchhosen mit breiten Gummieinfassungen. Sie hatten die Hemden durchgeschwitzt, und in den luftundurchlässigen Hosen lief ihnen der Schweiß in Strömen vom Leib.

«Ihr habt nur keine gute Kondition», sagte LaCroix. «Wenn ihr jeden Morgen solch einen Marsch macht, wird sich das bald bessern.»

«Wenn ich jeden Tag so weit marschieren müßte», sagte Al in bitterem Ton, «dann wäre ich schon morgen ein toter Mann.»

«Ach, darüber würde ich mir keine grauen Haare wachsen lassen», meinte LaCroix. «Vielleicht sind Sie morgen wirklich schon ein toter Mann.»

Al ließ die Gabel voll Brombeerkuchen ruckartig sinken.

«Was meinen Sie damit?» Seine Augen waren hart und kalt.

«Unsinn», sagte LaCroix' Neffe. «Es war nur so eine Redensart, nicht wahr, Onkel?»

«Nein», antwortete LaCroix.

«Mir gefällt das nicht», sagte Al. «Ganz und gar nicht.»

Er langte in seine Hüfttasche und zog eine kleine, bösartig aussehende Pistole hervor.

«Aber vielleicht bin ich nett zu euch», sagte LaCroix und lachte unbändig. «Wie wär's, wenn ich euch verriete, wo das Gold ist?»

«Na also, jetzt kommen wir voran», sagte Al.

«Vielleicht wollt ihr auch wissen, wie Strychnin schmeckt, wenn man es mit Brombeeren mischt.»

Der Mann richtete die Pistole direkt auf LaCroix' Bauch.

«Erschieß ihn noch nicht», sagte LaCroix' Neffe. «Sonst erfahren wir es nie.»

«Andererseits», meinte LaCroix, «selbst, wenn ihr die Antworten auf diese beiden Fragen kennt, wird euch das nicht viel weiterbringen. Wissen ist eben doch nicht alles, habe ich recht?»

Er ging zum Kamin und stocherte in der Asche herum. Als Hand mit der Waffe folgte seinen Bewegungen.

«Zum Teufel damit», sagte Al plötzlich. «Ich erschieße ihn hier und jetzt, und dann nehmen wir die Hütte auseinander und finden das Gold.»

«Ja», entgegnete der Neffe, «und dann taucht der Ranger auf und findet den Alten mit einer Kugel in der Brust, und wir kommen mit dem Gold nicht mal so weit, daß wir es ausgeben können.»

Einen Augenblick lang richteten sich die harten Augen des Mannes namens Al auf den Jüngeren. LaCroix beugte sich über das Feuer, eine Bratpfanne in der Hand, und als sich Al ihm wieder zuwandte, kippte ihm LaCroix die Pfanne voll glühender Asche ins Gesicht und war mit einem einzigen Satz aus der Tür. Die kleine Pistole gab einen scharfen Laut von sich, während er hinauslief, und er fühlte den Schmerz in seinem Arm. Es war kein sehr großer Schmerz. In LaCroix' Augen konnte eine so kleine Waffe keinen großen Schaden anrichten. Er fand, das war eine Pistole, mit der man höchstens Leute im Schlaf erschießen konnte.

Er rannte über die Lichtung und rechnete damit, daß die Pistole noch einmal losgehen würde, aber der scharfe Ton blieb aus. Die heiße Asche hatte ihren Zweck erfüllt. Er erreichte den Rand des frisch aufgeforsteten Wäldchens und war auf dem Pfad hinunter zum Fluß verschwunden, ehe er an den Rufen erkannte, daß die beiden aus der Hütte herausgekommen waren. Es wäre schade, dachte er, wenn die Hütte niederbrannte. Aber der Boden war aus Stein, also brauchte er das kaum zu befürchten.

LaCroix kam sehr schnell voran. Er wußte nicht genau, was er jetzt tun sollte, aber er war entschlossen, nicht davonzulaufen. Schließlich war das Ganze auch eine Art Herausforderung für ihn, und er spürte jetzt zwei verschiedene, aber gleichstarke Gefühle in seinem Inneren. Das eine war Zorn – das andere

Erregung und Jagdlust. Die meisten Vorteile, die er bisher gehabt hatte, waren jetzt verloren. Und trotzdem hatte er noch Aussicht auf Erfolg.

Einmal blieb er im Schatten der Bäume stehen und untersuchte seinen Arm. Das viele Blut erstaunte ihn. Es hatte sein Hemd bis an die Manschette durchtränkt, und auch seine Hand war rot. Als er versuchte, den Arm zu heben, kam er nicht sehr weit. Er war überrascht. Sicher, die Wunde schmerzte auch ein wenig – aber Wunden schmerzten immer, das war nichts Besonderes. LaCroix riß den Hemdsärmel ab und verband damit die Wunde. Wenn er einen Augenblick Zeit hatte, würde er sein Messer nehmen und das Geschoß herausschneiden. Es war nicht gut, wenn das Geschoß zu lange im Fleisch steckte.

Er war jetzt vielleicht einen knappen Kilometer von der Hütte weg. Gelegentlich hörte er laute Rufe, aber die beiden wußten noch nicht, wohin er gelaufen war. Ein Stück vom Pfad entfernt legte er sich in das hohe Gras am Flußufer. Er befand sich ein Stück flußaufwärts von dem großen Teich, wo der Fluß die erste Kurve des Hufeisens machte und die Gewalt des zur Seite gedrängten Wassers Strudel verursachte, die fast den Stromschnellen glichen.

Die Stelle lag noch oberhalb der Strudel, aber der Wind blies von dort auf LaCroix zu. Sehen konnte er wegen der Flußbiegung nicht viel. Aber seine Nase traf ein ganz bestimmter Geruch, er nahm die Witterung auf.

Er verließ den Fluß und ging im rechten Winkel auf den Wasserlauf in der Klamm zu. Der Wind wehte nur leicht, aber LaCroix achtete darauf, daß er ihn von der Seite traf, selbst hier, in der sicheren Deckung des dichten Buschwerks. Schließlich erreichte er die Klamm und ließ sich vorsichtig über die Böschung hinunterrollen, bis er unten im zehn Zentimeter tiefen Wasser auf den Beinen ankam. Die Böschung war mehr als mannshoch. LaCroix blieb im seichten Wasser und ging stromaufwärts.

Da, wo die Rottannen begannen, verließ er die Klamm. Jetzt befand er sich am obersten Punkt des dichten Brombeerdschungels. LaCroix schlich geduckt auf den Wildpfaden vorwärts. Von Zeit zu Zeit pausierte er, um ein wenig zu rasten und zu lauschen, und zwischendurch aß er ein paar große rote Beeren, deren zartes Fleisch gut schmeckte. Dieses Jahr waren sie ungewöhnlich früh reif.

Die Stimmen vernahm er schon seit längerer Zeit nicht mehr. Zweifellos suchten sie ihn am Seeufer, in der Annahme, daß er auf dem kürzesten Weg geflohen sei.

Von wegen Flucht, dachte LaCroix. Es kommt immer darauf an, wer der Jäger ist und wer der Gejagte, eine Sache, die sich inzwischen von Grund auf geändert hatte.

Auf halbem Weg durch das Brombeergestrüpp erhob sich wieder die leichte Brise. LaCroix richtete die Nase in den Wind und schnüffelte. Einen Augenblick später sah er den jungen Bären.

Er war nicht größer als ein Hund, saß auf den Hinterbeinen vor einem Brombeerbusch und hielt eine Ranke mit seiner Pfote hoch, während er die Beeren wie ein Kenner mit der Zunge und den Zähnen von den Stielen zupfte. Der junge Bär erblickte LaCroix und stieß ein erschrecktes «Whuff-f!» aus. Seine großen Ohren stellten sich possierlich auf.

LaCroix kroch sehr leise näher und fragte sich, wie weit dieses «Whuff-f» wohl im Gegenwind zu vernehmen sei. Aber nichts geschah, und nach einer Weile wandte der junge Bär seine Aufmerksamkeit wieder den Beerenranken zu.

Auch LaCroix zupfte ein paar Beeren von einem Zweig. Der kleine Bär schaute zu ihm hinüber, streckte die schmale Zunge heraus und leckte sich über die Nasenspitze. Aber er knurrte nicht noch einmal, und bald pflückten LaCroix und er gemeinsam die Brombeeren von den Sträuchern.

Dann schlich LaCroix näher auf den Fluß zu – in Richtung auf die Stelle, wo sein Kanu versteckt lag.

Der kleine Bär richtete wieder die Ohren auf und beobachtete ihn. LaCroix streute eine Handvoll Beeren auf den Pfad und verschwand. Augenblicklich folgte ihm der kleine Bär und schnüffelte. Die Beeren hatten einen sonderbaren Geruch, der ihm gar nicht gefiel, aber sie schmeckten köstlich. Vorsichtig kam er mit hochgestellten Ohren hinter LaCroix her, halb aufrecht und in der zugleich sonderbaren und geschmeidigen Gangart der Braunbären.

LaCroix blieb stehen und pflückte ein paar Beeren. Der kleine Bär wartete. Kein Zweifel, er wollte gefüttert werden. LaCroix ging weiter auf den Fluß zu und streute die Beeren hinter sich auf den Weg. Der kleine Bär folgte ihm. LaCroix kicherte.

«Eine kleine Vorauszahlung, junger Herr», sagte LaCroix leise. «Für das, was später wird geschehen müssen.»

Der kleine Bär setzte sich auf und stieß wieder ein «Whuff-f» aus, aber diesmal viel leiser als vorhin. Die Stimme des Mannes hatte ihn beunruhigt. Dann kam er hinter ihm her und suchte die nächste Handvoll Beeren auf dem Weg. Wenn man sich erst an den Geruch gewöhnt hatte, waren die sonderbaren Geräusche des Mannes leicht zu ertragen. LaCroix rümpfte seinerseits die Nase. Die Gefühle auf beiden Seiten waren die gleichen. Auch ein kleiner Bär duftet nicht gerade nach Rosen.

Dann entdeckte LaCroix die beiden Männer – seinen Neffen und den Mann namens Al, die noch immer nach ihm Ausschau hielten. Sie standen auf dem oberen Weg, den er am Vormittag gegangen war, und hoben sich deutlich gegen den Himmel ab; Menschenjäger! knurrte LaCroix voller Abscheu, so daß er den kleinen Bären erschreckte. Wenn er nur seinen Karabiner gehabt hätte! Aber er hatte ihn eben nicht. Er hatte überhaupt nichts, abgesehen von einem verletzten Arm und seinen Erfahrungen aus vielen anderen Situationen, in denen er dem Tod gegenübergestanden hatte.

Die Männer oben auf dem Pfad schauten direkt zu ihm hinunter, und er bewegte sich absichtlich außerhalb der Deckung, so daß sein rotes Hemd im Sonnenlicht aus der Umgebung in Grün und Braun herausstach. Einer der beiden Männer stieß einen Ruf aus, und als LaCroix sicher war, daß der Schrei ihm gegolten hatte, duckte er sich wieder zwischen die brusthohen Sträucher.

Er konnte die beiden gerade noch sehen, wie sie in ihren neuen, steifen Hosen über den Hügel hinunterliefen, der eine kam von der Biegung des Flusses her direkt auf ihn zu, der andere machte einen weiteren Bogen, um ihm den Weg in die Wälder abzuschneiden.

Menschenjäger! dachte LaCroix wieder voller Abscheu.

Der erste der beiden hatte die Ebene erreicht; er eilte auf die Klamm zu und befand sich bald zwischen LaCroix und der Stelle, wo sich der Fluß aufstaute. Die Klamm lag genau in der Mitte zwischen ihnen. LaCroix erhob sich wieder, um die Situation zu überblicken, und auch der Mann blieb stehen. Aus seiner Hand schoß eine kleine Rauchwolke, aber es war kein Rauch, sondern Pulverdampf – und erst dann hörte LaCroix den Knall. Es war also der Mann, den sein Neffe Al nannte. Und er befand sich genau in dem Gebiet zwischen LaCroix und der breiten, seichten Stelle an der Biegung des Flusses.

LaCroix legte die rechte Hand auf seinen linken Arm, der inzwischen fast völlig steif geworden war, und schaute auf den kleinen Bären. Der Bär saß aufrecht da, die Ohren hochgestellt, die Schnauze voll Brombeeren. Er beobachtete jede Bewegung von LaCroix genau.

«Bär», redete LaCroix ihn jetzt ganz förmlich an, «Bär, du sollst wissen, daß ich dir dies nicht zum Spaß antue.»

Der kleine Bär schaute eindringlich zu ihm hoch. Er fühlte eine gewisse Veränderung. LaCroix sprang auf ihn zu und stieß ihn um. Der kleine Bär quietschte laut auf vor Schmerz und Enttäuschung. Jetzt gab ihm LaCroix noch einen tüchtigen Tritt aufs Hinterteil. Der Bär quietschte noch einmal – ein jämmerliches Wehklagen. Dann humpelte er durch die Büsche davon.

LaCroix lag sehr still unter dem Beerengestrüpp. Er hörte die Geräusche des fliehenden, kleinen Bären, dazu in der Ferne die Geräusche der beiden Männer und ihre Rufe. Dann plötzlich vernahm er auch ein übermächtiges zorniges Brummen.

Jetzt stand er auf, ohne darauf zu achten, was die beiden Männer taten. Darauf kam es nicht mehr an. Er beobachtete, wie der kleine Bär auf die Klamm und den dahinterliegenden

Fluß zuhumpelte, der Mann namens Al war direkt auf dem Pfad des kleinen Bären, dahinter die Zuflucht des kleinen Bären, der personifizierte Zorn, die Bärenmutter.

Die Bärin hatte sich aus dem Fluß erhoben und war nur einen Augenblick auf allen vieren stehengeblieben, in der für Bären typischen Haltung, plump, würdevoll und tödlich zugleich. Nun schwang sie den Kopf von einer Seite zur anderen, bis ihre Nase und ihre Ohren die Gegend ausgemacht hatten, das Ziel ihres übermächtigen Zorns. Sie konzentrierte diesen Zorn, bei dem es keinen Raum mehr gab für Bedenken, Vorsicht oder Angst, auf den Menschen, der dort zwischen ihr und ihrem Jungen stand, das er offenbar anzugreifen gewagt hatte.

LaCroix beobachtete die Szene interessiert. Die Bärin war schon alt und riesengroß, dazu mindestens vier Zentner schwer. LaCroix' Neugier war die Neugier des Jägers und Hegers, ein fast wissenschaftliches Interesse. Es ist sehr selten, daß man beobachten kann, wie ein Bär einen Menschen anfällt.

Anschließend ging LaCroix das kleine Stück zum Fluß, wo sein Kanu lag. Jetzt bewegte er sich sehr behutsam. Die beiden hatten sich ein gutes Versteck für die Bärenfalle ausgesucht. Sie stand so, daß man das Kanu unmöglich umdrehen und ins Wasser stoßen konnte, ohne in sie zu geraten.

Das waren schöne Menschenjäger! dachte LaCroix. Sie hatten die Falle mit langen Grasbüscheln bedeckt und das Gras über den Scharnieren und der Fallenpfanne aufgehäuft, aber nach einem Tag war es schlapp und welk und hatte sich um das Metall gelegt, so daß die Form der Falle so deutlich hervortrat, als hätten sie sie auf einem Podest aufgebaut.

Sein Gesicht verzog sich vor Abscheu und Verachtung, und wieder erwachte die Wut in ihm. LaCroix watete in den Fluß und näherte sich der Stelle vom Wasser her; dann drehte er das Kanu mit seinem unverletzten Arm um und zog es über den Schlick bis ins seichte Wasser. Er hielt es mit Mühe fest, während er sich hineinsetzte, doch zuletzt schwang er die Beine sicher in das Boot. Danach nahm er das Paddel und stieß es gegen den sandigen Grund wie eine Stange, bis sich das Kanu vom Grund löste und ein Stück auf den Fluß trieb.

«Warte, Onkel», schrie sein Neffe außer sich vor Entsetzen vom Ende des Pfades durch die Brombeeren herüber. «So warte doch auf mich.»

LaCroix paddelte ein wenig zurück. Der junge Mann befreite sich von den letzten Dornenranken und taumelte erschöpft und zitternd vor Angst auf das Flußufer zu.

«Warte!» keuchte er atemlos.

«Aber nicht lange», sagte LaCroix und brachte das Kanu mit dem Paddel in eine genau vorausberechnete Stellung zum Ufer. Dort hielt er es fest, indem er das Paddel auf den Grund stieß.

Auf dem Gesicht seines Neffen malte sich deutlich Erleichterung. Vorsichtig tastete er sich nach unten, dem Wasser zu. Sein Fuß verfing sich in einer Wurzel. Er glitt in dem morastigen Boden aus und fiel mit ausgestreckten Händen direkt auf den Haufen vertrocknetes Gras. Die beiden Fangarme der Falle erhoben sich aus dem Gras wie ein Lebewesen und schnappten an seinen Armen dicht unter den Ellbogen zu.

Der Neffe kreischte laut auf. Wie eine Frau, fand LaCroix.

«Aha», sagte er vom Kanu her, das keine zwei Meter von der Stelle entfernt war. «Zuletzt erweist er sich noch als brauchbarer, ordentlicher Neffe, denn er hat meine verlorengegangene Bärenfalle wiedergefunden.»

Sein Neffe sagte keinen Ton.

«Dummerweise hat er nicht auch noch die Vorrichtung gefunden, mit der man sie öffnen kann», fuhr LaCroix fort. «Die vermisse ich noch länger als die Falle selbst.»

Sein Neffe lag in einer seltsam ausgebreiteten Stellung in der Falle. Es war deutlich zu sehen, daß er unwiderruflich festsaß. Seine Hände baumelten schlaff herunter.

«Zwei Männer können mit Hilfe einer Eisenstange die Falle auch ohne den Fallenspanner aufbekommen», erklärte LaCroix. «Aber nicht, wenn der eine in der Falle sitzt und der andere nur einen heilen Arm hat.»

Sein Neffe schwieg noch immer.

«Gut, daß du die Ruhe bewahrst», sagte LaCroix. «Wenn du dich sehr ruhig verhältst, wird sich die Bärin vielleicht daran erinnern, daß sie im Grunde vor Menschen Angst hat, und nicht weiter näherkommen.»

«Ich wollte dich nicht verletzen», sagte der junge Mann. «Es war nur das Geld. Mein Leben lang hat man mir von dir erzählt, wie du hier draußen lebst mit all dem Gold.»

«Natürlich», erwiderte LaCroix. «Und denk mal, was ich für ein zuvorkommender Onkel bin: Ich überlasse es dir!»

«Ja!» sagte der junge Mann. Seine Stimme klang bitter.

«Es ist wahr», erklärte LaCroix. «Es steckt in der Verankerung. Ich habe euch doch gesagt, daß die Verankerung der Falle mit vierzig Pfund Metall beschwert ist – vierzig Pfund reines Gold. Du kannst es hüten, bis ich zurückkomme. Das Gold, und die Falle dazu.»

«Du willst mich doch nicht hier alleinlassen?» Auf dem Gesicht des jungen Mannes spiegelte sich wieder die nackte Angst.

«Ich habe keine andere Wahl», antwortete LaCroix. «Das kannst du mir glauben, mein Junge. Ich bin ein sehr mitfühlender Mensch. Aber ich kann dich nicht aus der Falle befreien, und ich kann auch nicht hier sitzen bleiben und zusehen, wie du langsam den Geist aufgibst.»

«Laß mich nicht allein.» Der junge Mann begann zu schluchzen.

«Außerdem gibt es auch für mich bestimmte Regeln, die ich einhalten muß», sagte LaCroix. «Ich muß alle Jagdunfälle melden, so auch zum Beispiel, daß jemand mit einer kleinen Pistole nach einer Bärin geschossen hat. Der Ranger ist da sehr genau.»

«Bitte», schrie sein Neffe. «Ich will das Gold nicht!»

«Es ist gut, daß du zu diesem Entschluß gekommen bist», entgegnete LaCroix. «Aber soviel ich sehe, bist du momentan inniger mit ihm verbunden als je zuvor.» Er machte eine Pause. «Ich bin übermorgen zurück», fuhr er nach einer Weile fort, «vielleicht auch einen Tag später. Es wird nicht ganz einfach sein für mich, mit meinem verletzten Arm bis zur Siedlung zu paddeln. Inzwischen hast du Gelegenheit, ein paar Erfahrungen zu sammeln über Menschen in Bärenfallen, die du mir danach berichten kannst.»

Er hob das Paddel über seinen Kopf.

«Nein!» kreischte der junge Mann. «Nein! Nein!»

«Ja», sagte LaCroix. «Jaja.»

Er holte mit dem Paddel weit aus, und das Kanu schoß in die Strömung hinaus. Der junge Mann hinter ihm war plötzlich still geworden.

# *Brief an den Herausgeber*

*Morris Hershman*

Sehr geehrter Mr. Hitchcock,

ich schreibe an Sie, weil ich von Ihnen gehört habe und weil ich Ihren Rat brauche. Freunde von mir behaupten, ich sei ein richtiger Schriftsteller. Jedenfalls kann ich Briefe schreiben.

Vielleicht können Sie mir sagen, ob meine Sorgen berechtigt sind oder nicht.

Was ich Ihnen jetzt erzähle, geschah wirklich. Wenn Sie daraus eine Story machen wollen, kann ich Ihnen dabei helfen. Ich erzähle die Geschichte, und Sie müssen sie nur niederschreiben.

Es passierte in Brighton Beach, Coney Island – Sie wissen schon, in Brooklyn.

Immer wenn ich hinausfahre, nehme ich eine Decke mit, breite sie am Strand aus und ziehe Hemd und Hose aus. Meine Badehose habe ich meist schon an. Dann lege ich mich in den Sand und lasse mich von der Sonne bräunen. Mein Auto parke ich bei dem alten Holzschild, auf dem Bay 2 steht. Viele Leute meines Alters kommen da hinaus. Am liebsten liege ich im Sand und betrachte die Strandpromenade. Obwohl auf vielen Schildern steht, man dürfe nicht ohne Hemd und Hose da oben gehen, hält sich kaum jemand daran.

Die Geschichte, die ich Ihnen erzählen will, geschah gerade an jenem Nachmittag. Sie wissen, wie es in der City war: 40 Grad Celsius im Schatten. Die Leute fielen um wie die Fliegen. Sogar am Strand fühlte sich der Sand wie Nadeln unter den Sohlen an.

Nachdem ich eine halbe Stunde gewartet hatte und keiner meiner Freunde aufgetaucht war, ging ich ins Wasser. Normalerweise wate ich so weit hinein, bis mir das Wasser bis an die Knie geht, dann springe ich ganz hinein. Ich schwamm ein Stück über die erste Boje hinaus. Wie bei allen anderen ist ihre Spitze rot, und an den Seiten sitzen kleine Muscheln. Plötzlich sah ich einen Mann, der auf mich zugeschwommen kam. Ungefähr sechs Meter entfernt hörte ich einen anderen Mann «Sam!» schreien, und dann war nur noch das Geräusch von aufsteigenden Blasen. Der Mann war verschwunden (nennen Sie den, zu dem ich hingesehen hatte, Nummer eins, damit Sie nicht verwirrt werden). Plötzlich tauchte er wieder auf und hatte seinen Arm um den Nacken des anderen geschlungen. Er zog ihn zum Strand. «Dieser Mann ist verletzt!» schrie er.

Auch ich kann ziemlich laut brüllen: «Macht ihnen Platz!»

Am Strand versuchte man es mit künstlicher Beatmung. Ich kam hinzu und sah einen bulligen Bademeister im weißen Hemd. Er hatte die Beine des Verunglückten zwischen seine eigenen geklemmt und arbeitete mit den Armen wie ein Uhrpendel. Solange ich lebe, werde ich es nicht vergessen.

Ich habe keine Ahnung, wie lange das dauerte.

Der Mann, der ihn angeschleppt hatte, stand etwas abseits. Er trug eine hellrote Badekappe und eine Badehose mit weißen Streifen an den Seiten. Er sah aus wie eine Bohnenstange. Ein Typ, der wahrscheinlich nie aufhören kann zu essen. Seine großen braunen Augen blickten ins Leere.

«Armer Mensch, wer es auch ist», sagte er zu den Leuten. Plötzlich zeigte er in eine bestimmte Richtung. «Da!»

Ich folgte seinem Finger, aber alles, was ich sehen konnte, war die übliche Strandszenerie: Kinder, die Eiskrem verkauften oder Blechdosen mit Orangensaft oder kalten Kakao oder Tüten mit Kartoffelchips. Man kann die Verkäufer leicht erkennen, weil sie weiße Helme tragen wie Großwildjäger in den Filmen über Afrika.

Links von mir ging ein Bursche von einem Mädchen zum anderen, um ein «Gespräch» zu beginnen. «Aufgabeln» nennt man das heutzutage. Viele Leute treffen sich an Bay 2 zufällig wieder, weil sie oft an denselben Ferienorten waren: White Roe, Banner Lodge, Tamiment, Lehman oder sonstwo.

Auf einer Decke führte ein Mann mehreren Leuten Kartentricks vor. Er stockte einen Moment, um eine Bemerkung über irgendeinen Klub für ältere unverheiratete Leute zu machen. «Ich gehe heute abend in den ‹Change-of-Life-Club› », sagte er.

Dann sah ich endlich, was mir Bohnenstange zeigen wollte. Zwei Männer, die sich durch das Gewirr aus Decken und Badetüchern einen Weg bahnten. Sie trugen einen weißen Gegenstand. Es war eine Bahre. Sie deckten den Mann mit einem Laken zu.

«Ich glaube, sie bringen ihn zur Erste-Hilfe-Station», sagte ich zu einer kleinen Blondine neben mir und dachte dabei an eine bestimmte Holzhütte an Bay 6 oder 7, die aussah, als stünde sie auf Stelzen. Eine Wendeltreppe führte hinauf in den Behandlungsraum.

Die Blonde schüttelte mechanisch den Kopf. «Nein, zuerst kommt er in die Ambulanz und dann ins Leichenschauhaus. Ich sah ihn heute morgen. Er war ein ausgezeichneter Schwimmer.»

Bohnenstange an meiner Seite nickte. «Vermutlich bekam er Krämpfe. Wir waren weit draußen, hinter der vierten Markierung. Niemand war in Sicht, außer ...» Er wandte sich mir zu, als hätte er mich erst jetzt bemerkt.

Ich stellte mich vor. Er murmelte irgend etwas, was so klang, als wäre er froh, mich kennenzulernen. Seinen Namen sagte er nicht. Er hatte große harte Augen.

«Was haben Sie gesehen?» fragte er ruhig.

«Ich sah, wie Sie versuchten, ihn in den Griff zu bekommen. Es war ziemlich mutig von Ihnen. Sie brauchen sich keinen Vorwurf zu machen.»

Ich hatte beschlossen, heute nicht mehr ins Wasser zu gehen, und als meine Freunde ein wenig später eintrafen, erzählte ich ihnen, was ich erlebt hatte, und verbrachte den Rest des Nachmittags in der Sonne.

Einmal fühlte ich mich beobachtet. Als ich aufsah, bemerkte ich Bohnenstange in der Nähe. Er unterhielt sich gerade mit einem Mädchen. Zwischendurch warf er immer wieder einen

Blick in meine Richtung. Ich legte mich wieder hin, schloß meine Augen und vergaß ihn.

Aber auf dem Weg nach Hause, in der U-Bahn, begann ich, mir Fragen zu stellen. Ich dachte an mein Spiegelbild im Fenster der U-Bahn; ich hatte ausgesehen wie ein Skelett.

Als ich in der Snyder Avenue ankam, wo ich wohne, begann ich sofort diesen Brief. Zuerst wollte ich nur duschen und anschließend eine Versammlung der Freunde Israels in der 23. Straße besuchen. Aber ich werde nicht gehen. Nicht heute. Vielleicht werde ich nie mehr zu einer Versammlung gehen.

Es handelt sich um folgendes: Das blonde Mädchen am Strand hatte mir erzählt, daß der Tote ein guter Schwimmer war. Jeder erfahrene Schwimmer weiß, was er tun muß, wenn er in Gefahr gerät. Er kann sich auf dem Rücken treiben lassen, bis Hilfe auftaucht. Ich hörte, wie er «Sam» rief, bevor er unterging. Als ob Sam in der Nähe gewesen wäre. Aber Bohnenstange behauptete, er hätte den Mann noch nie gesehen.

Was mir dann einfiel, erklärt das Verhalten von Bohnenstange und auch die Blicke, die er mir hinterher zuwarf. Ich habe angestrengt nachgedacht. Was ich nachmittags sah, erscheint mir nun in einem völlig neuen Licht. Ich hatte zu Bohnenstange gesagt: «Ich beobachtete, wie Sie versuchten, ihn in den Griff zu bekommen.» Wie ich es jetzt sehe, hat Bohnenstange den Mann unter Wasser gehalten und nicht versucht, ihn zu retten. Bohnenstange drückte ihn so lange unter Wasser, bis er nicht mehr gerettet werden konnte.

Aber vielleicht sind meine Vermutungen falsch, und Bohnenstange ist ein ehrenwerter Mann. Vielleicht.

Dennoch habe ich Bedenken: Ich bin der einzige, der es sah, und er weiß das.

Wie ich schon sagte, vielleicht habe ich unrecht. Bohnenstange könnte der mißglückte Rettungsversuch so nahe gegangen sein, daß dies sein Verhalten hinterher erklärt. Er sah ruhig aus, aber vielleicht versteckte er seine Gefühle – wie einer, der vorhat, jemand umzubringen.

Das zeigt wieder mal, woran man am frühen Morgen alles

denkt. Es ist fast schon Tag, und ich sehe durch das Fenster die ersten Sonnenstrahlen auf den umliegenden Dächern.

Ich bin fast sicher, daß ich unrecht habe. Wahrscheinlich ein Sonnenstich oder etwas Ähnliches.

Es würde allerdings sehr leicht für Bohnenstange sein, mich zu finden. Er kennt meinen Namen, und ich stehe im Telefonbuch. Er brauchte nur jetzt hereinzukommen und mich umzulegen.

Aber selbst wenn er käme, würde sich die Wahrheit herausstellen. Allein dieser Brief dürfte reichen. Sobald ich jemand kommen höre, verstecke ich ihn, so schnell ich kann. Die Polizei würde ihn finden, hinterher. Ich bin sicher, daß Bohnenstanges Name und Adresse gestern nachmittag notiert wurden. Außerdem haben ihn viele Leute gesehen.

Das wär's also, und wie ich schon zu Beginn sagte, hätte ich gerne Ihren Rat, ob ich zu Recht solche Angst habe. Soll ich zur Polizei gehen und ihr alles erzählen?

Um Ihnen zu beweisen, wie nervös man werden kann: Ich hätte schwören können, eben einen Luftzug im Nacken verspürt zu haben, als hätte jemand die Tür leise geöffnet und ...

# *Für Geld töten*

*James Holding*

Manuel Andradas ging durch den gepflegten Garten zur Rückseite der Villa. Senhor Martinho saß im Patio mit Blick auf seinen Lilienteich. Er nippte an einem eisgekühlten Drink und las ein Merkblatt.

Überrascht sah er auf, als Manuel auftauchte. Soviel er wußte, hatte er diesen kleinen, unscheinbaren Burschen mit den schmutzigbraunen Augen noch nie gesehen. «Wer sind Sie?» fragte er scharf. «Ich habe Sie nicht läuten hören.» Er stellte seinen Drink auf den Glastisch neben sich.

Der Eindringling hatte eine Kameratasche an einem Lederriemen über der Schulter hängen und überreichte mit einer leichten Verbeugung seine Visitenkarte.

«Manuel Andradas, Fotograf», las Martinho laut. «Ach ja!» Er sah zu Manuel hoch. «Ich kenne Ihre Aufnahmen, Senhor. Ich habe sie oft in der Rio Illustrated bewundert.» Mit der zwanglosen Höflichkeit der sehr Reichen forderte er Manuel auf, Platz zu nehmen.

Manuel bedankte sich und setzte sich gegenüber seinem Gastgeber auf einen Stuhl mit gerader Lehne. Er war sehr geschmeichelt, daß Martinho seine Bilder und seinen Namen kannte. «Da Ihre Dienstboten offensichtlich Ausgang haben», sagte er ausweichend, «war ich so frei, direkt hierherzukommen, Senhor Martinho.» Hinter ihm glitzerte das Sonnenlicht auf dem Lilienteich, über den in majestätischer Ruhe ein Schwanenpaar glitt.

«Ja, ja, das Dienstbotenpicknick, ein kleines Fest, das ich jedes Jahr für sie ausrichte. Ich hatte vergessen, daß ich heute allein bin.» Martinho lehnte sich zurück. «Also, Senhor Andradas, was wollen Sie von mir? Die Erlaubnis, meine Sammlung zu fotografieren?» Martinhos präkolumbianische Kunstsammlung war weltberühmt.

Manuel schüttelte den Kopf, dann zog er eine Pistole aus seiner Jackentasche. «Nein, Senhor», sagte er ruhig. «Ich bin hier, um Sie zu töten.»

Abgesehen von einem überraschten Zucken in seinen Augen blieb Martinhos zerfurchtes Gesicht seltsam gelassen. «Wirklich? Wie merkwürdig. Ich dachte, Sie wären Fotograf.»

«Das bin ich auch. Ein guter, hoffe ich. Aber ich habe noch eine Begabung, die mehr einbringt.»

«Für Geld töten, meinen Sie?»

«Ich würde es lieber ‹beseitigen› nennen», sagte Manuel mit Würde. «Das klingt nicht so gemein, verstehen Sie? Für mich ist das nur ein Geschäft wie jedes andere. Ich lebe, wenn ich so sagen darf, von Ihrem Sterben.»

Martinho überlegte, ob das witzig gemeint war. Auf den dünnen Lippen des Fotografen lag jedoch kein Lächeln und in seinen Augen auch nicht. «Ich verstehe», sagte Luis Martinho, «Sie sind also ein Profi?»

«Genau.»

«Ein Profi würde hier nicht herumsitzen und erst noch plaudern, bevor er einem den Gnadenstoß gibt. Ich glaube, Sie bluffen nur, Senhor. Sie versuchen, mir Angst einzujagen, weil Sie noch etwas anderes erreichen wollen. Habe ich recht?»

«Absolut nicht. Ich bin hier, um Sie zu töten, und das werde ich tun. Darüber besteht kein Zweifel.»

«Warum bringen Sie es dann nicht hinter sich?» Martinho streckte seinen Arm aus und legte das Merkblatt auf den Tisch neben seinen Drink.

Diese Frage hatte Manuel auch beschäftigt. Das hier war ein Job wie jeder andere, warum also herumtrödeln? Lag die Erklärung vielleicht in Martinhos Verständnis für ihn als Künstler? Sträubte er sich insgeheim dagegen, Martinho umzubringen, weil er als Sammler ein Mann mit künstlerischem Urteilsvermögen war, der sein, Manuels, Werk bewunderte? «Wenn Sie Zeit haben», sagte er, «ich habe es nicht eilig.»

Martinho leckte sich über die Lippen. «Machen Sie das öfter? Leute umbringen, meine ich.»

«Nur gelegentlich, Senhor.»

«Wer bezahlt Sie?»

«Das weiß ich nicht. Ich kenne nur den Mittelsmann, wie üblich.» Manuel machte eine Pause. Es war gegen die Vorschrift, seine Auftraggeber zu erwähnen. Aber was konnte es schaden, da Martinho praktisch schon ein toter Mann war? «Haben Sie mal von der Organisation gehört?»

«Ist das nicht eine Art Verbrecherbande?»

Manuel nickte. «Die Organisation hat alles vorbereitet, damit ich Sie umbringen kann – im Auftrag eines Kunden, den ich nicht kenne und der sie dafür gut bezahlt.»

«Aha!» Martinho saß einen Augenblick ganz still da, dann griff er in die Brusttasche seines Hemdes und zog ein Päckchen Zigaretten heraus. Er bot Manuel eine an. Als der Fotograf mit einem Kopfschütteln ablehnte, zündete Martinho sich eine Zigarette an und steckte die Packung wieder weg. «Ich weiß ganz genau», sagte er langsam, «wer Ihre Organisation für meine Ermordung bezahlt.»

Er war sehr nachdenklich.

«Wir alle haben Feinde», bemerkte Manuel salbungsvoll.

Martinho beachtete ihn nicht. «Mein Neffe!» sagte er. «Wer sonst könnte meinen Tod wünschen?» Seine Stimme klang aufgeregt. «Natürlich. Er ist der arme Verwandte. Ich bin reich. Er will meine Sammlung für das zweitklassige Museum haben, dessen Direktor er ist. Er ist mein Alleinerbe, aber ich bin noch ganz munter, wenn auch schon alt, wie Sie sehen. Vielleicht hat er es satt, darauf zu warten, daß ich auf die übliche Art und Weise sterbe, auf natürliche Weise sozusagen. Und er versucht, mit Ihrer Hilfe die Dinge zu beschleunigen. Dann erbt er mein Geld und meine Sammlung jetzt und nicht irgendwann, in ungewisser Zukunft. Was halten Sie von dieser Vermutung? Können Sie einen schwachen Punkt entdecken?»

Manuel saß stocksteif da. «Es gibt viele Gründe, warum Leute die Hilfe der Organisation in Anspruch nehmen.»

«Der undankbare Kerl!» schrie Martinho wütend. «Ich weigere mich, für ihn zu sterben!»

«Ich fürchte, Sie haben keine Wahl, Senhor.» Manuel zielte mit der Pistole unerbittlich auf seine Brust.

Der Sammler setzte sich mit einem Ruck in seinem Sessel auf. «Warten Sie! Sie sagten, daß das Töten Ihnen mehr einbringt als das Fotografieren. Stimmt das?»

Der Fotograf nickte.

«Dann mögen Sie Geld. Sehr viel Geld.»

«Ich schätze es.» Das war eine Untertreibung.

«Sehen Sie», sagte Martinho mit ausgestrecktem Zeigefinger, «diese beiden Mochica-Vasen dort neben der Tür sind peruanische Antiquitäten. Jede ist fünftausend *neue* Cruzeiros wert.»

Manuels Blick wanderte für einen Augenblick zu den Vasen und kehrte dann schnell zu Martinho zurück. Die Pistole bewegte sich nicht. Er sagte nichts.

«Und dort drüben auf dem Tisch neben Ihnen», fuhr Martinho fort, «das ist ein Stück Schwarzkeramik aus dem Chimu-Reich. Es ist dreitausend wert.»

«Wenn die Stücke so kostbar sind, Senhor, dann lassen Sie sie aber ziemlich leichtsinnig hier herumstehen.»

«Oh, nachts sind sie, wie der Rest meiner Sammlung, sicher hinter zahlreichen Alarmanlagen verschlossen. Ein paar Schätze hole ich jeden Tag in den Patio zu meinem eigenen Vergnügen, verstehen Sie? Ich schaue sie gern an.»

«Sie sehen nicht sehr teuer aus», meinte Manuel.

«Nein, das tun sie nicht. Sie hätten lieber das Geld, das sie wert sind?»

Manuels Gesichtsausdruck veränderte sich nicht. «Sie versuchen, sich Ihr Leben mit ihnen zu erkaufen.»

«Nun ...»

«Das können Sie nicht. Ich sagte Ihnen, daß ich ein Profi bin. Wenn ich einen Vertrag schließe, halte ich mich daran.»

«Schade.» Martinho langte nach seinem Drink, hob das Glas an die Lippen und trank einen Schluck. Er schwitzte. «Das Ding hier, das ich als Aschenbecher benutze, wissen Sie, was das ist?»

fragte er, als er die Zigarette darin ausdrückte. «Eine bunte Speisenplatte der Inkas, fünfhundert Jahre alt. Und zehntausend Cruzeiros wert.»

Der Fotograf ließ seine Augen über die Platte auf dem Tisch huschen. Unmöglich, so ein schäbiges Ding! Zehntausend!

Martinho verschluckte sich an seinem Drink und bekam einen Hustenanfall. Manuel sah rasch zu ihm hin. Der alte Mann war rot angelaufen. Er preßte seine linke Hand auf die Brust. Endlich hörte er auf zu husten.

«Ich bin Ihnen sehr dankbar, daß Sie mir diese wertvollen Gegenstände gezeigt haben», sagte Manuel. «Ich werde ein paar mitnehmen, wenn ich gehe.»

«Um meine Erschießung als das Werk von Einbrechern hinzustellen? Kunstdiebe?»

Andradas zuckte mit den Schultern. «Warum nicht?»

Auf Martinhos hagerem Gesicht breitete sich ein Ausdruck von Resignation aus. Er strich mit der Hand über sein weißes Haar. «In diesem Fall», sagte er, «sollten Sie lieber etwas stehlen, was Ihr Täuschungsmanöver glaubhaft macht.» Seine Lippen verzogen sich zu einem gezwungenen Lächeln. «Ich habe Ihnen etwas Falsches erzählt. Die Sachen hier sind wertlos.»

«Das dachte ich mir fast.»

«Ja. Schund. Wenn die Polizei wirklich glauben soll, daß ich von Kunstdieben ermordet wurde, dann sollten Sie meine Getreideähre stehlen.»

«Getreideähre?» Manuel versuchte, seine Verwirrung zu verbergen.

«Das Glanzstück meiner Sammlung. Eine handgearbeitete Getreideähre aus massivem Gold, das einzige noch erhaltene Fragment des berühmten goldenen Kornfeldes, das Goldschmiede der Inkas im fünfzehnten Jahrhundert ...» Martinho sah den teilnahmslosen Blick des Fotografen und begriff, daß dieser seine Begeisterung für die Kultur der Inkas nicht teilte. «Ist ja egal. Jedenfalls ist meine goldene Getreideähre buchstäblich unbezahlbar. Jeder Sammler, jedes Museum, jeder Händler würde alles darum geben, sie zu besitzen.»

«Das bezweifle ich nicht, Senhor. Trotzdem . . .»

Martinho stand auf. «Ich werde sie Ihnen zeigen.»

Manuel schwenkte die Pistole ein paar Millimeter weiter. «Wo ist sie?»

«In meinem Arbeitszimmer, hier durch die Türen. Ich habe sie noch nie einem Fremden gezeigt. Aber da ich jetzt sterben soll, möchte ich sie selbst gerne noch einmal sehen.»

Manuel Andradas sprang geschmeidig auf. «Ich werde direkt hinter Ihnen gehen.» Was konnte es schon schaden, Martinhos Laune nachzugeben? Außerdem war er auf die Getreideähre ein wenig neugierig.

Er folgte Martinho durch den Patio und die Flügeltüren in sein Arbeitszimmer, einen großen Raum, an dessen Wänden Schränke mit Glastüren standen, in denen auf samtbezogenen Borden die vor Alter gedunkelten Kunstgegenstände von Martinhos Sammlung lagen. Manuel gönnte ihnen nur einen flüchtigen Blick.

Martinho ging direkt zu einem halbhohen massiven Stahlsafe am anderen Ende des Zimmers. Er kniete sich nieder, blickte einen Augenblick gedankenverloren zur Zimmerdecke hoch und vollführte mit den Händen geheimnisvolle Bewegungen vor der Safetür und den Seiten. «Ich bewahre die Ähre hier auf», sagte er über seine Schulter. «Eine wirklich einbruchssichere Konstruktion. Ein kompliziertes System von elektrischen Impulsen, die an bestimmten Punkten und in gewissen Zeitabständen aktiviert und unterbrochen werden. Niemand außer mir und meinem Privatsekretär kann ihn öffnen.»

Die Safetür schnurrte leise auf. Martinho holte einen zylindrisch geformten, samtgepolsterten Gegenstand heraus. Er hockte sich auf seine Fersen und reichte Manuel das Samtbündel hoch. «Hier ist sie, Senhor Andradas. Die Getreideähre.»

Manuel trat einen Schritt zurück. Seine Pistole zitterte nicht. «Wickeln Sie sie selbst aus.»

Martinho tat es. Er stellte den Samtkasten auf den Boden vor den offenen Safe und legte die goldene Getreideähre darauf. «Schauen Sie», sagte er so leise, daß Manuel ihn kaum hören konnte, «so ein feines Stück hat selbst Pizarro bei seinen Plünderungen nicht in die Finger gekriegt.»

Seine Augen ruhten ehrfurchtsvoll auf der Ähre. «Ist sie nicht wundervoll?» fragte er. Er nahm seine Zigarettenpackung aus der Hemdentasche und zündete sich eine Zigarette an. Genußvoll zog er den Rauch ein.

«Ja, sie ist hübsch», sagte Manuel. «Sie zu fotografieren und den alten Goldglanz genau hinzukriegen, jedes einzelne Korn, das wäre . . .» Er brach ab. «Schließen Sie den Safe und tragen Sie die Ähre in den Patio.»

Martinho nickte. Er stieß die Safetür zu, nahm die Getreideähre und ging Manuel voraus zum Patio, wo er sich wieder in seinen Sessel sinken ließ. Er legte das goldene Relikt auf den Tisch neben das Merkblatt, in dem er gelesen hatte.

Manuel setzte sich wieder auf seinen Stuhl. «Ist es allgemein bekannt, daß Sie diese Getreideähre besitzen?»

«Natürlich. Sie ist das beste Stück meiner Sammlung.»

«Na schön. Ich werde sie mitnehmen, wie sie vorgeschlagen haben.»

«Ich möchte Sie warnen. Sie können sie nicht verkaufen, ohne daß man Sie als meinen Mörder entlarvt. Sie ist zu bekannt.»

«Ich werde sie vom Zuckerhut ins Meer werfen», sagte Manuel. «Es soll sie kein anderer kriegen. Das verspreche ich Ihnen.» Er hob die Pistole. «Sind Sie bereit?»

«Kann ich noch eine letzte Zigarette rauchen? Und einen letzten Blick auf meine Getreideähre werfen?»

Aus Achtung vor dem Mut des alten Mannes sagte Manuel: «Nur zu.»

«Haben Sie eine Zigarette für mich?»

«Ich rauche nicht. Aber wo sind Ihre Zigaretten? Sie hatten doch welche in Ihrer Hemdtasche.»

«Die habe ich gerade in den Safe eingeschlossen.»

«Warum?»

«In der Packung steckt meine neue japanische Kamera», sagte Martinho. «Die Banzai Miniature. Sie ist nicht größer als eine Zigarette. Kennen Sie sie?» Sein Tonfall war sanft.

«Ich kenne sie. Aber ich mag die Minox lieber.» Manuel machte eine Pause. «Sie steckt in Ihrem Zigarettenpäckchen?»

«Sie lag in meiner linken Hand, bis ich Ihr Bild damit geschossen hatte. Ich verschluckte mich an meinem Drink, um das Klicken des Auslösers zu übertönen. Sie erinnern sich? Dann steckte ich die Kamera in meine Zigarettenpackung.»

«Sie haben mich fotografiert?»

«Genau. Ihr Gesicht und Ihre Pistole werden deutlich zu sehen sein.»

«Sie behaupten also, daß Sie eine Miniaturkamera in der Hand hielten, als ich auftauchte, daß Sie mich damit fotografierten und sie dann in Ihren Safe einschlossen?»

«Eine sehr genaue Zusammenfassung.»

«Das ist doch nur ein Bluff. Oh, ich verstehe Ihren Plan. Ich soll glauben, daß Ihr Sekretär im Verlauf der polizeilichen Ermittlungen über Ihren Mord den Safe öffnet und die Kamera darin findet statt der wertvollen Getreideähre. Der Film wird entwickelt, und sie haben das Bild des Mörders ... der ohne weiteres von Hunderten von Leuten als der Fotograf Manuel Andradas identifiziert werden kann. Stimmt's?»

«Sehr richtig.»

«Trotzdem glaube ich Ihnen nicht.»

«Warum nicht?» Martinho lächelte ein wenig.

«Ich habe Sie seit ich hier bin ständig beobachtet. Sie hätten mich nicht unbemerkt fotografieren können.»

«Sie haben sich meine Mochica-Vasen angesehen, meine Chimu-Schwarzkeramik und meine Inka-Speisenplatte, nicht wahr?»

Manuel, der plötzlich nur noch mit Mühe Luft bekam, sagte: «Vielleicht. Aber daß Sie gerade eine Miniaturkamera in der Hand hielten, als ich herkam, wäre doch ein zu großer Zufall.»

Martinho zuckte mit den Schultern. «Gewöhnlich lüge ich nicht, obwohl ich es um mein Leben zu retten möglicherweise täte. Vielleicht überzeugt Sie das?» Er reichte Manuel das Merkblatt, in dem er gelesen hatte, als der Fotograf in den Patio gekommen war.

Mit einem einzigen Blick erkannte Manuel, daß es eine Gebrauchsanweisung für die neue Banzai-Miniature-Kamera war.

Mit dem Ausdruck eines Mannes, der gerade eine Wette verloren hat, die seine Verhältnisse weit übersteigt, legte er seine Pistole weg. «Polizei?» fragte er nach einer qualvollen Pause.

«Nicht unbedingt. Ich habe eine andere Idee.» Die Falten auf Martinhos Gesicht, die von der Nase zu den Mundwinkeln verliefen, vertieften sich für einen Augenblick. «Bei dieser Angelegenheit beunruhigt mich die Niederträchtigkeit meines Neffen mehr als Ihre sozusagen rein mechanische Beteiligung daran, Senhor Andradas. Wie erhalten Sie eigentlich Ihre Anweisungen?»

«Ein Mittelsmann namens Rodolfo . . .»

«Nein, nein. Ich meine, zeigt man Ihnen Ihre Opfer in Fleisch und Blut?»

«Ich bekomme von meinem Kontaktmann nur den Namen und die Adresse. Die genaue Identifizierung liegt bei mir.»

«Das vereinfacht die Sache sehr.» Senhor Martinho nickte. «Also nur Name und Adresse.»

«Ja.»

«Dann schlage ich vor, Senhor Andradas, daß Ihnen heute bei der Identifizierung ein verhängnisvoller Irrtum unterläuft. Der richtige Name, die richtige Adresse, ja, aber der falsche Mann. Verstehen Sie?»

Manuel schüttelte den Kopf. «Nein.»

Martinhos blaßblaue Augen verengten sich. «Mein Neffe», sagte er sanft, «ist zufällig der Sohn meines Bruders. Er heißt deshalb Martinho, wie ich. Noch dazu Luis Martinho. Er ist mein Namensvetter.»

«Aha.» Manuel sah, wohin der Hase lief. «Aber die Adresse, Senhor?»

Martinho deutete mit der Hand auf ein Gebäude hinter dem Lilienteich. «Das da drüben ist mein Kutschenstall. Ich lasse meinen Neffen dort wohnen, mietfrei. Daher dieselbe Adresse wie meine.»

Manuel schwieg.

«Man inszeniert nicht ungestraft den plötzlichen Tod eines reichen Onkels, selbst in diesen korrupten Zeiten nicht. Mein Neffe soll eine Lektion erhalten.»

Nach einem Augenblick fragte Manuel ruhig: «Eine tödliche Lektion, Senhor?»

«Eine tödliche Lektion. Wollen Sie sich darum kümmern?»

«Wann?»

«Heute abend? Er ist zu Hause, das weiß ich. Das Personal kommt nicht vor elf Uhr vom Picknick zurück.»

«Wo werden Sie sein?»

Martinho lächelte. «In der Stadt. Ich esse mit Freunden, von acht bis Mitternacht.»

«Ausgezeichnet», sagte Manuel, *«va bem.»*

«Dann ist das also abgemacht.»

«Außer», sagte Manuel, «daß mir die Organisation das Geld nicht auszahlt, wenn ich den falschen Mann erledige, noch dazu ihren eigenen Kunden. Und es wird meinem Ruf schaden.»

Martinho zuckte mit den Achseln. «Wir müssen alle für unsere Fehler bezahlen – mein Neffe, Sie, ich, jeder.»

Manuel seufzte. «Ich wüßte nicht, welchen Fehler Sie gemacht hätten, Senhor. Aber für mich war der Tag eine Katastrophe. Ich verliere die Prämie für Ihre Beseitigung. Ich muß Ihren Neffen ohne Entschädigung erledigen. Ich büße meine Anonymität als Angestellter der Organisation ein. Ich, ein Berufsfotograf, werde von einem Amateur mit fotografischen Tricks überlistet. Außerdem darf ich sicher auch die goldene Getreideähre nicht behalten.»

«Allerdings.» Martinho nahm die Ähre in die Hand und fuhr liebevoll über ihre Körner. «Aber ich gebe Ihnen den belastenden Film zurück, wenn Sie meinem Neffen die Lektion erteilt haben.»

Manuel war erstaunt. «Obwohl Sie damit verhindern könnten, daß ich noch einen Mordanschlag auf Sie verübe?»

«Trotzdem. Ich garantiere Ihnen, daß ich Ihnen den Film unentwickelt ins Studio schicke – wenn Sie heute nacht Erfolg haben.»

Der verdutzte Ausdruck in den Augen des Fotografen bewies, daß er dieses weltfremde Verhalten nicht begriff. Martinho lachte. «Wissen Sie, ich bin Ihnen wegen dieses Geschäfts nicht böse. Im Gegenteil, ich danke Ihnen, daß Sie mir die Augen über den Charakter meines Neffen geöffnet haben. Deshalb werde ich Ihnen den Film schicken.»

*«Obrigado»,* murmelte Manuel. «Vielen Dank.»

Martinho deutete auf seine Vasen, seine Schwarzkeramik, seinen Aschenbecher. «Vielleicht möchten Sie eine dieser Antiquitäten mitnehmen, wenn Sie gehen», sagte er, «als kleines Zeichen meiner Dankbarkeit.» Er stand auf, wobei er die goldene Getreideähre so vorsichtig festhielt, als sei sie ein junger Vogel mit lahmen Flügeln. «Ich muß mich nun verabschieden, Senhor Andradas. Ich werde jetzt immer so schnell müde. Trotzdem vielen Dank, daß Sie mir meine Langeweile vertrieben haben.» Er schüttelte den Kopf. «Was für eine Ironie des Schicksals, daß mein Neffe so ungeduldig ist. In ein paar Wochen hätte für ihn alles anders ausgesehen.»

«Wieso?»

Martinho lächelte breit. «Die Ärzte haben mir gestern erklärt, daß ich unheilbar krank bin. Sie geben mir höchsten noch zwei Monate.»

Der alte Mann ging ins Haus. Manuel sah ihm nach, während er den Lederriemen seiner Kameratasche hochzog, um das Gewicht auf seiner Schulter zu verringern. Als Martinho verschwunden war, schüttete er nachdenklich die Zigarettenkippen und die Asche von Martinhos buntem Aschenbecher in einen Blumentopf und schob ihn in seine Tasche.

Bei so einem Gauner wie Senhor Martinho konnte man nie wissen. Vielleicht war der Aschenbecher doch etwas wert.

# *Die Liebesskulptur*

*Adobe James*

Mein Steckenpferd – nein – mein Lebensinhalt ist das Sammeln von Erotika.

In meiner feuersicheren und gegen Einbruch geschützten Bibliothek befinden sich etwa fünfzehntausend Objekte, von denen viele aus der vorchristlichen Zeit stammen. Ich bin mehr als zwei Millionen Meilen gereist und habe mehr als dreieinhalb Millionen Dollar für meine Bibliothek ausgegeben.

Ähnlich viel Zeit und Geld habe ich für die Sammlung erotischer Kunst in meinem Museum aufgewendet.

Phantastisch? Ach ein, meine Freunde, es ist gar nicht phantastisch, denn Erotika sind ein teures Steckenpferd. Ich gebe Ihnen ein Beispiel: Ich ließ einmal eine ganze Wand einer kambodschanischen Höhle abbauen, in Kisten verpacken und um den halben Erdball zu mir nach New York schicken. Einige kleine Restaurierungen und die richtige Beleuchtung zeigten die bis dahin verborgenen Einzelheiten der Wandfiguren. Wenn man das verdunkelte Museum betritt und die Lichter langsam heller werden, wird der Betrachter von einer Explosion der Farben getroffen, und Hunderte von Friesen leuchten auf, auf denen die Gestalten in jeder nur denkbaren Ausdrucksform der Liebe vereint sind. Das ist so wirkungsvoll, daß viele Kenner, von meinem Höhlenwandpanorama in Bann geschlagen, schwören, die Figuren würden lebendig, wenn man sie nur lange genug anstarrt.

Vielleicht machen Sie sich Gedanken über meine leidenschaftliche Beschäftigung mit Erotika. In Wirklichkeit ist das leicht zu erklären: Allein die erotische Kunst hat sich im Laufe der menschlichen Geschichte nicht verändert. Helden und Heilige sind aufgetaucht und verschwunden; Zivilisationen, Rassen und

Länder sind auf- und untergegangen; Religionen, politische Dogmen und Irrlehren werden geboren, wachsen und vergehen im Sand der Geschichte. Berge, Gletscher und Wüsten formen das Gesicht der Erde, und die Meere lecken mit hungriger Zunge tief in das Land hinein. Nur etwas bleibt unverändert – die Erotik!

Man sieht diese Beständigkeit bei allen erotischen Kunstwerken, ob sie aus Mesopotamien, Ägypten, Anatolien, Phönizien, Persien, Indien, China, Japan, Polynesien, Afrika, Griechenland, Italien oder aus Nord- oder Südamerika stammen. Diese Unveränderlichkeit ist tröstlich.

Ich werde immer wieder nach dem Unterschied zwischen Pornographie und erotischer Kunst gefragt. Das ist eine Frage, die sich nicht beantworten läßt, denn wenn jemand sie stellen muß, wird er die Antwort nie verstehen können. Im Höchstfall kann ich sagen: Pornographie bleibt Pornographie. Erotik ist – Erotik. Zwischen den beiden besteht ein Unterschied wie zwischen einem Jahrhundertwein und zusammengeschüttetem saurem Landwein.

Es ist ein Unglück, daß wir in unserer amerikanischen Justiz unkultivierte Idioten haben, die das nicht unterscheiden können.

Nehmen Sie doch zum Beispiel die Aktionen, die man gegen die Ohio-Liebesskulptur inszenierte.

Zum erstenmal hörte ich von der Ohio-Kunst durch Ali S. Reyem, ein Mitglied der türkischen Gesandtschaft in New York. Auf welchem Weg er von der Skulptur erfahren hatte, entdeckte ich nie, aber Ali ist Sammler, und alle Sammler haben ihre Zuträger.

Ich erinnere mich sehr gut an den Abend. Olof Dahlstrand, Ali und ich aßen im Klub. Olof hatte uns gerade von seiner Neuerwerbung erzählt, einer Ausgabe von Shakespeares *Selected Sonnets for Gentlemen.* Laut den Aussagen der bedeutendsten literaturhistorischen Experten gibt es nur sieben Exemplare dieses Buches. In aller Bescheidenheit darf ich erwähnen, daß die beiden besterhaltenen Exemplare in meiner Bibliothek stehen. Aber ich schweife ab. Ali war fast den ganzen Abend über geistesabwesend. Als er ohne jeden Enthusiasmus auf Olofs Geschichte reagierte, wandte sich Olof – etwas eingeschnappt – an den Türken und fragte spitz: «Und was haben Sie in jüngster Zeit erworben?»

Ali seufzte, und seine große Gestalt zitterte, so heftig stieß er den Atem aus. «Nichts. Absolut nichts. Ich habe zu kaufen versucht ... aber sie war nicht verkäuflich.»

Plötzlich war ich bis in den letzten Nerv gespannt, und mein Sammlerinstinkt wurde wach. Ich warf einen Blick auf Olof; er schien ganz ruhig auf seinem Stuhl zu sitzen, aber die geweiteten Nasenflügel verrieten ihn.

Der Bericht über sein Erlebnis schien Ali Schmerzen zu bereiten. «Zuerst hielt ich es für Schwindel. Was könnte man schon Wertvolles in einer Stadt namens Amboy, ausgerechnet in Ihrem hinterwäldlerischen Staat Ohio, finden? Aber ich fuhr trotzdem hin, weil mein Mittelsmann einen sehr guten Ruf genießt. Die Leute in Amboy waren fast so rückständig wie unsere Nomaden aus Agri Daği. Ich ging zu der angegebenen Adresse, mußte einen Hof voll unbeschreiblich schmutziger Schweine und Hühner überqueren, und klopfte dann an die Tür. Niemand meldete sich. Ich klopfte noch einmal. Dann ging ich in die Scheune», Ali sog an seiner Zigarre, seine Augen leuchteten in einem unheiligen Feuer, «und da war sie!»

«Wer?» unterbrach ihn Olof ungeduldig.

Ali zog die Brauen hoch. «Wieso, die Ohio-Liebesskulptur natürlich.» Er drückte die Zigarre aus und beugte sich vor. Seine Stimme war leise und heiser vor Erregung. «Sie war wunderschön. Exquisit! Vollkommen! Es waren drei, sie lagen auf einem Lager aus Stroh, in erwartungsvoller Pose. Eine hatte die Beine ...» Ali benützte die Hände zur Beschreibung der Statue. Es waren die Skulpturen dreier junger Mädchen von etwa fünfzehn Jahren; sie bestanden aus einem etwas lichtdurchlässigen Material, das an bemalten Carrara-Marmor erinnerte. Die wollüstigen Gesichter mit den vollen Lippen, die angezogenen Bauchmuskeln, die hervortretenden Schenkelsehnen – das alles hüllte sie in eine unglaubliche Aura der Sinnlichkeit.

«Eine Minute lang war ich wie erstarrt», sagte Ali. Er schwitzte jetzt. «Ich habe die dreißigste Höhle von Ajanta gesehen, das Grabgewölbe der Agina Aphrodite, ehe es einstürzte, die geheimgehaltenen Rembrandt-, Lautrec- und Gauguin-Sammlungen ... und nichts davon – nichts – ist mit dieser Skulptur aus Ohio zu vergleichen!» Er machte ein um Vergebung heischendes Gesicht und fügte nachdrücklich hinzu: «Nicht einmal deine Höhlenwand, Andrew.»

«Erzähl weiter», sagte ich leise, ohne wirklich zu glauben, daß sie derart gut sein könnte. Trotzdem überlegte ich in Gedanken, wie lange eine Reise nach Ohio dauerte. Olof hüllte sich ebenfalls in Schweigen; ganz bestimmt würde er an der Jagd teilnehmen.

Ali verzog mit einer Grimasse die Lippen. «Ich trat einen Schritt vor, um sie zu berühren, und hörte hinter mir das Klikken eines Gewehrschlosses. Ich wirbelte herum. Vor mir stand der Bildhauer – ein schmutziges Genie mit brennenden Augen, in einem alten Overall. Er stank noch stärker als der Hühnerdreck in der Scheune. Er sagte kein Wort, aber das Gewehr sprach eine überall verständliche Sprache. Wir starrten uns etwa eine Minute an, dann sagte ich: ‹Guten Morgen, Sir. Mein Name ist Ali Reyem. Ich bin bei der türkischen Gesandtschaft in New York.› Ich zog meinen Paß aus der Tasche, aber er starrte mir nur unverwandt ins Gesicht. Ich sagte, seine Statuen seien die schönsten, die ich je gesehen hätte. Er reagierte nicht. Dann fragte ich, welchen Preis er für die Gruppe fordere. Jetzt sagte er zum ersten Mal etwas. Seine Stimme klang böse und gespenstisch. ‹Ich verkaufe sie nicht. Verschwinden Sie, oder ich bringe Sie um.› Trotz der Drohung versuchte ich, mit ihm zu verhandeln. Ich bot ihm fünfundzwanzigtausend Dollar. Der Mann schüttelte nur den Kopf und hob das Gewehr höher. Ich wich zur Tür zurück und sagte: ‹Fünfzigtausend?› Der Gewehrlauf grub sich in meinen Magen. ‹Hunderttausend!› rief ich, als ich aus der Scheune stolperte. Da antwortete der Mann mit seiner hohlen Stimme: ‹Ich verkaufe nicht!› »

Ali sah uns an. «Ich halte mich für einen guten Menschenkenner. Es ist ein Wahnsinniger ... ein Genie, und wahrscheinlich einer der größten Bildhauer seit Michelangelo ... aber ein Wahnsinniger! Er wird nicht verkaufen – nie! Ich muß gestehen, daß ich es am nächsten Nachmittag noch einmal versuchte. Ich bot ihm einen Barscheck über hundertfünfundsechzigtausend Dollar. Er feuerte über meinen Kopf hinweg. Ich gab alle Würde auf und rannte zum Wagen. Er schoß wieder, die Schrotkugeln prasselten neben mir in den Lehmboden. Die Hühner gackerten und stoben in alle Richtungen, eins flog sogar durch das Autofenster. Dieser Irre hatte noch einmal geladen und schoß hinter mir her, als ich vom Hof fuhr. Das war vor einer Woche. Seitdem habe ich nicht mehr geschlafen. Diese herrlichen, schönen Statuen ... sie verstauben ... in einem Hühnerstall ...» Er schauderte.

Olof klagte plötzlich über heftige Kopfschmerzen, entschuldigte sich gleich darauf und rannte fast in seiner Hast, möglichst schnell hinauszukommen. Ich muß gestehen, daß ich meinen alten Freund ähnlich unhöflich behandelte und einen kummervollen Ali zurückließ, der auf seine kalte Zigarre und ein halbleeres Glas Brandy starrte.

Zweifellos wollte mich Olof beim Rennen nach Ohio schlagen. Ich griff daher zum wirkungsvollsten Mittel und charterte eine Düsenmaschine. Drei Stunden nach dem Abschied von Ali landete ich in Lebanon, Ohio. Nach einer weiteren Dreiviertelstunde war ich an Ort und Stelle.

Ein kalter, unheimlicher Wind wehte über das Stoppelfeld, als ich über einen Feldweg auf das Haus zuging. Obwohl Mitternacht längst vorüber war, brannte im oberen Stock ein einsames Licht. Auf der vorderen Veranda stand ein alter Sessel mit kaputten, in alle Richtungen herausragenden Sprungfedern. Er erinnerte mich an die Schlangen im Haar der Medusa. Ein Fensterladen, der nur noch in einer rostigen Angel hing, schlug kreischend auf und zu, und die losgerissene Dachpappe flatterte raschelnd bei jedem neuen Windstoß.

Ich klopfte.

Nach langer Zeit hörte ich drinnen langsame Schritte, dann

öffnete sich quietschend die Tür. Es war der Bildhauer – genau wie Ali ihn mir beschrieben hatte. Kleiner und schmutziger vielleicht – und er stank –, aber zweifellos der gleiche Mann, und zweifellos wahnsinnig.

Ich stellte mich vor und sagte: «Ich bin gekommen, weil ich die Skulptur sehen möchte.»

«Raus!» schrie er mich an. «Ich verkaufe sie nicht.» Sein Gesicht verzerrte sich zu einer grotesken, haßvollen Maske. Er holte das Gewehr hinter dem Rücken hervor.

Das hatte ich erwartet und war darauf vorbereitet. Ich hob eine Hand und lächelte. «Natürlich sind sie nicht verkäuflich. Die Gruppe ist ein Kunstwerk – das Werk eines Genies ... wer könnte bei etwas so Unbezahlbarem handeln oder schachern.»

Diese Bemerkung war berechnend, sie sollte es sein. Sie warf ihn aus der Bahn. Der Haß verschwand von seinem Gesicht, das nun unsicher wurde. Er legte den Kopf schräg und fragte: «Meinen Sie ... Sie ... Sie wollen sie mir nicht wegnehmen?»

«Nein», log ich. «Ich habe von ihrer Schönheit, ihrer einmaligen Vollkommenheit gehört, und ich bin viele, viele Meilen weit gereist, um dem Mann Ehre zu erweisen, der sie geschaffen hat.» Kein normaler Mensch hätte das geglaubt, aber der alte Mann lauschte wie ein Tier nur auf den Tonfall meiner Stimme und nicht auf das, was ich sagte.

Er sah mir eine Weile ins Gesicht und ließ dann langsam das Gewehr sinken. Tränen liefen ihm rechts und links an seiner Adlernase entlang. «Jeder, der meine Lieblinge gesehen hat, wollte sie mir wegnehmen oder stehlen.» Er starrte mich mitleiderregend an, ein müder und fußlahmer Diogenes, der seine Laterne abstellen möchte.

Ich achtete nicht auf den Gestank der ungewaschenen Kleider und legte ihm den Arm um die Schultern. «Sind sie wirklich so schön?»

Nun brannte der alte Mann darauf, sie mir zu zeigen. Er hielt die Sturmlaterne hoch, deren Licht unsere Schatten gespenstisch tanzen und springen ließ, während wir über den Hof stapften.

Als wir zu dem mit zwei Vorhängeschlössern versperrten Tor kamen, drehte er sich um. «Warten Sie hier», sagte er. «Nachts kommt es besonders auf die Beleuchtung an, wissen Sie.»

Aha, dachte ich, jetzt zeigt sich der wahre Kenner, der genau weiß, wie man ein Kunstwerk zur vollen Wirkung bringen muß. Einen Augenblick lang hörte ich ihn umhergehen und das protestierende Gegacker der Hühner, die von ihren Stangen gejagt wurden, dann rief er mit beinahe verlegener Stimme: «Kommen Sie herein.»

Das schwankende Licht streichelte über die Gruppe. Ich bekam plötzlich keine Luft mehr. Die sinnliche Kraft der Statuen war beinahe greifbar; sie traf mich wie eine stählerne Faust in den Magen. In all meinen langen Sammlerjahren war mir so etwas nicht widerfahren. Dies war der Augenblick der Erfüllung. Nie zuvor hatte ich etwas so kraftvoll Schönes, so erotisch Wirkliches gesehen – und nie wieder würde es etwas Vergleichbares geben.

Sie müssen meine Gefühle in dieser Situation verstehen. Seit ich ein sehr junger Mann und den verführerischen Aspekten der Erotik stärker unterworfen gewesen war, hatte mich nichts mehr so beeindruckt wie diese Statuen. Meine Kehle war vor Begierde ausgetrocknet, und mein Herz pumpte Feuer durch meinen Körper. Ich kann nicht sagen, wie lange ich dort gestanden und die Schönheit in mich aufgesogen habe, aber schließlich befahl mir die Selbstbeherrschung, meine abschweifenden Gedanken zur Ordnung zu rufen.

Ich würde meine Seele verkaufen – Millionen zahlen –, um diese Skulptur zu bekommen. Und ich empfand Mitleid für ihren Schöpfer, denn ich wußte, daß ich nicht davor zurückschrecken würde, ihn zu töten, wenn er sich mir in den Weg stellte.

Langsam, aber mit immer mehr Eifer, redete ich auf ihn ein. Immer wieder drang ich in den Dschungel seines umnachteten Geistes ein. Fast eine Stunde lang hämmerte ich ihm ein, daß es Leute gäbe, die planten, ihm die Statue fortzunehmen. Zuletzt weinte er verzweifelt in einer Ecke des Schuppens; er sah wie ein großäugiges, verängstigtes Kind aus. Jetzt war er reif für den letzten Schlag. Ich biß mir auf die Lippen und sagte, als wäre mir plötzlich eine Lösung eingefallen: «Natürlich ... wenn Sie nicht hier wären ... und die Statuen auch nicht ... Wenn sie in ein geheimes Versteck gebracht würden ... und Sie sie bewachten ...»

Er sprang auf. «Ja. Ja! Das ist es. Ich werde sie verstecken.»

Ich schüttelte den Kopf. «Nein! Sie werden verfolgt werden. Aber wenn ich Ihnen helfe, ein Versteck zu finden? Weit fort von hier? Vielleicht in New York ...»

Der Bildhauer sank auf die Knie und umschlang flehend meine Beine. «Bitte, helfen Sie mir! Sagen Sie mir, wohin ich gehen kann.»

«Gut», antwortete ich, als hätte ich einen edlen Entschluß gefaßt. «Ich werde Vorbereitungen treffen, damit Sie sie in ein geheimes Museum bringen können.» Seine Augen verengten sich bei dem Wort ‹Museum›, und ich fügte hastig hinzu: «Aber Sie müssen sie Tag und Nacht bewachen, weil Sie für sie verantwortlich sind.» Diese Bemerkung zerstreute endgültig die letzten Zweifel, die der alte Mann noch gehegt haben mochte.

Unsere Vorbereitungen waren abgeschlossen, als der Morgen dämmerte. Als wir die Skulpturen vorsichtig auf den alten, klapprigen Trecker luden, krähten die Hähne. Alis Vergleich mit Michelangelo war zutreffend, aber nur eines seiner Werke, die *Pietà*, konnte sich mit der Vollkommenheit der Ohio-Skulptur messen. Im weichen Licht des anbrechenden Tages hatten die Gesichter der Mädchen einen Ausdruck der Erwartung angenommen. Ehrfürchtig half ich ihm, sie mit Stroh, Decken und einer alten Plane zuzudecken.

Gleich darauf fuhr der alte Mann vorsichtig aus dem Hof und war verschwunden. Vier Stunden später war ich wieder in New York.

Die nächsten Stunden verbrachte ich in fieberhafter Tätigkeit. Ich kaufte für die Statuen römische Liegebetten, mit rotem Samt bespannt, und räumte dann das Museum um, um Platz zu schaffen. Sie sollten in einer Ecke etwas entfernt von den Höhlenwandgemälden stehen, um für meine Gäste einen erhebenden Höhepunkt zu bilden. Ich machte sogar schon Pläne für das Sektfrühstück und setzte eine vorläufige Liste von etwa zweihundert Eingeweihten auf, die aus allen Teilen der Welt zur ersten Vorführung herbeifliegen würden. Ja, ich plante sogar schon, wie ich die Leiche des alten Mannes loswerden wollte ... falls es dazu kommen sollte.

Als das Telefon am Abend des zweiten Tages klingelte, riß ich rasch den Hörer ans Ohr, weil ich glaubte, der Bildhauer sei auf eine halbe Stunde genau zur geschätzten Ankunftszeit eingetroffen.

Aber er war es nicht; am anderen Ende der Leitung meldete sich Olof Dahlstrand. Seine Stimme hörte sich vorsichtig und etwas merkwürdig an. «Ich wollte dich schon anrufen, um dir zu gratulieren.»

«Ach! Du hast davon gehört?» Es gelang mir nicht, das Glück, den Stolz und die Schadenfreude aus meiner Stimme zu verbannen.

«Nein, aber nachdem der Bildhauer nicht mehr da war, als ich ankam, lag die Schlußfolgerung nahe, daß du mich mal wieder geschlagen hättest.»

Ich lächelte mitleidig über den guten alten Olof; er kam immer zu spät, wenn es um wirklich wichtige Erwerbungen ging.

Aber als dann Olof weitersprach, überfiel mich eine gräßliche Vorahnung. Er sagte: «Ich wollte dir nur mitteilen, wie leid es mir tut.»

«Was tut dir leid? Wieso?»

«Ja ...» er schien darüber nicht gern am Telefon zu sprechen. «Hast du die Nachmittagsausgaben noch nicht gesehen?»

«Nein. Was haben die denn mit mir zu tun?»

Er schwieg lange. Ich konnte ihn atmen hören. Dann sagte Olof mit unbeschreiblich trauriger Stimme: «Es steht alles drin. Auf der Titelseite. Alles über den alten Mann und die Ohio-Skulptur. Er wurde am Stadtrand von Goshen in einen Unfall verwickelt. Die Polizei wollte ihn anhalten; er hat auf sie geschossen. Sie mußten zurückschießen. Er ist tot. Dann fanden sie die Statuen im Laderaum.» Ich hörte ihn schlucken. «Andrew ... sie – die Polizei – wird die Statuen vernichten.»

«Vernichten?» schrie ich. «O Gott, nein! Nein! Wie können sie so etwas Idiotisches tun! Das ist keine Pornographie. Welche Polizei? Ich rufe sofort an. Ich sorge dafür, daß der Gouverneur ...»

«Nein, Andrew, der Gouverneur kann da nicht helfen.»

«Und warum nicht, du Dummkopf? Die Statuen sind Kunstwerke! Hörst du!» schrie ich. «Das ist Kunst. Jeder kann beschwören, daß es sich um Kunstwerke handelt. Die Polizei kann sie nicht zerstören. Sie gehören mir. Ich habe für sie bezahlt. Ich habe dem Bildhauer das Geld gegeben.»

Olofs Stimme schien aus weiter Ferne zu kommen; und meine Gedanken verkrochen sich in einem düsteren Winkel und schrien kraftlose Beschwörungen gegen das, was er sagte. Als ich nicht laut antwortete, wiederholte er: «Bildhauer? Aber nein, Andrew. Der alte Mann war kein Bildhauer; er war Tierpräparator.»

# *Zusammen – für immer*

*Day Keene*

Jetzt kommt die letzte Eintragung in mein Tagebuch. Manche würden behaupten, es sei leichtsinnig, ein derartiges Geheimnis niederzuschreiben. Aber ich selbst bin da anderer Meinung. Mich wird der Arm des Gesetzes nie erreichen.

Mit der Zeit werden Sarahs Angehörige sie vermissen. Sie werden eine Suchaktion starten. Aber man wird weder Sarah noch ihre Wertpapiere finden. Ihre Inhaberobligationen trage ich bei mir, und bis der Stein ins Rollen kommt, bin ich schon weit, weit weg.

Nun ist alles erledigt, und die Hand, die diese Zeilen schreibt, wandert weiter.

Außerdem flackert das Licht ...

Es begann letzten Sommer am Lake Estrella in den Sierras. Ich hatte am Spieltisch in Las Vegas etwas Geld gewonnen und fuhr, wie so oft, zum See hinauf, um zu sehen, ob sich dort etwas aufreißen ließ. Und traf auf eine Goldader.

Der Kurort wimmelte von alleinstehenden Matronen, die meisten fett und stinkreich. Sie schnatterten um die Wette, wie schön es hier sei, und langweilten sich dabei zu Tode.

Für meinen persönlichen Wirkungsbereich wählte ich die häßlichste von allen, eine Witwe Parker, allerdings nicht, ohne über ihre Finanzlage Erkundigungen eingeholt zu haben.

Ich schickte ihr die üblichen Blumen und umwarb sie, wie es sich für einen Verehrer gehört. Die kleine, untersetzte Frau Mitte Vierzig, deren verarbeitete Hände selbst die Brillantringe nicht überdecken konnten, lachte erst darüber. Dann fühlte sie sich geschmeichelt. Ein Verehrer wie ich war ihr noch nicht begegnet – gutaussehend, groß, mit grauen Schläfen. Erst war es Dankbarkeit, dann Liebe. Und die Liebe nahm ihr das bißchen Verstand, das sie besaß. Danach lief alles wie am Schnürchen. Sie glaubte an meine Liebe und daran, daß ich zeit ihres Lebens für sie sorgen wollte. Ich war der Märchenprinz, von dem jedes weibliche Wesen träumt, auch die älteren, die es besser wissen sollten.

Und doch war ich es, für den ein böses Erwachen kam. Wir waren noch keine zwei Monate verheiratet, als ich entdeckte, daß ich hinsichtlich der Erbschaft, die Mr. Parker seiner Frau hinterlassen hatte, falsch informiert worden war. Allerdings reichte ihr Vermögen vollauf, um uns in dem weitläufigen Ranchhaus am Hügel, mit Blick auf das San-Fernando-Tal, ein bequemes Leben zu sichern. Ich hätte auch nichts dagegen gehabt. Ich bin nicht kleinlich. Auch lag es durchaus nicht in meiner Absicht, sie umzubringen. Sarah könnte heute noch am Leben sein und mir nach wie vor auf die Nerven fallen, hätte sie nicht in ihrer Dummheit darauf bestanden, daß auch ich zum gemeinsamen Haushalt beitragen müsse. Ich dagegen zog es vor, vom Einkommen aus ihren Aktien und Obligationen zu leben. Sie mußten sich auf etwa fünfundneunzigtausend Dollar belaufen. Der verstorbene Mr. Parker war als Betonfabrikant zu Reichtum gekommen.

Es muß drei Monate nach unserer Heirat gewesen sein, als Sarah dahinter kam, daß ich sie mit meiner großen Farm und den tausend Rindern hinters Licht geführt hatte. Ich weiß noch genau, wie alles kam. Eines Morgens mußte ich sie um Geld bitten. Ich war blank. Und nun kam alles heraus.

Sie sagte weinend: «Das hätte ich wissen können. Du bist bettelarm, nur ein gemeiner Heiratsschwindler mit großer Klappe. Aus mir machst du dir überhaupt nichts. Du hast mich nur wegen dem Geld geheiratet.»

Das stimmte. Trotzdem wäre es dumm gewesen, alles zuzugeben. Ich versicherte ihr also, daß ich meine Verhältnisse nur aufgebauscht hatte, um ihre Zuneigung zu gewinnen.

Obwohl sie meine Lügen durchschaute, glauben wollte sie mir doch – und sie glaubte mir.

Ich sehe sie vor mir, diese fette, alternde dumme Frau, die nichts wollte als lieben und geliebt zu werden.

«Ist das dein Ernst, Jack?» bettelte sie. «Liebst du mich wirklich? Wirst du mich nie verlassen – niemals?»

Ich versprach es, obwohl ich nicht die leiseste Absicht hatte, Wort zu halten. Aber ihr tat es gut, und ich gewann dadurch ein paar Monate Zeit, um irgendwie an die Wertpapiere heranzukommen, dachte ich damals.

Doch dann wußte ich, daß es ein Fehler gewesen war. Ich konnte Sarah nicht mehr lange ertragen. Wenn ich wenigstens einen Teil von Mr. Parkers Hinterlassenschaft in die Hände bekäme, würde ich einfach türmen. Aber so dumm war Sarah auch wieder nicht. Sie hielt mich knapp, während sie ihre zahlreichen Neffen und Nichten, die ständig im Haus ein und aus gingen, großzügig beschenkte.

Carol, eine dieser Nichten, war es auch, die den zweiten Krach verursachte. Sie war ein herrliches Wesen, schlank, blond, voll jugendlichem Reiz. Sarah mußte mit neunzehn Jahren ähnlich ausgesehen haben.

Es war an einem Sonntag, Anfang des Jahres. Wie üblich hatte sich Sarahs Verwandtschaft zum Essen eingefunden. Es wurde viel getrunken, und als ich in den Keller gehen wollte, um Nachschub zu holen, erbot sich Carol freiwillig, mich zu begleiten.

Vom Keller wird später die Rede sein. Er steht im Mittelpunkt der ganzen Angelegenheit, obwohl ein unterkellertes Ranchhaus etwas ungewöhnlich ist. Der Keller wäre auch nie gebaut worden, wenn Sarahs verstorbener Mann nicht ausgerechnet Betonfabrikant gewesen wäre. Und das muß man Mr. Parker lassen, seine Erzeugnisse sind hervorragend. Auch bei schwersten Regengüssen bleibt der Keller stets trocken und schalldicht wie eine Gruft. Sind die Betonplatten erst mit Mörtel verbunden, dann können weder Menschenhand noch Naturgewalten sie durchbrechen. Ich weiß es. Ich hab's versucht.

Und nun zurück zu Carol und dem bewußten Sonntag. Ich will mich da nicht hinausreden. Sie war reizend. Ich hatte getrunken, und als ich in dem schummrigen Keller ein frisches Weinfaß angezapft hatte, drehte ich mich um, und schon lag Carols warmer Körper in meinen Armen. «Aber Onkel Jack!» protestierte sie schwach. Doch dann erwiderte sie meine Küsse. Ich dachte eben, daß ich es mit Sarahs Familie gar nicht so übel getroffen hatte, als mir etwas mit voller Wucht ins Gesicht klatschte. Es war eine Reitpeitsche, die auf dem Kellerabsatz gelegen hatte. Gleichzeitig schrie Sarah: «Hände weg von dem Mädchen, Jack Markham. Und laß dich nicht mehr erwischen, sonst hat deine letzte Stunde geschlagen.»

Es war ihr voller Ernst.

Carol verschlug es den Atem. Mit einem «Oh!» rannte sie die Treppe hinauf.

«Ich wollte gerade –» begann ich.

«Genau. Das merke ich», sagte Sarah.

Noch nie hab ich einen Menschen so gehaßt.

Mit ihrem zornroten Gesicht, dem unordentlichen, gefärbten Haar, den Fettpolstern an den falschen Stellen wirkte sie wie die Karikatur aller illusionslosen, alternden Frauen der Welt.

«Ich habe also einen Lumpen geheiratet. Aber wie man sich bettet, so liegt man. Mich hat ja niemand zum Altar gezwungen. Aber merk dir eines: Wenn du Carol noch einmal anrührst, bringe ich dich um. Ab jetzt weht ein anderer Wind. Du suchst dir morgen einen Job oder nagst am Hungertuch.»

Mit diesen Worten nahm sie den Krug und ging nach oben. Ich zapfte mir ein Glas Wein aus dem Faß ab und setzte mich, um die Lage zu überdenken. Sie sah nicht rosig aus. Auch mit Zärtlichkeit und guten Worten würde es mir kaum gelingen, wieder in Gnaden aufgenommen zu werden.

Im Keller war es angenehm still. Ich trank aus und füllte mir noch ein Glas ab. Dann wanderte ich durch den endlos langen Gang bis ans Ende. An den Ausmaßen des Kellers merkte ich, wie weitläufig und verwinkelt das Haus sein mußte. Außer dem betonierten Fußboden bestanden alle Seiten-, Zwischenwände und Sockel aus gemauerten Betonplatten. Neben dem Weinkeller gab es noch einen unbenutzten Hobbyraum, eine Waschküche, einen Trockenraum, eine Werkstatt und mehrere Vorratsräume. Man kam sich vor wie in einem Labyrinth. Ich bezweifle, daß selbst Sarah sich hier auskannte. Ich hatte sie noch nie weiter als bis zur Waschküche gehen sehen.

Als ich das Ende des Kellers erreicht hatte, befand ich mich offenbar unterhalb der Terrasse und des überdachten Innenhofs. An dieser Stelle war die Decke eine einzige solide, stahlverstärkte Zementplatte. Der Bau mußte Parker ein Vermögen gekostet haben.

Vermutlich hatte Parker hier irgendein Gewölbe errichten wollen. Eine Menge loser Platten war fein säuberlich an der hinteren Mauer aufgeschichtet. Sie würden leicht für eine hermetisch abgeschlossene Trennwand genügen.

*Für eine solide Mauer, die einen etwa anderthalb Meter breiten Raum bis zur Außenwand des Kellers abtrennen könnte.* Man müßte sich das überlegen. Parker war tot. Hier lag eine Menge loser Steine herum, die niemand je vermissen würde, wohl aber Sarah, die würde man vermissen. Das war das Hauptproblem. Aber was tut man nicht alles für fünfundneunzigtausend Dollar? Ich, Jack Markham, habe den perfekten Mord verübt. Ich habe Sarah umgebracht, habe die Aktien in der Tasche. Mehr noch: Mich wird keiner erwischen.

*Wenn nur das Licht nicht so flackern würde ...*

Ich brachte sie also um und baute die Zwischenwand. Und da liegt sie nun, eingemauert für immer und ewig. Ihre Wertpapiere habe ich bei mir. Das Haus ist verkauft. Der neue Besitzer wird nie erfahren, daß der Keller ursprünglich um anderthalb Meter länger war. Außerdem kann es noch Monate dauern, bis man Sarah vermißt.

Und doch ging nicht alles glatt. Zunächst mußte ich mich erneut bei ihr einschmeicheln, ohne dabei übereifrig zu erscheinen. Auch durfte kein Hintertürchen für neugierige Verwandte offenbleiben. Taten sind überzeugender als Worte, dachte ich.

Deshalb hörte ich als erstes auf zu trinken. Dann verkaufte

ich meinen Wagen und überreichte ihr den Erlös. «Okay», sagte ich. «Deiner Meinung nach bin ich also ein Lump. Na, vielleicht deckt das hier wenigstens meine Unterhaltskosten.»

Sie schien überrascht, mißtrauisch, aber das ignorierte ich. Als nächstes suchte ich mir einen Job. Ich hätte Dutzende haben können, wählte aber mit Absicht den, der einem doppelten Zweck diente. Ich wollte so viel wie möglich über den Umgang mit Beton und Mörtel erfahren.

Bis zu meinem letzten Atemzug werde ich den ersten Abend nicht vergessen, als ich nach Hause kam, von oben bis unten weiß vom Zementstaub. Auf Sarahs Fragen antwortete ich: «Betonwerk. Bin gewöhnlicher Arbeiter bei der Firma, die den Betrieb des verstorbenen Mr. Parker übernommen hat.»

Sie konnte es nicht fassen. Für mich war es die erste körperliche Arbeit, die ich seit Jahren getan hatte. Alle Knochen taten mir weh, aber das war es mir wert. Als sie erfuhr, daß es stimmte, war sie erfreut und beschämt zugleich.

Sie sagte nur: «O Jack!», verbiß sich aber einstweilen jeden weiteren Kommentar. Immerhin hatte ich ihr den Gedanken eingeimpft: «Vielleicht hab' ich mich geirrt? Vielleicht hat er mich doch nicht wegen dem Geld geheiratet? Vielleicht ist er gar nicht so schlimm, wie ich dachte?»

Am nächsten Morgen standen Blumen auf dem Frühstückstisch, und sie war schon auf, um mir Kaffee zu kochen. Fast tat sie mir leid, weil sie so sehr wünschte, unsere Ehe doch noch zu retten.

Aber sie hatte keine Chance.

Die Arbeit als solche war kein Problem. Die hätter jeder geschafft. Nach vierzehn Tagen war ich Vorarbeiter, nach vier Wochen Verkäufer. Ende April schlug mir Mr. Parkers Nachfolger vor, sein Partner zu werden. Ich sei ein erstklassiger Geschäftsmann. Ich dachte nicht daran, sagte aber, ich würde es mir überlegen. Ich erzählte es Sarah. Sie strahlte.

Ich als Boss in diesem Krämerladen im San-Fernando-Tal? Wäre ja gelacht. Da wüßte ich mir Besseres.

Die größte Überraschung war Sarah. Sie wurde zusehends

jünger, wir schliefen auch nicht mehr getrennt. Sie war überzeugt, mich falsch eingeschätzt zu haben, und gab sich die größte Mühe, alles wieder gutzumachen.

Jack sagt dies, Jack meint das, erklärte sie jedem, der es hören wollte. Sie hob mich in den Himmel, und alles war ihr recht, nun, da sie an meine Liebe glaubte.

Für mich war's die Hölle. Ich wollte Betrieb um mich haben, Lachen, Lichter, Fröhlichkeit; das Klicken der Kugeln im Spielkasino und eine hübsche Frau sagen hören: «Na, Süßer, hast du heut' was vor?» Ich wollte Sarah eine schmieren, mir ihre Aktien schnappen und türmen.

Aber das ging nicht. Selbst, wenn es mir gelang, ihr die Wertpapiere abzuluchsen, käme ich damit nicht weit. Sarah ließ sich nicht so leicht hinters Licht führen. Andererseits konnte ich mir, bei meinem Strafregister, kein großes Tamtam leisten. Ich mußte sehr geschickt vorgehen, um Sarah mundtot zu machen.

Daher die Mauer.

Nicht einmal Sarah könnte eine dicke Betonmauer durchbrechen, um mich aus Buenos Aires zurückzuholen. Und fünfundneunzigtausend Dollar, zuzüglich dem Erlös aus dem Hausverkauf – ein schöner Batzen in Buenos Aires! Es ist schon um weniger gemordet worden.

Am ersten Mai begann ich, den Boden vorzubereiten. Ich starrte trübsinnig in die Ferne und hatte kaum Appetit. Ob es an der Leber liege? meinte Sarah besorgt. Ich sagte, ich fühle mich ganz wohl, es sei nur die Langeweile. Nicht bei ihr, Gott behüte, aber im Betonwerk, das ohnehin keine große Zukunft habe.

Keine Arbeit für einen Mann, der im Freien aufgewachsen sei, auch wenn ich keine eigene Ranch besitze, sagte ich ihr. Ich sehne mich nach der endlosen Weite der Prärie, nach dem Duft gebratener Schweine am Spieß.

Komplette Schnulze, und sie fiel drauf rein. Besonders, als ich ihr vorrechnete, wie man klein anfangen und die Ranch immer mehr ausbauen konnte. Ich schilderte ihr ein kleines Haus in den Hügeln, ein Leben zu zweit, nur sie und ich, allein im weiten Land. Als sie begann, sich dafür zu begeistern, zog ich die Bremse.

Ich erklärte ihr, so etwas könne auch mißlingen, deutete an, daß sie sich vielleicht, so weit von ihren Verwandten, einsam fühlen würde. Sagte, ich hätte kein Recht, sie aus ihrem gewohnten Leben herauszureißen. Ihr zuliebe wolle ich auf alle Träume verzichten und mich mit dem Verkauf von Betonplatten abfinden.

Aber ich hatte sie schon an der Angel.

Sie wollte nichts mehr davon wissen. Jetzt käme es nur noch auf mich an. Ich habe sie von meiner Liebe überzeugt, weil ich für sie zu einem Mann geworden sei. Wo sie lebe, sei ihr egal, solange wir zusammenblieben. Sie würde das Haus verkaufen und mir das Aktienpaket übergeben, damit ich das Geld in einer Ranch investieren könne, sobald wir etwas Passendes gefunden haben.

Ich ließ mich überreden. Aber nachts fand ich keinen Schlaf. Mordgedanken waren meine Begleiter und krochen zu mir ins Bett. Ich dachte daran, was mir blühte, wenn etwas schiefging. Gegen Morgen schlich ich nach unten und goß mir, nach vier Monaten, meinen ersten Drink ein. *Allmächtiger Gott! Wenn etwas schiefging ...*

Das war vor drei Wochen. Das Haus ließ sich leicht verkaufen. Schon nach zwei Tagen meldeten sich Interessenten. Gestern wurde der Kaufvertrag abgeschlossen. Die dreiundzwanzigtausend Dollar in bar habe ich bei mir. Der gleiche Umschlag enthält auch die Aktien. Einhundertachtzehntausend Dollar. Ein nettes Sümmchen. Es wird für lange Zeit reichen.

Hoffentlich sind die neuen Hausbesitzer nicht übersensibel. Na, und wenn schon. Sarah könnte ihnen ohnehin nichts mehr verraten. Es geschah, während sie schlief, während sie von mir träumte.

Heute nacht.

Wie erwartet, waren Sarahs Verwandte von ihrem Ortswechsel nicht eben erfreut. Auf mich fiel jedoch kein Verdacht, nicht einmal seitens Carol, obwohl sie mir einen seltsamen Blick zuwarf, als Sarah sie in unser zukünftiges Heim einlud. Sarah meinte, sie hätte Carol soviel zu verdanken.

Wir erklärten ihnen, daß unser endgültiges Ziel zwangsläufig ungewiß sei, solange wir noch kein passendes Haus gefunden haben. Es würde irgendwo zwischen Texas und Montana liegen. Sarah gab zu, schreibfaul zu sein, wir versprachen aber, Kartengrüße zu senden.

Es kann noch Monate dauern, ehe man merkt, daß etwas faul ist. Bis dahin sind alle Spuren verwischt. Übrigens müßte der Arm des Gesetzes reichlich lang sein.

Nach bewegtem Abschied verließ uns die Verwandtschaft ziemlich angeheitert gegen Mitternacht. Wir hatten das Haus möbliert verkauft. Voraussichtlich würden die neuen Leute im Laufe des Tages einziehen. Sarah hatte geplant, daß wir uns bei Tagesanbruch auf den Weg machten, und zwar mit einem Wagen, den ich, wie ich ihr sagte, gekauft hatte. In Wirklichkeit hatte ich ihn unter falschem Namen bei einer Hollywooder Garage gemietet. Auf einem verlassenen Seitenweg wartet dieser Wagen jetzt auf mich.

Ich habe alle Spuren verwischt, an alles gedacht. Das Ticket nach New Orleans steckt in meiner Tasche. Auf einem Frachter ist eine Passage nach Montevideo gebucht. Der für das Visum vorgelegte Paß kann nie auf meine Spur führen. Ich habe auch nicht vergessen, beim Elektrizitätswerk anzurufen, um den Strom abschalten zu lassen. Unsere letzte Party hat bei Lampen- und Kerzenschein stattgefunden.

Ich denke zurück: Blumenduft strömt in die offenen Fenster. In der Ferne bellt ein Hund. Der Lichtschein unserer Lampe beleuchtet flackernd die Wände, während wir durch den Gang zu unserem Zimmer gehen.

«Ich liebe dich, Jack. Ich wußte nicht, was Glück bedeutet, bis ich dich traf. Wir bleiben zusammen – für immer.»

Dummes Weib. Albernes, egoistisches Weib.

Noch ein letztes Glas Wein. Dann: *«Schlaf, mein Liebling. Schlaf ein, verdammt noch mal. Die Zeit wird knapp, ich muß jetzt endlich handeln und vor Morgengrauen verschwinden.»*

Nur kein Blutvergießen, auch daran dachte ich. Deshalb wählte ich meine Hände. Erst ein Faustschlag, dann der Würgegriff.

So. Das wär's. Nun die Lampe löschen. Zum Teufel mit Sarah. Zum Teufel mit toten Frauen. Auch als sie sich nicht mehr rührte, hatte ich das Gefühl, sie folge mir mit ihrem Blick, während ich im Dunkeln ihr Gepäck in den Keller trug, um es mit ihr zusammen einzumauern.

Dann kam das Klopfen am Fenster. Im ersten Moment brach ich in Panik aus. Einer aus der Verwandtschaft kehrte besoffen zurück? Bangen Herzens schlich ich nach oben, nur um zu entdecken, daß ein loser Zweig gegen das Fenster schlug. Niemand wollte, niemand durfte Sarah sehen. Sie schlief in den Armen ihres Mannes.

Schauer überliefen mich, und ich machte mich über ein neues Weinfäßchen her. Der Wein stand nicht im Kaufvertrag, wozu ihn also dem Käufer überlassen?

Wein, das war es, was ich jetzt brauchte. Nun war's geschehen. Keine Zeit für Panik. Ich hatte keinen einzigen Fehler gemacht. Ich mußte Sarah nur noch in den Keller tragen, den Mörtel anrühren und eine Wand vom Sockel bis zur Betondecke errichten.

*«Leb wohl, Süße – dummes altes Weib – leb wohl für immer.»*

Ich zog sie an, nahm auch ihren Hut, Mantel und Handtasche. Dann hob ich sie auf die Schulter. In der anderen Hand hatte ich die Lampe.

Sie hatte recht gehabt. Ich war wirklich ein Lump, ein angeberischer, schmieriger Heiratsschwindler. Sie war mir völlig gleichgültig gewesen, ich wollte nur ihr Geld.

Einhundertachtzehntausend Dollar, ich trug sie bei mir.

Mein einziger, fast verhängnisvoller Fehler war das Wasser. Ich hatte vergessen, daß das Wasser- und Kraftwerk zusammengehörten. Mit dem Strom hatte man auch das Wasser abgestellt. Und ohne Wasser kann man keinen Mörtel mischen.

Es gelang mir aber, mehrere Eimer aus dem Teich zu holen.

Die würden reichen. Alles andere war vorbereitet: Ein Brett, Sand, Zement, Bindemittel.

Erst den Mörtel mischen. Sauber auftragen und nicht verschmieren. Besser von innen arbeiten, damit man von außen nicht sieht, daß die Mauer noch frisch ist. Alle Spuren müssen innen bleiben, bei Sarah.

So, nun ein glattes Mörtelband. Darauf die erste Lage dieser isolierenden Hohlblocksteine, die Mr. Parker zu irgendeinem Zweck griffbereit im Keller gelagert hat.

Gar nicht so einfach, bei der schwachen Beleuchtung. Auch hatte ich die Wasserwaage vergessen. Die Lagen müssen unbedingt waagrecht sein. Schließlich fand ich sie in der Werkstatt und richtete so die zweite Schicht auf. Bis jetzt sah mein Werk tadellos aus.

*«Gute Nacht, Madam, ich verlasse dich mit Freuden.»*

Ein Raum von anderthalb Metern, ganz für dich allein, meine Liebe, ich aber verdufte nach Montevideo.

Ohne Lüftung war es hier, am Ende des Kellergangs, warm und muffig. Daher kehrte ich von Zeit zu Zeit zum Weinfaß zurück, um mich zu erfrischen. In meiner Aufregung trank ich den Wein wie Wasser. Inzwischen war die Trennmauer vier Lagen hoch, und ich konnte schon im Stehen arbeiten, als es oben klingelte. Zweimal. Das war kein Zweig, das war echt. Jemand war an der Haustür.

Ich zog die Hose aus und fand meinen Morgenrock in der Reisetasche. Ich wagte nicht, irgend jemand einzulassen, aber zur Haustür mußte ich gehen, mußte wissen, wer draußen war und warum.

Es war Carol. Sie fragte, ob ihre Tante schon schliefe.

Ich sagte, ja. Was sie wolle?

Sie hatte verschwollene Augen, als habe sie geweint. «Kannst du dir's nicht denken?»

Ich sagte – nein.

Nach kurzer Pause fragte sie: «Ist denn jetzt alles aus?»

«Alles ist aus», antwortete ich. «Es war dumm von mir, mich mit einem jungen Ding wie dir einzulassen. Inzwischen bin ich wieder zur Vernunft gekommen. Wie ich euch sagte, will ich eine Ranch kaufen und seßhaft werden. Wir wollen ein neues Leben beginnen, deine Tante Sarah und ich.»

Sie wollte etwas darauf erwidern, besann sich aber und sagte nur: «Lump.» Damit ging sie zu ihrem Wagen zurück.

Noch an der offenen Tür drehte ich mich um und rief: «Nein, Sarah. Nichts Besonderes. Es war Carol. Sie hatte ihre Handschuhe vergessen.»

Ich glaube, Carol weinte, als sie abfuhr. Es ging mir ziemlich nahe, sie ist wirklich eine süße Puppe. Ich habe ihr viel zu verdanken. Wenn sie sich nicht so oft zu mir hinausgeschlichen hätte, wer weiß, ob diese letzten Monate zu ertragen gewesen wären. Beschämend, daß sie mir so vertraute. Ich hoffe nur, daß sie einen verständnisvollen Mann findet.

In den Keller zurückgekehrt, kam ich wieder nicht am Weinfaß vorbei. Der Zwischenfall hatte mich verwirrt, und doch war ich froh um das zusätzliche Alibi. Sollte sie jemand fragen, dann würde sie sagen, daß ich mit Sarah gesprochen habe.

Ich fand es lästig, jedes einzelne Glas Wein vom Faß abzuzapfen. Darum holte ich einen Krug und brachte ihn gefüllt zu meinem Arbeitsplatz.

Ich beschloß, erst nach Glendale zu fahren, dort den Wagen auf einem Parkplatz abzustellen und den Zug nach Norden zu besteigen. Das würde meine Spur verwischen. Von San Francisco nach Omaha. Von dort nach Kansas City, und dann nach New Orleans.

New Orleans: *Austern à la Rockefeller.* Das französische Viertel. Und ich mit dreiundzwanzigtausend in bar und fünfundneunzigtausend in Inhaberobligationen in der Tasche. Welcher Ansporn für meine Arbeit.

Wasserwaage, Mörtel, ein Block. Wasserwaage, Mörtel, ein Block. So ging es endlos weiter. Mir kam eine Mauer noch nie so hoch vor. Wasserwaage, Mörtel, ein Block. Alles gut andrücken. Wasserwaage, Mörtel, ein Block. Den letzten fest eindrücken und mit Mörtel dicht verfugen.

Fertig. Schwer atmend lehnte ich mich an die Wand und betrachtete mein Werk. Im fahlen Lampenschein glaubte ich, noch nie eine so perfekte Mauer gesehen zu haben. Ich streckte meinen schmerzenden Rücken und plötzlich, teils vom Alkohol, teils von der schlechten Luft, wurde mir schwarz vor Augen, und ich war hinüber.

Als ich wieder zu mir kam, flackerte das Licht nur noch schwach. Ich hatte den üblichen Brummschädel. Die Luft war stickig. Ich sah auf die Uhr. Schon fünf. Bald würde es dämmern, ich mußte mich auf den Weg machen.

Ich stand auf, griff nach meiner Tasche *und sah Sarah. Auf welcher Seite der Mauer befand ich mich, um Gottes willen?*

Jetzt weiß ich's. Ich weiß auch, wie stark die Mauer ist. Wirklich erstklassiges Material. Einmal mit Mörtel verbunden, weicht sie weder Zeit noch Menschenhand. Die Blutspuren an den Steinen stammen von mir.

Ob die neuen Bewohner eingezogen sind, weiß ich nicht. Kein Laut dringt in das Gewölbe. Auch würde ich es nie wagen, mich bemerkbar zu machen. So, jetzt bin ich unterwegs, aber nicht nach Buenos Aires. Wohin, das weiß keiner. Ich muß aufhören zu schreiben. Das Licht flackert wie wild.

Eines steht fest. Sarahs letzter Wunsch geht in Erfüllung. Wir bleiben zusammen – für immer.

# *Zwei rechnen ab*

*Lael J. Littke*

Jerome Kotter sah aus wie eine Katze. Dies rief jedoch keinerlei ungebührliches Aufsehen bei seinen Klassenkameraden hervor, denn von diesen besaßen fast alle die eine oder andere ungewöhnliche Eigenschaft. Beverly Baumgartner wieherte beim Lachen wie ein Pferd. Bart Hansen hatte einen Körperumfang wie ein Elefant. Carla Seavers langer Hals glich dem einer Giraffe. Und Randy Ramsbottom roch stets auffallend wie ein Hund bei regnerischem Wetter.

Der einzige Mensch, der sich gewisse Sorgen wegen Jeromes ungewöhnlichem Aussehen machte, war sein Vater. Dieser ging in aller Stille daran, seinen Sohn für eine Welt zu wappnen, in der er stets ein bißchen anders sein würde als die anderen. Er lehrte Jerome liebenswürdige Umgangsformen und versicherte ihm, daß er ungeachtet seines unterschiedlichen Aussehens immer gut zurechtkommen würde, wenn er sich nur richtig benähme. Er brachte ihm bei, sämtliche Strophen der Nationalhymne auswendig herzusagen. Er ermutigte ihn, die Bibel zu lesen. Und er lehrte ihn die Lieder aus den bekanntesten Gilbert-und-Sullivan-Operetten. Damit, so dünkte ihm, war Jerome mit allem notwendigen Rüstzeug ausgestattet, um das Leben zu meistern.

Als Jerome in die High School kam, wurde er der beste Läufer, den Quigley High je hervorgebracht hatte, obschon er sich ein bißchen vorsehen mußte, denn die Sporttrainer der konkurrierenden Schulen reklamierten ein Foul, wenn Jerome im Eifer auf allen vieren zu laufen begann.

Alles in allem gesehen wäre Jeromes Schulzeit durchaus glücklich verlaufen, wäre nicht Benny Rhoades gewesen.

Während Jerome hochgewachsen, höflich, lerneifrig und stets

sehr gepflegt war mit seinem seidigglänzenden Fell und den blitzblanken Schnurrbarthaaren, war Benny dürr, ungepflegt, unhöflich und hinterhältig. Sein Gesicht war spitz und verkniffen, und sein Haar stand in unregelmäßigen Büscheln in die Höhe. Er haßte jeden, der ihn auf irgendeinem Gebiet übertraf. Fast jeder übertraf ihn auf allen Gebieten, und da Jerome im einzigen Fach, wo er wirklich etwas leistete – im Laufen nämlich –, besser war als er, haßte er Jerome von allen am meisten. Als Jerome ihm den Meistertitel von Quigley High wegschnappte, schwor Benny, mit ihm abzurechnen, und wenn es sein ganzes Leben dauern sollte.

Eine von Bennys Lieblingsschikanen war es, im Arbeitssaal Jerome auf den Schwanz zu treten, was diesem ein Aufmauzen entlockte und ihm den Zorn des aufsichthabenden Lehrers eintrug. Benny zog Jerome an den Barthaaren und goß ihm Honig über seinen Pelz. Er tat alles, um Jerome das Leben sauer zu machen.

Wenn er an Benny Rhoades dachte, fiel es Jerome schwer, den Ratschlägen seines Vaters zu folgen – daß er nämlich seine Feinde lieben und auch denen Gutes tun sollte, die ihn haßten. Er sehnte den Tag herbei, an dem er die Schule beenden und von dort fortgehen würde, denn im innersten Herzen mußte er sich eingestehen, daß er den gräßlichen Benny haßte. Ihn ärgerte vor allem der Gedanke, daß Benny der einzige Mensch war, der ihn dazu brachte, die Beherrschung zu verlieren und in aller Öffentlichkeit zu miauen, wodurch die Leute darauf aufmerksam wurden, daß er trotz seiner gewandten Manieren und seiner intelligenten Konversation eben doch ein bißchen anders war. Um die Fassung zu bewahren, ging er dazu über, die Nationalhymne oder Passagen aus der Bibel zu rezitieren. Einmal war er halb durch die Genesis, ehe er sich fing und seine Beherrschung wiedererlangte.

Unmittelbar vor Jeromes Abschlußexamen im College stahl Benny den ganzen Inhalt von Old Man Walkers kleinem Fischkarren und packte ihn in Jeromes Wagen, wonach er einen anonymen Anruf bei der Polizei tätigte. Die Polizei, die Jerome immer als Verkörperung all dessen betrachtet hatte, was sie sich bei einem jungen Mann vorstellte, zog es vor, Jeromes Unschuldsbeteuerungen Glauben zu schenken; doch kam ihr bei seinem Aussehen nur allzu leicht der stille Verdacht, er habe vielleicht doch eine Portion Fisch geklaut.

Die Leute begannen, über Jerome zu flüstern, wenn er auf der Straße vorbeiging. Trotz seiner tadellosen Manieren, meinten sie, habe er eben tatsächlich solche langen dolchartigen Nägel, und man habe eigentlich keine Lust, ihm allein in einer dunklen Gasse zu begegnen. Und lag nicht auch eine gewisse katzenhafte Schläue in seinen schrägen Augen?

Als Jerome nach seiner Abschlußprüfung die Stadt verließ, umgab ihn eine Wolke des Mißtrauens und der Geruch von verdorbenem Fisch, den aus seinem Wagen zu entfernen ihm nie wieder gelang.

Jerome beschloß, nach New York zu gehen und dort die Laufbahn eines Werbeberaters einzuschlagen, denn er sagte sich, daß bei all den seltsamen Gestalten, die in dieser Stadt herumliefen, keinem seine eigene Andersartigkeit auffallen würde. Schon die erste Firma, bei der er sich bewarb, Bobble, Babble and Armbruster Inc. in der Madison Avenue, stellte ihn ein. Mr. Armbruster hatte am Abend zuvor seinen vierzehnten Hochzeitstag gefeiert und sich bei dem Versuch, zu vergessen, welche Verwüstungen diese vierzehn Jahre in seinem Leben hinterlassen hatten, fast bis zur Bewußtlosigkeit betrunken. Als Jerome in sein Büro trat, hielt er ihn deshalb natürlich für einen nahen Verwandten der drei Meter langen getupften Kobra, die ihn nachts verfolgt hatte, und dachte, er würde mit seinem Kopfweh von selbst verschwinden. Nach dem Grundsatz, daß man einen Alkoholkater am besten mit Alkohol bekämpfte, verschwand er kurz hinter seinem Schreibtisch, worauf er Jerome einstellte. Bis sich Mr. Armbruster endlich vollständig von seiner Feier erholt hatte, hatte sich Jerome als ein tüchtiger und verträglicher Mitarbeiter erwiesen und durfte bleiben. Selbstverständlich setzte ihn Mr. Armbruster in die Abteilung, der die Werbung für Katzenfutter oblag.

Es dauerte nicht lange, und Jerome verliebte sich in seine Sekretärin Marie, eine wohlgeformte Blondine, die Jeromes glattes Fell und seine goldenen Augen sexy fand. Er wollte mit ihr ausgehen, aber zuerst mußte er fairerweise herausfinden, wie sie zu ihm stand.

«Marie», sagte er eines Tages nach dem Diktat, «mögen Sie mich als Chef?»

«O ja», hauchte Marie. «Hach, Mr. Kotter, Sie sind der schickste Chef, den ich je hatte. Sie sind so anders.»

Jerome sank das Herz. «Anders? Inwiefern, Marie?»

«Na ja», erwiderte Marie, «Mr. Leach, mein früherer Chef, der hat mich manchmal gekniffen. Und er hat sich auch immer von hinten an mich rangeschlichen und mich geküßt.» Sie sah Jerome mit kokettem Augenaufschlag an. «Sie sind ein echter Gentleman, Mr. Kotter.»

Jerome war entzückt und lud sie unverzüglich zum Abendessen ein.

Einige Wochen lang lief alles glänzend. Dann erschien unerwartet Benny Rhoades auf der Bildfläche. Jerome blickte eines Tages von seinem Schreibtisch auf und sah seinen Racheengel in der Tür stehen.

«Mensch», sagte Benny, «das ist doch Jerome Kotter.» Er grinste.

«Benny Rhoades», rief Jerome. «Was machst du denn hier?»

«Mensch, du bist gut», sagte Benny sanft. «Ich arbeite in der Versandabteilung. Du wirst mich von jetzt an häufig zu sehen bekommen, Jerome.»

Jeromes Schwanz zuckte.

«Warum bist du gekommen? Warum läßt du mich nicht in Ruhe?»

Der berechnende Ausdruck auf Bennys teigigem Gesicht machte einer Miene beleidigter Unschuld Platz.

«Na, Mensch, ich hab' doch nichts getan. Man muß schließlich arbeiten. Und ich arbeite hier.» Er lehnte sich lässig an den Türrahmen. »Ich höre, du bist hier der Oberkater.»

«Verschwinde», sagte Jerome.

«Na klar doch, Mr. Kotter. Gerne, Sir. Ich werde noch mal kurz bei Ihrer Sekretärin reinschauen. Tolle Biene, diese Marie.»

«Du läßt die Finger von ihr!» Jerome spürte, wie sich sein Nackenfell sträubte. Seine Schnurrbarthaare standen waagrecht ab.

Benny lächelte und glitt davon wie eine hinterlistige Schlange.

Von diesem Moment an tat Benny, was er nur konnte, um Jerome zu schikanieren. Er hielt seine Post zurück, bis wichtige Kunden die Chefs anriefen, um sich über die nachlässige Bearbeitung ihrer Werbeaufträge zu beklagen. Er klemmte Jeromes Schwanz in die Tür ein, gewöhnlich, wenn gerade irgendwelche Ehrengäste das Büro besuchten. Und was das schlimmste war, er belästigte Marie, indem er ständig an ihrem Schreibtisch herumstand und sie mit Einladungen bombardierte. Manchmal trat er sogar von hinten an sie heran und schmatzte ihr einen Kuß in den Nacken. Marie haßte ihn fast so sehr wie Jerome.

Jerome wußte nicht recht, was er dagegen tun sollte, ohne seine Stellung zu gefährden, an der er nachgerade sehr hing. Seine Kollegen in der Agentur mochten ihn, obschon sie ihn für eine Spur exzentrisch hielten, da er stets darauf bestand, das Katzenfutter selbst zu probieren, für das er Reklame machte. Aber schließlich hatte eben jeder seinen eigenen Geschmack, sagten sie.

Die Sache spitzte sich zu, als Jerome eines Abends Marie zu einem Fischessen in seine Wohnung einlud, bevor er mit ihr ins Theater gehen wollte. Sie setzten sich gerade zu Tisch, als es an der Tür läutete.

Es war Benny.

«Gemütlich», murmelte er nach einem Blick auf das häusliche Bild. Er knallte die Tür hinter sich zu.

«Ein richtiger schnurrender Kater.» Er kam ins Zimmer und zog eine kleine Pistole aus der Tasche.

«Hast du den Verstand verloren, Benny?» rief Jerome. «Was fällt dir ein?»

«Ich hab' meinen Job verloren», sagte Benny lächelnd.

«Was hat das mit mir zu tun?»

«Marie hat sich beklagt, ich würde sie belästigen. Da hat man mich rausgeworfen.» Bennys kleine Augen glitzerten. «Erst werde ich ihr dafür meinen Dank abstatten, und dann kommst du dran, Jerome. Ich werde es so einrichten, daß man glaubt, du hättest sie erschossen, weil sie sich deinen Annäherungsversuchen widersetzte, und dir dann selbst das Leben genommen. Jeder Mensch weiß, daß ein verliebter Kater wie du jederzeit Amok laufen kann.»

«Sie sind eine Ratte», sagte Marie. «Eine miese, verdorbene kleine Ratte.»

«Beschimpft mich ruhig, das tut mir nicht weh», erwiderte Benny höhnisch.

Jerome sah Benny nachdenklich an. «Eine Ratte», murmelte er. «Genau das ist er. Eine Ratte. Komisch, daß mir das noch nie aufgefallen ist.» Sein Schwanz zuckte nervös.

Benny gefiel der Ausdruck auf Jeromes Gesicht nicht. «Rühr mich nicht an, Mensch, sonst schieß' ich!»

Ehe Benny auf ihn anlegen konnte, sprang Jerome blitzschnell und geschmeidig wie ein Tiger durch das Zimmer. Er schlug Benny zu Boden und nahm ihm ohne Schwierigkeiten die Pistole ab.

«Eine Ratte», wiederholte Jerome leise.

Benny blickte in Jeromes Gesicht, das dicht über seinem war. «Was willst du tun?» quiekte er. Sein eigenes Gesicht war schneeweiß, und seine Knopfaugen waren voller Angst. «Was willst du tun?»

Jerome fraß ihn auf.

Es dauerte lange, bis sie den Polizeisergeanten dazu gebracht hatten, daß er die Sache ernst nahm. Marie hatte Jerome beschworen, das Ganze zu vergessen, doch Jerome fand, er müßte ein Geständnis ablegen.

«Sie sagen, Sie haben diesen Benny gefressen?» fragte der Sergeant zum zwanzigsten Mal.

«Ich habe ihn gefressen», bestätigte Jerome.

«Er war eine Ratte», ergänzte Marie.

Der Sergeant schüttelte den Kopf. «Leute gibt's», murmelte er. «Geht nach Hause. Schlaft euch aus.» Er seufzte. «Notwehr, sagten Sie?»

«Benny wollte uns beide erschießen», erklärte Marie.

«Wo ist die Leiche?» fragte der Sergeant.

Jerome schüttelte den Kopf. «Es gibt keine Leiche. Ich habe ihn gefressen.»

«Er war eine Ratte», sagte Marie.

«Es gibt keine Leiche», wiederholte der Sergeant. «Wir haben zwei Leute in Ihre Wohnung geschickt, und die haben weder eine Leiche gefunden noch sonst irgendwelche Anzeichen, daß da einer umgebracht worden ist. Wir haben sogar die Familie von diesem Benny per Ferngespräch angerufen, um festzustellen, ob die wissen, wo er steckt, aber sein alter Herr hat gesagt, was sie beträfe, so sei er bei der Geburt gestorben. Also geht nach Hause, ja?»

«Ich habe ihn gefressen», wiederholte Jerome hartnäckig.

«Dann haben Sie eben der Öffentlichkeit einen Dienst erwiesen. Menschenskind, ich habe sechs Kinder zu ernähren. Ich bin absolut nicht scharf drauf, für die nächsten zwei Jahre auf der Couch von einem Psychiater zu landen, weil ich dem Chef einreden wollte, ich hätte hier 'ne zwei Meter große Katze, die 'nen Kerl gefressen hat. Also, jetzt geht nach Hause, ihr beiden, bevor ich überschnappe.»

Jerome blieb vor dem Schreibtisch des Sergeanten stehen.

«So», begann der Sergeant erneut. «Sie haben also einen Menschen gefressen.»

«Eine Ratte», verbesserte Marie.

«Eine Ratte», wiederholte der Sergeant. «Wie fühlen Sie sich?»

«Fühlen?» entgegnete Jerome. «Miserabel. Ich habe eine ganz entsetzliche Magenverstimmung.»

«Sie haben eine Ratte gefressen», sagte der Sergeant. «Und jetzt haben Sie Bauchweh. Sehen Sie, das ist Ihre Strafe. Wissen Sie noch, wie Sie als Kind grüne Äpfel gegessen haben?» Er seufzte. «Jetzt geht nach Hause!»

Als sich die beiden zum Gehen wandten, hörte Jerome, wie der Sergeant etwas von «vier Jahre keinen Urlaub mehr gehabt» vor sich hinmurmelte.

Trotz seiner Magenverstimmung fühlte Jerome sich glänzend. «So soll die Strafe dem Verbrechen entsprechen», bemerkte er befriedigt. Er nahm Maries Arm wie ein Kavalier alter Schule und summte, während sie gingen, ein Verslein aus dem «Mikado» von Gilbert und Sullivan vor sich hin: «My object all sublime, I shall achieve in time, to let the punishment fit the crime, the punishment fit the crime . . .»

«Hach, Mr. Kotter.» Marie blickte voll Bewunderung zu ihm auf. «Sie sind so ganz anders als alle die anderen, mit denen ich ausgegangen bin.»

«Anders?» fragte Jerome. «Inwiefern, Marie?»

«Hach», sagte Marie, «ich bin noch nie mit einem ausgegangen, der Verse aufsagt.»

# *Der Buick bringt's an den Tag*

*John D. MacDonald*

Um nach Leeman in Texas zu kommen, fährt man von Beaumont auf der Fernstraße 90 etwa dreißig Meilen nach Südwesten und biegt dann nach rechts ab auf eine zweispurige Betonstraße. Von da sind es noch fünf Minuten bis Leeman. Der Stadtkern ist sechs Straßen breit und fünf Häuserblocks lang. Wenn ein Riese aus dem Märchen die sechs Tankstellen, die beiden Kinos, das Metallwarengeschäft von Willows, die Leeman National Bank, die beiden großen klimatisierten Kaufhäuser, den Laden von Sears, vier Cafés, Rightsingers Bekleidungsgeschäft und das Leeman House, ein Hotel mit zwanzig Zimmern, fortnehmen würde, dann bliebe außer dem Supermarkt und vier gut ausgestatteten Drugstores sehr wenig übrig.

Am 3. Oktober kam ein gewisser Mr. Stanley Woods mit dem Bus an und ging mit seinem Koffer zum Leeman House. In Leeman gibt es keinen sozialen Rangunterschied zwischen Bus, Eisenbahn und Flugzeug, denn Leeman hat weder einen Flugplatz noch einen Bahnhof.

Auf alle, die später gefragt wurden, schien Stanley Woods sehr wenig Eindruck gemacht zu haben. Sie alle sprachen von einem Mann mittlerer Größe so um die Dreißig oder vielleicht auch schon Vierzig. Nein, er war nicht dick, aber dünn war er auch nicht. Blaue Augen? Vielleicht auch braun. Ich glaube, er trug einen grauen Anzug. Ich kann mich nicht erinnern, ob seine Brillengläser eine Fassung hatten oder nicht. Wenn sie eine hatten, dann war sie wahrscheinlich aus Gold.

Aber alle waren sich einig, daß Stanley Woods ruhige Sicherheit ausstrahlte und nach Geld roch. Aus den Geschäftskarten, die hier und dort auftauchten, ergab sich, daß Woods die Firma Groston aus Atlanta in Georgia vertrat, die Präzisionswerkzeug herstellte. Er hatte in der Leeman National Bank einen Scheck über zwölfhundert Dollar hinterlegt, und die Bank hatte die Kreditwürdigkeit von Groston routinemäßig überprüft. Sie war ausgezeichnet, aber natürlich erklärte die Firma später, daß sie nie von einem Stanley Woods gehört hätte. Auch die gefälschten Geschäftskarten ergaben keine Spur. Nach der Papiersorte und den Druckbuchstaben konnten sie in jeder größeren Stadt des Landes hergestellt worden sein.

Und alle stimmten darin überein, daß Woods erzählt hatte, er wollte sich «umsehen, um einen guten Standort für eine kleine Fabrik zu finden. Dezentralisierung, Sie wissen schon. Nein, wir wollen nicht direkt in der Stadt bauen.»

Tagsüber mietete er Tod Bishmers Wagen. Tod arbeitete bei der Tankstelle Ecke Beaumont und Lone Star Street und hatte am Tag für seinen Plymouth keine Verwendung. Woods erforschte alle Straßen, die aus der Stadt hinausführten, und natürlich stiegen die Grundstückspreise während seines Aufenthalts beträchtlich an.

Am Morgen des 17. Oktober verließ Stanley Woods die Stadt ziemlich plötzlich und unter ungewöhnlichen Umständen.

Die erste Person, der etwas Ungewöhnliches auffiel, war Miss Trilla Price in der Vermittlung der Telefongesellschaft. Mit den Ortsgesprächen war alles in Ordnung, aber sie konnte Charley Andersons Ferngespräch nach Houston nicht durchbringen, und auch Beaumont war nicht zu erreichen. Charley war verärgert, er wollte sich durch das Gespräch nämlich um einen Besuch bei seiner Schwester am kommenden Wochenende drücken.

Das war um fünf Minuten vor neun. Vermutlich um die gleiche Zeit parkte ein Wagen mit zwei Männern in der Beaumont Street, schräg gegenüber der Bank, und einer der Männer öffnete die Motorhaube und beschäftigte sich mit der Zündung.

Keine Einigkeit bestand darüber, aus welcher Richtung der Buick in die Stadt gekommen war. Ein Mann und ein Mädchen saßen in dem Wagen und parkten neben dem Drugstore. Und von dem dritten Wagen schien überhaupt niemand etwas zu wissen, weder wo er parkte, noch was für eine Marke es war.

Das Mädchen und der Mann stiegen langsam aus dem Buick aus, gerade als Stanley Woods vom Hotel her die Straße herunterkam.

Die Bank in Leeman ist werktags von neun bis zwei geöffnet. Um neun Uhr also zog C. F. Hethridge die grünen Vorhänge im Inneren des Gebäudes auf und öffnete die Türen der Bank. Er ist, oder war, der Hauptkassierer. Er grüßte Woods, der zu einem der hohen Schreibpulte ging und sich mit seinem Scheckbuch beschäftigte.

In diesem Augenblick geschah draußen auf der Straße etwas höchst Bemerkenswertes. Einer der beiden Männer aus dem ersten Wagen schlenderte gemächlich herüber und stellte sich neben den Buick. Der andere ließ den Motor des ersten Wagens an, fuhr die Straße hinunter, wendete in einem großen Bogen und parkte hinter dem Buick.

Das Mädchen und der Mann standen jetzt vor dem Schalter von Bob Kimball. Bob ist zweiter Kassierer, und bei dem Mädchen war ihm als einziges aufgefallen, daß sie blond war und einen harten Zug um den Mund hatte, und sie trug eine große Krokodilledertasche an einem Schulterriemen. Von dem Mann neben ihr wußte Bob gar nichts mehr, außer vielleicht, daß er eher dick war.

Der alte Rod Harrigan, der Bankportier, stand gähnend neben dem Haupteingang und stocherte mit einem abgebrochenen Streichholz in seinen Zähnen.

In diesem Augenblick hörte C. F. Hethridge das Summen des Zeitschlosses an der Stahlkammer und ging hinüber, um sie zu öffnen. Er zog die Tür weit auf und ging hinein, um das Geld für die Kassen zu holen. Er kam sofort wieder heraus und brachte ein Tablett mit Geld zu Bob. Das Mädchen sagte etwas von einem Scheck, den sie einlösen wollte, und Bob bat sie um ihren Ausweis. Sie öffnete die große Schultertasche, und ihr Begleiter schlenderte zum Portier hinüber. Im gleichen Augenblick zog das Mädchen einen kleinen, bösartig blitzenden Revolver heraus und zielte zwischen Bobs Augen, und ihr Begleiter schlug den alten Rod Harrigan mit solchem Geschick nieder, daß er erst um vier Uhr nachmittags die Sprache wiederfand. Und dann hatte er natürlich nichts zu sagen.

C. F. Hethridge rannte zur Stahlkammer, und Bob, der überlegte, ob er auf den Alarmknopf treten sollte, warf gerade rechtzeitig einen Blick über die Schulter des Mädchens, um zu sehen, wie Stanley Woods sorgfältig zielte und Hethridge mit einem einzigen Kopfschuß zu Boden streckte.

Bob sagt, daß ein furchtbares Durcheinander war, und wie er sah, daß Hethridge plötzlich tot war, verlor er jeden Mut. Auf jeden Fall war noch ein dritter Wagen da, mit drei Männern, und zwei von ihnen waren mit leeren schwarzen Lederkoffern ausgerüstet. Sie gingen in die Stahlkammer, mit einer Sicherheit, als ob sie die Bank durch und durch kannten. Auf dem Weg hinein stiegen sie über Hethridge hinweg, und auf dem Weg hinaus auch wieder.

Das einzige Bargeld, das sie übersahen, waren die Scheine in der Kasse an Bobs Schalter.

Als sie alle zum Ausgang liefen, ließ Bob sich fallen und drückte auf den Alarmknopf. Später sagte er, er hätte sich die Hand vor die Augen gehalten, obwohl er selbst nicht wußte, was ihm das hätte helfen können.

Der wirkliche Held ist Henry Willows. Er war in seinem Metallwarenladen beschäftigt, als er den Alarm hörte. Mit einer für einen fast siebzigjährigen Mann beachtlichen Reaktionszeit griff er nach einer kleinen Flinte, lud sie und ging zu seiner Ladentür, um zu sehen, was los war. Er sah Woods, den er kannte, mit drei Fremden und einer blonden Frau ziemlich rasch aus der Bank kommen. Am Randstein standen drei Wagen hintereinander, und in jedem saß ein Fahrer. Zwei von den Männern, die aus der Bank kamen, schleppten schwere Koffer. Henry legte auf den Fahrer im ersten Wagen, dem Buick, an und schoß ihn in die linke Schläfe. Er war sofort tot. Der Mann sackte auf das Lenkrad, und sein Körper drückte auf die Hupe, deren greller Ton sich in den Lärm der Alarmanlage mischte.

In diesem Augenblick schlug eine Kugel ein Loch mit strahlenförmigen Sprüngen nach allen Seiten in Henrys Schaufensterscheibe. Später wurde festgestellt, daß sie aus einer Polizeiwaffe Smith & Wesson stammte. Henry duckte sich, und als er für einen zweiten Schuß bereit war, waren zwei Wagen verschwunden. Nur der Buick war noch da. Er sah, wie Bob aus der Bank gerannt kam, und später erzählte er seiner Frau, er hätte schon angelegt und den Finger am Abzug gehabt, als er erkannte, daß es Bob Kimball war.

Alle waren sich einig, daß die beiden Wagen die Stadt in Richtung Fernstraße 90 verlassen hatten, und zwei Minuten später rasten Hod Abrams und Lefty Quinn mit dem einzigen Polizeiwagen in der gleichen Richtung aus der Stadt. Sie wurden von kampflustigen Amateuren verfolgt, die Henry Willows mit Feuerwaffen versorgt hatte. Am Stadtrand trafen sämtliche Wagen auf ein sonderbares Hindernis. Die Straße war übersät mit merkwürdigen Dingern aus Metall, fast wie eiserne Igel, die nach allen Seiten spitze Stacheln hatten. Jeder Reifen, der irgendwie mit einem solchen Igel in Berührung kam, wurde durchlöchert.

Der Polizeiwagen schwankte und kam mit kreischenden Reifen zum Stehen, kurz bevor er umkippte. Den Zwillingsbrüdern Stein, sie waren neunzehn, gelang es, den Dingern mit ihrer hochfrisierten Kiste auszuweichen, bis sie auf achtzig waren. Aber endlich erwischte es sie doch, der Wagen überschlug sich mindestens zehnmal, und die Zwillinge waren auf der Stelle tot.

Das waren bis jetzt vier Tote. Hethridge, die Zwillingsbrüder Stein und ein nichtidentifizierter Bankräuber.

Niemand wollte den Räuber anrühren, und so blieb er, wo er war, bis die Batterie fast leer war und die Hupe heiser krächzend immer leiser wurde. Hod Abrams hielt einen Wagen an und fuhr mit Lefty in die Stadt zurück, um die Fahndung einzuleiten. Über das Telefon bekamen sie keine Verbindung, und nach kurzer Zeit entdeckten sie, daß ein Scharfschütze mit einer weittragenden Büchse die Antenne der örtlichen Radiostation WLEE beschossen und damit den Sender stillgelegt hatte.

Verwirrung und Unentschlossenheit führten schließlich dazu,

daß eine volle Stunde verging, bis endlich die Texas Rangers alarmiert wurden und Straßensperren errichteten.

Das Büro des FBI in Houston setzte eine Gruppe von Männern auf den Fall an, und aus dem Hauptquartier in Washington wurden zwei Experten für Banküberfälle im Flugzeug nach Beaumont gebracht. Reporter kamen aus Houston und Beaumont und von den beiden nationalen Presseagenturen, und Leeman eroberte sich die Titelseiten im ganzen Land, denn die Planung dieses Überfalls schien den Durchschnittsbürger zu faszinieren. Das FBI aus Houston kam an jenem Donnerstag am Nachmittag an, und die Gruppe aus Washington am späten Freitag. Sie waren alle sehr zuversichtlich. Als Ausgangspunkt für ihre Arbeit hatten sie eine Leiche und einen Wagen. Damit würden sie bestimmt die nötigen Spuren sichern, um herauszubekommen, welche Bande hinter dieser Sache steckte, obwohl die Durchführung des Überfalls auf keine der Banden schließen ließ, deren Arbeitsweise sie kannten.

Das Hauptquartier für die Ermittlungen wurde in der örtlichen Polizeistation eingerichtet, und Hod und Lefty, die sich anfangs sehr wichtig vorkamen, mußten draußen herumstehen und so tun, als ob sie wüßten, was vorging.

Hethridge, ein kühler, zurückhaltender und unbeliebter Mann, hatte sich innerhalb von vierundzwanzig Stunden in fünfzig erfundenen Geschichten in einen liebenswürdigen, menschenfreundlichen und großzügigen Mann verwandelt. Die Zwillingsbrüder Stein, die man bis jetzt für Tagediebe gehalten hatte, die im Gefängnis besser aufgehoben gewesen wären, wurden plötzlich zu prächtigen Söhnen des alten Texas.

Sonderagent Randolph A. Sternweister, der vor fünfzehn Jahren entdeckt hatte, daß eine Anwaltskanzlei ein sehr langweiliger Ort ist, bearbeitete den Fall. Er war der ältere der beiden Experten, die aus Washington hergeflogen worden waren. Er war einundvierzig Jahre alt, Kettenraucher, etwas dicklich, mit nicht dazu passenden hohlen Wangen und leicht ergrautem Haar, was ihm, wie seine Frau Claire behauptete, ein distinguiertes Aussehen gab.

Die Leiche war die erste Spur. Alter zwischen dreißig und zweiunddreißig. Braunes Haar, das sich zu lichten begann. Gute Zähne, nur vier kleine Löcher, zwei von ihnen hatten Füllungen. Größe einszweiundsiebzig, Gewicht hundertachtundvierzig. Keine auffälligen Narben oder Tätowierungen. Die Kleidung war weder neu noch alt, der Anzug in Chicago gekauft. Hemd, Unterwäsche, Socken und Schuhe waren im ganzen Land verbreitete Marken der mittleren Preisklasse. In den Taschen fand man ein fast volles Päckchen Zigaretten, ein verbeultes Feuerzeug, eine billige Geldbörse mit drei Fünferscheinen und einem Einer, fünfundachtzig Cent Kleingeld, ein Streichholzheft mit Reklame für ein verbreitetes Abführmittel, einen weißen Elfenbeinknopf und einen mit Bleistift gezeichneten Plan auf billigem Schreibpapier, mit der Hauptstraße von Leeman – aber keine Andeutung des Fluchtweges. Die Klassifizierung der Fingerabdrücke wurde per Fernschreiben an die Zentrale geschickt, und die Antwort lautete, daß sie nicht registriert waren. Zu diesem Zeitpunkt bemerkten seine Mitarbeiter, daß Sternweister ein bißchen unruhig wurde.

Es folgte eine zweite, gründlichere Untersuchung der Leiche. Die Hände hatten keine Schwielen. Da Willows ein Geschoß Kaliber 22 benutzt hatte, hatte der hydraulische Druck auf die Gehirnflüssigkeit bewirkt, daß die Augen von Mr. X auf sehr unerfreuliche Weise aus den Höhlen getreten waren. Der Leichenbestatter drückte die herausgetretenen Augäpfel zurück und glättete den Gesichtsausdruck für eine Reihe von Aufnahmen, die an viele Stellen geschickt werden sollten. Das Büro in Chicago meldete, daß das Geschäft, in dem der Anzug gekauft worden war, so viel Kundschaft hatte, daß keiner der Angestellten den Mann auf dem Bild identifizieren konnte; auch die Polizei von Chicago kannte den jungen Mann nicht.

Der Schmutz unter den Fingernägeln wurde in einem markierten, durchsichtigen Umschlag gesammelt, ebenso der Staub aus den Hosenaufschlägen und anderen Teilen der Kleidung. Das Labor in Houston meldete später, daß Staub und Schmutzteilchen negativ waren, in dem Sinne jedenfalls, daß keine

Beziehung zu einer bestimmten Gegend hergestellt werden konnte.

Inzwischen war der Buick ebenfalls gründlich untersucht worden. An der Außenseite fanden sich massenhaft Fingerabdrücke der Bewohner von Leeman, die in morbider Neugier den Toten angestarrt hatten, der auf dem Lenkrad lag. Die Nummernschilder stammten aus Mississippi, und eine Anfrage bei der Zulassungsstelle ergab, daß sie für ein Mercury Kabriolett ausgegeben worden waren, das bei einem Frontalzusammenstoß total zerstört worden war. Die Motornummer und die Seriennummer des Wagens wurden in der Zentralkartei überprüft. Es stellte sich heraus, daß der Buick in Chapel Hill in North Carolina gestohlen worden war. Die Versicherungsgesellschaft, die den Schaden bereits ersetzt hatte, legte großen Wert darauf, den gestohlenen Wagen zu übernehmen.

Es wurden Aufnahmen von Mr. X nach Chapel Hill in North Carolina und an viele andere Orte in Mississippi geschickt, aber ohne Erfolg. Inzwischen waren bei einer sorgfältigen Überprüfung des Wagens sechs Fingerabdrücke gefunden worden, alle verschieden. Zwei von ihnen konnten identifiziert werden. Der eine fand sich in der Fingerabdruckkartei der Armee. Der fragliche Mann arbeitete an einer Tankstelle in Lake Charles in Louisiana. Er verbrachte zwei unangenehme Stunden, bis ein fröhlicher Polizist sich von ihm zeigen ließ, wie er die Vordersitze eines Wagens reinigte. Ex-Sergeant Golden stützte sich mit der linken Hand gegen das Armaturenbrett, fast genau an der Stelle, wo man den Abdruck gefunden hatte. Dann zeigte man ihm ein Bild von Mr. X. Aber er konnte nicht sagen, ob er den Mann je gesehen hatte oder nicht. Aber der Abdruck war offensichtlich ziemlich frisch, und deshalb gelangte man zu der Annahme, daß die Gangster von Osten nach Texas gekommen waren.

Der zweite identifizierte Fingerabdruck war alt. Er war an den unteren Verstrebungen des ausgebauten Vordersitzes gefunden worden. Er gehörte einem Automechaniker in Chapel Hill, der früher einmal eine kleine Meinungsverschiedenheit mit der

Polizei gehabt hatte. Aber mit den Auftragszetteln der Werkstatt konnte er beweisen, daß er diesen Vordersitz, der sich verklemmt hatte, im April repariert hatte.

Die Schmutzproben, die unter den Kotflügeln und am Fahrgestell entnommen worden waren, ergaben nichts. Der Schmutz stammte tief aus dem Inneren von Texas, wie sich spektroskopisch beweisen ließ. Man nahm an, daß der Wagen auf der Fahrt in ein schweres Unwetter geraten war, was durch ältere Wetterberichte bestätigt wurde.

Die Stummel im Aschenbecher des Wagens zeigten, daß entweder zwei Frauen oder eine Frau mit zwei Arten von Lippenstiften kürzlich in dem Wagen geraucht hatten. Die Tönungen beider Lippenstifte hätten zu einer gutaussehenden Blondine passen können, und beide Sorten waren in fast jedem größeren Warenhaus erhältlich.

Auf der Bodenmatte fand sich ein Stück Vollkornbrot, aber damit konnte selbst Sternweister nichts anfangen, obwohl das Labor berichtete, daß das Brot ursprünglich mit Leberwurst belegt gewesen war.

Auch die eisernen Igel, die die Autoreifen durchlöchert hatten, wurden gründlich untersucht. Ein ehemaliger OSS-Offizier berichtete, daß sie ähnliche Dinger im letzten Krieg in Burma auf die Straßen des Feindes gestreut hätten, und nachdem er sich einige Exemplare genau angesehen hatte, behauptete er, die von der OSS benutzten seien besser gewesen. Die Untersuchung der Stahlsorte ergab, daß sie im Großhandel wie auch in vielen Einzelhandelsgeschäften in jeder Menge erhältlich war.

Die Rechnungsprüfer stellten nach einer genauen Überprüfung der Geschäftsbücher der Bank fest, daß ein Betrag in Höhe von genau 94 725 Dollar fehlte. Sie empfahlen, den auf Stanley Woods' Konto verbliebenen Rest von 982,80 Dollar zu beschlagnahmen, wodurch sich der Verlust auf 93 742,20 Dollar verminderte.

Alle Leute, die nur etwas von den Gangstern gesehen hatten, wurden verhört. Sternweister staunte über die Schwierigkeit, die sich schon bei der Frage ergab, wie viele es eigentlich gewesen waren. Woods, das blonde Mädchen und ihr Begleiter standen fest. Dann noch die beiden mit den Koffern, darin stimmten alle überein. Insgesamt also fünf. Die große Frage war, ob in jedem Wagen ein Fahrer gesessen hatte. Einige sagten nein, der letzte Wagen sei leer gewesen. Willows widersprach wütend, an jedem Lenkrad hätte ein Fahrer gesessen. So kam Sternweister endlich zur Gesamtzahl acht, von denen sieben entkommen waren.

Niemand hatte sich ein Kennzeichen aufgeschrieben. Aber alle waren sich einig, daß es sich bei den beiden anderen Wagen entweder um zweitürige oder viertürige Limousinen in dunkelblauer, schwarzer, grüner oder kastanienbrauner Farbe handelte, und daß die Marke entweder Buick, Nash, Oldsmobile, Chrysler, Pontiac oder Packard war – oder vielleicht auch Hudson. Eine einzelne Frau versteifte sich auf ein Cadillac Kabriolett. Auf jeden, der ein Kennzeichen aus Mississippi gesehen haben wollte, kam ein anderer, der auf Louisiana, Texas, Alabama, New Mexico und Oklahoma bestand. Eine alte Dame meinte, wenn sie ein Kennzeichen aus Kalifornien sieht, dann erkennt sie es.

Am Samstag morgen, neun Tage nach dem Überfall, ging Randolph Sternweister in seinem Hotelzimmer auf und ab, das er mit dem zweiten Mann aus Washington teilte, einem gewissen Buckley Weed. Weed las die Durchschläge der Zeugenaussagen, in der schwachen Hoffnung, er könnte etwas finden, was nicht genügend beachtet worden war. Obwohl Weed schlank, ein bißchen gebeugt und erst einunddreißig war, hatte er durch Osmose die meisten der Eigenheiten seines Vorgesetzten angenommen. Sternweister hatte das bemerkt und war seit längerer Zeit nahe daran, darüber mit ihm zu sprechen. Als Weed Sternweisters Gewohnheit nachahmte, eine Zigarette am kürzest möglichen Stummel der vorhergehenden anzuzünden, nahm jeder Raum, in dem sich die beiden länger aufhielten, das Aussehen und den Geruch eines Versammlungssaals nach einem Veteranentreffen an.

«Nichts», sagte Sternweister. «Gar nichts haben wir in dieser verdammten Sache herausgebracht!»

«Gar nichts», bestätigte Weed.

«Das FBI hat Fälle gelöst, bei denen sie nichts hatten als nur ein menschliches Haar oder ein Milligramm Staub. Mein Gott, wir haben ein ganzes Auto, das fast zwei Tonnen wiegt, und eine ganze Leiche! Die oben werden denken, daß wir hier Kälber fangen. Wissen Sie was?»

«Was denn, Ran?»

«Ich glaube, das war eine Bande von Amateuren. Es sollte ein Gesetz geben, daß die Verübung von Verbrechen auf Professionelle beschränkt. Eine Bande von schlauen Amateuren. Und Sie können sich darauf verlassen, mein Junge, daß sie den Raub, ihr Versteck und alles genau vorbereitet hatten, bevor sie die Stahlkammer ausräumten. Und jetzt sitzen sieben friedliche Bürger irgendwo in einer friedlichen Gemeinde und verhalten sich mit ihren vierundneunzig Tausendern ganz still. Früher sind die Leute noch nicht so viel herumgefahren. Seit dem Krieg reisen sie im ganzen Land umher. Deshalb fallen Fremde überhaupt nicht mehr auf. Haben Sie in den Zeugenaussagen etwas gefunden?»

«Nichts.»

«Dann hören Sie auf, mit dem Papier zu rascheln. Dabei kann ich nicht denken. Seit Donnerstag vergangener Woche wurden im Süden und Südwesten einundfünfzig gestohlene Autos aufgefunden. Und wir wissen nicht, welche von ihnen, wenn überhaupt, von dieser Bande benutzt wurden. Wir wissen noch nicht einmal, auf welchem Weg sie verschwunden sind. Es ist unglaublich, aber niemand hat sie gesehen!»

Die beiden Kriminalisten starrten sich verbissen an. Währenddessen schlenderte ein vierzehnjähriger Junge mit Namen Pink Dee unauffällig im Schatten hinter Louies Garage (Abschleppdienst, ganztägig geöffnet) vorbei. Pink hatte als das häßlichste Baby und das reizloseste Kind in ganz Leeman gegolten, und jetzt war er auf dem besten Weg, sich zu einem grimmigen Scherz über die ganze menschliche Rasse zu entwickeln. Als Kind hatte er eine milchblaue Haut, kalkweißes Haar, kleine rötliche Augen, Knochen wie Pfeifenreiniger, eine niedrige Stirn, kein

Kinn, Biberzähne, eine Stimme wie eine ungeölte Türangel gehabt, aber wie immer hatte die Natur für einen Ausgleich gesorgt. Seine Reaktionszeit war erstaunlich. Viele der kräftigeren und normaler entwickelten Kinder hatten entdecken müssen, daß er zuschlagen konnte, bevor sie Zeit hatten, den Mund aufzumachen. Der Schlag kam von einer großen knochigen Faust an einem langen dünnen Arm, und er schleuderte sie wie einen Sack mit Steinen an einem Seil. Die zweite wichtige Eigenschaft von Pink Dee wurde entdeckt, als die Schule in Leeman begann, Intelligenzquotienten festzustellen. Der von Pink lag höher, als man allgemein zugeben wollte, denn es war nicht einzusehen, daß Homer Dees Sohn das einzige Genie in Leeman sein sollte. Pink hatte begriffen, und als er zum zweitenmal geprüft wurde, rutschte er in die Klasse für Vollidioten. Beim dritten Mal hatte er neunundneunzig, und damit schienen alle glücklich zu sein.

Mit vierzehn war Pink einsachtzig groß und wog hundertzwanzig Pfund. Er betrachtete die Welt durch dicke Brillengläser und beschäftigte sich im Hinterzimmer der Wohnung in der Fountain Street mit geheimnisvollen Apparaten, die er teils selbst gebaut und teils gekauft hatte. Dort untersuchte er bestimmte elektrische und magnetische Erscheinungen, weil es ihm langweilig geworden war, Radios zu bauen, und führte eine lebhafte Korrespondenz über Quantentheorie mit einem Professor der technischen Hochschule, der glaubte, mit einem wesentlich älteren Partner zu korrespondieren.

In seinem Khakianzug, der Uniform von Texas, schlich Pink durch den Schatten, steckte den Schlüssel, den er gestohlen hatte, in das Türschloß des Buick und anschließend in das Zündschloß. Er drehte ihn so weit nach links, daß der Strom eingeschaltet wurde, dann stellte er das Autoradio an. Als es warm geworden war, drückte er die Senderwähltasten und notierte sich die Stellungen auf der Skala. Als er die Stellungen hatte, drehte er auf den Ortssender WLEE, um die Genauigkeit der Skala zu prüfen. Mit dröhnender Lautstärke brachte WLEE eine Landfunksendung, und darauf erschien Louie und zerrte Pink an seinem dünnen Hals aus dem Wagen.

«Was soll das?» fragte Louie.

Pink fiel keine passende Ausrede ein, deshalb riß er sich los und lief weg.

Pinks nächstes Ziel war der Sender WLEE, wo man ihn gut kannte. Er fand das Handbuch, das er suchte, und verbrachte die nächsten zwanzig Minuten damit, es durchzublättern.

Hod Abrams und Lefty Quinn, die sich von Sternweister und Weed viel Spott hatten gefallen lassen müssen, waren nicht in der Stimmung für den Annäherungsversuch, den Pink Dee machte.

«Ich will jemand vom FBI sprechen», sagte Pink mit fester Stimme. Die Wirkung wurde allerdings etwas durch die Tatsache beeinträchtigt, daß er gerade erst den Stimmbruch hinter sich hatte, so daß die letzte Silbe mit einem hohen Quieken herauskam.

«Er will was», sagte Hod zu Lefty.

«Verschwinde, Pink», knurrte Lefty, «bevor ich dir deine Brille zertrampele.»

«Ich bin ein Bürger, der ein Mitglied einer Bundesbehörde zu sprechen wünscht», sagte Pink mit Würde.

«Bürger vielleicht, aber kein Steuerzahler. Mach keinen Ärger, Junge, sonst ziehe ich dir die Hosen stramm, gleich hier an Ort und Stelle.»

Vielleicht war die Kränkung schuld. Pink rannte zur Treppe, die von der Halle nach oben führte. Hod lief brüllend hinter ihm her die Treppe hinauf, und Lefty nahm den Aufzug. Sie schnappten ihn gleichzeitig vor Sternweisters Zimmer. Aber es war gar nicht so einfach. Pink wehrte sich und schlug um sich wie eine Picknickgesellschaft, die in einen Wespenschwarm geraten ist.

Die Tür des Hotelzimmers öffnete sich, und Sternweister und Weed starrten verwundert auf die Szene.

«Nur ... ein frecher ... Bengel», keuchte Hod Abrams.

«Ich weiß, wo die Gangster sind!» kreischte Pink.

«Er ist verrückt», rief Lefty.

«Einen Augenblick», sagte Randolph Sternweister mit scharfer Stimme. Sie kämpften nicht mehr mit Pink, aber sie hielten ihn immer noch fest. «Ich gebe zu, er sieht aus, als ob er nicht allein nach Haus finden würde, aber man kann nie wissen. Sie beide warten hier draußen. Komm rein, junger Mann.»

Pink schritt aufrecht ins Zimmer, wählte den bequemsten Sessel, ließ sich hineinsinken und sah sehr zufrieden aus.

«Wo sind die Gangster?»

«Nun, ich weiß nicht genau –»

«Raus!» sagte Weed und zeigte mit dem Daumen auf die Tür.

«Aber ich weiß, wie man sie finden kann.»

«Aha, du weißt, wie man sie finden kann? Nur weiter. Ich habe seit neun Tagen nicht mehr gelacht», sagte Sternweister.

«Also, ich mußte erst ein paar Dinge nachprüfen», erklärte Pink mit überlegener Miene. «Ich habe den Schlüssel vom Buick gestohlen und im Wagen einen Test gemacht.»

«Der Wagen ist von Fachleuten gründlich untersucht worden, mein Junge.»

«Bitte, unterbrechen Sie mich nicht, Sir. Und reden Sie nicht so mit mir. Denn wenn sich herausstellt, daß ich etwas habe, und ich weiß, daß ich etwas habe, stehen Sie ziemlich dumm da.»

Sternweister wurde erst rot und dann blaß. Seine Finger klammerten sich an die Tischkante. «Weiter», sagte er mit dumpfer Stimme.

«Ich gehe von der Annahme aus, daß die Bankräuber irgendwo aus einem Versteck kamen und nach dem Raub in dieses Versteck zurückkehrten. Weiter nehme ich an, daß sie längere Zeit in dem Versteck gelebt haben. Die ganze Zeit, während sie den Überfall planten.»

Weed und Sternweister sahen sich an. «Weiter.»

«Diese beiden Annahmen könnten sich als schwache Stellen in meinem Plan erweisen, aber wenigstens ergibt sich eine mögliche Linie für die Nachforschungen. Ich weiß, daß der Wagen in Chapel Hill gestohlen wurde. Das stand in der Zeitung. Und ich weiß, daß sich der tote Mann in Chicago aufgehalten hat. Deshalb habe ich Chicago und Chapel Hill vor kurzem überprüft!»

«Wieso überprüft?»

«Die Radiosender natürlich. An den modernen Autoradios lassen sich die Drucktasten ganz leicht auf bestimmte Sender einstellen. Die augenblickliche Einstellung der Tasten paßt weder zu Chicago noch zu Chapel Hill. An dem Gerät im Buick können sechs Sender fest eingestellt werden, und ...» Sternweister ließ sich auf die Couch fallen, als ob ihm jemand einen Stoß in die Kniekehlen gegeben hätte. «Ach!» sagte er.

Pink fuhr mit ruhiger Stimme fort. «Sie brauchen also nur die Sender in den verschiedenen Gegenden mit der Einstellung der Stationstasten zu vergleichen, bis Sie eine Gegend finden, wo alle sechs eingestellten Frequenzen von Radiosendern in der unmittelbaren Nachbarschaft benützt werden. Es gehört natürlich ein bißchen Statistik dazu, auch eine gute Landkarte, und ein paar Stecknadeln würden die Arbeit sicher erleichtern. Dann, wenn die Gegend gefunden ist, würde ich mit dem Buick hinfahren. Und dann kann man dort die Empfangsbedingungen überprüfen und damit das Gebiet auf eine oder zwei Meilen eingrenzen. Dann braucht man nur noch das Bild von dem toten Gangster in Bars und Geschäften herumzuzeigen ...»

Und das war der Grund, daß am folgenden Mittwoch ein neugespritzter Buick mit neuen Nummernschildern und zwei Agenten des FBI durch die kleinen Orte in der Nähe von Tampa an der Küste von Westflorida fuhr. Und dabei stellten die Männer fest, daß das Autoradio in dem neugespritzten Buick die Sender von Tampa, Clearwater, St. Petersburg, Orlando, Winter Haven und Dunedin nach Druck auf die entsprechende Taste mit immer größerer Lautstärke brachte, je näher sie einem kleinen Ort mit Namen Tarpon Springs kamen. Am Donnerstag morgen um vier tauchten tragbare Scheinwerfer drei Strandhäuser in grelles weißes Licht, und aus einem Lautsprecher klang eine metallene Stimme: «Sie sind umstellt. Kommen Sie mit erhobenen Händen heraus. Sie sind umstellt.»

Die Schüsse, die ein paar Sekunden später aufbellten, klangen dünn bei dem mächtigen Rauschen des Golfs von Mexiko. Stanley Wood, oder wie das blonde Mädchen später erklärte, Grebbs

Fainstock, starb durch einen Kopfschuß; eine fast poetische Gerechtigkeit. Und damit war der Widerstand gebrochen.

Pink Dee in Leeman bekam vom Präsidenten der Leeman National Bank einen Umschlag mit der Belohnung. Sie betrug etwas weniger als sechs Prozent der wiederbeschafften Beute, und damit war der akademische Grad an der Technischen Hochschule zu einem späteren Zeitpunkt gesichert.

Im Dezember kauften die Sternweisters einen neuen Wagen. Als Claire unbedingt wissen wollte, warum ihr Mann darauf bestand, einen Wagen ohne Autoradio zu kaufen, antwortete er mit einem hohlen Lachen.

Seitdem ist sie fest überzeugt, daß er zuviel arbeitet.

# *Frei wie der Wind*

*James McKimmey*

Ein feiner Regen fiel kühl auf die Stadt, und der Junge lief leichtfüßig durch eine Gasse in einem düsteren Viertel, wo ärmliche Häuser und Mietskasernen sich im letzten Licht des Tages emporreckten. Neben einer Mülltonne blieb er stehen und hob rasch den Deckel, das frische, rote Gesicht lugte fröhlich unter der abgewetzten Mütze hervor. Seine Jacke war naß und fleckig. Die verwaschenen, an den Knien durchgescheuerten Jeans endeten weit über den altehrwürdigen Tennisschuhen, in denen seine strumpflosen Füße steckten.

Er wühlte und stocherte und fand schließlich einen Kanten Brot. Seine weißen Zähne bissen fest zu, durchbohrten die altbackene Kruste; dann war das Brot verschwunden. Er wischte sich mit dem Jackenärmel über den Mund, hörte das Geräusch von Schritten und lief weiter, flink wie der Schatten eines Rehs. Er huschte durch andere Gassen, flitzte über Straßen, wand sich durch den Verkehrsstrom hindurch, mit den elastischen Bewegungen der frühen Jugend.

Dann ertönte das klagende Geräusch bremsender Reifen. Er schaute auf die belebte Fahrbahn hinaus und sah, wie eine kleine Katze mitgerissen und zur Seite geschleudert wurde.

«Nein!» keuchte er. Dann lief er zwischen den Fahrzeugen hindurch, um den reglosen Körper aufzuheben. Er kam auf den Bürgersteig zurück und schleppte sich zur Einmündung einer anderen Gasse, wo er sich mit dem toten Tier im Schoß niedersetzte. Tränen glitzerten in seinen Augen. Er schniefte bekümmert und fuhr sich mit der Hand über die Nase, dann saß er lange Zeit still da, blind vor Tränen. Als die Hand seine Schulter berührte, zuckte er zusammen.

Ein großer Mann mit langer Nase starrte auf ihn hinab, sein

feines weißes Haar wehte im Wind, der nach dem Nachlassen des Regens aufgekommen war.

«Deine Katze?» fragte der Mann mit einem sanften Lächeln, seine weiche Baßstimme war wie das Echo eines Donners.

«Nein.»

«Hast du Angst vor mir?»

«Vor niemand.»

Der Mann nickte und faßte sich an den dicken Wollpullover, der seinen breiten Brustkasten umspannte. «So ist's recht. Tot?»

«Überfahren.»

«Schande.» Seine Hand lag noch immer auf der Schulter des Jungen. Der Junge entwand sich dem Druck, halb geduckt, bereit zur Flucht. «Du hast sie von der Straße aufgelesen?» Der Mann sprach ungezwungen, in gebildetem Tonfall.

«Ja», sagte der Junge düster.

«Sehr anständig von dir. Es hat wohl keinen Zweck, nach ihrem Besitzer zu suchen, oder? Ein Halsband oder eine Marke hat sie nicht.»

«Eine Katze hat keinen Besitzer», antwortete der Junge trotzig.

«Stimmt genau. Aber was soll man mit ihr machen? Wohnst du in der Nähe?»

Der Junge schwieg, hielt die Katze fest, jeden Moment bereit davonzulaufen.

«Ja, weißt du», sagte der Mann, «sie müßte ein schönes Begräbnis haben, meinst du nicht? Ich finde, das wäre das wenigste, was man tun kann, nicht wahr? Wahrscheinlich war sie mal eine sehr hübsche Katze?»

«Ich finde schon einen Platz», sagte der Junge.

«Soll ich dir mal was sagen, mein Freund ... Ich habe ein kleines Häuschen, nur drei Straßen von hier. Hinter dem Haus ist ein sehr schöner Hof mit einem Zaun. Es wäre mir ein großes Vergnügen, ihm diesem Tier als letzte Ruhestätte anzubieten. Was hältst du davon?»

Der Junge schaute vorsichtig zu ihm auf, die blauen Augen alterslos und ohne Vertrauen.

«Komm, wir bringen sie hin!» Der Mann lächelte und entfernte sich mit weit ausholenden Schritten. Er sah sich nicht mehr um; als er ein Dutzend Schritte gegangen war, stand der Junge auf und folgte ihm.

Der Mann blieb vor einem kleinen Holzhaus stehen, dessen verwitterte Fassade im trüben Licht der Dämmerung verschwamm. Er schloß die Tür auf und drehte sich zu dem Jungen um. «Bring sie nur herein!» sagte er, dann trat er ein.

Der Junge starrte die Tür an wie eine Falle, die jederzeit zuschnappen konnte.

«Es ist schon in Ordnung. Das wenigste, was wir tun können.»

Der Junge kam langsam weiter und folgte dem Mann in ein kleines Wohnzimmer, in dem Bücher, Zeitungen und Kleidungsstücke verstreut herumlagen.

«Räum was weg und setz dich!» sagte der Mann gutgelaunt. Er sah den Jungen aus tiefliegenden grauen Augen unter dichten weißen Brauen an. Der Junge schob ein paar Zeitungen beiseite und setzte sich steif auf die Sofakante, die tote Katze im Schoß. Der Mann ging in eine kleine angrenzende Küche und sagte: «Wir machen das schon, keine Sorge!»

Der Junge hörte, wie eine Tür geöffnet und geschlossen wurde. Dann erschien der Mann wieder mit einer Pappschachtel in der Hand.

«Wir legen sie hier hinein, siehst du. Ganz behutsam. So wird's gemacht. Auch der Tod hat seine Würde, weißt du. So – und jetzt stelle ich das arme Geschöpf draußen auf die Hinterveranda, und morgen früh werde ich es ordentlich begraben.»

«Ich kann ja helfen», sagte der Junge.

«Nicht nötig. Du hast schon genug getan. Ich bewundere dich, mein junger Freund, für deine außergewöhnliche Sympathie.»

«Meine was?»

«Dein Mitgefühl für diese Katze», sagte er zur Erklärung.

Der Junge sah zur Tür hinüber.

«Kein Grund zur Eile», meinte der Mann scherzhaft. «Hast du schon gegessen?»

Die Augen des Jungen weiteten sich um einen Bruchteil.

Der Mann ging wieder in die kleine Küche und sagte: «Ich glaube, wir finden hier schon etwas.» Von einem Regal holte er eine Büchse Spaghetti, öffnete sie und schüttete den Inhalt in einen alten Kochtopf mit heißem Wasser. Aus einem Schrank nahm er ein halbes Weißbrot und schnitt es in Scheiben. Dann wischte er mit einem Lappen den runden Küchentisch ab und deckte ihn mit zwei angeschlagenen Tellern und einem bejahrten Eßbesteck. Die Spaghetti begannen im Topf auf dem Herd zu brodeln. Er drehte sich um und sah den Jungen in der Küchentür stehen und auf den Herd starren.

«Setz dich, mein Junge! Zwar kein Festmahl, aber immerhin etwas für die Nacht.» Er holte eine Flasche Rotwein und ein Glas aus dem Schrank und setzte sich dem Jungen gegenüber. «Es wäre wohl nicht richtig, dir davon anzubieten, aber du hast sicher nichts dagegen, wenn ich einen Schluck nehme?»

Der Junge saß wortlos da, sein Blick wanderte von dem Mann zum Herd.

Der Mann füllte das Glas und sagte lächelnd: «Also, auf dein ... ah, wir haben uns ja noch gar nicht vorgestellt. Ich heiße Wiggins. Alfred Q. Wiggins. Und du?»

«Mickey», sagte der Junge fast unhörbar.

«Ein hübscher Name. Gefällt mir. Und hast du auch einen Zunamen, Mickey?»

«Nein», sagte der Junge leise.

«Dann werde ich dich ganz einfach Mickey X nennen. Ist das akzeptabel?»

«Ob es was ist?»

«Ob es in Ordnung ist, wenn ich dich Mickey X nenne?»

«Mir egal.»

«Gut. Ich trinke auf deine Gesundheit.» Der Junge schaute wieder zum Herd. Der Mann stand auf, um die dampfenden Spaghetti von der Flamme zu nehmen; der Duft der Soße erfüllte die Luft. Der Junge beugte sich über den Tisch und beobachtete gebannt, wie sich der Topf seinem Teller näherte. Seine Hände ballten sich erwartungsvoll auf der Tischplatte.

Mit einem Löffel schob der Mann einen Teil der Spaghetti auf den Teller des Jungen. Schließlich kratzte er alle aus dem Topf. «Ach, weißt du», sagte er, «eigentlich möchte ich lieber nur ein Stück Brot zum Wein, sonst nichts. Mach dich nur drüber her, wie man so sagt.»

Der Junge hob den Teller mit einer Hand an, mit der anderen faßte er ein Messer und schaufelte sich die Spaghetti wild kauend und schluckend in den Mund. Als der Mann wieder auf seinem Stuhl Platz genommen hatte, waren die Spaghetti verschwunden. Der Junge langte nach dem Brot und stopfte ein Stück nach dem andern in den Mund. Der Mann nahm sich rasch selbst eine Scheibe und lehnte sich zurück; er nippte an seinem Wein und schaute voll Bewunderung auf den Jungen. Als auch das Brot aufgegessen war, schob der Junge seinen Stuhl zurück. «Ich muß gehen.»

«Wohin denn, meine Junge?»

«Ich muß gehen.»

«Eigentlich ist es aber nicht sehr höflich, zu essen und dann gleich wegzulaufen. Immer mit der Ruhe, mein lieber Freund. Tu ich dir denn was?»

Der Junge blieb nervös auf seinem Stuhl sitzen und warf dem Mann einen abwehrenden Blick zu.

«Mickey», sagte der Mann leise. «Wo wohnst du, mein Junge?»

«Ich muß aber nicht hierbleiben.»

«Natürlich mußt du das nicht. Ich hab' mir nur gedacht, es könnte schön sein, mit jemand zu plaudern, während ich meinen Wein trinke. Hast du etwas dagegen?»

«Ich muß es aber nicht.»

«Absolut nicht. Wo wohnst du, mein kleiner Freund?»

«In Gassen meistens. Gassen sind dunkel – nachts. Und sie sind sicher.»

Der Mann sah den Jungen mit neu erwachtem Interesse an. «Sicher wovor?»

«Vor dem Geschnapptwerden.»

«Und warum sollte man dich schnappen wollen?»

«Ich will nicht, daß sie mich schnappen. So ist das nun mal.»

Der Mann nickte und nippte bedächtig an seinem Wein. «Da hast du recht. Du willst nicht, daß man dich schnappt. Und gerade darum wollen sie dich schnappen.»

«Und Sie ... Sie werden mich auch nicht schnappen!»

«Das habe ich auch nicht vor. Du gefällst mir so, wie du bist. Frei. Wie der Wind – so ist es doch?»

Der Junge nickte zustimmend.

«Keine Angehörigen?»

«Waise.»

«Ach so. Das tut mir leid.»

«Mir nicht. Ich hab' nie was anderes gekannt.»

«Ja, dann tut's dir natürlich nicht leid. Hast du überhaupt kein Zuhause?»

«Vor drei Jahren war ich in einem Heim. Mit vielen anderen. Ich bin ausgerissen.»

«Und seitdem bist du allein? Ganz auf dich allein angewiesen sozusagen, die ganze Zeit?»

«Ich brauche keinen.»

Der Mann schüttelte den Kopf. «Ein wirklich erstaunlicher junger Mann. Sag mal, wie alt bist du denn?»

«Weiß nicht.»

«Sieben, acht ... vielleicht zehn? Ziemlich schwer zu raten.»

«Mir egal, wie alt ich bin.»

«Natürlich. Die Hauptsache ist, daß du frei bist, nicht wahr?»

«Mich kriegen sie nie!»

«Ich muß sagen, mein Junge, ich bezweifle das nicht. Und noch etwas anderes kann ich verstehen: dein Gefühl für diese Katze. Ihr beide seid euch in Wirklichkeit sehr ähnlich. Du selbst hast es gesagt: Eine Katze hat keinen Besitzer. Und auch Mickey X hat keinen Besitzer, ist es nicht so? Wir können sehr tief mitfühlen, wenn wir uns in etwas oder in jemand wiederfinden; wenn dann diesem Etwas oder diesem Jemand eine Tragödie widerfährt, fühlen wir sehr verständnisvoll mit ihm. In diesem Falle mit der armen Katze, die jetzt tot hinten auf meiner Veranda liegt. Die Katze war frei, nicht wahr? Genau wie du.»

Der Junge sah den Mann beeindruckt von dieser philosophischen Analyse seiner selbst an. «Sind *Sie* frei?»

Der Mann lachte leise auf. «Ich fürchte: nein.»

Der Junge schaute sich gespannt um. «Leben Sie denn nicht allein?»

«Doch, doch! In dieser Beziehung bin ich frei. Aber siehst du, wir sind eben Gegensätze, du und ich. Verstehst du?»

«Nein.»

Der Mann schlürfte den letzten Tropfen Wein aus seinem Glas und schenkte sich nach. «Nun, ich glaube, daß du ein völlig freier Mensch bist, niemand und nichts verpflichtet. Aber ich . . . ich bin ein Gefangener.»

«Wessen Gefangener?»

«Meines Geistes, meines Gehirns.»

«Ihres *Gehirns*?»

«Die Qual meines Lebens. Ich besitze einen ganz ungewöhnlichen Verstand, mein junger Freund. Nicht durch eigene Schuld selbstverständlich. Es ist eben einfach so. Es war schon immer so, mein ganzes Leben lang. Das ist die Last, die ich zu tragen habe. Ich bin eingesperrt in die Disziplin meines Gehirns, gezwungen, allen seinen Wünschen nachzugeben. Es ist mein Herr und Meister und wird es immer bleiben, bis ich ins hohe Greisenalter komme oder bis zum plötzlichen Erlöschen der Flamme, wie unsere arme Katze es eben erfahren hat. Verstehst du?»

«Nein», sagte der Junge.

«Ich versuche nur klarzumachen, daß du Norden bist und ich Süden. Du bist Ost, und ich bin West. Und wohl weil uns das Gras von Nachbars Rasen immer soviel grüner erscheint, bewundere ich dich um so tiefer. Du bist wie die Katze, die durch die Gassen schleicht, frei wie der Wind; niemand und nichts verpflichtet, ohne Herrn und Meister.»

Der Junge blinzelte langsam, als bemühe er sich, zu begreifen.

«Du magst Katzen?» fragte der Mann.

«Ja.»

«Siam-, Perser-, Angora-Katzen und die Straßenkatzen, alle, so wie sie sind – es kommt nicht darauf an, stimmt's?»

«Sind doch alles Katzen.»

«Eben», nickte der Mann.

«Ich gehe jetzt.»

«Tja, wenn's sein muß. Aber mir hat unser Gespräch enorm Spaß gemacht.»

«Sie werden sie beerdigen, ja?»

«Du kannst dich drauf verlassen.»

Der Junge war aufgestanden. Der Mann erhob sich ebenfalls, um ihn zur Tür zu begleiten.

«Paß gut auf dich auf, Mickey X! Und du wirst Mr. Wiggins nicht vergessen, nicht wahr?»

Der Junge sah ihn mißtrauisch an.

«Ich will damit nur sagen, daß man nicht jeden Tag einen guten Freund gewinnt.»

«Ich habe keine Freunde», erklärte der Junge trotzig.

«Ja, ich verstehe – das ist wohl ein Luxus, den sich ein Junge in deiner besonderen Lage nicht leisten kann. Aber denk daran, mein Junge, ich bewundere deine Freiheit. Du hast von mir nichts zu befürchten. Und auch dein Mitgefühl für diese arme Katze kann ich nur bewundern. Solltest du – und wohlgemerkt, ich hoffe, daß allen Katzen, die heute nacht frei auf den Straßen herumstreifen, nie etwas passiert –, aber solltest du noch einmal so ein armes Tier finden, bringst du es einfach zu Mr. Wiggins. Es ist wirklich ein hübscher Hof, den ich da habe, eine bessere Ruhestätte, als sie die meisten armen Tiere je bekommen.»

Der Junge schaute ihn aus seinen alterslosen Augen an. «Sie wollen mich wohl wieder herlocken!»

«Warum sollte ich?»

Der Junge starrte ihn eine Weile schweigend an, dann ging er rasch zur Tür hinaus.

Mr. Wiggins lächelte der geschlossenen Tür zu, dann kehrte

er in die Küche zurück, wo er sein Weinglas austrank. Schließlich begab er sich auf die kleine Hinterveranda hinaus und hob den Karton mit der Katze auf. Leise summend ging er durch einen kurzen Korridor ins Haus zurück und öffnete die Tür zu einem verdunkelten Zimmer. Sein Arm langte in das Dunkel hinein und knipste eine helle Lampe an, die unter einem flachen Reflektorschirm über einem blanken Metalltisch hing. Immer noch summend, nahm er die Katze aus dem Karton und legte sie auf den Metalltisch unter das grelle Licht.

Eine Weile betrachtete er prüfend das tote Tier, dann senkte sich seine Hand und kam mit einem Skalpell wieder zum Vorschein.

«Also», sagte er leise, und das Skalpell blitzte auf.

Drei Tage später, beim blassen Licht des Sonnenuntergangs, erschien der Junge wieder an Mr. Wiggins' Haustür, den leblosen Körper einer großen gelben Katze im Arm.

«Ach, du lieber Himmel!» sagte Mr. Wiggins mitfühlend. «Der arme Kerl!»

«Es war eine weibliche Katze», sagte der Junge.

«Na trotzdem – ein Jammer ist das! Autostraße?»

Der Junge nickte feierlich.

«Autostraßen! Fortschritt! Aber das läßt sich einer Katze wohl nur schwer erklären, nicht wahr? Oder glaubst du, sie würde es verstehen?»

«Können wir sie beerdigen?»

«Bring sie nur nach hinten, Mickey X! Komm nur herein!» Der Junge folgte dem Mann durchs Haus zur Hinterveranda. «Und nun legst du sie in diesen Karton, und am Morgen werde ich mich dann um sie kümmern.»

«Kann ich diesmal nicht helfen?»

«Überlaß das nur Mr. Wiggins, mein Junge. Eine Arbeit wie diese läßt sich am besten in den einsamen Morgenstunden erledigen. Aber jetzt möchte ich mich viel lieber an deinem Besuch erfreuen, wenn er auch einen so tragischen Anlaß hat; ich möchte dir etwas zum Abendessen anbieten.»

Die Augen des Jungen leuchteten auf. «Haben Sie die andere auch wirklich begraben?»

«Natürlich.»

«Wo?»

«Gehen wir hinaus!» Der Mann zeigte auf ein Fleckchen kürzlich umgegrabener Erde. «Ein hübsches Plätzchen, findest du nicht auch?»

«Aber es hat keine Markierung.»

Der Mann nickte ernst. «Da hast du recht? Also, warte einmal...» Er blickte über den Hof auf einen Haufen Steine in der Nähe des Tores, das hinten aus dem Hof hinausführte. «Aber natürlich!» Er holte einen Stein und legte ihn behutsam auf das Grab. «Das sieht doch hübsch aus, oder nicht? Ich möchte wetten, daß du hungrig bist, wenn du so frei wie der Wind umherläufst. Schauen wir doch mal nach, was wir haben!»

Der Junge wartete, bis eine Büchse Makkaroni heiß geworden war. Nachdem der Mann sie ihm vorgesetzt hatte, war im Nu alles verzehrt. Der Mann lächelte, setzte sich mit seinem Wein an den Tisch und betrachtete den Jungen wohlwollend.

«Sehr freundlich von dir, das arme Geschöpf zu einem anständigen Begräbnis herzubringen. Du hast ein großes Herz, mein Junge.»

Der Junge schien jetzt weniger nervös. «Was arbeiten Sie?»

«Für meinen Lebensunterhalt?»

Der Junge nickte.

«Oh, ich hab' schon vieles getan.»

«Was denn zum Beispiel?»

«Ich war Rechtsanwalt.»

«Sie?»

«Das überrascht dich wohl? Aber es stimmt. Mein Gehirn, siehst du, es treibt mich immer voran. Ja, ich war ein ziemlich guter Anwalt. Ein ziemlich berühmter sogar.»

Der Junge sah ihn ungläubig an. Mr. Wiggins lächelte. «Du glaubst mir nicht?»

«Sie brauchen mich nicht anzulügen. Ich meine, ich habe zwar keine Freunde, aber wenn ich welche hätte...»

«Könnte ich dann einer von ihnen sein?»

Der Junge senkte verlegen den Blick.

«Das freut mich», sagte der Mann sanft. «Aber ich lüge nicht. Welchen Grund sollte ich haben? Jawohl, ein erfolgreicher und berühmter Anwalt. Dann trieb mich meine verhängnisvolle Neugier in die Finanzwirtschaft. Eine Herausforderung, die ich annahm, und zwar mit Erfolg, mein Junge. Ich machte ein Vermögen. Später verlor ich das Interesse und gab den größten Teil meines Geldes weg.» Er zuckte die Achseln. «Ich behielt nur so viel, um zu leben, wie ich hier lebe. Du glaubst mir nicht, was?»

Der Junge rieb sich wortlos die Nase.

«Wenn du mal einen Augenblick Zeit hast, geh in eine Bücherei. Da wirst du entdecken, daß Mr. Alfred Q. Wiggins die Wahrheit gesagt hat. Es gibt handfeste Beweise.» Er seufzte und nippte an seinem Wein. «Rechtswissenschaft, Finanzwirtschaft ... ich muß immer in Bewegung sein und nutzen, was Gott mir gegeben hat. Forschen und immer weiterforschen. Warum? Ja, warum dreht sich die Erde? Ich muß jede Herausforderung annehmen, sie ausprobieren, sie bewältigen und meinen Beitrag dazu leisten. Das ist doch immerhin etwas, meinst du nicht, mein Junge?»

«Ich weiß nicht.»

«Es muß für alles einen Grund geben. Du dagegen ...» Er schüttelte bedauernd den Kopf. »Aber auch da muß es einen geben. Es muß einfach ...»

«Ich gehe.»

«Ja. Aber ich freue mich, daß du wiedergekommen bist, Mickey X. Du brauchst vor Mr. Wiggins keine Angst zu haben. Es war sehr, sehr anständig von dir, an diese arme Katze zu denken. Ich werde mich gut um sie kümmern, da kannst du sicher sein. Und wenn du wieder eine findest ...»

«Auf Wiedersehen, Mr. Wiggins.»

Der Mann lächelte herzlich. «Auf Wiedersehen.»

Als der Junge gegangen war, trank Mr. Wiggins sein Glas aus, stand auf und ging mit energischen Schritten zur Hinterveranda. Wenig später öffnete er die Tür zu dem verdunkelten Zimmer.

Im Dämmerlicht stand der Mann neben dem Jungen in dem kleinen Hof und betrachtete die fünf Steine, die in fußbreiten Abständen auf der Erde lagen. Seine Hand ruhte wie unabsichtlich auf der Schulter des Jungen, aber der Junge machte keine Anstalten, den Griff abzuschütteln.

«Diesmal kann ich doch helfen», sagte der Junge.

«Es genügt, daß du so freundlich bist und die armen Geschöpfe aufliest und herbringst. Das Graben überlaß nur Mr. Wiggins. Um diese hier werde ich mich gleich morgen früh als erstes kümmern. Und jetzt schauen wir mal, was wir für dich zu essen haben.»

Als der Junge den gewärmten Inhalt einer Büchse verschlungen hatte, lehnte sich der Mann in seinem Stuhl zurück und griff nach seinem Weinglas. Der Junge ließ ihn nicht aus den Augen und sagte: «Ich bin in der Bücherei gewesen.»

«Oh, du meinst, du hast nachgeprüft, ob ich dir die Wahrheit gesagt habe?»

Der Junge nickte. «Lesen kann ich nicht, aber ich habe die Frau gefragt. Und sie hat nachgeschlagen – über Sie. Es stimmt alles. Sie hat gesagt, Sie waren ein berühmter Rechtsanwalt, später dann Wirtschaftsfachmann ...»

Mr. Wiggins nickte zustimmend.

«Sie hat auch gesagt, daß sie nicht weiß, was aus Ihnen geworden ist. Ich hab's nicht verraten. War doch richtig, oder?»

«Jawohl, das war richtig. Man soll die Vergangenheit ruhen lassen, es sei denn, man kann aus ihr Kenntnisse schöpfen.» Mr. Wiggins nickte wieder. «So, jetzt weißt du also die Wahrheit über mich.»

«Könnte ich auch ein berühmter Anwalt werden, Mr. Wiggins?»

Mr. Wiggins lächelte traurig. «Ach, mein Junge, ich wünschte, ich könnte dir darauf eine bejahende Antwort geben. Ich wünschte, ich könnte dir sagen, es sei möglich. Aber jeder von uns trifft seine Wahl, siehst du. Und du hast deine getroffen.»

«Warum kann ich es nicht werden?»

«Das erfordert Schulung und Ausbildung – zunächst einmal. Eine lange Ausbildung. Und dann mußt du dauernd mit Menschen umgehen. Du sagst, du kannst nicht lesen.»

«Nein», sagte der Junge, der dies offensichtlich zum erstenmal in seinem Leben bedauerte.

«Und den Menschen bist du doch bisher ziemlich erfolgreich ausgewichen, habe ich recht?»

«Ich kenne ja keinen – außer Ihnen.»

«Ja, und das ehrt mich auch, Mickey X. Aber, siehst du, du müßtest dein bisheriges Leben aufgeben, zur Schule gehen, alles nachholen, vorwärtskommen. Jahre und Jahre, und die Menschen – nun, die müßtest du schon anerkennen ... Dutzende, Hunderte. Würdest du das wollen?»

«Nein», sagte der Junge entschieden.

«Siehst du, da haben wir's. Um frei zu sein wie der Wind, Mickey X, muß man auf andere Dinge verzichten.» Der Mann nippte gedankenvoll an seinem Wein. «Und wohin soll das führen?» Er zuckte die Achseln. «Ich fürchte, mein Junge, unsere Zeit ist gegen dich – oder du bist gegen unsere Zeit. Wir leben im Zeitalter der Vernunft. Zumindest herrscht diese Illusion vor. Jeder sucht seinen Zweck, seine Richtung, seine Bedeutung – ob er sie nun findet oder nicht. Vielleicht läuft alles letzten Endes auf nichts hinaus, aber wir wollen das Gegenteil glauben – die meisten von uns jedenfalls. Rechtswissenschaft, Wirtschaftswissenschaft, Naturwissenschaft, was es auch sein mag, man muß seinen Beitrag hinterlassen, damit die andern ihn als eine Sprosse auf der Leiter benutzen können, um immer höher hinaufzuklettern.»

«Warum?» fragte der Junge.

«Ja, warum? So sind die Menschen eben, die meisten Menschen. Aber du nicht. Du willst nur atmen, leben, herumstreunen wie die freiheitsliebenden Katzen, die du so gern hast; niemals eingeengt werden, niemals eingesperrt werden, niemals geschnappt werden.»

«Nein, niemals!»

Mr. Wiggins nickte. «Ja, so ist es. Du bist ein ganz bemerkenswerter junger Mann. Völlig außer Tritt mit dem Rhythmus dieser Welt, aber du bist intelligent. Mach dir keine Sorgen, wie du Anwalt oder Wirtschaftler oder sonst irgend etwas werden kannst. Du mußt eine Bedeutung haben, mein lieber Freund, irgendwo im System der Dinge. Das muß so sein. Und sei froh, daß du nicht an den Zwang gebunden und gefesselt bist, der mich beherrscht.» Er lehnte sich zurück, tiefe Linien zeichneten sich um seine Augen ab. «Ich wollte, ich könnte so sein wie du – oder ich hätte so werden können. Aber nein, zuerst war es die Juristerei, dann die Geldwirtschaft. Und jetzt bin ich völlig von einer fixen Idee besessen.»

«Einer was?»

«Ich bin von einem Gedanken besessen, der sich in meinem Gehirn festgefressen hat. Ich kann ihm nicht entkommen. Es ist etwas Wissenschaftliches, mein Freund, genauer gesagt: Medizinisch-wissenschaftliches. Es läßt mir keine Ruhe, es gibt kein Entrinnen. Ich muß tun, was ich tun muß! Die Zeit für eine formale Ausbildung fehlt mir, aber, weißt du, ich brauche sie eigentlich gar nicht . . .» Dann richtete er sich auf. «Aber lassen wir das. Ich bin, was ich bin. Du bist, was du bist.»

Der Junge schwieg eine Weile, dann sagte er: «Mr. Wiggins, ich freue mich, daß wir uns kennengelernt haben.»

«Ich auch, Mickey X.»

Der Nachmittag ging seinem Ende entgegen, der Himmel wurde beim letzten Licht der Sonne grau; die Luft war frostigkühl, und von der entfernten Autostraße drangen die Verkehrsgeräusche herüber. Mr. Wiggins stand in seinem Hinterhof und zählte zweiundzwanzig Steine, in sauberen Reihen angeordnet. Schließlich ging er ins Haus, in die Küche, an einem leeren Pappkarton vorbei. Er sah auf die Uhr über dem alten Herd und auf die ungeöffnete Büchse auf dem Tisch. Er setzte sich und trommelte mit seinen langen Fingern auf die Tischplatte, den Blick auf die Weinflasche gerichtet. Schließlich stand er auf und zog seinen dicken Pullover über; er schlug den Kragen hoch und trat ins Freie.

Nur selten kam hier ein Auto vorbei. Mr. Wiggins ging die Straße entlang, bog in eine Gasse ein, schritt hindurch und kam am anderen Ende wieder auf eine Straße. Er näherte sich nun der Autostraße. Dann beobachtete er, wie die Lichter aufblitzten, wenn die Autos vorbeirasten. Die kalte Luft wehte ihm ins Gesicht, und er vergrub die Hände in den Hosentaschen.

Plötzlich hörte er das Kreischen bremsender Reifen und den entsetzten Aufschrei eines Jungen. Hastig lief er auf eine Abfahrtsrampe zu und sah, wie der Junge auf eine reglos daliegende Gestalt zuhuschte.

«Mickey?» rief er.

Während der Junge die Katze aufhob, blitzten wieder Scheinwerfer auf: Ein Auto bog in raschem Tempo in die Abfahrt ein. Wieder kreischten Reifen über den Asphalt.

«Mickey X!» schrie Mr. Wiggins.

Ein dumpfes Geräusch war zu hören. Der Junge wirbelte zur Seite. Der Wagen verlangsamte für einen Augenblick das Tempo, der Fahrer schaute sich um, dann raste der Wagen davon.

Mr. Wiggins stürzte vor, strauchelte die Böschung entlang und bettete die schmächtige Gestalt in seine Arme. Dann sprang er rasch vor den nächsten Scheinwerferlichtern zurück. Er trug den Jungen von der Straße in eine Nebengasse, wo er die leblose Gestalt im matten Licht einer einsamen Laterne prüfend betrachtete.

«Mickey?» fragte er leise.

Er erhielt keine Antwort.

Langsam und müde ging er durch das Gewirr der Gassen und hielt sich dabei bewußt im Schatten, bis er schließlich sein kleines Haus erreichte. Er trug den Jungen hinein, zögerte einen Moment in seinem unordentlichen Wohnzimmer. Dann flüsterte er: «Wie eine freiheitsliebende Katze.» Er nickte langsam. «Ja.»

Er trug den Jungen in das verdunkelte Zimmer, seine Hand langte in die Dunkelheit und knipste die grelle Lampe an, die unter dem flachen Schirm über dem blanken Metalltisch hing ...

# *Fortsetzung folgt*

*Margaret Manners*

Eigentlich hätte ich ahnen müssen, daß mir einiges bevorstand, als Squeakie mir mitteilte, sie nehme an einem Kurs in Journalismus teil. Sie brachte mir die Neuigkeit auf ihre Art bei, ungefähr so: «Ich finde, eine Frau sollte etwas von der Arbeit ihres Mannes verstehen, du nicht auch, Liebling?»

«Ja», sagte ich arglos.

«Denn dann, Liebling, kann ich dir helfen. Deine Themen sind großartig, aber Zeitungsartikel schreiben verdummt.»

Ich ließ das Buch, in dem ich zu lesen versucht hatte, sinken. Mir wurde klar, daß dies ein ernsthafter Moment war.

«Zeitungsartikel schreiben ist ein Beruf», sagte ich, «ein interessanter Beruf, und nur dann stumpfsinnig, wenn man sich der Selbsttäuschung hingibt, eigentlich ein Romanautor zu sein, der den Pulitzer-Preis verdiente.»

«Oh», sagte sie sanft, «auf diese Idee würde ich bei dir nie kommen. Aber deine Artikel sind voller Klischees. ‹Sich der Selbsttäuschung hingeben› zum Beispiel.»

«Natürlich sind sie das», sagte ich, «und ich kultiviere sie sorgfältig.» Ich verbiß mir die Bemerkung, daß auch Squeakie Klischees benutzte, sie jedoch unkorrekt zitierte, was ihnen einen überraschenden neuen Effekt verlieh. Etwa so wie eine Avokadofrucht einem Apfelbaum.

«Und schließlich», sagte sie, «sehe ich die Dinge mit den Augen einer Frau. Das kann nur nützlich sein.»

«Wovon sprichst du eigentlich, Schätzchen?» fragte ich mißtrauisch.

Sie lächelte wohlwollend. «Von meinem Kurs bei Professor Van Cornfeldt: ‹Journalismus, die neue amerikanische Literatur›.»

«Guter Gott!» sagte ich. «Wann ist denn das passiert?»

«Es sollte eine Überraschung für dich sein, Liebling. Und jetzt bin ich so weit, daß ich einen deiner Aufträge für dich übernehmen kann.»

«Einen meiner Aufträge? Squeakie!»

«Ja», sagte sie stolz. «Trink deinen Kaffee, Liebling! Er wird sonst kalt. Einen mit einem weiblichen Aspekt. Weißt du, so einen, in den ich mich so richtig verbeißen kann.»

Mit Squeakie verheiratet zu sein ist ein Ganztagsjob. Ihr richtiger Name ist Desdemona, aber ich gebe mir alle Mühe, ihn zu vergessen. Ihr Vater war ein Gentleman alter Schule, der ständig Shakespeare zitierte. Squeakie schlägt ihm nach. Aber nicht das kompliziert die Dinge so. Ein bißchen Shakespeare ist wundervoll. Es ist nur – manchmal fühle ich mich wie ein Mann, der einen Tiger reitet: Er kann nicht absteigen. Nun, ein paar Tage gelang es mir, sie in Schach zu halten. Einmal ging ich mit den Kollegen bis vier Uhr morgens aus, nur um den Tatsachen nicht ins Auge sehen zu müssen.

«Harris», sagte ich ihr wieder und wieder, «würde es sicher merken. Schließlich bezahlt er für meine Artikel und nicht für deine. Und dann dein Stil, Schätzchen. Er ist so ganz anders!»

«Vielleicht gefällt Harris gerade der Unterschied.»

Ich versuchte, an ihr besseres Ich zu appellieren, das nicht existiert. «Stell dir nur vor, wie ein Artikel von dir aussehen würde, Liebling. Voller Shakespeare-Zitate und so.»

«Genau das», sagte sie selbstzufrieden, «ist ja meine Absicht. Den Journalistenjargon aufzufrischen.»

War es da ein Wunder, daß ich nachgab, als Harris mir den perfekten – wie ich glaubte – Ausweg bot? Ich sollte Ruth Denver Bradley, die berühmte Romanautorin, interviewen. Das war nicht ganz mein Fall, und außerdem hasse ich weibliche Romanautoren. Ich hatte mir alles genau überlegt. Ich würde Squeakie glücklich machen, indem ich sie die Dame interviewen ließ. Dann würde ich mir ihren Artikel vornehmen, ihn umschreiben und auf diese Weise zwei Fliegen mit einer Klappe schlagen. Wenn Squeakie böse wurde, konnte ich ihr sagen, man habe ihren Artikel in der Redaktion geändert. Und natürlich seien wir dagegen machtlos, da man ja annehme, ich habe ihn geschrieben. Dabei bestand immerhin die Chance, daß ein so schockierendes Erlebnis Squeakies sich regendes Talent im Keim erstickte. Aber das bezweifelte ich.

Am Abend vor dem Interview sprach Squeakie von nichts anderem als von Ruth Denver Bradley. Sie las mir vor, was in «Who's Who» über sie stand, bis ich es auswendig konnte. Sie habe auch Ruth Denver Bradleys letzten Fortsetzungsroman im «Modern Magazine» gelesen. War das nicht ein glücklicher Zufall? Es sei ein wundervoll psychologischer Roman, sagte sie und beglückte mich mit einer Schilderung des Inhalts. «Er handelt von einem Mann, der heiraten möchte, es aber nicht tut, weil er in seiner Kindheit etwas Schreckliches erlebt hat. Irgend etwas stimmt auch mit seinen Eltern nicht. Sein Vater ist bei einem Sturz ums Leben gekommen, und das war für ihn ein großer Schock. Seine Mutter ist nicht tot, aber er tut so, denn er erwähnt sie niemals. Oh, es ist eine äußerst mysteriöse Geschichte. Er steht am Anfang einer politischen Karriere ... David, mit was für einem Arzt ist Ruth Denver Bradley eigentlich verheiratet?»

«Mit einem Psychiater», sagte ich. «Mit Dr. Robert Bradley.»

«Sie ist eine bemerkenswerte Frau», sagte Squeakie neidisch. «Ich wüßte gern, woher sie ihr Material bezieht. Der Stoff klingt so authentisch.»

«Du scheinst bei Professor Cornfeldt eine Menge gelernt zu haben», sagte ich.

«Sei nicht eifersüchtig, Liebling. Sie ist eine fabelhafte Person – sie ist krank, mußt du wissen. Sie geht niemals aus. Ein rheumatisches Herz, glaube ich. Ihr Leben ist ein Triumph des Geistes über die Materie.»

«Um ein Klischee zu gebrauchen», sagte ich.

Ich kam nie dazu, das Interview umzuschreiben, denn Squeakie gab es mir nicht. Sie schickte es einfach unter meinem Namen an Harris – und es gefiel ihm. Er sagte, er hätte nie gewußt, wie vielseitig ich eigentlich sei.

Es war zwei Wochen später an meinem freien Tag. Das Telefon klingelte. Ich nahm den Hörer ab. Natürlich war es Harris.

«Ruth Denver Bradley in ihrer Villa tödlich verunglückt!» brüllte Harris. Er spricht immer in Schlagzeilen. «Rufen Sie ihren Verleger an, David. Machen Sie 'ne Story. Besuchen Sie den trauernden Ehemann. Zeichnen Sie ein Bild der berühmten Kranken in ihrem Heim, wo der Tod auf der Treppe lauert.»

«Was ist passiert?» fragte ich.

Harris ließ die Rhetorik und kam zur Sache. «Große Villa mit hohem Treppenhaus. Sie fiel von ganz oben die Treppe hinunter. Im Treppenhaus ist ein Speziallift für die Kranke eingebaut, aber sie hatte Angst davor und benutzte ihn nur selten. Der besorgte Ehemann hatte seine Praxis im Obergeschoß, obwohl das unpraktisch für einen Arzt ist. Seine Frau bewohnte die Zimmer im Erdgeschoß. Heute morgen wollte sie zu ihm nach oben und fiel über das Geländer – Schwindelanfall, Herzschwäche –, also hören Sie, muß ich Ihnen Ihren Job erzählen? Los, an die Arbeit!»

Squeakie war entsetzt. «Trotzdem», sagte sie, «kann ich mir nicht vorstellen, wieso sie über das Geländer fiel, David. Sie ist nicht groß, und das Geländer ist hoch.»

Das Telefon klingelte wieder.

Harris war in höchster Aufregung. «Hören Sie, Meadow. Die Polizei behauptet, es sei kein Unfall. Sie tippen auf Selbstmord. Haben Sie keine Anzeichen von Melancholie bei ihr festgestellt, als sie die Dame interviewten?»

«Ach», sagte ich. «Na gut. Warum nicht?»

Aber Squeakie wollte nichts von Selbstmord wissen. «Das ist lächerlich, Liebling. Sie hat sich nicht umgebracht. Ich weiß es. Ich habe mit ihr gesprochen. Glaubst du, ich würde es nicht wissen? David, es war Mord!»

Das Telefon klingelte.

«Nein, nicht schon wieder!» sagte ich. Ich hatte das Gefühl, als würde meine Schädeldecke jeden Augenblick zerspringen. «Verschwinde», sagte ich zu der Sprechmuschel, «ich kann dich nicht ausstehen!»

«Gleichfalls», sagte Harris. «Aber es gibt Dinge, die über persönlichen Gefühlen stehen. Louis Kingdon, der Herausgeber des ‹Modern Magazine› hat gerade angerufen. Er besteht darauf, daß es kein Selbstmord sei. Er will einen Riesenkrach schlagen, falls die Polizei sich damit zufriedengibt. Er hat auch ein paar häßliche Dinge über Ruth Bradleys Ehemann gesagt. Ich glaube, Ihr Freund, Lieutenant Gregory Sawyer, wird auf den Fall angesetzt. Machen Sie um Himmels willen, daß Sie endlich hinkommen. Widerlich, Sie ständig am Telefon zu erwischen. Wenn Sie auch nur einen Funken von einem Zeitungsmann in sich hätten, wären Sie schon längst dort.»

«Der Verleger», sagte ich zu Squeakie, «hat auch das Gefühl, daß es kein Selbstmord sei. Bei ihm ist das erklärlich. Er sollte es schließlich wissen. Aber du! Wenn wir im siebzehnten Jahrhundert wären, würden sie dich auf dem Dorfplatz verbrennen.»

Sie war so vernünftig zu schweigen.

Das erste, was wir sahen, als wir das Haus der Bradleys betraten, war ein unförmiges schwarzes Tuch auf den Steinfliesen in der Halle. Wir konnten den armen verrenkten Körper darunter nicht sehen, aber die groteske, unpersönliche Gestalt des Todes war entsetzlich. Eine Frau tot in ihrem eigenen Haus so daliegen zu sehen ...

Ein paar Kollegen von der Konkurrenz lungerten in der Halle herum. Doc Evans hatte die Leiche anscheinend schon untersucht, und sie warteten auf den Abtransport. Lieutenant Gregory Sawyer schien erfreut, uns zu sehen, das heißt, vielleicht sollte ich besser sagen, Squeakie. Noch bevor ich dazu kam, mit jemand ein Wort zu wechseln, war Squeakie beim Kern der Sache. «Es war kein Selbstmord», sagte sie als Antwort auf Gregorys Begrüßung. «Ich habe vor vierzehn Tagen mit ihr gesprochen.»

Gregory war etwas verblüfft, deshalb erklärte ich ihm die Sache mit dem Interview.

«Ich habe mich schon lange gefragt, wann es soweit wäre. Nimm dich in acht, sonst nennt man dich bald Mrs. Meadows Mann.» Er lächelte Squeakie albern an und nahm uns mit nach oben, um uns zu zeigen, von wo Ruth Denver Bradley hinuntergefallen war. Das Haus hatte eindrucksvolle Proportionen mit sehr hohen Decken. Wir stiegen langsam die vielen Stufen aus wundervollem Marmor hinauf, die das weite Oval des Treppenhauses formten. Leider wurde die Reinheit der klassischen Linien durch häßliche Kabel zerstört, die vom Boden bis zum Dach hinaufreichten. Oben blickte ich hinunter und sah tief unter mir den kleinen Liftkasten. Daneben wirkte das ausgebreitete Tuch auf den Fliesen wie ein schwarzer Fleck.

Ich fragte Gregory, wo der Lift gewesen sei, als sie hinunterstürzte.

«Da, wo er jetzt ist», sagte er. «Im Erdgeschoß.»

«Aber ich dachte, sie wäre mit ihm hinaufgefahren.»

«Das ist sie auch, aber . . .»

«Aber die Pflegerin muß wieder in ihm hinuntergefahren sein», sagte Squeakie. «Natürlich! Die Pflegerin ließ ihre Patientin oben und fuhr mit dem Lift nach unten. Dann fiel die Patientin hinunter. Da der Lift noch unten war, muß auch die Pflegerin unten gewesen sein. Da haben wir ein Alibi für Sie, Gregory. Aber wo ist die Pflegerin jetzt? Haben Sie sie schon verhört? Sie ist ein hübsches kleines Ding. Ich habe sie gesehen, als ich Mrs. Bradley interviewte. Gregory, warum fuhr die Pflegerin nach unten, nachdem sie Mrs. Bradley hinaufgebracht hatte?»

Gregory sah mich über Squeakies Kopf hinweg an.

Ich zuckte die Achseln. «Squeakie kann hellsehen», sagte ich. «Aber die hier vorgetragenen Meinungen sind nicht unbedingt identisch mit denen der Geschäftsleitung.»

Er führte uns ein Stück weiter vor. «Von hier ist sie hinuntergestürzt. Das Türchen im Treppengeländer war zu – aber nicht verriegelt. Ihr werdet sehen, daß es kein Unfall gewesen sein kann.»

Er hatte recht. Es war offensichtlich, daß Mrs. Bradley durch das Türchen im Geländer gefallen sein mußte, durch das man vom Lift auf den Treppenabsatz gelangt. Das Geländer selbst war wirklich zu hoch, aber auch durch die kleine Tür konnte man nicht versehentlich fallen. Sie öffnete sich nach innen zum

Treppenabsatz und hatte ein Schnappschloß. Wenn jemand vergaß, sie wieder zu schließen, konnte sie nicht von selber aufgehen, selbst wenn sich jemand dagegenlehnte. Sie mußte also absichtlich geöffnet worden sein. Entweder von dem Opfer selbst oder von einer anderen Person. Es war Mord oder ...

«Vielleicht war es Selbstmord», sagte ich.

Squeakie wandte sich mir eher besorgt als ärgerlich zu. «Hab' ich dir nicht gesagt, daß es kein Selbstmord war, David? Wo ist die Pflegerin, Gregory?»

Er schüttelte den Kopf. «Weggegangen, Squeakie – einfach hinaus! Laut Aussage des Hausmädchens, das gerade in der Küche das Silber putzte, kam die Pflegerin Katherine Dawson mit dem Lift herunter, um den Schal ihrer Patientin zu holen. Sie ging durch die Hintertür hinaus und verschwand. Wir haben sie noch nicht gefunden. Haley sieht sich draußen nach ihr um.»

«Warum ist sie weggelaufen?» fragte Squeakie und fuhr dann träumerisch fort: «Ruth Denver Bradley haßte ihre Pflegerin. Ich habe es bemerkt, als ich sie interviewte. Sie sagte mit lächelndem Gesicht lauter häßliche kleine Dinge zu ihr. Ich glaube, sie wollte, daß das Mädchen die Beherrschung verlor.»

«Es ist richtig, daß Sie uns Ihre Beobachtungen mitteilen», sagte Gregory höflich. «Die Polizei ist für jeden Hinweis dankbar.»

«Das ist süß von Ihnen, Gregory. Wo war Ruth Denver Bradleys Mann, als es passierte?»

Gregory zeigte auf eine Tür, die dem Türchen im Geländer gegenüberlag. «Dr. Bradley hielt sich dort in seinem Sprechzimmer auf. Er wartete auf einen Patienten.»

Ich schätzte die Entfernung mit den Augen ab. «Zwei, drei Schritte hätten genügt», sagte ich. «Er hätte die Tür öffnen, seine Frau hinunterstoßen und zurück in sein Sprechzimmer gehen können ...»

«Und der Patient?» unterbrach mich Squeakie, ohne sich zu entschuldigen.

«Es ist ein komplizierter Fall», sagte Gregory traurig. «Haley, die gute Seele, bezeichnet ihn als vornehm und ist sehr stolz auf ihn. Der Patient ist nämlich kein anderer als Harvey Thompson, und natürlich will er keine Publicity, David. Vermutlich wollte er den Doktor wegen seiner lädierten Nerven konsultieren. Ich nehme an, eine Folge seiner letzten Kampagne.»

«Harvey Thompson? Der Name kommt mir bekannt vor», sagte Squeakie.

«Das sollte er auch», sagte ich zu ihr. «Du wirst ihn nämlich das nächste Mal zum Minister wählen, wenn ich auch nur das geringste von weiblichen Wählern verstehe. Er kandidiert für das Amt des Schatzkanzlers, und er ist der Initiator der Kampagne ‹Saubere Regierung›. Sie bewegen sich in erlauchter Gesellschaft, Lieutenant!»

«Ja», sagte Gregory. «Der Mann bekämpft die Korruption, wo immer er sie findet. Hoffentlich hat Haley nicht gerade kürzlich ein paar konfiszierte Kaugummis unterschlagen. Jedenfalls kam Thompson genau in dem betreffenden Moment herein. Es ist kaum zu glauben, er sah auf seine Füße, als er die Treppe zur Praxis hinaufstieg. Er hat nichts bemerkt, bis Ruth Denver Bradley schrie, als sie neben ihm hinunterstürzte.»

«Aber er muß gesehen haben, wie die Pflegerin mit dem Lift abwärts fuhr», sagte Squeakie.

«Das hat er auch. Der Lift mit der Pflegerin fuhr genau in dem Moment nach unten, als er begann, die Treppe hinaufzugehen. Er hatte keine Ahnung, daß oben auf der Treppe jemand stand.»

Squeakie runzelte die Stirn. «Aber wenn sie nach oben ging, um mit ihrem Mann zu sprechen, weshalb wartete Mrs. Bradley dann auf dem Flur? Sie war eine kranke Frau. Warum ging sie nicht in sein Sprechzimmer und setzte sich hin? Die Pflegerin hätte ihr den Schal auch dorthin bringen können. Hatte sie Angst, die Pflegerin käme nicht zurück?

Gregory blickte sie scharf an. «Ich weiß es nicht», sagte er. «Dr. Bradley hat den Tod seiner Frau reichlich gefaßt aufgenommen, wenn man die Umstände in Betracht zieht. Aber als wir ihm sagten, die Pflegerin sei verschwunden, wäre er fast in Ohnmacht gefallen. Übrigens muß ich jetzt nach unten und die

Leute verhören. Wenn Sie sich etwas im Hintergrund halten, habe ich nichts dagegen, daß Sie noch bleiben.»

Kaum waren wir unten angekommen, öffnete sich die Haustür, und mit einem Schwall kalter Luft drang eine dröhnende Stimme zu uns herein. «Ich hab' sie. Ich habe die Pflegerin gefunden, Lieutenant. Sie ist kaum größer als ein Kätzchen und ganz hübsch erschrocken! Sie sagt, sie hätte alles vergessen. Vielleicht ein Fall von Amnesie!»

«Donnerwetter!» rief Gregory erfreut. «Haley hat's mal wieder geschafft. Jetzt werden wir hoffentlich mehr erfahren.»

Sergeant Haley, bei der Polizei besser unter dem Namen «der Komet» bekannt, stand mit rotem Gesicht in der Tür und sah uns stolz an. Selbst wenn er das Mädchen zwischen seinen Zähnen gehalten hätte, hätte er einem apportierenden Jagdhund nicht ähnlicher sehen können.

Bevor ich ihn begrüßen konnte, öffnete sich die Wohnzimmertür und ein Mann betrat die Halle. Er trug ein kleines braunes Bärtchen und verfügte über jene Selbstsicherheit, die man gelegentlich bei Schauspielern oder Ärzten im Umgang mit gewöhnlichen Sterblichen findet. Im Augenblick jedoch wirkte sie reichlich angekratzt. Es war deutlich zu sehen, daß Dr. Bradley erschüttert war. Er sah nicht uns, sondern die Pflegerin an. Auch wir sahen sie an. Sie stand da, mit starrem Blick, rührend wie ein verängstigtes Schulmädchen. Ein marineblauer Sommermantel hing um ihre schmalen Schultern. Ihr Haar war eine Masse windzerzauster Locken.

«Katherine», sagte der Doktor, «warum sind Sie weggegangen? Ich habe mir solche Sorgen gemacht!»

Die Augen des Mädchens wurden immer größer, bis das ganze Gesicht nur noch aus Augen zu bestehen schien. Sie spiegelten ein solches Entsetzen wider, daß ich sie am liebsten mit meinen Händen verdeckt hätte. Ich bemerkte, daß sie nicht den Doktor ansah, sondern das schwarze Bündel.

«Mein Gott!» wisperte sie. «Wer . . .?»

«Doktor Bradleys Frau ist tot, Miss Dawson», war alles, was Squeakie sagte, aber es hatte eine heftige Wirkung. Das erschöpfte, blasse Gesicht schien sich aufzulösen, und die riesigen Augen verschwammen. «Oh», sagte sie sanft, «sie hat sich umgebracht. Wie schrecklich!» Dann schwankte sie, und Haley fing sie im Fallen auf.

Dr. Bradley kniete besorgt neben dem Mädchen. Er sprach nur einmal, und zwar zu Gregory. «Sie wußte es nicht», sagte er. «Sehen Sie denn nicht, daß sie es nicht einmal wußte?»

«Ja, ich sehe es.» Aus Gregorys Mund klangen die Worte wie eine Anklage.

Gregory wählte das Arbeitszimmer der Toten für seine Untersuchungen, und natürlich war Squeakie dabei, um Notizen zu machen. Ihre Stenokenntnisse dienen Squeakie als Vorwand, sich in die geheimsten Unterredungen der Polizei zu drängen. Wie die meisten freiwilligen Helfer nahm sie ihre Arbeit jedoch nicht allzu genau. Ihr Hauptinteresse galt dem Schreibtisch und dem Bücherschrank der Toten. Sie untersuchte alles gründlich, aber die Bücher faszinierten sie. Wir warteten darauf, daß Haley Louis Kingdon, den Verleger, hereinbrachte. Gregory fand, wir sollten ihn als ersten drannehmen, weil er so wütend war. Squeakie, die eifrig die Titel der Bücher studiert hatte, wandte sich plötzlich ab. «Sie sind so nichtssagend», sagte sie traurig.

«Unsinn», sagte ich. Hier war eine Gelegenheit, mich hervorzutun. Schließlich war ich auch so was wie ein Schriftsteller. «Das ist ihr Handwerkszeug», erklärte ich ihr. «Wörterbücher, Nachschlagewerke ... was erwartest du denn sonst im Arbeitszimmer eines Schriftstellers?»

«Nun, Ideen, Inspiration – irgendwas, das ...» Squeakie brach ab und schüttelte den Kopf.

«Die findet man im Leben», sagte ich geduldig. «Beim Gehen und Hören, Sehen und Tun.»

«Aber», sagte Squeakie, «sie ging ja nirgends hin. Sie blieb doch immer im Haus.»

Louis Kingdon betrat das Zimmer, und Gregory machte uns ein Zeichen zu schweigen. Kingdon war ein schwerer Mann mit kräftigen Händen und einer braunen Haarmähne. Im Umgang mit Frauen hatte er eine besondere Art. Er behandelte sie höflich und sanft, als seien sie reizbare Pferde. Squeakie sah aus, als gefiele er ihr. Es ist interessant für mich, die Männer zu sehen, die Squeakie bewundert. Sie haben fast nie Ähnlichkeit mit mir.

«Ruth Bradley hat sich nicht selbst getötet», sagte Kingdon sofort. «In diesem Haus hier stimmt einiges nicht, Lieutenant. Ich glaube, sie wurde hinuntergestoßen. Das ist die einzig mögliche Erklärung. Sie hat bestimmt keinen Selbstmord begangen.»

«Sie scheinen sich dessen sehr sicher zu sein», sagte Gregory ruhig.

«Natürlich bin ich mir sicher. Sie mußte noch drei Fortsetzungen des Romans, den wir gerade in unserer Zeitschrift veröffentlichen, schreiben. Glauben Sie, daß es einen Autor gibt, der sich das Leben nimmt, wenn noch ein Drittel zu seinem Buch fehlt?»

«Ist das nicht ungewöhnlich?» fragte Gregory. «Ich meine, kaufen Sie die Sachen nicht erst, wenn sie vollständig sind? Gehen Sie so nicht ein ziemliches Risiko ein?»

«In gewisser Hinsicht schon», antwortete Kingdon. «Wir tun es auch nicht oft, aber sie arbeitete auf diese Weise besser. Uns stand auch immer eine Zusammenfassung des Romans zur Verfügung. Wir wußten, daß wir ihn zu Ende schreiben konnten, falls ... Sie war zwar nicht gesund», fügte er lahm hinzu, «aber sie war schon seit Jahren krank. Es gab keinen Grund anzunehmen, daß etwas passieren würde. Wissen Sie, sie gehörte zu den Autoren, die nur unter Druck schreiben können. Wenn ich auf ein vollständiges Manuskript gewartet hätte, hätte ich in alle Ewigkeit warten müssen.»

«Haben Sie die Zusammenfassung des Romans in Ihrem Büro?»

Squeakie stand vor einem offenen Büroschrank und stöberte in der Ablage herum. In ihren Augen lag ein seltsamer Glanz, der mir nicht gefiel.

«Nein», sagte Kingdon. «Sie bewahrte sie hier auf.»

«Und wie wurden Ihnen die einzelnen Fortsetzungen zugestellt? Mit der Post?»

Ich hatte auch nicht die leiseste Ahnung, was Squeakies Fragen eigentlich sollten. Gregory ebenfalls nicht, aber er saß da und bemühte sich angestrengt, so auszusehen, als ob.

Kingdon lächelte gnädig. «Tatsächlich, junge Dame, holte ich sie gewöhnlich selber hier ab. Deswegen bin ich auch heute gekommen.» Er runzelte ärgerlich die Stirn. «Die Pflegerin und das Mädchen sagen beide, daß ein Umschlag mit dem Manuskript für mich auf dem Tisch in der Halle gelegen hätte. Er ist aber nicht mehr dort. Ich möchte, daß Sie ihn wiederzufinden versuchen.»

Gregory starrte ihn durchdringend an. Dann sagte er: «Sie glauben also, daß Ruth Denver Bradley ermordet wurde. Warum?»

Der Verleger machte ein zufriedenes Gesicht. Offensichtlich hatte er auf diese Frage gewartet. «Vor weniger als einer Woche hat Ruth mich angerufen und mich gebeten, herzukommen. Sie wirkte beinahe hysterisch. Natürlich kam ich sofort. Sie sagte, sie habe entdeckt, daß ihr Mann und ihre Pflegerin Katherine Dawson ineinander verliebt seien. Sie hatte bisher noch zu keinem von beiden etwas gesagt. Aber sie erklärte, sie könne nicht länger so tun, als wisse sie nichts. Sie wolle ihre Rache haben. Sie wolle die Pflegerin entlassen, aber sie liebe ihren Mann, und eine Scheidung komme auf gar keinen Fall in Frage.»

Kingdon machte eine dramatische Pause.

Gregory erhob sich. «Danke», sagte er trocken. «Ich werde es mir merken. Sie können jetzt gehen. Wir rufen Sie an, wenn wir Sie noch brauchen.»

Kingdon schüttelte den Kopf. «Ich möchte hierbleiben und das Manuskript suchen», sagte er.

Als nächste kam Mary, das Mädchen, dran. Sie war hübsch und boshaft und konnte offensichtlich Miss Dawson nicht leiden. Sie erzählte uns ihre Geschichte unter häufigen vielsagenden Blicken. «Ich polierte gerade das Fischbesteck, als Mrs. Bradley und Miss Dawson aus dem Arbeitszimmer traten. Ich sah, wie sie beide in den Lift stiegen. Ich sah so genau hin, weil ich überrascht war. Denn Mrs. Bradley benutzte den Aufzug nicht gern, nur, wenn sie unbedingt mußte. Aber bevor Katherine Dawson Mrs. Bradley in den Lift folgte, sah ich, wie sie – Katherine Dawson – sich vorbeugte und *absichtlich* den Schal, den sie in der Hand hielt, auf einen Sessel in der Halle fallen ließ.»

Gregory nickte. Er sah feierlich wie eine Eule aus. «Das ist äußerst wichtig, Mary. Was können Sie uns sonst noch erzählen?»

«Also ich hörte, wie der Lift aufwärtsfuhr und dann wieder herunterkam. Ich dachte, vielleicht hat Mrs. Bradley ihren Schal vermißt und Miss Dawson zurückgeschickt, damit sie ihn holt. Aber ich konnte nicht begreifen, weshalb Miss Dawson ihn absichtlich da hingelegt hatte. Jedenfalls sah ich Miss Dawson aus dem Lift kommen und den Schal aufheben, aber anstatt ihn nach oben zu bringen, ging sie durch die Halle zur Hintertür.»

«Haben Sie nicht etwas vergessen, Mary?» sagte Squeakie. «Öffneten Sie nicht jemand die Haustür?»

«Nein, das habe ich bestimmt nicht getan.» Mary klang, als sei sie ganz sicher.

«Aber was war mit Mr. Thompson?»

«Oh, der! Während der Sprechstunden bleibt die Tür geöffnet. Die Patienten kommen von selbst herein. Ich habe Mr. Thompson nur eine Sekunde lang gesehen. Es war kurz bevor Miss Dawson herunterkam. Sie ging durch die Halle nach hinten, und dann hörte ich, wie die Tür zufiel. Ich sah Miss Dawson erst wieder, als der Sergeant sie zurückbrachte.»

«Sie sahen also, wie Mr. Thompson begann, die Treppe hinaufzugehen, und dann kam Miss Dawson mit dem Lift herunter und begab sich zur Hintertür? Ist es so richtig, Mary?» Gregory wählte seine Worte sehr sorgfältig.

«Ja, das ist richtig, Sir. Eine oder zwei Minuten später hörte ich den Schrei und sah, wie Mrs. Bradleys Körper auf dem Boden aufschlug ... Oh, Sergeant, es war so schrecklich. Die arme, arme Frau!» Mary drehte sich zu Haley um und begann, in ihr Taschentuch zu schluchzen.

Squeakie streckte ihren Kopf aus dem Wandschrank, in dem sie gerade herumkramte, um zu fragen, ob Mary am Morgen das

Manuskript auf dem Tisch in der Halle liegen sehen habe. Ja, sie hatte es gesehen. War es auch später noch dagewesen, als Mrs. Bradley die Treppe hinuntergestürzt war? Mary sah verwirrt aus und entschied sich dahingehend, daß sie sich nicht erinnern könne. Squeakie seufzte und steckte den Kopf wieder in den Schrank.

Gregory sagte Mary, wie sehr sie ihm geholfen habe, und sie ging, immer noch schluchzend, hinaus.

«Darf ich jetzt Mr. Thompson hereinführen, Lieutenant?»

Haley sprach in einem Ton, der besser in eine Kirche gepaßt hätte.

«Ja, Sie dürfen ihn hereinführen, Sergeant», antwortete Gregory ebenso feierlich. Haley marschierte hinaus. Er hielt seinen Kopf so sorgsam gerade, als könne der leiseste Luftzug ihn ihm von den Schultern blasen.

«Haley hat es gern, wenn ein vornehmer Fall angemessen gehandhabt wird», sagte Gregory.

«Himmel! Seht mal, was ich gefunden habe! In einem Umschlag zwischen den Papieren.» Mit einer Geste, mit der ein Zauberkünstler sein Kaninchen aus dem Hut zieht, streckte Squeakie uns ihre Hand entgegen. Auf ihr lag ein winziger Schlüssel.

«Und?» sagte ich. «Jeder Mensch hat einen oder zwei alte Schlüssel in irgendeiner Schublade. Das hat überhaupt nichts zu bedeuten.»

Squeakie legte den Kopf schief und heftete ein glänzendes Auge auf den Schlüssel. Sie sah aus wie ein Spatz, der im Begriff ist, sich auf einen saftigen Wurm zu stürzen. «Nun», meinte sie vage, «nehmen wir mal an, es ist der Schlüssel zu schändlichen Geheimnissen!»

«Was ist denn das?» wollte Gregory wissen.

«Der Schlüssel zu schändlichen Geheimnissen? Eine Zeile aus ‹Othello›.»

«Oh», sagte Gregory, «ist das alles, was bei Ihrer ganzen Sucherei herausgekommen ist, Squeakie?»

Es war eine rein rhetorische Frage, aber für Squeakie ein Anlaß, mit einem provozierenden Ich-weiß-etwas-was-du-nicht-weißt-Schütteln ihres Kopfes darauf zu antworten.

Ich übersetzte es für ihn. «Sie sagt, nein. Mit anderen Worten, sie hat noch etwas gefunden, aber sie will, daß wir sie dazu überreden, es uns zu verraten.»

Gregory ließ seine Hand mit einem Krachen auf die Tischplatte sausen, daß die Lampe wackelte. «Was fällt Ihnen ein, Beweismaterial zurückzuhalten?» donnerte er. «Was haben Sie gefunden?»

«Also gut. Wenn Sie so böse werden! Ich habe die Zusammenfassung von Ruth Denver Bradleys Roman gefunden.»

Gregory versuchte, nicht enttäuscht auszusehen. «Die geben Sie am besten Kingdon.»

Squeakie schenkte ihm ein gewinnendes Lächeln. «Nicht sofort, Gregory. Wir können sie noch eine Weile lassen, wo sie ist. Wissen Sie, ich habe nämlich die Fortsetzungen im ‹Modern Magazine› verfolgt und möchte nachher die Zusammenfassung lesen, damit ich weiß, wie die Geschichte zu Ende geht.»

«Großer Gott!» sagte ich.

Zum Glück kam in diesem Augenblick Harvey Thompson herein. Er war ein großer magerer Mann mit leicht angegrauten Schläfen und der sorgenvollen Miene des Reformers. Er sah genauso aus, wie man sich einen rechtschaffenen Mann vorstellt, aber ich muß zugeben, daß er auch danach lebte. Ein Mann, der es sich zur Aufgabe gemacht hat, üble Skandale aufzudecken, konnte nicht vorsichtig genug sein. Thompson rauchte und trank nicht. Es ging das Gerücht, er mache seit kurzem einem jungen Mädchen aus der Gesellschaft den Hof, aber sein Benehmen in dieser Angelegenheit war – wie man so schön sagt – über jeden Zweifel erhaben.

«Nehmen Sie Platz, Mr. Thompson», sagte Gregory respektvoll. «Scheußlich, daß Sie gerade in dem betreffenden Augenblick hier sein mußten. Sie hatten einen Termin bei Dr. Bradley, nehme ich an.»

Harvey Thompson nickte. «Ja, ich hatte einen Termin», sagte er. «Verzeihen Sie bitte, daß ich ein wenig mitgenommen wirke.

Es war einfach schrecklich. Sie fiel genau neben mir herunter, wissen Sie.»

«Haben Sie sich schon eine Meinung über den Fall gebildet?» fragte Gregory.

Thompson lächelte dünn. «Es steht mir zwar nicht zu», sagte er leutselig, «aber ich bin nur ein Mensch und habe natürlich eine. Ich glaube, daß es Selbstmord war. Die Frau war krank. Wahrscheinlich litt sie an Depressionen. Und als die Pflegerin sie oben allein auf der Treppe stehen ließ, folgte sie einem Impuls und sprang hinunter. Die Idee zu fallen faszinierte sie . . .»

«Blödsinn», sagte Squeakie roh. «Sie gehörte nicht zu diesem Typ. Sie hätte eher jemand anderen getötet als sich selbst.»

«Oh», sagte Mr. Thompson. «Es ist natürlich sehr gut möglich, daß ich unrecht habe. Ich kannte Mrs. Bradley nicht. Ich habe sie höchstens ein- oder zweimal vorbeigehen sehen. Mit ihrem Stock und in ihren Schal gewickelt. Schrecklich für eine junge Frau, so gebrechlich zu sein. Auch für ihren Gatten war es sicher nicht leicht.»

«Entschuldigen Sie mich bitte», sagte Squeakie, sich von ihrem Stuhl erhebend. Sie ging auf die Tür zu. «Ich will nur Mr. Kingdon Bescheid sagen, daß ich die Zusammenfassung gefunden habe. Ist das nicht ein Glück?» Sie blickte lächelnd Mr. Thompson an. «Ich habe die Zusammenfassung von Mrs. Bradleys Fortsetzungsroman im ‹Modern Magazine› hier im Zimmer gefunden.»

Die Tür schloß sich leise, und weg war sie.

«Hm», sagte Gregory. «Ich glaube, ich werde mal nach Miss Dawson sehen.» Er öffnete die Tür und ließ Harvey Thompson den Vortritt. «Wenn Sie gehen möchten, Mr. Thompson. Ich glaube . . .»

«Vielen Dank, Lieutenant. Aber ich will mal sehen, ob ich nicht noch ein paar Worte mit dem Doktor sprechen kann. Vielleicht kann ich etwas für ihn tun. Ich möchte nicht, daß er denkt, ich wäre davongelaufen.»

Als wir durch die Halle gingen, sah ich, daß die Leiche weggebracht worden war, und das ließ mich an Fingerabdrücke denken. Aber Haley sagte, daß nur die der Pflegerin und die Mrs. Bradleys an dem Türchen im Geländer gefunden worden waren.

Miss Dawson war in der Bibliothek. Sie wirkte sehr nervös. Sie verkrampfte die Hände in ihrem Schoß, daß die Fingerknöchel weiß hervortraten. Sie sah uns nicht an, während sie sprach.

«Mrs. Bradley wollte nach oben, um mit ihrem Mann zu sprechen. Weshalb, sagte sie mir nicht. Ich begleitete sie, aber als wir oben waren, bemerkte ich, daß ich ihren Schal untengelassen hatte. Es ist sehr wichtig, daß Mrs. Bradley vor Zugluft geschützt wird. Jede Änderung der Temperatur ist . . .» Sie stockte betroffen. «Ich meine, das war gefährlich für sie. Ich fuhr nach unten, um den Schal zu holen, aber ich konnte ihn nirgends finden. Ich sah überall nach. Ich glaubte, daß Mrs. Bradley inzwischen ins Sprechzimmer zu ihrem Mann gegangen sei, darum suchte ich weiter.» Sie machte eine Pause und blickte uns schuldbewußt an, als schäme sie sich, uns eine so läppische Entschuldigung anzubieten. «Ich habe mich in den letzten Tagen nicht wohl gefühlt. Ich war wohl übermüdet oder so. Plötzlich wurde mir ganz schlecht und schwindelig. Ich schlüpfte in meinen Mantel, der neben der Hintertür hängt, und lief ins Freie, um einen Gang um den Block zu machen. Ich muß mich wohl schlechter gefühlt haben, als ich glaubte, denn ich vergaß, wo ich war, und lief ganz benommen umher. Ich wußte gar nicht, was der Sergeant von mir wollte, als er mich fand.» Ihre Augen füllten sich mit Tränen. «Es wäre mir nie in den Sinn gekommen, daß Mrs. Bradley sich das Leben nehmen könnte. Ich fühle mich so schuldig. Ich hätte sie nicht allein lassen dürfen.»

«Sie haben das nicht ganz richtig erzählt, Miss Dawson», sagte Gregory sanft. «Sie brauchten den Schal nämlich gar nicht zu suchen. Er lag in dem Sessel in der Halle, in den Sie ihn absichtlich fallen ließen. Mary sah, wie sie ihn aufhoben, bevor Sie zur Hintertür gingen.»

Das Mädchen stöhnte und beugte sich vor, wie um sich vor einem Schlag zu schützen. «Ich habe mich nicht wohl gefühlt», sagte sie gebrochen. «Ich vergesse manchmal Dinge.»

«Das nehme ich Ihnen nicht ab, Miss Dawson. Sie wußten, daß da oben auf der Treppe etwas passieren würde. Im letzten Augenblick verloren Sie die Nerven und ließen den Schal fallen, damit Sie einen Vorwand hatten, wegzukommen, bevor es passierte. Wie Sie sehen, wissen wir über den Doktor und Sie Bescheid.»

Das Mädchen bedeckte das Gesicht mit den Händen.

«Lassen Sie sie in Ruhe!» Dr. Bradley hatte die Tür geöffnet und stand auf der Schwelle. Ich fragte mich, wieviel er mit angehört hatte.

«Sehen Sie denn nicht, daß das Mädchen kurz vor dem Zusammenbruch steht? Sie wußte nichts. Und ich wußte nichts. Es gab keinen Plan. Sie glauben, daß ich meine Frau ermordet habe? Nun, ich wußte nicht einmal, daß sie nach oben kommen und mit mir sprechen wollte. Hören Sie doch auf, Miss Dawson zu quälen. Sie kann nicht mehr!»

Das war uns allen klar, aber Gregory war Polizist, und hier handelte es sich um einen ungewöhnlichen Fall. «Wer war dann für den Tod Ihrer Frau verantwortlich? Sie hatten ein Motiv. Miss Dawson lief weg. Offensichtlich wußte sie, daß etwas geschehen würde. Es tut mir leid, aber ich muß sie noch ein wenig weiter quälen, wie Sie es nennen.»

«Also gut, ich werde Ihnen alles erzählen», sagte der Doktor. Er kam ins Zimmer, und Squeakie schlüpfte hinter ihm herein. Wieviel hatte *sie* wohl gehört?

«Robert, bitte!» Katherine Dawson zitterte.

«Warum denn nicht?» sagte der Doktor bitter. «Es handelt sich doch nur darum, ein bißchen schmutzige Wäsche zu waschen. Andere Leute haben es mein ganzes Leben lang bei mir getan. Ich habe mir sämtliche Sünden der Menschheit angehört, und jetzt muß ich eben über die meinen sprechen. Hab' keine Angst, mein Liebling.»

Katherine Dawson starrte ihn erstaunt an. «Aber Robert, ich ...»

«Sei nicht dumm, Katherine. Diskretion ist schön und gut, aber nicht, wenn man deswegen des Mordes beschuldigt wird.

Lieutenant, meine Frau war krank, körperlich und seelisch. Bitte beachten Sie, ich sagte nicht geistig. Sie war völlig frustriert. Ich verabscheute sie nicht», fügte er hinzu. «Aber ich liebte sie auch nicht mehr. Ich habe ihr Anlaß gegeben, unglücklich zu sein, aber ich versuchte, sie nichts davon merken zu lassen. Ich hatte keine Ahnung, daß sie über Katherine und mich Bescheid wußte.»

«Sie hat Mr. Kingdon davon erzählt», sagte Squeakie. «Er glaubt, daß Ihre Frau ermordet wurde.»

«Ermordet?» rief Dr. Bradley. «Sie wurde nicht ermordet! Das war es ja, was ich Ihnen erklären wollte. Kingdon kann sagen, was er will, aber ich kenne die menschliche Seele. Die menschliche Seele ist schließlich mein Beruf. Meine Frau hat sich selber umgebracht, und keine ungeschriebene Geschichte hätte sie davon abgehalten. Ihr Motiv war das grausamste, das gemeinste, das man sich vorstellen kann: Haß. Sie hat es getan, um uns zu bestrafen. Wir sollten uns für ihren Tod verantwortlich fühlen. Sie nahm Katherine mit nach oben, um uns in meinem Sprechzimmer eine Szene zu machen, die uns demütigen würde. Katherine konnte den Gedanken, eine solche Szene vor mir über sich ergehen lassen zu müssen, nicht ertragen. Das war der Grund, weshalb sie den Schal in den Sessel fallen ließ und mit dem Fahrstuhl nach unten fuhr. Ruth konnte ihr nicht die Treppe hinunter folgen. Meine Frau stand da und sah sich um ihre Rache betrogen. Ihr Opfer war davongelaufen. Sie war außer sich. Die Belastung für ihr Herz muß ungeheuerlich gewesen sein. Vielleicht fühlte sie, daß sie sich von den Auswirkungen ihrer Erregung nie wieder erholen würde. Auf jeden Fall wußte sie ganz genau, was es für unser weiteres Leben bedeutete, wenn man sie tot fand. Sie stürzte sich hinunter. Nur so kann es gewesen sein. Ich schwöre bei Gott, daß ich sie nicht gestoßen habe. Ich wußte nicht einmal, daß sie dort stand.»

Es klang aufrichtig. Aber irgendwie wirkte es nicht ganz überzeugend. Katherine strahlte jedoch plötzlich. Uns wurde klar, daß sie gedacht hatte, er sei am Tod seiner Frau schuld, und ihm seine Geschichte jetzt glaubte, ganz gleich, ob wir es taten oder nicht.

«Bitte, sagen Sie mir, Herr Doktor», sagte Squeakie plötzlich, «haben Sie die Romane Ihrer Frau eigentlich gelesen?»

«Nein», sagte er, «das habe ich nicht getan. Ich habe mich nie besonders für Unterhaltungsliteratur begeistern können. Vielleicht hätte ich mich mehr für Ruths Karriere interessieren sollen», fügte er entschuldigend hinzu, «aber ich hatte selbst so schrecklich viel zu tun, und irgendwie ...» Seine Stimme verlor sich in einem Murmeln.

«Ich möchte Sie bitten», sagte Squeakie, «jetzt eine zu lesen. In Ihrem Wohnzimmer liegt eine Ausgabe vom ‹Modern Magazine›. Lesen Sie eine Fortsetzung des Romans Ihrer Frau. Das wird Sie ein wenig ablenken, und Sie werden Ihre Frau dann vielleicht besser verstehen.»

«Na gut», sagte der Doktor. «Sie formulieren Ihre Bitte so, daß ich sie unmöglich ablehnen kann. Aber ich möchte Ihnen sagen, daß ich Sie für unglaublich unverschämt halte.»

Squeakie lächelte ihn ohne Groll an. «Sie werden sich danach besser fühlen», sagte sie selbstzufrieden. «Mich verstehen heißt, mir verzeihen.» Sie wandte ihm den Rücken und blickte in den Kamin.

«Die Schwierigkeit dabei», sagte ich, «liegt darin, sie zu verstehen. Es ist unmöglich.»

Als der Doktor und Miss Dawson hinausgegangen waren, kniete Squeakie sich plötzlich hin.

«Gregory, hier im Kamin ist etwas verbrannt worden. Ich möchte gern wissen, wann.»

Gregory stocherte im Kamin herum. «Dafür lasse ich Haley bei lebendigem Leibe die Haut abziehen», sagte er. «Papierasche, und zwar ein ziemlicher Haufen. Vollkommen verbrannt.»

Wir gingen hinaus und suchten nach Mary, die sich durch soviel Aufmerksamkeit von seiten der Polizei geschmeichelt fühlte. Ja, sie *habe* Brandgeruch bemerkt. Und zwar sei es gewesen, als Dr. Bradley die Polizei anrief. Sie sei schnell in die Küche gelaufen und habe nachgesehen, ob etwas auf dem Herd stände, aber es sei nicht der Fall gewesen, deshalb nahm sie an, es sei nur der Heizungsofen, der rauchte.

Wir dankten ihr und fragten Dr. Kingdon. Mr. Kingdon war offensichtlich immer noch wegen des fehlenden Manuskripts beunruhigt, denn er war ziemlich bissig. Wie konnten wir von ihm erwarten, etwas gerochen zu haben, wenn er erst nach dem Anruf des Doktors ins Haus gekommen sei?

Wir versuchten unser Glück bei Mr. Thompson, der unbehaglich in der Halle herumstand und aussah, als wisse er nicht, ob er gehen oder bleiben solle. Er habe nichts gerochen, aber er sei ja so aufgeregt gewesen. Es sei möglich, daß ein solcher Geruch dagewesen sei und er ihn nicht bemerkt habe.

«Hört mal», sagte Squeakie plötzlich. Es klang, als wolle sie uns einen großen Gefallen tun, «Gregory kann hier unten weitermachen. Ich gehe nach oben und versuche, festzustellen, wozu dieser Schlüssel hier paßt.»

«Moment», sagte Gregory, aber Squeakie war schon im Aufzug verschwunden. Wir beobachteten ihn, wie er im Schneckentempo ins obere Stockwerk kroch.

«Vielleicht möchte sie, daß wir aufpassen, daß niemand ihr folgt. Sie sollte das lieber nicht tun, David.»

«Bist du Polizist oder eine Maus?» sagte ich. «Warum hältst du sie nicht zurück?»

Gregory wechselte eilig das Thema. «Glaubst du, daß der Doktor seine Frau ermordet hat?»

«Ich weiß nicht», sagte ich. «Aber ich wette, daß Squeakie es nicht tut. Sie hat es nicht gern, wenn der Verdächtige so klar feststeht. Es würde mich nicht überraschen, wenn sie versuchte, den Mord Kingdon anzuhängen. Er scheint zu erpicht darauf zu sein, daß wir Bradley verhaften.»

«Aber Kingdon war zum Zeitpunkt ihres Todes doch gar nicht im Haus», protestierte Gregory.

«Gerade das ist wahrscheinlich für Squeakie ein Grund, ihn zu verdächtigen», meinte ich. «Mach dir keine Sorgen, sie findet schon einen Weg, ihn ins Haus zu bekommen, wenn sie ihn da braucht.»

«Bradleys Selbstmordtheorie hört sich ganz vernünftig an. Es *könnte* so gewesen sein.»

«Vielleicht», sagte ich, «aber wenn die Experten für die menschliche Seele auf dem Holzweg sind, dann sind sie es gründlich. Ich stimme mit Kingdon überein, daß sie eine Geschichte nicht unvollendet gelassen hätte. Und was ist mit dem fehlenden Manuskript geschehen, Gregory? Glaubst du, daß Squeakie es sucht?»

«Ich glaube, daß Squeakie es bereits gefunden hat», sagte er. «Es wurde im Kamin verbrannt. Aber wer hat es getan? Und warum?»

Die Wohnzimmertür wurde aufgestoßen, und Dr. Bradley erschien auf der Schwelle. Er hielt eine Ausgabe des «Modern Magazine» in der Hand, und seine Stimme zitterte, als er sprach. «Meine Frau», sagte er schwankend, «meine Frau! Diese Geschichte ... Lieutenant, ich kann nicht ... Guter Gott!»

Irgendwo oben hatte eine Frau geschrien. Wir standen da wie gelähmt. Dann setzten wir uns plötzlich alle auf einmal in Bewegung. «Es ist Squeakie», sagte ich. «Schnell! Es ist Squeakie!»

Der Lift war oben, darum rannte ich die Treppe hinauf, Gregory dicht hinter mir. Aber der massige Haley überholte uns und kam als erster oben an. «Wir kommen, Mrs. Meadow!» schrie er, als er mich aus dem Weg stieß. «Wir kriegen ihn schon!»

Wir folgten ihm ins Sprechzimmer. Squeakie stand mitten im Raum. Sie sah genauso wie immer aus, nur einer ihrer Schuhe fehlte. Sie stand da, mit nur einem Schuh, und sah uns gelassen entgegen. Haley war rot im Gesicht und schnaufte wie eine Lokomotive. Wir sahen alle wie Wilde aus, nur Squeakie nicht.

In diesem Moment kam Dr. Bradley herein. Squeakie humpelte unbeholfen zu ihm hinüber. Sie nahm seine Hand und legte einen kleinen Schlüssel hinein. «Den habe ich im Arbeitszimmer Ihrer Frau gefunden», sagte sie.

«Liebling», sagte ich, «was ist passiert?»

Bradley starrte den kleinen Schlüssel voller Entsetzen an. «Aber ich besitze doch nur einen davon. Woher hatte sie ihn?» Er zog ein Kettchen aus seiner Westentasche und zeigte uns einen Schlüssel, der dem anderen zum Verwechseln glich.

«Zuerst», sagte Squeakie, «glaubte ich, daß Sie sie getötet haben. Sie waren der einzige, der ein Motiv hatte. Aber es gab noch ein anderes Motiv, nur habe ich es nicht sofort bemerkt. Es ist so ungewöhnlich. Noch ungewöhnlicher als Ihre Selbstmordtheorie, Herr Doktor. Es ist ein Motiv, das so fantastisch ist wie ein wirrer Traum.»

«Squeakie», sagte ich wild, «warum hast du geschrien?»

«Ich glaube, ich habe eine Maus gesehen», sagte sie. «Schnell, Gregory, gehen wir!»

«Was!» rief Haley, «Sie haben doch nicht wegen einer Maus geschrien, Mrs. Meadow?»

«Nein, nicht wegen der Maus.»

«Was hast du wegen der Maus unternommen?» fragte ich.

«Ich habe meinen Schuh nach ihr geworfen.»

Sie deutete in die entfernteste Zimmerecke. Ich ging und holte den Schuh.

«Wohin sollen wir gehen?» fragte Gregory sie. Seine Stimme klang ziemlich erschöpft.

«Den Mörder holen», sagte sie.

Er griff sich in die Haare. «Und wo soll dieser Mörder sein, Squeakie?»

«Wenn wir uns beeilen, finden wir ihn in Ruth Denver Bradleys Arbeitszimmer. Er ist sicher ganz durcheinander. Er sucht die Zusammenfassung ihres Romans. Ich habe sie hinter dem Bücherschrank versteckt.»

Wir schlichen auf Zehenspitzen die Treppe hinunter. Squeakie sagte, wir sollten den Lift nicht benutzen, weil er zuviel Lärm mache.

Als wir vor der Tür des Arbeitszimmers standen, hörten wir alle, daß sich drinnen jemand leise hin und her bewegte.

«Vorsicht, Lieutenant», sagte Haley wichtig. Er öffnete die Tür und schlüpfte ins Zimmer. Gregory folgte ihm. Wir anderen mußten uns damit begnügen, durch die halbgeöffnete Tür zu spähen. Aber die Tür stand so, daß wir unmöglich sehen konnten, wer sich im Zimmer befand. Die Gesichter von Gregory und Haley zeigten Überraschung, aber sonst verrieten sic uns nichts. Dann drehten sich die beiden um und sahen Squeakie mit so schmerzlichem Erstaunen an, als hätte sie ihnen ein glühendes Eisen in den Schoß fallen lassen.

Zu meiner Verwunderung sprach Dr. Bradley. Er konnte die Person in dem Zimmer ebenso wenig sehen wie wir, aber er sagte: «Verhaften Sie ihn, Lieutenant. Er hat meine Frau getötet.»

Sie brachten schweigend Harvey Thompson heraus. In seinem Blick lag etwas, das ich nicht beschreiben kann, es war ein Blick, als sei er am Ziel einer langen Reise angekommen und froh, daß nun alles zu Ende sei. Patient und Arzt blickten sich an, und der Patient senkte die Augen.

«Es tut mir leid», sagte er. «Sie muß eine bemerkenswerte Frau gewesen sein. Es tut mir leid, Doktor.»

Dr. Bradley starrte den Mann vor ihm lange an. «Ich verstehe», sagte er schließlich. «Aber die Tragödie ist noch größer, als Sie denken. Es war nicht nötig, meine Frau zu töten, Mr. Thompson. Kein Mensch hätte es jemals erfahren, niemand hätte Sie erkannt. Sie haben Ihrer beider Leben verschwendet.»

Der Mann, der an höchster Stelle die Korruption bekämpfte, senkte den Kopf, und sie führten ihn ab.

Später saßen wir in der Bibliothek zusammen, und Squeakie erzählte uns alles.

«Gregory», sagte Squeakie, «suchte nach Beweisen, die das Motiv des Ehemanns, der in die Pflegerin seiner Frau verliebt war, stützen sollten. Es war ein gutes, orthodoxes Motiv. Aber ich sagte mir, mal angenommen, er hat sie nicht getötet? Versteht ihr?»

Es entstand eine Pause, in der Squeakie da saß und schnurrte.

Gregory sah mich an. «Ich beiße mir lieber die Zunge ab, bevor ich sie frage», sagte ich.

«Na gut», sagte er, «aber der gesamte Polizeiapparat verliert das Gesicht.» Er wandte sich Squeakie zu. «Und wohin brachte Sie Ihre Annahme, daß er sie nicht getötet hatte, Squeakie?»

«Nun, ich mußte eben nach einem anderen Motiv suchen. Als ich eins gefunden hatte, hatte ich schließlich auch einen anderen

Verdächtigen. Wißt ihr, ich brauchte einen Anhaltspunkt, der mich zu einem Motiv führte.»

«War es das verschwundene Manuskript?» fragte ich.

Squeakie strahlte mich an. «Genau das war es, David. Zunächst schien das Manuskript auf Mr. Kingdon hinzudeuten. Was sollte schließlich ein Politiker, der die Frau seines Arztes nie kennengelernt hatte, mit ihrem Manuskript zu tun haben? Und weshalb sollte ein Mann eine Frau ermordet haben, die er nicht einmal kannte?»

Sie sah uns mit glitzernden Augen an. «Was stand eigentlich in dem verschwundenen Manuskript?»

«Ich will einen Besen fressen», sagte ich.

«Erinnerst du dich nicht, David? Ich habe dir doch die Geschichte erzählt. Es war die Geschichte eines Mannes, dessen Leben durch seine Kindheit grausam gezeichnet war. Sein Vater fiel die Treppe hinunter und starb. Alle glaubten an einen Unfall, und der Mann wurde begraben. Jeder bemitleidete die schöne junge Witwe und ihren kleinen Sohn. Die Mutter trägt Trauer und gibt sich untröstlich. Aber dem Kind graut es vor ihrem Gram. Es weiß, daß sie seinen Vater ermordet hat. Er hat gesehen, wie sie ihren Mann in den Tod stieß. Der Junge wächst heran, gequält von dem Wissen um das Verbrechen seiner Mutter, dessen Entdeckung er fürchtet. – Um einen Ausgleich für sein entsetzliches Erbe zu schaffen, führt er ein überkorrektes, übermäßig moralisches Leben. Niemals nimmt er an den normalen Zerstreuungen junger Männer teil. Er wird zu einem selbstgerechten Puritaner. Sein Eifer, die Welt zu verbessern, führt ihn in die Politik, und er hat Erfolg. Nachdem er jahrelang das Leben eines sittenstrengen Junggesellen gelebt hat, verliebt er sich und möchte heiraten. Vernünftigerweise konsultiert er einen Psychiater, und damit dieser ihm helfen kann, erzählt er ihm seine Lebensgeschichte. – Erinnerst du dich David, ich überlegte doch, woher Ruth Denver Bradley den Stoff für ihre Romane bezog? Verstehst du jetzt? Sie hatte sich einen Schlüssel zu dem Schrank machen lassen, in dem ihr Mann die Unterlagen seiner Fälle aufbewahrte. Einen ‹Schlüssel zu schändlichen Geheimnissen› im wahrsten Sinne des Wortes. Sie fand dort einen Schatz an Material. Übrigens wußte sie nicht einmal den Namen des Mannes, dessen Geschichte sie gestohlen hatte. Der Doktor benutzte nämlich für seine Krankengeschichten Nummern statt Namen. – Aber eines Tages fällt dem Mann, der so schwer mit seiner Vergangenheit ringt, ein Exemplar einer Zeitschrift in die Hand, und er liest die Fortsetzung eines Romans, deren Inhalt ihm schrecklich bekannt erscheint. Er sieht nach dem Namen des Autors und erkennt mit Entsetzen, daß es die Frau seines eigenen Arztes ist. Er sagt sich, daß es nur ein Zufall sein kann. Aber als die nächste Fortsetzung erscheint, sieht er seinen Verdacht bestätigt. Seine beschämende Geschichte wird der Öffentlichkeit preisgegeben. Er weiß nun mit Sicherheit, daß im weiteren Verlauf der Handlung seine Identität enthüllt wird. Er glaubt seine Karriere ruiniert, seine Heirat vereitelt. Er, der unbestechliche Politiker, wird als der Sohn einer Mörderin gebrandmarkt sein!»

Squeakie machte eine Pause, um Atem zu holen.

«Moment mal», sagte Gregory, «woher wußte er, daß das Manuskript nicht schon vollständig und in den Händen des Verlegers war?»

Louis Kingdon gab ihm die Antwort. «Ich habe es ihm gesagt», erklärte er. «Ich kannte Thompson. Ich legte Wert darauf, auf freundschaftlichem Fuß mit ihm zu verkehren. Ich traf ihn zufällig eines Tages, als ich mit einem Manuskript aus Ruths Haus kam. Unter anderem unterhielt ich mich auch darüber mit ihm.»

«Nun», sagte Squeakie, die Erzählung wieder an sich reißend, «als Thompson heute dies Haus betrat, sah er das Manuskript auf dem Tisch in der Halle liegen und nahm es an sich. Wahrscheinlich versteckte er es in der Innentasche seines Mantels. Ich glaube, er war gekommen, um Ruth Denver Bradley zu bitten, den Schluß ihres Romans zu verändern. Er sieht, wie die Pflegerin Mrs. Bradley allein läßt. Er rennt die Treppe hinauf und spricht mit ihr. Er erinnert sich an den Tod seines Vaters. Er öffnet heimlich die Tür und stößt sie hinunter. Dann dreht er sich um und läuft nach unten. Als Dr. Bradley aus seinem Sprechzimmer trat, sah es so aus, als käme Harvey Thompson gerade die Treppe *herauf*. Während Dr. Bradley die Polizei anrief, verbrannte Thompson das Manuskript im Kamin. Er kam gar nicht auf die Idee, daß irgendwo eine Zusammenfassung der Geschichte existieren könnte. Ich hatte keine Beweise», fuhr Squeakie fort. «Deshalb mußte ich Dr. Bradley dazu bringen, daß er die Fortsetzung las, damit ihm klar wurde, was seine Frau getan hatte. Selbst dann wäre es schwer gewesen, Thompson etwas zu beweisen, falls er geleugnet hätte. Deswegen erzählte ich ihm, ich hätte die Zusammenfassung gefunden. Dann ging ich nach oben und schrie, damit ihr alle heraufkommen würdet. Ich wollte Thompson Gelegenheit geben, ins Arbeitszimmer zu gehen und die Zusammenfassung zu suchen, damit wir ihn dabei überraschen konnten.»

Als ich meine Frau nach Hause brachte, war ich sehr erschöpft. «Du hast die Geschichte so kompliziert», sagte ich, «also solltest du sie eigentlich auch schreiben.»

Sie lächelte mich an.

«War da oben wirklich eine Maus, Squeakie?» fragte ich.

«Aber Liebling, warum hätte ich wohl sonst meinen Schuh nach ihr geworfen?»

Aber das war keine Antwort, nicht wahr? Ich glaube, diese Maus hat nie existiert.

# *Das schwache Herz*

*Harold Q. Masur*

Dr. Rollo Butler war alles andere als ein schöner Mann. Klein, kurzsichtig, mit großer Nase, kleinem Mund und fliehendem Kinn. Das Älterwerden hatte ihm einen leichten Bauch und eine Glatze beschert. In seiner Art wirkte er unaufdringlich, fast zerstreut.

Trotz dieser Nachteile besaß er auch äußerst positive Eigenschaften. Er war ein hochangesehener, prominenter Internist, Mitglied des Ärzteteams an einem der bedeutendsten Krankenhäuser. Ein scheuer Junggeselle, und doch nicht ohne Sinn für weibliche Reize. Jedenfalls fand ich seine Sprechstundenhilfe ungewöhnlich attraktiv.

«Guten Tag, Mr. Jordan», sagte sie. «Der Doktor wird bald kommen, wollen Sie warten?»

«Ja, natürlich», antwortete ich und ging ins Wartezimmer.

Nach einiger Zeit ließ mich ein leises Rascheln erkennen, daß ich nicht allein war. Die Frau blätterte in einer Modezeitschrift. Zuerst sah ich ihre langen, schlanken Beine. Dann wanderte mein Blick aufwärts über die makellose Figur zu ihrem Gesicht. Kleine Enttäuschung. Sie war nicht mehr jung, trotz kunstvollem Make-up. Ich schätzte sie auf vierzig Jahre. Ihr Mund war aufreizend, die Augen wirkten dagegen kühl und unbeteiligt.

Langsam ging ich zum Fenster hinüber, von dem aus man die East End Avenue überblickte. Es war genau vier Uhr, als ein Taxi auf der gegenüberliegenden Seite hielt. Der Doktor mußte drüben aussteigen, weil das Taxi wegen Bauarbeiten nicht wenden konnte. Langsam ging er über die Straße, auf die Haustür zu. Wegen des Nieselregens hatte er seinen Mantelkragen hochgeschlagen. Auf halbem Weg kam ein Auto in Sicht.

Hilflos mußte ich zusehen, wie es in rasendem Tempo heranbrauste. Zu spät, dachte ich entsetzt.

Einen kurzen Moment sah ich noch die Todesangst auf dem Gesicht des Doktors, seinen verzerrten Mund, hörte aber keinen Schrei. Und auch kein Hupen.

Schaudernd mußte ich zusehen, wie ihn der Wagen erfaßte, wie eine Stoffpuppe in die Luft schleuderte, und sein Körper dann auf dem Gehsteig aufschlug. Der Wagen schien kurz zu schwanken, raste weiter und bog in wilder Fahrt um die Ecke in westlicher Richtung.

Wie gelähmt stand ich da. Dann rannte ich zur Tür. Die Sprechstundenhilfe erschrak, die Patientin sprang auf.

Als ich unten war, wußte ich sofort: Hier kam jede Hilfe zu spät.

In Doktor Butlers Sprechzimmer wurde ich von zwei Beamten der Kriminalpolizei vernommen. Anscheinend war ich der einzige Augenzeuge. Weder die Sprechstundenhilfe noch die Patientin hatten etwas gesehen. Durch den Regen waren die Straßen wie leergefegt. Also konzentrierten sie sich auf mich: De Castro, ein Bulle mit Argusaugen, und Hahn, untersetzt und gutmütig. Ersteren hatte ich noch nie gesehen, Hahn dagegen kannte mich. Schmunzelnd sagte er zu seinem Kollegen:

«Wenn du mal im Druck bist, merk dir den da. Fixer Kerl, hat Köpfchen, kennt das Gesetz samt Hintertürchen. Kennt auch ein paar große Tiere im Präsidium.» Zu mir sagte er: «Bei uns grassiert eine Seuche, Herr Rechtsanwalt. Fahrerflucht muß ansteckend sein. Erzählen Sie uns von dem Wagen.»

«Buick Limousine, viertürig, Baujahr '56, hellblau. Reifen: Weißwand, am linken Hinterrad schwarz. Etwas eingebeulter linker vorderer Kotflügel.»

«Nicht schlecht», brummte De Castro.

«Na, was hab' ich gesagt? Gute Beobachtungsgabe. Der kann uns weiterhelfen. Also, jetzt geht's los.» Er nahm den Hörer auf und sah mich hoffnungsvoll an. «Haben Sie sich zufällig das Nummernschild gemerkt, Herr Rechtsanwalt?» Ich schüttelte den Kopf. Er gab der Zentrale einen kurzen Bericht und bat, die Fahndung sofort einzuleiten. Dann lehnte er sich zurück und sah mich nachdenklich an. «Seit wann kannten Sie das Opfer?»

«Seit etwa fünf Jahren.»

«Wollten Sie den Doktor heute konsultieren?»

«Ich bin nicht krank, wenn Sie das meinen.»

«Was wollten Sie denn sonst von ihm?»

«Eine Information. Ich muß nächste Woche eine Mandantin vertreten, die durch Fahrlässigkeit verletzt worden ist, und brauchte ein paar medizinische Ratschläge. Es sind mehrere Gutachter vorgeladen, die ich ins Kreuzverhör nehmen muß. Dr. Butler hat mich eingepaukt. Auch das gehört zu unserem Job, vor Gericht muß der Anwalt fast soviel wissen wie der Gutachter.»

«Sollte Dr. Butler aussagen?»

«Nein, Sir. In diesem Fall hätte seine Aussage kein großes Gewicht.»

De Castro runzelte die Stirn. «Weshalb denn nicht?»

«Weil die Verteidigung ihn als befangen erklärt hätte. Er ist ein Onkel der Klägerin.»

«Wie heißt sie?»

«Ellen Bryant. Übrigens hat er sie zu mir geschickt.»

«Und nun zurück zum Buick. Sie sagten, der Fahrer hätte nicht gehalten, sich nicht um sein Opfer gekümmert?»

«Nein, Sir. Im Gegenteil, er gab Gas.»

«Kurzschlußreaktion», meinte Hahn, «hat den Kopf verloren.»

«Weiter», sagte De Castro. «Können Sie den Mann beschreiben, Jordan?»

«Ich sah ihn nur undeutlich. Er fuhr zu schnell, und die Scheibenwischer gingen.»

«Der Kerl entwischt uns nicht», sagte Hahn. «Ein prominentes Opfer, da wird der Chef vermutlich ein großes Aufgebot einsetzen.»

«Der ist schon jetzt ein toter Mann», erklärte De Castro.

Mehr konnte ich ihnen nicht sagen. Die Männer dankten mir und gingen. Ich saß auf Doktor Butlers Stuhl und betrachtete die ärztlichen Apparaturen um mich her – Untersuchungstisch, Röntgen- und Sterilisierapparat, Blutdruckmesser und vieles mehr.

Dann kam Nancy Cook, die Sprechstundenhilfe, herein. Ihr hübsches Gesicht war betrübt, die vollen Lippen lächelten nicht mehr. Anerkennend folgte mein Blick ihren Bewegungen. Ich hatte schon lange die Absicht, unsere Bekanntschaft zu vertiefen, war aber immer wieder davon abgekommen.

Sie reichte mir einen Aktendeckel. «Ich glaube, das könnte Ihnen nützlich sein, Mr. Jordan.»

«Was ist es denn?»

«Ein paar Notizen, die der Doktor mir diktiert hat. Wegen seiner Nichte, Ellen Bryant. Medizinische Hinweise, die Sie sicher brauchen. Er diktierte sie mir gestern abend. Heute früh habe ich sie getippt.»

«Sehr nett von Ihnen.»

«Das war selbstverständlich.» Dann fragte sie zögernd: «Ob Sie mir einen Rat geben können?»

«Um was handelt es sich denn?»

«Sie waren der Rechtsberater des Doktors. Ich weiß nicht, was ich jetzt tun soll, nachdem er ... er ...»

«Das ist kein Problem», sagte ich. «Behalten Sie den Job, bis wir seinen Nachlaß geprüft haben. Es wird massenhaft Arbeit geben. Bringen Sie die Akten in Ordnung, und fangen Sie an, die Anmeldungen abzusagen. Wer war sein Vertreter?»

«Doktor Butler hat nie einen gebraucht.»

«In dieser Stadt ist kein Mangel an Ärzten. Sollen die Patienten sich selbst um Ersatz kümmern.»

«Sie haben recht», sagte sie ernst. «Es gibt viel zu tun. Ich fange heute abend an.»

Treu, dachte ich, gewissenhaft und sehr hübsch. Ein seltener Fall auf dem Stellenmarkt. Kurz entschlossen sagte ich: «Aber nicht auf leeren Magen. Darf ich Sie zum Essen einladen?»

Ohne falsche Scheu sagte sie: «In der Tracht?»

«An Ihnen sieht sie schick aus.»

«Ich habe keinen Appetit.»

«Ich auch nicht. Aber wir brauchen beide einen Drink. Außerdem sollten wir doch etwas essen. Ich bringe Sie zeitig zurück.»

Sie ging hinaus, um ihr Make-up zu erneuern. Dann fanden wir ein nettes Lokal in der Nachbarschaft und setzten uns in eine Nische. Nach dem zweiten Glas löste sich die Spannung. Es geht nichts über Alkohol, um Freundschaft zu schließen. Nancy erwies sich als warmherzig und verständnisvoll. Wir aßen wenig und trennten uns ungern. Ich brachte sie in die Praxis zurück und fuhr nach Hause.

Um zehn Uhr hatte ich mir bereits ihre Notizen vorgenommen und bemühte mich eifrig, die verschiedenen Knochen und Muskeln zu lernen.

Meine Mandantin, Ellen Bryant, hatte sich bei einem Sturz verletzt und klaren Anspruch auf Schadenersatz. Nun stritt ich mich schon zwei Jahre mit der Versicherungsgesellschaft herum. Jetzt war endlich ein Termin festgesetzt worden. Ich nahm an, daß die Verteidigung ein anständiges Angebot machen würde, mußte aber auf alles vorbereitet sein.

Ich konnte mich nicht konzentrieren. Immer wieder mußte ich an den Unfall denken, an die leblose Gestalt, die durch die Luft flog und hilflos auf dem Gehsteig aufprallte, mitten in eine Pfütze.

Es läutete an der Wohnungstür.

Ich lief durch die Diele und öffnete. Es war Ellen Bryant. Sie wirkte verschreckt und niedergeschlagen, obwohl sie sich sichtlich um Haltung bemühte. Ich zog sie herein und nahm ihr das nasse Regencape ab.

Sie schluckte krampfhaft. «Was ist los, Ellen?» fragte ich. Da verlor sie die Beherrschung und fing an zu weinen. Ich zog sie in die Arme.

«Weinen Sie sich ruhig aus», sagte ich. «Es ist Ihr gutes Recht. Schließlich war er ja Ihr einziger Verwandter.»

Als sie sich beruhigt hatte, trat sie zurück und sah mich an. «Es ist nicht wegen Onkel Rollo. Als ich es hörte, war ich erst furchtbar verstört. Aber er ist tot, das läßt sich nicht mehr ändern. Es ist Mark, um den ich mich sorge. Mein Mann.»

«Was ist mit ihm?»

«Sie haben ihn verhaftet.»

«Was? Warum?»

«Zwei Polizisten. Sie behaupten, Onkel Rollo sei vorsätzlich überfahren worden, mit Marks Wagen!» Sie zitterte. «Vor zwei Stunden haben sie ihn abgeholt.»

«Was für einen Wagen fährt Mark?»

«Einen Buick.»

«Hellblau?»

«Ja.»

«Baujahr 1956?»

«Ja.»

«Weißwandreifen, hinten ein schwarzer?»

«Ja.»

Der Junge sitzt ja schwer in der Patsche, dachte ich. «Schön, und was geschah weiter?»

«Dann fragten sie Mark, ob er Dr. Butler gekannt hätte. Er sagte ja, das sei mein Onkel. Dann wollten sie wissen, wo sich Mark um vier Uhr aufgehalten hat. Er sagte, im Büro, bei der Arbeit. Sie schienen ihm nicht zu glauben. Dann fragten sie mich, ob ich fahren kann. Ich sagte nein, ich hätte keinen Führerschein. Dann haben sie Mark in Handschellen abgeführt. Ich wollte mitkommen, aber sie ließen es nicht zu. In meiner Angst hab' ich versucht, Sie anzurufen, aber es meldete sich niemand. Ich konnte einfach nicht allein in der Wohnung herumsitzen, deshalb kam ich hierher.» Sie kniff die Lippen zusammen, um ihr Zittern zu verbergen, und sah mich flehend an. «Bitte, ich –»

Das Telefon klingelte, und ich hob ab. Die Stimme kam mir bekannt vor. «Herr Rechtsanwalt?»

«Am Apparat.»

«Kriminalpolizei, Hahn. Ich brauche Sie für eine kurze Gegenüberstellung. Könnten Sie gleich kommen?»

«Wohin?»

«Neunundvierzigstes Revier.»

«In zwanzig Minuten bin ich da.» Ich legte auf und nahm Ellen beim Arm. «Kommen Sie mit. Vielleicht kann ich Ihnen ein Treffen mit Mark vermitteln.»

Im Taxi saß sie schweigend und mit verkrampften Händen da. Um sie abzulenken, brachte ich das Gespräch auf Butler. Das entspannte sie etwas, und sie erzählte, daß ihr Onkel schon immer Hemmungen wegen seines Äußeren gehabt und sich daher mehr auf geistige Dinge konzentriert hatte. Daß er nach brillantem Studium sein Examen mit Auszeichnung bestanden hätte. Und doch war ihm das Trauma seiner Jugend, daß die Frauen ihn nicht mochten, geblieben. Er wurde ein einsamer, ungeselliger Mensch, der sich in seine Arbeit vergrub.

«Waren Sie oft mit ihm zusammen?» fragte ich.

«Er kam einmal im Monat zum Abendessen.»

«Hat er sich mit Mark verstanden?»

«Nun ... sie hatten nicht viel Gemeinsames.»

«Und Sie selbst?»

«Wir mochten uns sehr gern.»

Das stimmte. Ich hatte das Testament des Doktors aufgesetzt und wußte, daß er Ellen zu seiner Alleinerbin gemacht hatte. Die Höhe des Nachlasses kannte ich nicht, sie mußte aber beträchtlich sein. Plötzlich war Ellen zu einer reichen Frau geworden.

Sie zupfte mich am Ärmel. «Mark hat doch kein Motiv. Warum glaubt die Polizei, daß er ...»

Sie hatte ein Recht darauf, die Wahrheit zu erfahren. Ich erzählte ihr vom Testament, von der Erbschaft. Sie fuhr zusammen, preßte die Hand auf den Mund und schüttelte ungläubig den Kopf.

Das Polizeirevier an der neunundvierzigsten Straße wurde durch grüne Lampen rechts und links der Eingangstür erleuchtet. Das trostlose Gebäude beherbergte außerdem das Morddezernat Ost. Wir stiegen die Treppe hinauf und betraten den Vorraum. Auf einem Stuhl an der Wand saß ein massiger, eindrucksvoller Mann und sah zu, wie der Polizeischreiber auf der

Schreibmaschine klapperte. Als er Ellen sah, erhob er sich sofort und kam ihr mit besorgter Miene entgegen.

«Mrs. Bryant, das ist ja furchtbar», sagte er und tätschelte väterlich ihre Hand. «Ein verhängnisvoller Irrtum. Aber ich bin überzeugt, daß alles in Ordnung kommt. Als ich davon hörte, habe ich bei Ihnen angerufen, aber Sie waren nicht da. Ich wollte Ihnen vorschlagen, sich an meinen Anwalt zu wenden.»

«Sehr freundlich, Mr. Korvin, aber es wird nicht nötig sein. Dies hier ist unser Anwalt, Scott Jordan. Scott, darf ich Sie mit Marks Arbeitgeber, Charles Korvin, bekannt machen?»

Korvin war ein kräftiger, selbstbewußter Mann, Mitte Vierzig, ein Bauunternehmer mit Baustellen in den Vororten und einem Büro in New York. In diesem Büro war Mark Bryant beschäftigt.

«Ich hab' schon von Ihnen gehört, Jordan. Freut mich, Sie kennenzulernen. Ellen, ich glaube, Mark ist in den besten Händen.»

Ich nickte dankend und wunderte mich nur, wieso er schon hier war. «Hat man Sie auf Marks Wunsch hergebeten, Mr. Korvin?»

Er schüttelte den Kopf. «Mark hat ausgesagt, daß er den ganzen Nachmittag im Büro war und erst um sechs Uhr gegangen sei. Ich soll es bestätigen.»

Kein schlechtes Alibi, dachte ich, wenn es stimmt. «Und – konnten Sie es?»

Er zuckte die Schultern. «Leider nicht. Ich mußte gegen drei Uhr zu einer Bauausstellung, um mir neues Baumaterial anzusehen.»

Hahn erschien an der Tür. «Da sind Sie ja, Scott. Kommen Sie mit. Alle anderen bleiben draußen.»

Mark Bryant saß auf der Stuhlkante, die Hände ineinander verkrampft, apathisch und wie betäubt.

«Hallo Mark», begrüßte ich ihn. Er verzog den Mund zu einem Lächeln. Hinter ihm stand der Riese De Castro und fragte: «Können Sie ihn identifizieren, Jordan?»

«Sicher. Es ist Mark Bryant.»

«Das meine ich nicht. Erkennen Sie in ihm den Mann, der am Steuer des Buick saß, als Butler überfahren wurde?»

«Nein. Das habe ich doch schon gesagt. Als der Unfall geschah, konnte ich den Fahrer nicht erkennen.»

Mark wandte mir sein sorgenvolles Gesicht zu und schüttelte traurig den Kopf. «Ich war es nicht. Ehrlich, Mr. Jordan –»

«Ruhig!» fuhr ihm De Castro über den Mund.

«Sind Sie sicher, daß es sein Wagen war?» fragte ich.

«Absolut. Die Beschreibung paßt genau, außerdem haben die Laborleute im zerbrochenen Scheinwerfer einen Stoffrest von Butlers Mantel gefunden.»

Mark hob den Kopf und rief fast hysterisch: «Sie versuchen, mich reinzulegen. Ich verlange einen Anwalt.»

«Den haben Sie. Mich. Ihre Frau bat mich soeben, Ihre Verteidigung zu übernehmen, Mark.»

«Augenblick mal», fuhr Hahn nicht unfreundlich dazwischen. «Sie könnten da in eine dumme Situation kommen, Scott! Sie werden vor Gericht Zeuge der Anklage sein. Wie wollen Sie gleichzeitig den Angeklagten verteidigen?»

Natürlich hatte er recht. Es wäre äußerst unkorrekt. Jedoch würde sich meine Aussage auf die Beschreibung eines bestimmten Fahrzeugs, nicht aber auf dessen Fahrer beschränken. Und dann kam mir eine brillante Idee. Sollte Marks Wagen gestohlen worden sein, konnte er nicht mehr auf dem alten Platz stehen. In New York sind Parkplätze Mangelware, und der ursprüngliche Platz würde bestimmt inzwischen besetzt sein. «Haben Sie Ihren Wagen dort gefunden, wo Sie ihn geparkt hatten?»

«Ja. Ich gab den Parkschein ab, und sie fuhren ihn mir heraus.»

«Ist Ihnen aufgefallen, daß ein Scheinwerfer kaputt war?»

«Nein. Der Parkwächter fuhr ihn rückwärts heraus. Von vorne sah ich ihn erst vor meinem Haus.»

«Wie steht es mit Korvins Sekretärin? War sie denn nicht den ganzen Nachmittag da?»

Verzweifelt schüttelte er den Kopf. «Sie hat seit ein paar Tagen die Grippe. Deshalb mußte ich ja das Büro hüten!»

«Sie sind in Geldschwierigkeiten, Bryant?» fragte De Castro.

«Nein. Ich habe einen guten Job», rief Bryant lebhaft.

«Na, wenn Ihre Frau einen Batzen Geld erbte, wäre das doch nicht schlecht, oder?»

«Für Geld würde ich nie einen Mord begehen.»

«Wir haben Verdachtmomente genug, mein Junge: Motiv und Gelegenheit. Also – warum nicht reinen Tisch machen? Spart uns Zeit und Mühe.»

«Hören Sie zu, Mark», sagte ich. «Sie haben der Polizei die Sache von Ihrem Standpunkt aus geschildert. Jetzt heißt es: Schnauze halten. Kein Wort mehr.»

«Sie sind uns eine großartige Hilfe, das muß man schon sagen», beschwerte sich De Castro.

«Er ist schließlich mein Mandant. Und jetzt, meine Herren, entschuldigen Sie mich. Ich muß an die Arbeit.»

Zu dieser Arbeit gehörte am nächsten Morgen ein Besuch des von Mark Bryant bevorzugten Parkplatzes. Bei den Hunderten von Wagen konnte sich niemand an den Buick erinnern, niemand wußte, wann er angekommen oder abgeholt worden war.

Auch ein Besuch in Dr. Butlers Praxis gehörte zu dieser Arbeit. Nancy Cook schenkte mir ihr freundlichstes Lächeln.

«Wie sieht es bei Ihnen aus?» fragte ich.

«Nicht schlecht. Ich habe die meisten Anmeldungen abgesagt und die dringenderen Fälle an einen anderen Arzt verwiesen.»

«Sehr gut. Aber gehen wir ins andere Zimmer, ich muß Sie einiges fragen, und dort ist es gemütlicher.»

Im Sprechzimmer nahmen wir auf einem Sofa Platz. Sie lehnte sich erwartungsvoll zurück und sah mich fragend an.

«Nancy», begann ich. «Sie waren doch viel mit dem Doktor zusammen und müssen ihn besser gekannt haben als viele andere.»

Sie nickte. «Vermutlich.»

«Gab es irgend etwas in seinem Privatleben, das ich wissen sollte? Vielleicht enge Freundschaften?»

«Seit einem halben Jahr scheint er mit den Korvins besonders befreundet gewesen zu sein. Ich weiß, daß er finanziell mit ihnen zu tun hatte.»

«Wieso finanziell?»

«Er erwarb Anteile an Mr. Korvins Immobiliengeschäft.»

«In welcher Höhe?»

«Fünfzigtausend Dollar.»

Ich pfiff durch die Zähne. «Sind Sie sicher?»

«Ich erinnere mich, in seinen Bankauszügen einen Scheckeintrag gesehen zu haben, den er später einmal erwähnte. In seinem Schreibtisch liegt auch noch ein Zertifikat. Er fand ja nie Zeit, zu seinem Banksafe zu gehen.»

«Wie hat er die Korvins kennengelernt?»

«Sie sind beide bei ihm in Behandlung. Übrigens, die Patientin, die gestern im Wartezimmer saß, als der Unfall geschah, war Leila Korvin – Charles Korvins Frau.»

«Ach, natürlich! Wo hatte ich nur meine Augen? Was fehlt ihr denn?»

«Nichts. Meist Hypochondrie. Ihr Mann ist der Kranke.»

«Ihr Mann?» fragte ich überrascht. «Der muß doch eine Roßnatur haben.»

«Das täuscht, er ist herzkrank.»

Sie blätterte in der Krankenkartei. Dann las sie vor: «Patient klagt über Schmerzen unter dem Brustbein und linksseitig von der Schulter bis zu den Fingerspitzen. Beschleunigter Puls, kurzatmig.» Sie blickte auf. «Typisch anginöse Symptome.»

«Seltsam. Wenn Korvin so schwer krank ist, wieso hat dann der Doktor Geld in sein Geschäft investiert?»

«Das weiß ich nicht.» Sie lächelte geheimnisvoll. «Es sei denn, daß ihn Mrs. Korvin dazu überredet hat.»

«Aber Nancy, Sie werden mir doch nichts verschweigen? Raus mit der Sprache! Hatten die beiden etwas miteinander?»

«Das kann ich nicht mit Gewißheit sagen. Aber schließlich ist Leila Korvin eine sehr attraktive Frau, und Doktor Butler war . . .»

«... von der Natur etwas benachteiligt worden. Ein ungleiches Paar, die beiden. Wie sind Sie darauf gekommen?»

«Nun, sie kam zu oft. Ich wußte auch, daß der Doktor sie mehrmals zum Essen eingeladen hat.»

«Was ist denn da dabei? Er war doch ein Freund der Familie?»

Sie zuckte die Schultern. «Verlassen Sie sich auf meinen weiblichen Instinkt. Schon allein wie er sie ansah – nicht wie ein Arzt.» Nachdenklich fügte sie hinzu: «Bis auf einen Zwischenfall.»

«Und zwar?»

«Vorige Woche hatten sie Streit. Es fiel mir auf, weil der Doktor sonst nie laut wurde. Es war ein kurzer Wortwechsel, ich konnte zwar nichts verstehen, aber es klang wütend. Dann, als sie gestern anrief, um sich anzumelden, war er sehr reserviert.»

Ich dachte über mögliche Zusammenhänge nach. Schließlich sagte ich: «Wo ist das Zertifikat?»

Sie zog die Schreibtischschublade auf und nahm einen unverschlossenen Umschlag heraus. Darauf stand: Vertrag Korvin. Er enthielt zwei Schriftstücke. Einen eingelösten Scheck über fünfzigtausend Dollar, ausgestellt auf Charles Korvin. Außerdem ein Zertifikat auf den Namen Leila Korvin über fünfundzwanzig Anteile, das auf der Rückseite keinen Übertragungsvermerk hatte. Sie hatten also einen Wert von zweitausend Dollar pro Aktie festgesetzt. Nicht schlecht.

Nach kurzer Überlegung stand ich auf. «Gemeinsames Abendessen, Nancy?»

«Gern.»

Ich küßte sie auf die Wange.

Als Verteidiger hatte ich das Vorrecht, mit Mark Bryant im Beratungszimmer zu sprechen. Als sie ihn hereinführten, sah ich, daß er eine schlaflose Nacht hinter sich hatte. Er war düster und abgespannt. Ich gab ihm ein Päckchen Zigaretten, das er teilnahmslos einsteckte.

«Reißen Sie sich zusammen, Mark, sonst nützen Sie mir nichts. Ich brauche Ihre Hilfe.»

«Was kann ich denn tun? Sie wollen mich nicht einmal gegen Kaution freilassen.»

«Sie können Fragen beantworten. Entspannen Sie sich.» Endlich setzte er sich. Ich blickte in sein vergrämtes Gesicht. «Als erstes könnten Sie mir etwas über Korvins Baugesellschaft erzählen. Wie gehen die Geschäfte?»

Er schluckte. «Ich – ich habe den Kriminalbeamten angelogen. Das Geschäft geht schlecht. Die Gläubiger sind uns auf den Fersen. Seit zwei Wochen warte ich auf mein Gehalt.»

«Hat Butler Sie je über die Firma ausgefragt?»

«Nein.»

«Wußten Sie, daß er in das Unternehmen Geld investiert hat?»

Er riß die Augen auf. «Nein, das wußte ich nicht.»

«Stimmt aber. Hat Korvin anderweitig versucht, Kredit aufzunehmen?»

«Dauernd. Er war ständig auf dem Golfplatz mit irgendeinem potentiellen Geldgeber oder im Sportklub beim Handballspielen mit Bankleuten.»

«Sind Sie mit Mrs. Korvin gut bekannt?»

«Sie haben uns öfter zum Essen eingeladen.»

«Es scheint eine gute Ehe zu sein?»

«Daß sie sich lieben, stand immer außer Frage. Einen anderen Mann hätte sie nicht einmal angeschaut.»

«Und wie war das gestern? Sind Sie den ganzen Tag allein im Büro gewesen?»

«Nur am Nachmittag.»

«Worin besteht Ihre eigentliche Aufgabe?»

«Ich helfe beim Berechnen der Baukosten, kaufe Material und organisiere den Versand. Wenn ein Bauprojekt angelaufen ist, überwache ich die Arbeiten.»

«Sieht es nach Pleite aus?»

«Ich weiß es nicht», sagte er.

Das Gespräch mit mir schien ihm Mut zu machen. Wenigstens wußte er, daß sich jemand um ihn kümmerte. Er fragte, ob er Ellen sehen könne, und ich versprach, es ihm zu ermöglichen.

Die Korvins wohnten in einem soliden Altbauhaus am Riverside Drive. Leila Korvin öffnete. Als erwarte sie Gäste, trug sie ein Abendkleid aus Goldlamé. Das dunkle Haar war glatt zu einem Knoten zurückgekämmt. Überrascht zog sie die Augenbrauen hoch.

«Darf ich eintreten?»

Höflich sagte sie: «Bitte sehr, Mr. Jordan.»

Sie führte mich in ein elegantes Wohnzimmer mit herrlichem Blick auf den Hudson.

«Charles», rief sie. «Wir haben Besuch.»

Korvin erschien im Morgenrock. Er erkannte mich sofort und kam mir mit ausgestreckter Hand entgegen. Dann bot er mir einen Drink an, Bourbon, Scotch? Ich schüttelte den Kopf. Eine Zigarre? Auch die lehnte ich ab. Er bat mich, Platz zu nehmen, und das tat ich auch.

«Haben Sie Mark gesprochen?» fragte er.

«Gerade eben.»

«Wie geht es ihm?»

«Er ist erschüttert, verwirrt, erschreckt.»

«Kann man verstehen. Wem ging es nicht ebenso, in seiner Lage? Aber natürlich ist er unschuldig. Können Sie etwas für ihn tun?»

«Ich bemühe mich.»

«Vielleicht kann ich helfen?» fragte er.

«Sicher, wenn es Ihnen damit ernst ist?»

«Selbstverständlich! Aber wie?»

«Indem Sie mit mir zu einem Spezialisten gehen, um sich untersuchen zu lassen.»

Korvin fuhr zusammen. Er warf seiner Frau einen scharfen, ungläubigen Blick zu. Plötzlich wurde es still. Dann sagte Korvin ruhig: «Da komme ich nicht ganz mit. Was meinen Sie damit, Jordan?»

«Ich meine die Klärung einer rätselhaften Sache. Wie es einem Menschen mit schwerem Herzfehler möglich ist, Golf und Handball zu spielen.»

«Ich verstehe Sie immer noch nicht.»

«Wirklich nicht, Korvin? Ich habe in Dr. Butlers Praxis Einsicht in Ihre Karteikarte genommen. Sie waren wegen Herzbeschwerden in Behandlung. Ein gewissenhafter Arzt wie Dr. Butler muß Ihnen Ruhe verordnet haben, vielleicht auch ein wenig Golf, niemals aber Handball. Viel zu anstrengend, das wäre Selbstmord, und danach sehen Sie wahrhaftig nicht aus. Zweifellos hat er Ihnen auch Digitalis, Nitroglyzerintabletten oder Heparin verschrieben. Können Sie beweisen, daß Sie diese Mittel in einer Apotheke besorgt haben? Wohl kaum!»

«Wenn Butler eine solche Diagnose gestellt hat, dann hat er sich eben geirrt.»

«Rollo Butler? Bei seiner Erfahrung, bei seinem Ruf? Das glauben Sie doch selbst nicht.»

«Jeder kann sich mal irren.»

«Aber nicht so grundlegend. Sie haben über starke Schmerzen unter dem Brustbein geklagt.»

«Verdauungsstörungen. Sagte ich ihm auch.»

«Es gab noch andere Symptome, Korvin. Beschleunigter Puls. Das kann allerdings mit Hilfe von Evedrin oder ähnlichen Medikamenten erzielt werden, auch durch rasches Treppensteigen oder durch einen Spurt ums Viertel.»

Ich sah, wie eine Ader an seiner Schläfe zu pochen begann. «Warum sollte ich so etwas tun?»

«Um ihn zu überzeugen, daß Sie nicht mehr lange zu leben haben.»

«Warum?» Er wollte mich aufs Glatteis führen.

«Um seine Hoffnung auf Liebe zu stärken. Dieser häßliche Mann lebte einsam in einer Welt, in der auf Äußerlichkeiten so großer Wert gelegt wird. Ihre Frau hat ihn geködert, hat ihn betört, mit Versprechungen gelockt, sie war die erste schöne Frau, die auf ihn einging. Und der arme Kerl fiel darauf herein.»

Korvin stieß ein kurzes, spöttisches Lachen aus. «Und Sie glauben, daß mich meine Frau wegen einem Mann wie Butler verlassen würde?»

«Niemals», sagte ich. «Sie machte sich nichts aus ihm, nur aus seinem Geld. Dem Geld, das Sie so notwendig brauchten. Nur so konnte sie ihn zu dem Darlehen überreden. Fünfzigtausend Dollar! Ich habe den eingelösten Scheck gesehen.»

«Es war kein Darlehen. Wir haben ihm Anteile verkauft.»

«Auch das Zertifikat habe ich gesehen. Ausgestellt auf den Namen Ihrer Frau, nicht auf Butlers Namen. Die einzig logische Folgerung ist also: Sie haben sich das Geld geliehen und ihm das Zertifikat als Sicherheit gegeben.»

«Wir haben es ihm verkauft!» rief er heiser.

«Dann ist es noch schlimmer. Dann haben Sie sich des Betrugs schuldig gemacht, haben Anteile eines Unternehmens, das vor dem Bankrott steht, um zweitausend Dollar je Stück verkauft. Gilt in diesem Staat als Verbrechen. Darauf steht eine Gefängnisstrafe. Man kann es drehen, wie man will. Und nachdem Sie das Geld kassiert hatten, hat Ihre Frau ihre Versprechungen nicht erfüllt.»

«Ich habe keine Versprechungen gemacht», sagte Leila grob.

«Ich behaupte – doch. Und als Butler Ihnen Ihre plötzliche Kühle und Unnahbarkeit vorwarf, gab es eine erregte Auseinandersetzung.»

«Das ist eine Lüge!»

«Ich habe einen Zeugen. Seine Sprechstundenhilfe hörte den Streit.» Und dann erst log ich tatsächlich. «Sie ist bereit, vor Gericht auszusagen.»

«Was sollte sie denn aussagen, um Himmels willen?» schrie Korvin.

«Daß Sie Butler übers Ohr gehauen und ihm Geld abgenommen haben; daß Sie einen Herzanfall vorgetäuscht haben, damit Ihre Frau Versprechungen machen konnte, die sie nicht beabsichtigte zu halten. Als er dann die Wahrheit erfuhr und Sie wegen Betrugs verklagen wollte, verloren Sie den Kopf. Vielleicht würden Sie eine Geldstrafe zahlen müssen, vielleicht sogar ins Kittchen wandern? Es gab also nur einen Ausweg – Butler mußte zum Schweigen gebracht werden.»

Jetzt machte sich die Anspannung bei ihm bemerkbar. Korvin stand da wie versteinert. Sein Gesicht war schweißbedeckt und fahl.

«Ihre Frau meldete sich in der Praxis an», fuhr ich fort. «Sie wußten also, wann der Doktor aus dem Krankenhaus erwartet wurde. Da stahlen Sie den Parkschein und die Autoschlüssel aus Marks Manteltasche und fuhren die East End Avenue hinauf. Sie hielten in der Nähe und warteten. Als er aus dem Taxi stieg und die Straße überquerte, gaben Sie gleich Gas und fuhren ihn über den Haufen. Vorsätzlich, nicht spontan. Und in Mark hatten Sie den idealen Prügelknaben. Sie hatten seinen Wagen, und im Büro war niemand, der ihm ein Alibi geben konnte. Zudem eine ansehnliche Erbschaft für seine Frau als Motiv. Alles stand zu Ihren Gunsten. Alles, bis auf die Wahrheit. Sie sind wirklich ein Anfänger!»

Leila war schneeweiß geworden und stützte sich zitternd auf eine Stuhllehne. Korvin machte einen letzten Versuch, Haltung zu bewahren, doch er verfiel sichtlich.

«Man wird Ihr Alibi für die fragliche Zeit überprüfen. Die Polizei wird schon jemand finden, der Sie in Marks Wagen gesehen hat. In diesem Wagen werden sich auch Ihre Fingerabdrücke finden, vielleicht auch am Schlüsselbund ein Fädchen Stoff aus Ihrer Tasche. Sie würden staunen, was die im Labor alles zutage fördern. Und das Geld, Korvin? Die fünfzigtausend Dollar? Und die Betrugsabsicht? Dazu Butlers Streit mit Ihrer Frau. Sie sind erledigt, Korvin – fertig.»

Sein Gesicht war sehr blaß geworden, er schien in sich zusammenzufallen und sah so krank und niedergeschlagen aus, daß ich dachte: Nun ist er reif für ein Geständnis. Ich empfand kein Mitleid, als ich zum Telefon ging, den Hörer abnahm und die Mordkommission verlangte.

# *McGowneys Wunder*

*Margaret Millar*

Ich entdeckte ihn schließlich rein durch Zufall. Er wartete in der Powell Street auf die Kabelbahn, ein würdiger, kleiner Herr um die Sechzig in einem schwarzen Mantel und mit einem weichen grauen Filzhut. Friedlich und etwas abseits der Menge stand er da, die Hände unter der Brust gefaltet wie ein Priester, der einen Haufen Heiden segnet. Ich wußte, daß er kein Priester war.

Nebelschleier hingen über San Francisco, verwischten die Lichter und dämpften das Geratter der Kabelbahn.

Ich ging auf McGowney zu und sagte: «Guten Abend.»

Er schien mich nicht zu erkennen. «Guten Abend, Sir!» sagte er mit einem kleinen Lächeln. «Nett von Ihnen, einen Fremden so freundlich zu begrüßen.»

Einen Augenblick lang glaubte ich, daß ich mich geirrt hätte. Man hört ja immer wieder von täuschend echten Doppelgängern. Hinzu kam, daß ich McGowney seit Anfang Juli nicht mehr gesehen hatte. Aber in einem entscheidenden Punkt konnte McGowney sich nicht verstellen: Seine Stimme hatte immer noch das kehlige Pathos eines Bestattungsunternehmers.

Er tippte an seinen Hut und lief flink die Powell Street hinauf, wobei sein Mantel wie ein lahmer Flügel um seine dürren Beine schlug.

Dann blieb er stehen und drehte sich um, um zu sehen, ob ich ihm folgte. Ich tat es. Er ging weiter und schüttelte den Kopf, als ob er über mein Interesse an ihm wirklich verwirrt wäre. An der nächsten Ecke blieb er vor einem Kaufhaus stehen und wartete an das Schaufenster gelehnt auf mich.

Als ich näherkam, sah er stirnrunzelnd zu mir auf. «Ich weiß nicht, warum Sie mir folgen, junger Mann, aber ...»

«Warum fragen Sie mich nicht, McGowney?»

Aber er fragte nicht. Er wiederholte nur mit überraschter Stimme seinen Namen, als ob er ihn lange Zeit nicht gehört hätte.

«Ich bin Eric Meecham, Mrs. Keatings Rechtsanwalt. Wir sind uns schon einmal begegnet.»

«Ich bin schon vielen Leuten begegnet. An manche erinnere ich mich, an manche nicht.»

«Sicher erinnern Sie sich an Mrs. Keating. Sie haben im Juli ihre Beerdigung übernommen.»

«Natürlich, natürlich. Eine großartige Frau, eine wirklich großartige Frau. Ihr Heimgang betrübte die Herzen aller, die die Ehre hatten, sie zu kennen, und die Süße ihres Lächelns erlebten ...»

«Hören Sie auf, McGowney. Mrs. Keating war ein alter Drachen mit einem scharfen Mundwerk ohne Freunde auf der Welt.»

Er wendete sich von mir ab, aber ich sah das Spiegelbild seines Gesichtes im Fenster, es war angespannt und voller Angst.

«Sie sind weit weg von zu Hause, McGowney.»

«Dies ist jetzt mein Zuhause.»

«Sie haben Arbana sehr plötzlich verlassen.»

«Für mich war es nicht plötzlich. Seit zwanzig Jahren wollte ich schon wegziehen, und als die Zeit gekommen war, ging ich weg. Es war zwar damals Sommer, aber ich dachte immer nur an den kommenden Winter und wie alles sterben und verwelken würde. Ich hatte genug vom Tod.»

«Mrs. Keating war Ihre letzte – Kundin?»

«Ja.»

«Ihr Sarg wurde vergangene Woche exhumiert.»

Eine zum Platzen volle Kabelbahn fuhr schwerbeladen den Hügel hinauf wie ein betrunkenes Schaukelpferd. Plötzlich stürzte McGowney auf die Straße und rannte dem Wagen nach. Trotz seines Alters hätte er es schaffen können, aber der Wagen war so überfüllt, daß er nirgends Halt fand. Er hörte auf zu laufen und blieb bewegungslos mitten auf der Straße stehen und starrte den Schlußlichtern des Wagens nach, die oben am Hügel verschwanden. Ohne auf das Hupen und Schreien der Autofahrer zu achten, ging er langsam zum Bürgersteig zurück, wo ich wartete.

«Sie können nicht wegrennen, McGowney.»

Er sah mich müde an, ohne etwas zu sagen. Dann zog er ein angeschmutztes Taschentuch hervor und wischte sich den Schweiß von der Stirn.

«Die Exhumierung kann für Sie keine Überraschung bringen», sagte ich. «Sie schrieben den anonymen Brief, in dem Sie es vorschlugen. Er wurde in Berkeley aufgegeben. Deswegen bin ich hier in der Gegend.»

«Ich habe Ihnen keinen Brief geschrieben.»

«Die Information, die er enthielt, konnte nur von Ihnen stammen.»

«Nein. Es wußte noch jemand genausoviel wie ich.»

«Wer?»

«Meine ... Frau.»

«Ihre Frau.» Diese Antwort hatte ich am allerwenigsten erwartet. Mrs. McGowney und die einzige Tochter waren während der Grippe-Epidemie nach dem Ersten Weltkrieg gestorben. Es war eine typische Geschichte, wie sie in einer Stadt wie Arbana heute noch erzählt wird, obwohl sie schon fünfunddreißig Jahre zurücklag: McGowney, nach seiner Entlassung aus der Armee arbeitslos, hatte kein Geld gehabt, um das doppelte Begräbnis zu bezahlen. Als der Bestattungsunternehmer ihm eine Lehrstelle anbot, um die Schulden abzuarbeiten, nahm McGowney an. Jeder wußte, daß er nach dem Tod seiner Frau keine andere Frau auch nur angesehen hatte, außer natürlich im Dienst.

«Sie haben also wieder geheiratet», sagte ich.

«Ja.»

«Wann?»

«Vor sechs Monaten.»

«Gleich nachdem Sie Arbana verlassen hatten?»

«Ja.»

«Sie haben nicht viel Zeit verschwendet, um ein neues Leben zu beginnen.»

«Das konnte ich mir nicht leisten. Ich bin nicht mehr jung.»

«Haben Sie eine Ortsansässige geheiratet?»

«Ja.»

Erst später merkte ich, daß er unter «ortsansässig» Arbana verstand, nicht San Francisco, wie ich gemeint hatte.

«Sie glauben, daß Ihre Frau mir den anonymen Brief schrieb?»

«Ja.»

Die Straßenlampen gingen an, und ich merkte, daß es spät war und kalt wurde. McGowney schlug seinen Mantelkragen hoch und zog sich ein Paar schlecht sitzende weiße Baumwollhandschuhe an. Ich hatte ihn schon mit solchen Handschuhen gesehen. Sie gehörten genauso zu seinem Beruf wie seine kehlige Stimme und sein unerschöpflicher Vorrat an sentimentalen Sprüchen.

Er merkte, wie ich auf die Handschuhe starrte, und sagte leicht entschuldigend: «Das Geld ist etwas knapp. Meine Frau strickt mir ein Paar Wollhandschuhe zu meinem Geburtstag.»

«Sie arbeiten nicht?»

«Nein.»

«Es dürfte für einen Mann mit Ihrer Erfahrung doch nicht schwer sein, einen Job auf Ihrem speziellen Gebiet zu finden.» Ich war ziemlich überzeugt, daß er sich nicht einmal um eine Stelle bemüht hatte. In den letzten Tagen hatte ich mich mit beinah jedem Leichenbestatter rund um die Bucht in Verbindung gesetzt. McGowney war bei keinem gewesen.

«Ich will keinen solchen Job mehr», sagte McGowney.

«Es ist das einzige, was Sie gelernt haben.»

«Ja. Aber ich glaube nicht länger an den Tod.»

Er sprach es so selbstverständlich aus, als ob er gesagt hätte, er spiele nicht mehr Siebzehn-und-Vier oder er esse keine gesalzenen Erdnüsse mehr.

Tod, Siebzehn-und-Vier oder gesalzene Erdnüsse – ich war

nicht darauf vorbereitet, mich mit McGowney über diese Dinge zu unterhalten, deshalb sagte ich: «Mein Auto steht in der Garage vom Canterbury Hotel. Wir holen es, und ich fahre Sie nach Hause.»

Wir gingen in Richtung Sutter Street weiter. Der Strom der Passanten war durch das Heer der Büroangestellten noch stärker angeschwollen, aber die vielen Leute, der Krach und das Durcheinander ließen McGowney unberührt. Er lief ruhig neben mir her und lächelte still vor sich hin, wie jemand, der die Fähigkeit entwickelt hat, von Zeit zu Zeit die Welt zu verlassen und auf irgendeiner fernen und glücklichen kleinen Insel zu leben. Ich hätte gern gewußt, wo McGowneys Insel lag und wer dort mit ihm lebte. Nur eines war ganz sicher: Auf McGowneys Insel gab es keinen Tod.

Plötzlich sagte er: «Es muß sehr schwierig gewesen sein.»

«Was?»

«Die Exhumierung. Im Winter friert der Boden drüben im Osten steinhart. Ich vermute, daß Sie nicht dabei waren, Mr. Meecham?»

«Sie vermuten falsch.»

«Mein Gott, das ist doch nichts für einen Amateur!»

Meiner Meinung nach auch nicht für jemand andern. Der Friedhof war weiß gewesen von Schnee, der in der Nacht gefallen war. Die Morgendämmerung hatte gerade angefangen, wenn man das kärgliche Licht eine Morgendämmerung nennen konnte. Auf dem einfachen Grabstein aus Granit hatte gestanden: *Eleanor Regina Keating, 3. Oktober 1899–30. Juni 1953. Eine gute Seele ist heimgegangen, eine geliebte Stimme ist verstummt.*

Die gute Seele war gegangen, das schon. Als der Sarg zwei Stunden später gehoben und geöffnet worden war, war der Geruch, der uns entgegenschlug, nicht der des Todes, sondern der von feuchten, vermodernden Zeitungen und von Steinen, die mit graugrünem Schimmel überzogen waren.

«Sie wissen, was wir fanden, nicht wahr, McGowney?»

«Natürlich. Ich habe doch die Beerdigung geleitet.»

«Sie nehmen also die alleinige Verantwortung auf sich, einen leeren Sarg beerdigt zu haben?»

«Nicht die alleinige Verantwortung, nein.»

«Wer war Ihr Komplice? Und warum?»

Er schüttelte nur den Kopf.

Als wir an einer Ampel warten mußten, studierte ich McGowneys Gesicht und versuchte, den Grad seiner Zurechnungsfähigkeit abzuschätzen. Es lag keine Logik in seinem Verhalten. Mrs. Keating war durchaus normal an einem Herzanfall gestorben und entsprechend ihren Anweisungen in einem verschlossenen Sarg beerdigt worden. Gegen den Arzt, der den Totenschein unterschrieben hatte, konnte man nichts sagen. Er war damals zufällig in Mrs. Keatings Haus gewesen, weil ihre ältere Tochter Mary erkältet war. Er hatte Mrs. Keating untersucht, sie für tot erklärt und nach McGowney geschickt. Zwei Tage später hatte ich Mary, die immer noch schniefte – ob vor Kummer oder wegen der Erkältung, weiß ich nicht –, zur Beerdigung begleitet. McGowney verhielt sich korrekt wie immer.

Nur unterließ er es, Mrs. Keatings Leiche in den Sarg zu legen.

Die Zeit verging. Niemand hatte um Mrs. Keating sonderlich getrauert. Sie war eine unglückliche Frau gewesen, geistig und moralisch ihrem Mann überlegen, der bei einer Sauftour in New Orleans umgekommen war, und ihren beiden Töchtern, die ihrem Vater ähnelten. Drei Jahre war ich Mrs. Keatings Anwalt gewesen. Ich hatte mich gern mit ihr unterhalten. Sie hatte eine rasche Auffassungsgabe und einen ausgesprochenen Sinn für Humor gehabt. Aber wie viele reiche Leute, die den Segen der Arbeit und die Befriedigung, die sie verschafft, nicht kennen, war sie eine gelangweilte und einsame Frau gewesen, die ihre Verzweiflung pflegte wie einen verhätschelten Wellensittich und sie von Zeit zu Zeit mit einem Brocken ihrer bitteren Erinnerungen fütterte.

Gleich nach Mrs. Keatings Tod hatte McGowney sein Unternehmen verkauft und die Stadt verlassen. Niemand in Arbana hatte diese beiden Begebenheiten miteinander in Verbindung gebracht, bis der anonyme Brief aus Berkeley eintraf, kurz bevor Mrs. Keatings Testament rechtsgültig wurde. In dem an mich adressierten Brief wurde ihre Exhumierung und die Ungültigkeitserklärung des Testamentes verlangt, da es keinen Beweis für Mrs. Keatings Tod gäbe. Ich konnte mir keinen Grund vorstellen, warum McGowneys neue Frau diesen Brief geschrieben hatte, es sei denn, daß sie ihren Mann satt hatte und eine umständliche Methode gewählt hatte, um ihn loszuwerden.

Die Ampel schaltete auf Grün, und McGowney und ich überquerten die Straße und warteten unter der Hotelmarkise auf mein Auto, nach dem der Pförtner geschickt hatte. Ich sah McGowney nicht an, aber ich fühlte, daß er mich beobachtete.

«Sie glauben, daß ich verrückt bin, Meecham?»

Auf die Beantwortung dieser Frage war ich nicht vorbereitet. Ich bemühte mich, so gleichgültig wie möglich auszusehen.

«Ich behaupte auch nicht, völlig normal zu sein, Meecham. Sie etwa?»

«Ich bemühe mich.»

McGowney legte mir seine Hand in ihrem schlecht sitzenden weißen Handschuh auf den Arm. Ich zwang mich, sie nicht abzuschütteln. Sie sah aus wie eine lahme Taube. «Aber angenommen, Sie machen eine sehr seltsame Erfahrung.»

«Wie Sie?»

«Wie ich. Es war ein Schock, ein großer Schock, obwohl ich immer das Gefühl hatte, daß es eines Tages geschehen würde. Bei jedem neuen Sterbefall war ich darauf gefaßt. Ich dachte immer daran. Man könnte sogar sagen, ich *wollte* es.»

Der Schweiß sickerte mir in zwei Rinnsalen hinter den Ohren in den Kragen. «Was wollten Sie, McGowney?»

«Ich wollte, daß sie wieder aufwachte.»

Ich sah, daß der Pförtner mir ein Zeichen machte. Mein Auto stand mit laufendem Motor am Straßenrand.

Ich setzte mich hinter das Steuer, und McGowney stieg widerstrebend ein, als bereue er schon, was er gesagt hatte.

«Sie glauben mir nicht», meinte er, als wir losfuhren.

«Ich bin Anwalt. Bei mir zählen nur Tatsachen.»

«Eine Tatsache ist ja etwas, das geschieht, nicht wahr?»

«Sehr richtig.»

«Nun, es ist geschehen.»

«Sie erwachte wieder zum Leben?»

«Ja.»

«Nur durch die Macht Ihres Willens?»

Er rutschte auf dem Sitz neben mir unruhig hin und her. «Ich gab ihr Sauerstoff und Adrenalin.»

«Haben Sie das mit anderen Kunden auch gemacht?»

«Oft, ja.»

«Ist dieses Vorgehen üblich?»

«Für mich war es üblich», antwortete McGowney ernst. «Ich wollte immer Arzt werden. Im Krieg war ich beim Sanitätstrupp, da habe ich ein bißchen Wissen aufgeschnappt.»

«Genug, um Wunder zu vollbringen?»

«Es war nicht mein Können, das sie ins Leben zurückholte. Es war mein Wille. Sie hatte ihren Lebenswillen verloren, aber ich hatte genug für uns beide.»

Wenn es wahr ist, daß zwischen Vernunft und Wahnsinn nur eine dünne Grenzlinie verläuft, dann kreuzte McGowney diese Linie innerhalb einer Stunde viele Male. Er sprang über sie hin und her wie ein Kind, das über sein Seil hüpft.

«Verstehen Sie jetzt, Meecham? Sie hatte den Wunsch zu leben verloren. Ich sah, wie es geschah. Wir unterhielten uns nie – vermutlich kannte sie nicht einmal meinen Namen –, aber ich habe sie jahrelang beobachtet, wenn sie bei ihrem Morgenspaziergang an meinem Büro vorbeikam. Ich beobachtete, wie sie sich veränderte, wie ihre Augen trübe wurden und ihr Gang immer müder. Ich wußte, daß sie bald sterben würde. Eines Tages trat ich hinaus, um es ihr zu sagen, um sie zu warnen. Aber als sie mich sah, begann sie zu laufen. Ich glaube, sie ahnte, was ich ihr sagen wollte.»

Er erzählte die Wahrheit, so wie er sie verstand. Mrs. Keating hatte den Vorfall im letzten Frühling erwähnt. Ich rief mir ihre Worte ins Gedächtnis zurück: «Heute morgen habe ich etwas Merkwürdiges erlebt, Meecham. Als ich beim Beerdigungsinstitut vorbeiging, stürzte dieser komische kleine Mann heraus und erschreckte mich fast zu Tode ...»

In Anbetracht dessen, was anschließend geschah, war das eine ungeheure Ironie. Während unserer Fahrt zur Bay Bridge und nach Berkeley erzählte McGowney mir seine Geschichte.

Es geschah an einem Mittag in den letzten Junitagen. In dem kleinen Hinterzimmer, das McGowney als Labor benutzte, war es nach dem Regen am Morgen heiß und feucht.

Mrs. Keating erwachte wie nach einem langen und unruhigen Schlaf. Ihre Hände zuckten, ihr Mund verzog sich vor Erschöpfung, der Puls begann in ihren Schläfen zu schlagen. Tränen quollen unter ihren geschlossenen Lidern hervor und glitten an ihren Ohrläppchen vorbei in ihre Haare.

McGowney beugte sich zitternd vor Aufregung über sie. «Mrs. Keating! Mrs. Keating! Sie leben!»

«Oh – Gott!»

«Es ist ein Wunder geschehen!»

«Lassen Sie mich in Ruhe. Ich bin müde.»

«Sie leben, Sie *leben*!»

Langsam öffnete sie die Augen und sah zu ihm auf. «Sie aufdringlicher Zwerg, was haben Sie angestellt?»

Erschüttert und wie betäubt trat McGowney einen Schritt zurück. «Aber – aber Sie leben. Es ist geschehen. Mein Wunder ist geschehen.»

«Leben. Wunder.» Sie sprach die Worte nach, als ob sie giftig wären. «Sie aufdringlicher Idiot.»

«Aber ich ...»

«Bringen Sie mir ein Glas Wasser. Meine Kehle ist wie ausgedörrt.»

Er zitterte so heftig, daß er beinahe das ganze Wasser verschüttet hätte. Dies war sein Wunder. Sein ganzes Leben lang hatte er gehofft und gewartet, und jetzt war es passiert.

Er reichte ihr dcn Becher mit Wasser, setzte sich heftig

atmend auf einen Stuhl und beobachtete sie. Sie trank sehr langsam, als ob ihre Muskeln während der kurzen Unterbrechung ihres Lebens bereits begonnen hätten, ihre Funktion zu vergessen.

«Warum haben Sie das gemacht?» Mrs. Keating zerknüllte den Papierbecher in ihrer Faust. «Wer hat Sie überhaupt um ein Wunder gebeten?»

«Aber ich . . . Nun, Tatsache ist . . .»

«Tatsache ist, daß Sie sich in Sachen mischen, die Sie verdammt nichts angehen. Das ist die Tatsache, McGowney.»

«Jawohl, Ma'am.»

«Und was wollen Sie jetzt machen?»

«Nun . . . ich . . . darüber habe ich eigentlich noch nicht nachgedacht.»

«Dann sollten Sie sofort damit anfangen.»

Er starrte auf den Fußboden, sein Kopf war heiß vor Elend, seine Glieder kalt vor Enttäuschung. «Am besten rufe ich erst mal den Arzt.»

«Das werden Sie nicht tun, McGowney.»

«Aber Ihre Familie . . . sie werden wissen wollen, daß . . .»

«Sie werden es nicht erfahren.»

«Aber . . .»

«Niemand wird es erfahren, McGowney. Überhaupt niemand. Ist das klar?»

«Ja.»

«Dann setzen Sie sich jetzt hin und seien Sie still. Lassen Sie mich nachdenken.»

Er setzte sich schweigend. Er verspürte kein Verlangen, sich zu bewegen oder zu sprechen. Nie war er sich so nutzlos vorgekommen und hatte sich so niedergeschlagen gefühlt.

«Vermutlich», sagte Mrs. Keating grimmig, «erwarten Sie, daß ich Ihnen dankbar bin.»

McGowney schüttelte den Kopf.

«Wenn Sie das tun, müssen Sie verrückt sein.» Sie machte eine Pause und sah ihn nachdenklich an. «Sie *sind* ein bißchen verrückt, nicht wahr, McGowney?»

«Es gibt Leute, die das glauben», sagte er nicht ganz unrichtig. «Ich stimme ihnen nicht zu.»

«Das würden Sie nie.»

«Ich kann es mir nicht leisten, Ma'am.»

Die Fenster waren geschlossen, und kein Straßenlärm drang durch das dicke Milchglas, aber plötzlich erklangen Schritte auf dem Steinfußboden im Gang.

McGowney stürzte durch das Zimmer, schloß ab und lehnte sich gegen die Tür.

«Mr. McGowney? Sind Sie da?»

McGowney sah Mrs. Keating an.

Sie war kreidebleich geworden und umklammerte mit einer Hand ihre Kehle.

«Mr. McGowney?»

«Ja, Jim.»

«Sie werden am Telefon verlangt.»

«Ich ... ich kann jetzt nicht kommen, Jim.»

«Man möchte Sie persönlich sprechen. Es ist Mrs. Keatings Tochter, wegen der Beerdigung.»

«Sag ihr, daß ich später zurückrufe.»

«Okay.» Es entstand eine kleine Pause. «Alles in Ordnung, Mr. McGowney?»

«Ja.»

«Ihre Stimme klingt so komisch.»

«Es geht mir gut, Jim.»

«Okay. Es war nur eine Frage.»

Die Schritte entfernten sich.

«Mary vergeudet keine Zeit», sagte Mrs. Keating mit trockenen, steifen Lippen. «Sie will mich sicher unter der Erde haben, damit sie ihren Elektriker heiraten kann. Nun, Ihre Aufgabe ist Ihnen doch klar, McGowney?»

«Wieso?»

«Begraben Sie mich.»

McGowney stand an die Tür gelehnt wie ein Zinnsoldat. «Ich soll Sie b-b-begraben?»

«Mich oder einen passenden Ersatz.»

«Das könnte ich niemals tun, Mrs. Keating, das wäre nicht anständig.»

«Es ist genauso anständig, wie ungebeten ein Wunder zu vollbringen.»

«Sie kennen die Schwierigkeiten nicht.»

«Welche?»

«Da ist einmal Ihre Familie. Und da sind Ihre Freunde, die Sie im Sarg liegen sehen wollen. Ich meine, es ist Sitte, die Leiche auszustellen.»

«Das erledige ich.»

«Wie?»

«Geben Sie mir etwas zum Schreiben und ein Stück Papier.»

McGowney widersprach nicht, weil er wußte, daß er im Unrecht war. Es war sein Wunder. Er mußte die Konsequenzen auf sich nehmen.

Mrs. Keating datierte den Brief drei Wochen zurück und schrieb:

> Wegen meinem Begräbnis erteile ich Mr. McGowney folgende Anweisungen: Da ich zu meinen Lebzeiten Zurückgezogenheit und Einsamkeit immer geschätzt habe, wünsche ich auch nach meinem Tod keine Belästigungen. Ich weise Mr. McGowney an, meinen Sarg sofort zu schließen und darauf zu achten, daß er geschlossen bleibt, ungeachtet etwaiger rührseliger Bitten meiner Hinterbliebenen.
>
> Eleanor Regina Keating

Sie faltete den Bogen zweimal und gab ihn McGowney. «Zeigen Sie das Mary und Joan und Mr. Meecham, meinem Rechtsanwalt.» Sie machte eine Pause und wirkte sehr zufrieden mit sich. «Eine aufregende Sache, was, McGowney?»

«Ziemlich», sagte McGowney matt.

«Das hat mir doch jetzt tatsächlich Appetit gemacht. Ich nehme nicht an, daß zu diesem Raum eine Küche gehört?»

«Nein.»

«Dann müssen Sie mir eben etwas vom Laden an der Ecke holen. Zwei Thunfischsalat-Sandwiches und viel Kaffee. Das

Essen», fügte sie mit einem kleinen boshaften Lächeln hinzu, «geht auf Ihre Kosten. Ich habe meine Handtasche vergessen.»

«Geld», sagte McGowney. *«Geld.»*

«Was ist damit?»

«Was geschieht mit Ihrem Geld?»

«Ich habe vor einiger Zeit ein Testament gemacht.»

«Aber *Sie*, wovon wollen Sie leben?»

«Vielleicht», sagte Mrs. Keating trocken, «sollten Sie noch ein Wunder vollbringen.»

Als er mit ihrem Mittagessen aus dem Laden zurückkam, aß und trank Mrs. Keating mit offensichtlichem Vergnügen. Sie bot McGowney von dem zweiten Sandwich an, aber er war zu deprimiert, um essen zu können. Sein Wunder, das wie eine große goldene Seifenblase ausgesehen hatte, war zerplatzt. Statt dessen hatte er das Gefühl, daß sein Bein an eine eiserne Kugel gekettet war.

Irgendwie brachte er den Tag hinter sich. Er ließ Mrs. Keating mit einigen alten Zeitschriften und einer Tüte Äpfel im Labor allein. Er sprach mit Mary und Joan Keating und telefonierte mit Meecham. Er gab seinem Gehilfen, Jim Wagner, den Nachmittag frei, und als Jim gegangen war, füllte er Mrs. Keatings Sarg – das Luxusmodell aus Bronze mit weißem Satin, das Mary aus dem Katalog ausgesucht hatte – mit in Zeitungspapier gewickelten Steinen, bis er genau das richtige Gewicht hatte.

McGowney war ein kleiner Mann, der körperliche Anstrengung nicht gewohnt war. Als er fertig war, zitterte er am ganzen Körper vor Erschöpfung.

Da rief Mary Keating an und sagte, sie und Joan hätten die Sache noch einmal überdacht, und da Mrs. Keating eher sparsam gewesen wäre, würde sie in so einem Prunksarg sicherlich niemals Ruhe finden. Der schlichte graue wäre passender, und auch billiger.

«Das hätten Sie mir früher mitteilen sollen», sagte McGowney kalt.

«Wir haben das im Moment erst beschlossen.»

«Jetzt ist es zu spät, um ihn umzutauschen.»

«Ich wüßte nicht, warum.»

«Es gibt da ... gewisse technische Schwierigkeiten.»

«Nun, Mr. McGowney, wenn Sie sich diese geringen Umstände nicht machen wollen, dann sollten wir den Auftrag vielleicht anderweitig vergeben.»

«Nein! Das können Sie nicht tun – ich meine, das wäre nicht anständig, Miss Keating.»

«Wir leben in einem freien Land.»

«Warten Sie. Angenommen, ich mache Ihnen einen speziellen Preis für den in Weiß und Bronze?»

«Wie speziell?»

«Sagen wir, fünfundzwanzig Prozent Nachlaß?»

Am anderen Ende der Leitung fand eine geflüsterte Beratung statt, und dann sagte Mary: «Das ist immer noch eine Menge Geld.»

«Fünfunddreißig?»

«Ja, das kommt der Sache schon *näher*», erklärte Mary und hängte ein.

Die Tür zu McGowneys Büro ging auf, und Mrs. Keating kam mit einem kleinen grimmigen Lächeln ins Zimmer.

McGowney sah sie hilflos an. «Sie sollten nicht hier draußen herumlaufen! Gehen Sie lieber zurück und ...»

«Ich hörte das Telefon läuten, und da dachte ich, daß es Mary sein könnte.»

«Sie war es nicht.»

«Doch, sie war es, McGowney. Ich habe jedes Wort gehört.»

«Gut.» McGowney räusperte sich. «Gut. Sie hätten nicht horchen sollen.»

«Oh, ich bin nicht überrascht. Oder verletzt. Ich brauche Ihnen nicht leid zu tun. Ich habe mich seit Jahren nicht so wohl gefühlt. Wissen Sie warum?»

«Nein.»

«Weil ich nicht nach Hause gehen muß. Ich bin frei. Frei wie ein Vogel.» Sie zupfte ihn am Ärmel. «Ich muß doch nicht nach Hause gehen, nicht wahr?»

«Ich glaube nicht.»
«Sie werden es niemand erzählen?»
«Nein.»
«Sie sind ein guter Mensch, McGowney.»
«Ich habe nie angenommen, daß ich das nicht wäre», sagte McGowney schlicht.

Als es dunkelte, holte McGowney sein Auto aus der Garage und fuhr es zur Leichenwageneinfahrt hinter seinem Büro.

«Verstecken Sie sich lieber auf dem Rücksitz», sagte er, «bis wir aus der Stadt sind.»

«Wo fahren wir hin?»

«Ich dachte, daß ich Sie nach Detroit bringe. Von da aus können Sie dann den Bus oder den Zug nehmen.»

«Wohin?»

«Wohin Sie wollen. Sie sind so frei wie ein Vogel.»

Sie kroch auf den Rücksitz und fröstelte, obwohl die Nacht mild war. McGowney deckte sie mit einer Decke zu.

«McGowney.»

«Ja?»

«Ich fühlte mich freier, als ich in Ihrem kleinen Laboratorium eingeschlossen war.»

«Sie haben jetzt nur ein bißchen Angst, das ist alles. Die Freiheit ist eine große Sache.»

Er lenkte das Auto in Richtung Autobahn. Eine halbe Stunde später, als die Lichter der Stadt verschwunden waren, hielt er an, und Mrs. Keating setzte sich auf den Beifahrersitz. Die Decke hatte sie sich wie eine Indianerin um die Schultern gewickelt. McGowney fühlte sich verpflichtet, sie aufzuheitern, da er ja in erster Linie dafür verantwortlich war, daß sie hier neben ihm saß.

«Es gibt», begann er mit fester Stimme, «herrliche Flecken auf der Welt, die man gesehen haben muß.»

«Tatsächlich?»

«Ich würde mir Kalifornien aussuchen. Das ganze Jahr blühen dort die Blumen.» Er zögerte. «Ich habe ein bißchen was gespart. Ich habe schon immer daran gedacht, eines Tages das

Geschäft zu verkaufen und mich in Kalifornien zur Ruhe zu setzen.»

«Was hindert Sie daran?»

«Ich kann den Gedanken nicht ertragen, daß ich, nun, daß ich da ganz allein bin, ohne Freunde oder eine Familie oder so. Sind Sie mal in Kalifornien gewesen?»

«Ich habe mehrere Sommer in San Francisco verbracht.»

«Gefiel es Ihnen?»

«Sehr.»

«Mir würde es auch gefallen, ganz bestimmt.» Er räusperte sich. «Aber allein sein mag ich nicht. Ist Ihnen warm genug?»

«Ja, danke.»

«Vögel ... die Vögel haben es eigentlich gar nicht so schön, soweit ich das beurteilen kann.»

«Nein?»

«Die viele Freiheit, und dann wissen sie nicht, was sie mit ihr anfangen sollen außer herumzufliegen. So ein Leben paßt nicht für eine reife Frau wie Sie, Mrs. Keating.»

«Vielleicht nicht.»

«Ich meine ...»

«Ich weiß, was Sie meinen, McGowney.»

«Wirklich?»

«Natürlich.»

McGowney errötete. «Es ist ... nun, es kommt sehr plötzlich, nicht wahr?»

«Finde ich nicht.»

«Aber bis vor einer halben Stunde habe ich nicht einmal daran gedacht.»

«Aber ich. Frauen denken in diesen Dingen weitsichtiger.»

McGowney schwieg einen Augenblick. «Das war kein sehr romantischer Heiratsantrag. Ich sollte eigentlich ein bißchen was Gefühlvolles sagen.»

«Nur zu.»

Er umklammerte das Steuerrad. «Ich glaube, ich liebe Sie.»

«Das hätten Sie nicht sagen müssen», erwiderte sie scharf. «Ich bin kein dummes Gänschen, das sich von Worten einfangen läßt. In meinem Alter erwartet man keine Liebe. Ich will nicht ...»

«Aber ich liebe Sie», erklärte McGowney.

«Das glaube ich nicht.»

«Sie werden es noch sehen.»

«Ist das wieder eins von Ihren Wundern, McGowney?»

«Das größte.»

Zum ersten Mal in Mrs. Keatings Leben hatte jemand ihr gesagt, daß er sie liebe. In ehrfürchtigem Schweigen saß sie neben McGowney, die Hände im Schoß gefaltet wie ein kleines Mädchen im Kindergottesdienst.

McGowney brachte sie in Detroit in ein Hotel und fuhr nach Hause, um ihre Beerdigung abzuhalten.

Zwei Wochen später wurden sie in einer kleinen Stadt bei Chicago von einem Friedensrichter getraut. Während der langen, gemächlichen Reise in McGowneys Auto Richtung Westen sprach keiner von ihnen viel von der Vergangenheit oder machte sich Sorgen um die Zukunft. McGowney hatte sein Unternehmen verkauft, aber er hatte es zu eilig gehabt, um auf einen günstigen Preis warten zu können. Deshalb waren seine Mittel begrenzt. Aber er erwähnte das seiner Frau gegenüber nie. Als sie San Francisco erreichten, hatten sie McGowneys Kapital schon ziemlich aufgebraucht. Einen großen Teil des Restes verschlang der Kauf des Häuschens in Berkeley.

Im Spätherbst waren sie fast pleite, und McGowney nahm einen Job als Schuhverkäufer in einem Kaufhaus an. Eine Woche später erhielt er zusammen mit seinem ersten Lohn seine Kündigung.

Er erzählte es Eleanor beim Abendessen und tat, als ob das Ganze ein Witz sei, und erfand noch einige Anekdoten dazu, um sie zum Lachen zu bringen.

Sie hörte ernst und nachdenklich zu. «Das hast du also die ganze Woche getan – Schuhe verkauft.»

«Ja.»

«Du hast mir gar nicht gesagt, daß wir so dringend Geld brauchen.»

«Wir werden schon durchkommen. Ich kann leicht einen anderen Job bekommen.»

«Als was?»

«Als das, was ich immer war.»

Sie langte über den Tisch und nahm seine Hand. «Du willst doch nicht wieder Leichenbestatter sein.»

«Es macht mir nichts aus.»

«Du hast es immer gehaßt.»

«*Es macht mir nichts aus*, sage ich dir.»

Sie stand entschlossen auf.

«Eleanor, was hast du vor?»

«Ich werde einen Brief schreiben», sagte sie seufzend.

«Eleanor, keine übereilten Maßnahmen.»

«Wir waren sehr glücklich. Es konnte nicht immer so bleiben. Sei nicht unbescheiden.»

Langsam begriff er die Bedeutung ihrer Worte. «Du willst jemand mitteilen, daß du lebst?»

«Nein. Das könnte ich nicht ertragen, jetzt noch nicht. Ich will ihnen nur klarmachen, daß ich nicht tot bin, daß sie mein Vermögen nicht aufteilen können.»

«Aber warum?»

«Als mein Ehemann hast du Anspruch auf deinen Anteil, wenn mir etwas zustößt.»

«Dir wird nie etwas zustoßen. Darüber sind wir uns doch einig, oder?»

«Ja, McGowney, darüber sind wir uns einig.»

«Wir glauben nicht mehr an den Tod.»

«Ich werde den Brief an Meecham adressieren», sagte sie.

«Deshalb schrieb sie den Brief.» McGowneys Stimme klang müde. «Um meinetwillen. Den Rest kennen Sie, Meecham.»

«Nicht ganz», sagte ich.

«Was wollen Sie noch wissen?»

«Das Ende.»

«Das Ende.» McGowney rutschte auf dem Sitz neben mir hin und her und seufzte. «Ich glaube nicht an das Ende.»

Bei der nächsten Ampel bog ich rechts ab, wie McGowney gesagt hatte. Auf einem Straßenschild am Laternenpfahl stand Linden Avenue.

Drei Straßen weiter südlich stand ein kleines, grün und weiß gestrichenes Haus. In den Dachrinnen tropfte es von dem feuchten Nebel.

Ich parkte das Auto davor und stieg aus. Der Gedanke, Mrs. Keating gleich wiederzusehen, erfüllte mich mit großer Vorfreude. McGowney saß bewegungslos da und starrte geradeaus, bis ich den Wagenschlag öffnete.

«Kommen Sie, McGowney.»

«Wie? Ach so. Ja. Gut.»

Er trat so ungeschickt auf den Bürgersteig, daß er fast hinfiel. Ich nahm ihn am Arm. «Ist etwas?»

«Nein.»

Wir stiegen die Stufen zum Eingang hinauf.

«Es brennt kein Licht», sagte McGowney. «Eleanor ist sicher beim Einkaufen. Oder bei den Nachbarn. Wir haben sehr nette Nachbarn.»

Die Haustür war nicht verschlossen. Wir traten ein, und McGowney machte im Flur und im Wohnzimmer auf der rechten Seite des Ganges Licht.

Die Frau, die ich als Mrs. Keating gekannt hatte, saß in einem Schaukelstuhl vor dem Kamin. Ihr Kopf war nach vorn geneigt, als ob sie tief in Gedanken versunken wäre. Ihr Strickzeug war auf den Boden gefallen. Ich sah, daß es ein halbfertiger Handschuh in leuchtenden Farben war. McGowneys Geburtstagsgeschenk.

Schweigend bückte sich McGowney, hob den Handschuh auf und legte ihn auf den Tisch. Dann berührte er seine Frau sanft an der Stirn. Seine Hand zuckte zurück, und ich erkannte, daß ihre Haut so kalt sein mußte wie die Asche im Kamin.

«Ich hole einen Arzt», sagte ich.

«Nein.»

«Ist sie tot?»

Er machte sich nicht die Mühe zu antworten. Bittend sah er

auf seine Frau hinunter. «Eleanor, Liebling, wach auf! Wir haben Besuch.»

«McGowney, um Gottes willen . . .»

«Ich glaube, es ist besser, wenn Sie jetzt gehen, Mr. Meecham», sagte er mit fester, klarer Stimme. «Ich habe zu tun.»

Er zog seinen Mantel aus und rollte die Ärmel hoch.

# *Noch zehn Minuten*

*Jack Ritchie*

Die Schachtel, die ich trug, war ungefähr so groß wie ein Schuhkarton und in unauffälliges braunes Papier verpackt.

Ich betrat die riesige Halle des Rathauses und schritt zielstrebig auf den Aufzug zu. Unter den anwesenden Leuten bemerkte ich einige Polizisten, die ein auffälliges Interesse an dem Gegenstand in meinen Händen zeigten. Es versuchte aber keiner, mich aufzuhalten. Ich fuhr bis zum dritten Stock. Auf dem Korridor traf ich wieder Polizisten. Einer rieb sich gerade das Kinn. Er erstarrte, als er mich sah.

Ich öffnete die Tür zum Vorzimmer des Bürgermeisters. Ein junger Mann saß am Ende des Raumes an einem Schreibtisch.

Seine Augen hafteten unsicher an meinem Paket. «Kann ich Ihnen helfen?»

«Sie können. Ich möchte sofort den Bürgermeister sprechen.»

Seine Zunge glitt über seine trockenen Lippen. «Sind Sie angemeldet?»

«Dann hätte ich es Ihnen gesagt.» Ich blickte auf meine Uhr. «Es ist äußerst wichtig, daß ich ihn sofort spreche.»

«Einen Moment», sagte er schnell. Er verschwand durch eine Tür, und ich hörte das Schloß einschnappen.

Dann geschah einige Minuten nichts, bis die Korridortür behutsam geöffnet wurde.

Ein großer Mann in blauem Anzug stand zögernd in der Tür. Hinter ihm verrenkten einige Polizisten ihre Hälse.

Zuerst warf er einen Blick auf das Paket, dann schaute er mich an. Er schien die Lage abzuschätzen. Nach kurzem Überlegen befahl er den Polizisten, sich zurückzuziehen, und kam allein herein. «Sie möchten Bürgermeister Pettibone sprechen?»

«Sind *Sie* Mr. Pettibone?»

«Nein», erwiderte er. «Ich bin Lieutenant Wymar.» Er versuchte ein Lächeln. «Warum möchten Sie den Bürgermeister sprechen?»

«Das ist meine Sache.»

Es entstand ein peinliches Schweigen, bis er plötzlich auffuhr, als hätte er ein Geräusch gehört. Er deutete auf den Karton in meinen Händen. «Tickt dieses Ding?»

Es tickte.

Der Karton rutschte beinahe von meinem Schoß, und ich hatte Mühe, ihn aufzufangen, bevor er auf dem Boden landete. Als ich wieder aufblickte, stand der Lieutenant mit zusammengekniffenen Augen da. Er schien auf irgend etwas zu warten.

Endlich öffnete er die Augen und atmete aus. «Was ist in diesem Paket?»

«Das ist ebenfalls meine Sache.» Ich blickte wieder auf die Uhr. «Ich muß den Bürgermeister innerhalb der nächsten zehn Minuten sprechen. Keine Sekunde später.»

Er war ein wenig erleichtert. «Zehn Minuten?» Er kam einige Schritte näher. «Der Bürgermeister hat im Augenblick zu tun. Könnten Sie nicht ein bißchen später kommen?»

«Nein.» Ich stellte den Karton neben mich auf die Bank. «Wenn ich den Bürgermeister nicht sofort sprechen kann, werde ich mit Gewalt in sein Büro eindringen.»

Wymar handelte wie der Blitz. Er schnappte das Paket und riß die Tür zum Korridor auf. «Schnell! Einen Eimer mit Wasser. Das Ding soll in zehn Minuten hochgehen.»

Ich folgte ihm auf den Fersen. «Was soll denn das?»

Er ignorierte mich. «Verflucht, wo bleibt der Wassereimer?»

Ich sah ein halbes Dutzend Polizisten herumflitzen. Einer von ihnen riß eine Tür auf, die in einen Abstellraum führte. Neben verschiedenem Putzzeug war da ein Waschbecken. Er öffnete sofort beide Hähne. «Hierher, Lieutenant!»

Wymar warf das Paket in das Becken, und in wenigen Sekunden war es ganz mit Wasser bedeckt.

Ich sah Luftblasen von dem Paket aufsteigen und seufzte. «Hoffentlich ist es wasserdicht.»

Wymars Augen weiteten sich. «Wasserdicht? Daran habe ich nicht gedacht.» Er fuchtelte mit den Armen. «Alles zurück. Die Bombe kann jeden Augenblick losgehen.»

Plötzlich drängten alle zum äußersten Ende des Korridors.

«Rufen Sie das Bombenkommando!» befahl Wymar.

Ein sehr junger Polizist salutierte. «Jawohl, Sir. Welche Nummer?»

Wymar lief rot an. Dann deutete er auf einen Sergeant. «Murphy, holen Sie das Kommando.»

Der Sergeant verschwand, und Lieutenant Wymars Interesse wandte sich wieder mir zu. Ich wurde mit Nachdruck in einen leeren Raum in der zweiten Etage gebracht. Zwei Polizisten bewachten mich, während Wymar vermutlich die Evakuierung des Gebäudes veranlaßte. Fünf Minuten später kehrte er sichtlich erleichtert zurück. «Die Männer vom Bombenkommando sind hier.»

Dann zog er ein Blatt Papier aus einem Umschlag und hielt es mir unter die Nase. «Das haben Sie geschrieben!» Ich durfte das Blatt nicht anfassen, so daß ich schielen mußte, als ich die folgenden Sätze las:

Bürgermeister Pettibone:

Ihr Verhalten gegenüber der Errichtung eines Veteranen-Altenwohnheims entsprach in keiner Weise dem Interesse der Öffentlichkeit. Da es keinen legalen Weg gibt, Sie von Ihrem Amt zu entfernen, werde ich Ihnen zu einem besseren Dasein im Jenseits verhelfen.

Der Rächer

Ich schüttelte den Kopf. «Tut mir leid. Ich bevorzuge eine andere Schrifttype.»

Er schluckte. «Haben Sie das geschrieben oder nicht?»

«Mein lieber Lieutenant, wenn ich vorhätte, den Bürgermeister in die Luft zu jagen, würde ich ihn dann warnen?»

«Vielleicht», sagte Wymar. «Viele Attentäter sind Wahnsinnige.»

Ich lächelte. «Sind meine Fingerabdrücke auf dem Blatt?»

Wahrscheinlich waren überhaupt keine Fingerabdrücke auf dem Brief, höchstens die des Bürgermeisters, denn Wymar überging meine Frage.

«Wie heißen Sie?»

«James B. Bellington.»

Er schrieb in sein Notizbuch. «James C. Bellington.»

Ich korrigierte. «James B. Bellington. Wie Bombe.»

«Ihre Adresse?»

«Ich wohne im Medford Hotel. Ein mieses Haus, aber mehr kann ich mir im Moment nicht leisten.»

«Hatten Sie irgendwelche Verluste, weil das Veteranen-Projekt vom Osten der Stadt in den Norden verlegt wurde?»

Ich strich mir meinen Bart. «Ich werde nichts mehr sagen, bevor ich meinen Rechtsanwalt gesprochen habe.»

In diesem Augenblick betrat ein Mann vom Bombenkommando den Raum. Er trug einen Schutzanzug und hatte mein triefendes Paket in den Händen. Er schob seine Gesichtsmaske hoch und sagte: «Wir haben es überprüft, Lieutenant.»

«Und?» fragte Wymar.

Der Mann zuckte mit den Schultern. «Ein Wecker. Das ist alles. Nur ein billiger Wecker.»

«Natürlich nur ein Wecker», stimmte ich zu. «Was haben Sie erwartet? Eine Bombe?»

Wymar fragte mit rauher Stimme: «Möchten Sie immer noch den Bürgermeister sehen?»

«Im Augenblick nicht. Mir ist die Lust vergangen.» Ich lächelte leicht. «Sie schützen den Bürgermeister ausgezeichnet, nicht wahr? Das ist gut zu wissen. Wenn einer ihn in die Luft sprengen wollte, müßte das schon ein sehr schlauer Bursche sein, meinen Sie nicht auch?»

Lieutenant Wymar beobachtete mich scharf.

Ich stand auf. «Schönen Nachmittag, meine Herren.»

Wymar fiel noch etwas ein. «Vergessen Sie nicht Ihren Wekker!»

Ich lehnte ab. «Ich glaube, er ist kaputt. Sie können ihn behalten, für das Polizeimuseum.» Ich lächelte wieder. «Sagen Sie Bürgermeister Pettibone, daß ich wiederkomme. Vielleicht heute nachm ...» Ich brach ab, winkte ihm freundlich zu und verschwand.

In der Halle kaufte ich eine Packung Zigarren. Ich zündete mir eine an und trat auf die Straße.

Am Zeitungsstand an der Ecke blieb ich stehen und betrachtete mir einige Pornohefte. Besonders solche, die bestimmte Leute nur mit feuchten Händen lesen können. Nach einer Weile schnaubte ich: «Dreckzeug. Alles Dreckzeug.»

Der Verkäufer, ein älterer Mann in einem abgerissenen Anzug, seufzte. «Mein lieber Herr, wenn Sie eines der Dinger haben wollen, stecken Sie es unters Hemd und geben Sie mir das Geld. Ich werde es niemand erzählen.»

«Sir», sagte ich steif. «Nicht einmal als Leiche möchte ich mit solchem Schund gefunden werden. Man sollte es beschlagnahmen.»

Er warf einen verzweifelten Blick zum Himmel. «Warum gehen Sie nicht in eine Bibliothek und leihen sich ein solides Buch? Ich bin nur ein armer Mann und habe meine eigenen Sorgen.»

Ich deutete mit meinem Spazierstock auf den Boden des Standes. «Eine Bombe an dieser Stelle würde Ihre ganze Drecksliteratur in den Himmel blasen.» Ich zog zweimal energisch an meiner Zigarre und ging entschlossen und ohne mich umzublicken weiter.

Als ich bei der nächsten Kreuzung warten mußte, sah ich mich um.

Ein großer Mann im Trenchcoat unterhielt sich gerade mit dem Verkäufer. Beide blickten in meine Richtung, und der Verkäufer nickte.

Die Ampel sprang auf grün, und ich überquerte die Straße. Ich betrat ein großes Kaufhaus und kaufte einen Wecker, außerdem zwei Zündkapseln und eineinhalb Meter Telefonkabel. Als ich zu den Rolltreppen ging, sah ich wieder den Mann im Trenchcoat. Er schien sich eingehend für Vorhangstoffe zu interessieren.

Auf der Straße zündete ich mir eine neue Zigarre an. Die Luft war ziemlich feucht, aber ich mag solches Wetter gern. Es regt meinen Kreislauf an.

Ich ging durch mehrere Straßen, als es anfing zu regnen. Beim Stadtmuseum blieb ich stehen und betrachtete mir die Fassade. Entsetzlicher Geschmack, dachte ich mir. Wieviel Dynamit würde man wohl benötigen, um dieses Ding in die Luft zu sprengen? Ich warf meine Zigarre weg und stieg die Treppen zum Eingang hoch. Drinnen wanderte ich ziellos herum, bis ich in eine kleine Galerie, im Seitenflügel des Gebäudes, kam.

Leute mit konservativem Geschmack hätten bei dieser Ausstellung eine Gänsehaut bekommen. Eine undefinierbare Ansammlung von Utrillos, Picassos und Modiglianis. Mit meinem Spazierstock klopfte ich zornig auf einen Messingrahmen. «Schund. Absoluter Schund.»

Einer der Wärter tauchte neben mir auf. «Lassen Sie das, Mister! Sie beschädigen den Rahmen.»

Ich deutete auf ein Bild. «Das hier ist nichts anderes als ein Stück verunstaltete Leinwand.»

Er schien mir recht zu geben. «Man kann es ihnen nicht verübeln. Die Erfindung der Fotografie muß sie sehr getroffen haben. Ähnlich wie die Automatisierung einen Facharbeiter.»

«Verbrennen sollte man sie», entgegnete ich ungehalten. «Jedes einzelne. Oder besser in die Luft jagen!»

«Mister», sagte der Wärter, «wenn Sie schon auf die Bilder zeigen, so tun Sie es mit Ihrem Finger. Nicht mit dem Stock. Ich bin verantwortlich für alle Bilder.»

Die nächste Viertelstunde verbrachte ich in angenehmer Beschaulichkeit mit den alten holländischen Meistern.

Als ich auf die Straße zurückkehrte, hatte es aufgehört zu regnen. Ich sah den Mann im Trenchcoat die Treppe zum Museum herunterkommen. Offensichtlich war auch er im Museum gewesen.

Ich rieb mir den Bart.

Dann betrat ich kurz hintereinander verschiedene Kaufhäuser, die ich immer durch den Hinterausgang verließ. Nach einiger

Zeit stellte ich fest, daß mir niemand mehr folgte. Nahe meinem Hotel kaufte ich in einem Laden Butter, Milch, Brot, Schinken und ein großes Paket Zucker.

Als ich das Medford betrat, sah ich meinen Verfolger in der Hotelhalle. Er las Zeitung.

In meinem Zimmer machte ich mir ein Sandwich und sah mir die gestrige Zeitung an. Mich interessierte besonders der Artikel über das Veteranen-Projekt. Es war eine große Anlage aus mehreren Gebäuden. Im Gespräch war eine Gegend nahe dem Seeufer. In Wahrheit war diese Lage so sehr im Gespräch, daß dies für einige Spekulanten Grund genug war, größere Anteile zu erwerben, wodurch die Grundstückspreise astronomisch gestiegen waren. Gestern hatte dann der Gemeinderat dem Drängen Bürgermeister Pettibones nachgegeben und beschlossen, das Bauvorhaben in den Norden zu verlegen, wo die Bauplätze billiger waren. Einige Spekulanten verloren dadurch ihr letztes Hemd.

Mein Telefon läutete. Am Apparat war Geoffrey Mipple. Geoffrey und ich hatten im College dasselbe Zimmer bewohnt, und wir waren seither immer noch Freunde. Über viele Dinge hatten wir dieselben Ansichten.

«James?»

«Ja», sagte ich.

«Warst du im Büro des Bürgermeisters?»

«Ja.»

«Und was passierte?»

«Genau, was ich erwartet hatte.»

«Gehst du am Nachmittag wieder hin?»

«Ich habe es vor.» Ich biß von meinem Sandwich ab. «Du rufst nicht von deinem Zimmer aus an?»

«Nein. Von einer Telefonzelle.»

«Gut.» Ich legte auf und trank meine Milch aus. Dann nahm ich eine leere Schachtel vom Schrank und begann mit meiner Arbeit.

Um vierzehn Uhr rief ich in der Rezeption an. «Können Sie mir sagen, wie lange das Rathaus offen ist?» fragte ich.

«Sind Sie Mr. Bellington?»

«Ja.»

Es folgte eine entsprechende Pause. Wahrscheinlich sprach er mit jemand. Er nahm den Hörer wieder auf. «Das Rathaus ist vierundzwanzig Stunden geöffnet, nur schließen die meisten Büros um siebzehn Uhr. Wollen Sie zu jemand Bestimmtem?»

«Ja.» Ich warf einen Blick auf die Uhr. «Würden Sie mir bitte in zwanzig Minuten ein Taxi besorgen?»

Ich rauchte noch ein paar Züge, dann nahm ich meinen Mantel. Als ich den Raum verließ, hatte ich die Schachtel bei mir.

Der Hotelportier blickte verwundert und ein wenig traurig auf das Paket. «Ihr Taxi wartet, Sir.»

Das Taxi stand vor dem Eingang. Ich stieg ein und erklärte dem Fahrer die Richtung. Als wir anfuhren, bemerkte ich ein anderes Taxi hinter uns.

Vor dem Seiteneingang des Rathauses stand ein Fahrzeug, das mir auffiel. Es war solid gebaut und der hintere Teil bestand aus einem großen Metallkäfig.

Die Rathaushalle war sehr voll, und man hatte den Eindruck, als wären alle Leute aus den oberen Stockwerken ins Parterre evakuiert worden. Die Aufzüge wurden von Polizisten bewacht, so daß niemand einsteigen konnte. Auch ich erwartete, angehalten zu werden, doch zu meiner Verwunderung ließen sie mich durch. Ich war im Aufzug mit dem Fahrer allein. Im dritten Stock öffnete er schnell die Tür und fuhr sofort wieder hinunter.

Der Korridor vor mir war vollkommen leer, und man hörte das Echo meiner Schritte. Als ich die Tür zum Vorzimmer öffnete, saß wieder der nervöse junge Mann am Schreibtisch.

«Ich möchte den Bürgermeister sprechen», sagte ich. «Innerhalb der nächsten zehn Minuten.»

«Sofort, Sir», entgegnete er hastig. «Natürlich. Nehmen Sie da drüben Platz.» Er deutete auf einen ledergepolsterten Davenport-Sessel.

Ich setzte mich und stellte das Paket vorsichtig neben mich.

Der junge Mann räusperte sich. «Könnten Sie mir einen kleinen Gefallen erweisen, Sir?»

«Vielleicht.»

Er stand auf. «Ich muß dieses Bücherregal woanders hinschieben. Könnten Sie mir helfen?»

Ich seufzte, ließ mein Paket liegen und packte das Regal an. «Fertig?»

In diesem Moment wurde die Korridortür aufgerissen, und Lieutenant Wymar stürmte mit einigen Polizisten in den Raum. Zwei auswattierte Männer mit Masken folgten ihm auf dem Fuß.

Einer der Maskierten befahl: «Alle verlassen den Raum. Keiner berührt das Paket!» Er wandte sich an Lieutenant Wymar: «Wir holen das Gerät her und röntgen die Schachtel an Ort und Stelle.»

Kurze Zeit später war ich in einem Raum, weit entfernt vom Büro des Bürgermeisters. Lieutenant Wymar betrachtete mich mit düsterer Miene. «Sie haben wohl nur einen Gedanken im Kopf?»

«Warum?»

«Sie wollten einen Zeitungskiosk in die Luft sprengen.»

Ich blinzelte. «Sir, ich würde niemals ...»

Er hob die Hand. «Versuchen Sie nicht, es zu leugnen. Wir sind Ihnen gefolgt. Sie haben ebenfalls gedroht, das Stadtmuseum zu sprengen.»

«Nur die modernen Bilder», korrigierte ich ihn. «Haben Sie diesen pathetischen Utrillo gesehen, wo er versucht ...»

«Wir wissen auch, daß Sie wieder einen Wecker gekauft haben, einige Zündkapseln und ...»

Die Tür wurde geöffnet, und einer der maskierten Techniker kam herein. «Es ist mit Sicherheit eine Bombe, Lieutenant. Wir können die Zündkapseln, die Drähte, die Uhr und den Sprengstoff feststellen.»

Ich verbrachte vier Stunden im Gefängnis. Dann kam Lieutenant Wymar wieder. Er schien frustriert wie ein Volksredner auf einem Taubstummenkongreß. Er brachte einen jungen Mann mit, der eine Tweedjacke, eine großkarierte Hose und ein allwissendes Lächeln zur Schau trug.

Lieutenant Wymar sah aus, als wolle er mich erwürgen. «Der Sprengstoff war gar kein Sprengstoff.»

Ich lächelte. «Wirklich?»

Er ballte die Fäuste. «Es war nur ein Paket mit Zucker.»

Ich nickte. «Hätten Sie doch mich gefragt.»

Wymar wandte sich abrupt seinem Begleiter zu. «O.k., Doktor. Sie können über ihn verfügen.»

Als der Doktor und ich allein waren, bot er mir eine Zigarre an. Es war meine Sorte. Er hatte sich offensichtlich erkundigt.

Er gab mir Feuer. «Mein Name ist Dr. Barton. Dr. Sam Barton. Nennen Sie mich einfach Sam.»

«Warum?»

Er blies das Streichholz aus. «Verspüren Sie öfters Lust, Dinge in die Luft zu sprengen? Auch Personen?»

«Will das nicht jeder?»

Er lächelte tolerant. «Haben Sie viel durch das Veteranen-Projekt verloren?»

Ich sagte nichts.

«Geben Sie Bürgermeister Pettibone die Schuld daran? Ja oder nein?»

«Ich glaube, ich kriege einen Schnupfen.»

Er lächelte wieder. «Sie wollten nur das Sicherheitssystem testen, nicht?»

Ich mußte niesen.

Er beklopfte verständnisvoll mein Knie. «Ja, ein kleiner Test. Beim ersten Mal nur ein Wecker. Dann den Wecker und der Mechanismus, ohne Sprengstoff. Sie werden so lange Ihre Schachteln herumschleppen, bis die Polizei es leid ist. Bis sie sich nicht weiter darum kümmert. Und dann eines Tages ...» Er schien das nächste Wort zu suchen.

«Wumm?»

Er nickte. «Wumm.» Jetzt wurde er für kurze Zeit nachdenklich. «Sie müßten aber einen anderen Mechanismus verwenden. Denn wenn Sie die Uhr nur auf eine bestimmte Zeit einstellen, hätten Sie keine Gewähr, daß Sie gerade in dem Augenblick mit Bürgermeister Pettibone zusammen sind, in dem die Bombe losgehen soll.»

«Sie haben einen scharfen Verstand.»

Er errötete leicht. «Ich war in der Schule sehr gut in Logik.» Er beugte sich vor. «Sie müßten an der Außenseite des Pakets etwas anbringen, vielleicht einen Druckknopf? Erst wenn Sie den Knopf drücken, würde die Bombe hochgehen.»

Ich zog an meiner Zigarre. «Offener Stromkreis? Geschlossener Stromkreis?»

Er rieb sich das Kinn. «Bei offenem Stromkreis würde sich der Kreis schließen, wenn Sie auf den Knopf drücken ... Der Strom würde fließen ... und die Bombe ...» Er stockte und schüttelte langsam den Kopf. «Nein, das würde nicht funktionieren.»

«Warum nicht?»

«Nein. Während Sie das Paket tragen, könnte die Polizei Ihnen sehr leicht eine Kugel in den Kopf jagen.»

«Das erscheint mir logisch.»

Er nickte. «Und diese plötzliche Veränderung in Ihrem Leben würde Ihnen dann nicht einmal genügend Zeit lassen, auf den Knopf zu drücken.»

«Das ist wirklich ein Problem.»

«Also bleibt nur das geschlossene System. In diesem Fall fließt der Strom bereits, die Bombe geht aber noch nicht los, weil der Auslöser durch Magneteinwirkung neutral bleibt. Nehmen Sie dann den Finger vom Drücker, wäre der Kontakt hergestellt und ...»

Ich half ihm wieder. «Wumm?»

«Genau.» Er lächelte selbstgefällig über seine elektromagnetischen Kenntnisse. «Mit anderen Worten, auch wenn Sie von der Polizei erschossen würden, könnten Sie Ihr Vorhaben ausführen. Ihr Finger würde vom Drücker gleiten, und die Bombe würde auf jeden Fall losgehen.»

«Alle Achtung», sagte ich bewundernd. «Ich glaube, Sie haben es erfaßt.»

Er runzelte nachdenklich die Stirn. «Sie haben noch keinen Knopf gekauft?»

«Nein. Aber Ihnen würde ich es zuerst erzählen.»

Er war sichtlich erfreut über diese Bemerkung. «Denken Sie

daran: Wenn Sie einen Knopf kaufen, verwenden Sie ihn nicht, bevor Sie mit mir gesprochen haben.» Er zog eine Visitenkarte mit Namen und Adresse aus seiner Brusttasche. «In der Zwischenzeit könnten Sie mich ja einmal besuchen. Am Donnerstag um zehn Uhr?»

«Nur besuchen?»

«Natürlich», versicherte er.

«Dann werde ich also nicht eingesperrt?»

«Nein. Sie können jederzeit gehen.»

«Warum?»

«Nun ... Die Polizei hat keinen Anlaß. Nicht einmal Erregung öffentlichen Ärgernisses. Es sieht eher so aus, als hätte sich die Polizei schlecht benommen. Da Ihr Paket keine Bombe, ich meine, keine richtige Bombe war ...»

«Und es gibt kein Gesetz dagegen, ganz friedlich ein Paket mit den verschiedensten Dingen mit sich herumzutragen?»

Er nickte. «Es ist der heimliche Verdacht des Staatsanwaltes, daß Sie einen ganz bestimmten Plan verfolgen, damit Sie die Stadt verklagen können.» Er sah mich mit einem ernsten Blick an. «Haben Sie das vor?»

«Ich habe mir noch keine Gedanken darüber gemacht.»

Er schien erleichtert. «Gut. Mir gefällt meine Theorie ohnehin besser ... daß Sie die Lage testen.»

Zwanzig Minuten später war ich wieder ein freier Mann. Nachdem ich ein Stück die Straße hinuntergegangen war, bemerkte ich wieder den Mann im Trenchcoat hinter mir.

Es war bereits dunkel, und ich hatte keine Mühe, ihn abzuhängen. Zufrieden mit mir selbst, kehrte ich in die erleuchtete Innenstadt zurück und betrat ein Kaufhaus.

Ich kaufte einen Auslöserknopf.

Ich ging nicht in mein Hotel zurück, sondern fuhr zu Geoffreys Hotel und nahm mir dort ein Zimmer. Dann ging ich zu ihm hinauf.

Geoffrey ist ein kleiner dünner Mann, der immer Pfeife raucht. «Gehst du morgen wieder hin?»

«Ja», sagte ich. «Ich habe den Auslöser gekauft.»

«Gut ... und viel Glück. Ich hoffe, diesmal geht es los!»

«Danke.»

Ich schlief in dieser Nacht nicht sehr gut. Ich hatte mehrere Angstträume. In einem Traum sah ich das gesamte Stadtmuseum in die Luft fliegen.

Am Morgen ging ich in Geoffreys Zimmer, und wir konstruierten das dritte und letzte Paket.

Um zehn Uhr rief ich Dr. Barton an. «Doktor, ich habe grade einen Auslöser gekauft.»

Er war beunruhigt. «Sie haben ... jetzt schon? Aber Sie waren ja noch nicht bei mir in der Sprechstunde.»

«Ich möchte mich von Ihnen verabschieden. Ich glaube nicht, daß wir uns in dieser Welt wiedersehen ...»

«Warten Sie einen Augenblick», rief er verzweifelt. «Was haben Sie vor?»

«Ich besuche Bürgermeister Pettibone. Heute morgen werde ich es schaffen.»

«Wo sind Sie jetzt? In Ihrem Hotel?»

«Nein.» Ich hängte auf.

Ich las die Morgenzeitung und rauchte eine ganze Zigarre. Dann nahm ich mein Paket und ging nach unten, wo ich dem ersten Taxifahrer auftrug, mich zum Rathaus zu fahren.

Ein Stück vor dem Rathaus bat ich ihn zu halten und stieg aus. Ich trug das Paket vor mir her, mit dem Daumen drückte ich fest auf den Knopf.

Ich betrachtete mir die Szene.

Die Avenue vor mir war wie leergefegt von Autos und Passanten. Die Seitenstraßen waren abgesperrt und Polizisten aufgestellt, um zu verhindern, daß ein Zuschauer – es schienen Tausende zu sein – in die Straße gelangen konnte. Eine breite Gasse führte direkt zum Eingang des Rathauses.

Auf einer Seite sah ich Lieutenant Wymar und Dr. Barton stehen. Barton versuchte, sich hinter einem Laternenmast zu verstecken.

Bei dieser Masse von Zuschauern überfiel mich ein seltsames Gefühl.

Lampenfieber.

Ich machte noch ein paar Schritte auf das Rathaus zu, dann drehte ich mich abrupt um und ging weg.

Einige Augenblicke herrschte Ruhe hinter mir, dann rief Lieutenant Wymar. «He, warten Sie einen Moment!»

Als ich mich umdrehte, sah ich ihn, Dr. Barton, und einige Polizisten auf meiner Fährte.

Ich begann zu laufen.

Hunderte von Zuschauern folgten der Prozession.

Ich rannte die Straße hinunter, blickte mich kurz um, und nachdem ich wieder Atem geschöpft hatte, hastete ich über die Treppen hinauf ins Stadtmuseum. Die Meute folgte mir.

Ich keuchte bereits sehr, als ich bei den holländischen Meistern vorbeilief. Ich hörte den Schwarm hinter meinem Rücken. Mein Herz klopfte wild vor Anstrengung, als ich durch einen Raum mit römischen Skulpturen rannte.

Plötzlich war nur mehr ein Korridor vor mir. Ich stolperte an zwei verdutzten Wärtern vorbei in die Ausstellung für moderne Kunst. Ich drehte mich um und sah mich meinen Verfolgern gegenüber.

Die Meute drängte durch die Tür. Lieutenant Wymar und Dr. Barton an der Spitze.

Ich hob meine freie Hand und schrie voller Hysterie. «Halt! Alles halt! Einen Schritt weiter, und ich löse den Kontakt aus.»

Lieutenant Wymar und seine Armee kamen zum Stillstand – wahrscheinlich hinterließen sie Bremsspuren auf dem Marmorfußboden.

Ich mußte ein paarmal durchatmen, bevor ich wieder sprechen konnte. «Lieutenant Wymar, ich habe beschlossen, Bürgermeister Pettibone nicht mehr aufzusuchen. Offensichtlich ist er nicht sehr zugänglich.»

Diese Information schien den Lieutenant zu freuen. «Gut, Sie werden also vernünftig.» Er machte einen schnellen, eifrigen Schritt vorwärts.

«Halt!» schrie ich, und meine Stimme hallte von den Wänden wider.

«Noch einen Schritt, und ich lasse den Knopf los.»

Lieutenant Wymar versteinerte.

«In genau zehn Minuten werde ich den Finger von diesem Knopf nehmen. Ich würde es schon jetzt gleich tun, aber ich muß erst zu Atem kommen, bevor ich eine so wichtige Entscheidung treffe.»

Dr. Barton räusperte sich unsicher. «Wenn wir nur mit Ihnen reden könnten . . .»

«Andererseits», überlegte ich, «darauf zu warten, bis man seinen Atem wieder hat, erscheint mir in der vorliegenden Lage doch nur Zeitverschwendung . . . vielleicht sollte ich . . .»

Dr. Barton erwiderte schnell. «Nein. Nein. Um Himmels willen, erholen Sie sich zuerst.»

Lieutenant Wymar fragte einen Mann an seiner Seite: «Wieviel Schaden könnte diese Bombe anrichten?»

Der Mann dachte kurz nach. «Schwer zu sagen, Lieutenant. Wenn es einer dieser neuen Werkstoffe ist, könnte er das ganze Gebäude in die Luft jagen.»

Ich blickte auf die Uhr. «In neun Minuten lasse ich den Knopf los.»

Der Lieutenant schaltete schnell. «Räumen sie das Gebäude! Rasch!» Dann sagte er zu Dr. Barton: «Bleiben Sie hier und versuchen Sie, es ihm auszureden.»

Dr. Barton war nicht glücklich über die Entscheidung. «Ich glaube kaum, daß ich in diesem Fall noch viel erreichen kann, Lieutenant. Wir brauchen einen Mann mit mehr Erfahrung auf diesem speziellen Gebiet.» Er sah mich hoffnungsvoll an. «Einen Priester? Einen Prediger? Einen Rabbi?»

«Noch acht Minuten», sagte ich.

Dr. Barton schloß sich sofort dem allgemeinen Rückzug an.

Durch die Tür sah ich, daß meine Verfolger in der Skulpturenabteilung einen Moment haltmachten. Ich lächelte grimmig und machte einige Schritte vorwärts. Der Rückzug wurde schleunigst fortgesetzt.

Ein neues, einmaliges Gefühl überkam mich.

Das Gefühl der Macht.

Ich mußte fast lachen, als ich die Leute verfolgte, vorbei an den frühen amerikanischen Primitiven, durch eine Galerie mit Lithographien und eine Halle mit preisgekrönten Kinderzeichnungen. Als sie schließlich den Eingang erreichten, fielen sie fast übereinander.

Ich lachte vor Triumph. Dann durchsuchte ich das ganze Gebäude, um vielleicht noch einige Tapfere zu finden, die es vorgezogen hatten, hierzubleiben. Im Verwaltungstrakt fand ich zwei – wenn auch nicht Tapfere –, die sich unter einem Schreibtisch verkrochen hatten. Als sie mich sahen, rannten sie sofort los und mischten sich draußen unter die Menge.

Durch die Frontfenster sah ich Lieutenant Wymar, Dr. Barton und eine Anzahl anderer Offizieller. Sie berieten sich in sicherer Entfernung vom Museum.

Ich wartete ungefähr zehn Minuten, dann trat ich auf die Straße.

Ein Murmeln durchlief die Reihen, wahrscheinlich weil man das einmalige Spektakel eines Selbstmordes erwartete. Kein Zuschauer ging weg. Sie wichen nur so weit zurück, daß sie noch gute Sicht hatten.

Ich sah mir die Versammlung eine volle Minute lang an.

Dann nahm ich den Daumen vom Knopf.

Es passierte – selbstverständlich – nichts.

Ich packte schnell die Schachtel aus und zog den Wecker und die Drähte heraus. Ich hielt beides hoch, so daß sie jeder sehen konnte. Dann drehte ich die Schachtel um als Zeichen, daß nichts mehr drinnen war.

Ich warf das ganze Zeug in einen Abfallkorb. Ich wollte nicht wegen Verunreinigung der Straßen eingesperrt werden.

Augenblicklich war ich von einer Menge erzürnter Menschen umgeben. Lieutenant Wymar schien es am meisten getroffen zu haben. Sein Gesicht war gramzerfurcht, und er sprach mit gepreßter Stimme. «Was soll der ganze Spaß?»

Ich entgegnete. «Das ist kein Spaß. Ich möchte nur Bürgermeister Pettibone sprechen. Aber offensichtlich ist das in dieser Stadt ein Kapitalverbrechen.»

«Hören Sie auf!» brüllte er. «Es war vielleicht keine Bombe in dem Paket, aber ...»

«Natürlich war keine in der Schachtel», erwiderte ich ungehalten. «Da war nie eine drin und da wird auch nie eine drin sein.»

«Aber der Wecker ... die Drähte ... der Knopf ...»

«Gibt es ein Gesetz gegen Drähte? Knöpfe? Mit Zeitzündern zu experimentieren ist mein Hobby.» Ich hielt ihm meinen Finger unter die Nase. «Ich werde dies der Menschenrechtskommission zur Kenntnis bringen. Ich werde Sie verklagen. Auf eine Million Dollar.»

«Mister», sagte Wymar, «Sie kommen ins Gefängnis.»

Ich zeigte die Zähne. «Wirklich? Unter welcher Anklage? Ich bin derjenige, der mißbraucht und gehetzt worden ist. Ich wurde von einer Meute verfolgt, die mir wie ein Lynchmob vorgekommen ist. Angeführt von Vertretern des Gesetzes. Ich werde Sie auf zwei Millionen verklagen.»

Ein kleiner verhärmter Mann tauchte neben Lieutenant Wymar auf. «Einen Moment, Lieutenant. Nicht so hastig. Wir haben ohnehin schon genug Schwierigkeiten mit unserem Budget.»

«Wer sind *Sie*?» fragte ich.

Er antwortete fast entschuldigend. «Bürgermeister Pettibone.»

«Aha», sagte ich. «Wagen Sie sich endlich aus Ihrem Versteck! Ich habe schon öfters versucht, Ihnen mitzuteilen, daß direkt unter meinem Hotelfenster eine Menge Schlaglöcher in der Straße sind. Jedesmal, wenn in der Nacht Lastwagen darüberholpern, wache ich auf. Ich verlange von Ihnen, daß Sie in dieser Sache sofort etwas unternehmen!»

Ich drehte mich scharf um und ging mit festem Schritt davon. Ich erwartete fast, daß sich mir eine Hand auf meine Schulter legte, aber mein schneller Abgang kam offensichtlich zu unerwartet. Ein überraschender Rückzug hinterläßt den Feind oft in Verwirrung.

Ich bahnte mir einen Weg durch die Menge und fand schnell ein Taxi. Dem Fahrer sagte ich eine Adresse im Westen der Stadt.

Nach ungefähr einer Meile befahl ich ihm, vor einem Supermarkt zu halten. «Ich bin sofort zurück», sagte ich. «Ich möchte nur eine Kleinigkeit kaufen.»

Ich betrat den Supermarkt und verließ ihn schnell durch einen Seitenausgang. In einer Hausecke warf ich meinen Hut weg. Dann entfernte ich den falschen Bart und meinen Mantel.

Ich ging die Straße hinunter und bestieg ein anderes Taxi. «Zum Flughafen bitte.»

Am nächsten Tag traf ich Geoffrey in St. Louis.

Er zeigte mir die drei Utrillos, die zwei Picassos und die zwei Modiglianis. «Alles klappte prächtig. Ich versteckte mich in der Toilette. Nachdem du das Gebäude ausgeräumt hattest, ging ich in die Galerie und schob die Bilder unter meinen Mantel. Niemand nahm Notiz von mir, als ich durch den Hinterausgang hinauslief. Alle hielten mich wohl für ein weiteres Opfer von dir.»

Ich zuckte die Achseln. «Die können vermuten, was sie wollen. Sie können nichts beweisen. Mein Anwalt müßte ihnen nur klarmachen, daß irgendein schamloser Dieb die Situation ausgenützt hat, während sie mich verfolgten.»

Er gab mir mein Glas. «Glaubst du, wir können das Ding noch einmal drehen?»

Ich lächelte. «Nein. Beim nächsten Mal müssen wir uns schon etwas Neues einfallen lassen.»

# *Miss Finch ist nicht tot*

*Mary Linn Roby*

Peter Douglas Morehead war auf dem Weg zur Schule, als er Miss Finch im Graben liegen sah. Ihr Kopf schaute aus dem Abwasserrohr hervor, das unter der Warren Road entlanglief. Miss Finchs Augen waren geschlossen, und sie wirkte sehr friedlich mit ihrem langen blonden Haar inmitten der Margeriten und Butterblumen. Aber selbst Peter, der erst sieben Jahre alt war, wußte, daß ein Graben für eine erwachsene Frau ein seltsamer Ruheplatz war.

Zuerst wollte er gleich den Abhang hinunterklettern und sie aufwecken. Aber er war ja schon für die Schule zu spät dran, und wenn Miss Finch einen Schlaf wie sein Vater hatte, müßte er sie unter Umständen sehr lange schütteln, bis sie aufwachte. Und außerdem mochte er Miss Finch nicht besonders. Im Dorf wußten alle, daß sie für Kinder nicht viel übrig hatte. Einmal, als Donald Allens Ball versehentlich in ihren Garten gefallen war, hatte sie behauptet, ihn nicht finden zu können.

Peter starrte wieder das weiße Gesicht zwischen den Blumen an. Er war ein ganz klein wenig beunruhigt. Wenn es ein heißer, sonniger Nachmittag gewesen wäre, hätte er noch verstanden, daß jemand ein Nickerchen machen wollte. Im letzten Sommer hatte er es ja selbst oft genug gemacht. Peter lächelte bei dem Gedanken an die dicken weißen Wolken, die so seltsame Formen gebildet hatten. Aber für Miss Finch konnte es an einem so kalten Morgen wie heute nicht besonders gemütlich sein. Außerdem hatte es letzte Nacht geregnet, und der Boden war feucht. Peter überlegte, ob sie wohl die ganze Nacht dort geschlafen hatte.

Er machte ein paar Schritte auf den Graben zu, blieb dann aber plötzlich stehen, als er die Schulglocke läuten hörte. Er sah den Hügel hinunter auf den Schulhof. Es waren keine Kinder mehr zu sehen. Sein Herz begann heftig zu klopfen. Er war in dieser Woche schon einmal zu spät gekommen, und sein Vater hatte ihm eine harte Strafe angedroht, falls es noch mal passierte. Er machte auf dem Absatz kehrt und raste so schnell er konnte auf seinen dicken Beinen den Weg hinunter zur Schule.

Der Vormittag war so abwechslungsreich, daß Peter seine Entdeckung ganz vergaß. Nach dem Vorlesen wurde mit Ton modelliert. Er hatte einen Elefanten gemacht – mit viel Erfolg. Selbst Miss Simpson hatte unwillig zugeben müssen, daß man das Tier als solches identifizieren könne. Viel Zeit hatte sich Peter für den Rüssel genommen. Er ringelte sich prächtig um die Vorderfüße des Elefanten. Gerade fertig damit, mußte er schon sein Rechenbuch hervorholen.

Addieren war nicht seine Stärke, und sein Kopf brummte bereits, als Miss Simpson sagte, es sei Zeit für «Sehen und Erzählen».

«Susan, was willst du uns heute erzählen?» fragte sie mit ihrer herrischen Stimme. «Stell dich vor die Klasse und sprich laut und deutlich.»

Susans Geschichte war eine lange, umständliche Beschreibung einer Reise, die sie kürzlich in die benachbarte Stadt zu ihren Großeltern gemacht hatte. Peters Gedanken fingen an zu wandern. Wer will so ein langweiliges Zeug hören, dachte er bei sich.

Schließlich sollte es ja auch ein wenig spannend sein. Er überlegte, was er erzählen würde, falls Miss Simpson ihn aufrufen sollte. Am Dienstag hatte er in Mr. Rheardons Laden einen Apfel geklaut, aber so etwas konnte man natürlich nicht erzählen. Auch wenn die Geschichte noch so toll war – verglichen mit dem Gefasel, das Susan von sich gab. Aber da war ja noch Sam, sein Frosch. Sam war letzte Nacht gestorben. Peter hatte ihn steif und kalt in seiner Kiste gefunden. Zuerst hatte er gedacht, Sam schliefe, aber dann ... Ihm fiel etwas ein, gerade als Susan endlich ihre Geschichte zu Ende erzählt hatte. Ungeduldig meldete er sich. Miss Simpson schüttelte den Kopf und lächelte müde.

«Aber Peter, weißt du immer noch nicht, daß wir uns bei ‹Sehen und Erzählen› nicht melden», sagte sie. «Es wäre den anderen gegenüber unfair, denn manchen fällt das Reden leichter und die würden dann die ganze Zeit reden.»

Ihr Gesichtsausdruck verriet Peter, daß sie ihn zu dieser Kategorie zählte. Ihm wurde ganz heiß vor Zorn. Er haßte Miss Simpson, und sie sollte ihn nicht vom Reden abhalten.

«Aber ich habe heute morgen etwas ganz Unglaubliches gesehen», platzte er heraus. «Miss Finch! Sie liegt tot im Graben oben auf dem Warren Hill!» Er schaute erwartungsvoll um sich und stellte fest, daß seine Mitschüler nicht sonderlich beeindruckt schienen. Einige spielten mit ihren Schuhbändern herum, andere brachen ihre Bleistifte an den Pulten ab. Offenbar warteten sie auf die Fortsetzung seiner Story. «Das ist alles», versicherte Peter ärgerlich. «Sam, mein Frosch, ist letzte Nacht gestorben, und deshalb weiß ich genau, ob jemand tot ist oder nicht.»

Er drehte sich wieder Miss Simpson zu und bemerkte erstaunt, daß sie mit einer Heftigkeit reagierte, die er nicht erwartet hatte. Ihre Augen waren weit aufgerissen, und ihr Mund stand offen. Peter lächelte sie einfach an.

«Du ungezogener Junge», rief sie mit schriller Stimme. «Wie kannst du nur solche Lügen erzählen!»

Nun grinste Peter nicht mehr. Miss Simpson konnte sehr unangenehm werden, wenn sie wütend war. Aber schließlich war er kein Feigling. «Ich habe nicht gelogen!» protestierte er energisch. «Miss Finch liegt tot im Graben. Ich habe sie gesehen, als ich auf dem Weg zur Schule war!»

Peter merkte, daß Miss Simpson jeden Augenblick explodieren würde. Aber das ließ ihn kalt.

«Du kommst sofort nach vorne!» schrie sie. «Hier nach vorne vor die Klasse, Peter Morehead! Wir werden sehen ...»

Plötzlich verstummte sie. Die Köpfe der Kinder drehten sich wie auf Kommando in Richtung Tür. Dort stand plötzlich

Mr. Payson, der Rektor, wie immer freundlich lächelnd. Allerdings wirkte sein Lächeln jetzt etwas förmlicher. «Aber, aber», sagte er herzlich. «Was haben wir denn hier für ein Problem?»

«Es ist Peter Morehead, Mr. Payson», sagte Miss Simpson atemlos wie nach einem Tausend-Meter-Lauf. Ihr Gesicht wirkte sehr weiß. Fast so weiß wie das von Miss Finch, fand Peter. «Er hat versucht, den Kindern beim ‹Sehen und Erzählen› Angst einzujagen.»

Für einen Moment schaute Mr. Payson die Lehrerin nachdenklich an, dann wandte er sich dem etwas unsicher lächelnden Peter zu. Er kannte den Rektor und wußte, daß er nie die Geduld verlor. Er war immer ausgeglichen und fand es stets wichtiger herauszufinden, warum man eine Sache verbrochen hatte, als zu strafen. Die Folge war, daß seine Klassen die undiszipliniertesten der ganzen Schule waren.

«Ich kann mir nicht vorstellen, warum Peter so etwas tun sollte», sagte Mr. Payson. Er atmete durch die Zähne, was sich komisch anhörte. «Sollten wir uns nicht kurz darüber unterhalten, Peter?»

Er zeigte einladend zur Tür und Peter ging triumphierend lächelnd den Gang entlang, vorbei an Miss Simpson. Hinter ihm hörte er jemand kichern.

«Also, was bedeutet das ganze Theater beim ‹Sehen und Erzählen›?» fragte Mr. Payson, nachdem sie es sich in dem kleinen Büro gemütlich gemacht hatten, das mit Büchern vollgestopft war und in dem es nach Chemikalien roch.

Peter saß unnatürlich steif da und preßte seine Knie zusammen. «Ich habe nur etwas Interessantes erzählt, das ich heute morgen auf dem Weg zur Schule gesehen habe», sagte er mit unschuldigstem Gesichtsausdruck.

«Nun, das kann ja nichts Schlimmes gewesen sein», meinte Mr. Payson jovial. «Also, was hast du denn gesehen?»

«Einen Toten», sagte Peter kurz und bündig. «Im Graben.»

Mr. Paysons Lächeln verflog. Peter stellte mit Interesse fest, daß die Zähne des Direktors etwas hervorschauten, obwohl sein Mund geschlossen war. «Einen Toten?» rief er. «War es ein Hund? Oder vielleicht ein kleines Kätzchen?»

Ärgerlich sah Peter den Direktor an. Warum behandelten ihn alle wie einen Säugling? Ein Kätzchen! «Eine Frau war es», sagte er kühl. «Es war Miss Finch, die in dem roten Backsteinhaus bei der Brücke wohnt. Sie liegt im Abflußrohr, mit dem Kopf im Graben. Sie ist tot, wie Sam.»

Wenn Peter ihn nicht gekannt hätte, hätte er angenommen, Mr. Payson würde ihn wie Miss Simpson anschreien. Der Rektor beugte sich in seinem Sessel vor, seine Stirn berührte fast die von Peter. «Und wer ist Sam?» fragte er nicht gerade sehr freundlich.

Peter überlegte, ob er zuweit gegangen war. Vielleicht waren diese Leute nicht fähig, mehr als jeweils einen Toten zu verkraften. «Mein Lieblingsfrosch», sagte er entschuldigend. «Nur ein alter Ochsenfrosch, Sir.»

Mr. Payson atmete geräuschvoll und lehnte sich in seinen Sessel zurück. Sein Gesicht zog sich zusammen, als hätte er in eine Zitrone gebissen, sein Mund bog sich zu einem dünnen Lächeln. «Jetzt verstehe ich allmählich», sagte er und rieb sich die Hände. «Wann starb dein Frosch, Peter?»

«In der letzten Nacht, Sir. Ich wollte ihn aus seiner Kiste herausnehmen, da war er ganz steif und kalt.»

«Natürlich fühlen sich Frösche auch kalt an, wenn sie lebendig sind», meinte Mr. Payson, unfähig, der Versuchung einer schulmeisterlichen Belehrung zu widerstehen. «Aber das ist unwichtig. Wesentlich ist, daß du deinen kleinen Spielkameraden verloren hast. Ich nehme an, daß du darüber schrecklich traurig warst?»

Peter schüttelte überrascht seinen Kopf. «Nicht besonders, Sir», sagte er dann. «Hinter unserem Haus ist ein Teich, und ich kann mir jederzeit einen neuen holen.»

Mr. Payson nickte bestätigend. «Tapferer Bursche», sagte er. «Das ist die richtige Einstellung. Völlig unnötig zu zeigen, was uns so ein Verlust bedeutet, nicht wahr? Aber jetzt möchte ich doch wissen, warum du gesagt hast, Miss Finch sei tot. Warum nicht Miss Simpson? Oder zum Beispiel ich?»

«Aber Sie und Miss Simpson sind ja nicht tot», erwiderte er empört. «Im Gegensatz zu Miss Finch. Die liegt tot im Graben.»

Mr. Payson bemühte sich um einen strengen Gesichtsausdruck. «Das reicht jetzt, Peter», sagte er. «Konntest du Miss Finch vielleicht nicht ausstehen?»

«Ich fand sie nicht besonders nett», meinte er dann. «Sie hat einmal einen Ball behalten, als er über die Hecke in ihren Garten geflogen war.»

«Ach so», sagte Mr. Payson zufrieden. «Ich glaube, das ist alles, Peter. Geh in dein Klassenzimmer zurück. Miss Simpson werde ich später alles erklären.»

«Was wollen Sie ihr denn erklären, Sir?»

Der Rektor stand auf. «Peter», sagte er, «vielleicht ist es dein Fehler, die Dinge zu übertreiben. Es ist verständlich, daß du lieber Miss Finch tot wüßtest als deinen Frosch. Darin liegt nichts Böses. Wir tun das alle, wenn wir den Realitäten nicht ins Gesicht sehen wollen. Ich erwarte nicht, daß du das alles verstehst. Ich möchte dir nur klarmachen, daß du versuchen solltest, den Tod deines kleinen Freundes zu akzeptieren. Wie du selbst sagst, kann man jederzeit einen neuen Frosch haben. Aber es würde doch schwer sein, eine andere Miss Finch zu finden, nicht wahr?» Mr. Payson lachte laut auf, als er Peter zur Tür bugsierte. «Na, lauf zurück zu deiner Klasse, mein Junge. In den nächsten Tagen werden wir uns wieder ausführlich unterhalten.»

Peter ging an ihm vorbei den Korridor entlang und um die Ecke. Dann verließ er durch den Haupteingang die Schule. Sobald er im Hof war, fing er an zu rennen. In ihm brannte es vor Wut und Enttäuschung.

Oben auf dem Warren Hill blieb er keuchend stehen. Er schaute in den Graben und sah zuerst nichts als Gras und Blumen. Aber dann, als er sich etwas nach rechts drehte und seinen Hals reckte, entdeckte er sie. Ihre Augen waren noch immer geschlossen, und ihr Gesicht war schneeweiß. Trotzdem war es besser, überlegte er, sich zu vergewissern.

Er nahm einen kleinen Stein, warf ihn geschickt und grinste

zufrieden, als er traf. Nein, Miss Finch war wirklich tot. Wenn sie geschlafen hätte, wäre sie bestimmt aufgewacht.

Auf der anderen Seite des Hügels ging er langsamer. Er wußte, er hatte etwas Bedeutendes entdeckt, und wollte nichts weiter, als daß man es anerkannte. Er mußte einfach jemand finden, der ihm glaubt.

Miss Dewlap stand in ihrem Vorgarten. Sie trug knallrote Anglerstiefel, die ihre Waden und stattlichen Oberschenkel umschlossen. Ihr Körper steckte in einem rotschwarz karierten Männerhemd, und ihre grauen Haare waren gerade frisch geschoren. Eine Zigarette hing zwischen ihren Lippen, während sie gekonnt eine Fliege in einen entfernt stehenden Geranientopf auswarf.

Peter beobachtete bewundernd den grandiosen Wurf. Miss Finch hatte er beinahe vergessen.

Eine mürrische Stimme schreckte ihn auf. «Gehst du heute nicht in die Schule?» fragte Miss Dewlap in ihrer rauhen Art.

Peter, sofort wieder ernüchtert, nickte. «Wegen Miss Finch», stieß er hervor. Er hatte sich entschlossen, dieses Mal die Tatsachen weniger vage zu interpretieren. Vielleicht würde ein Unterton von Panik überzeugender wirken.

Miss Dewlap lehnte ihre Angel gegen die Hauswand und ging langsam zur kurzgeschnittenen Hecke hinüber. Bei jedem Schritt gaben ihre Gummistiefel ein lustiges Quietschen von sich. «Sie wohnt nebenan», sagte sie zu Peter und spuckte den Zigarettenstummel aus dem Mundwinkel. «Was willst du von ihr?»

«Ich will nichts von ihr», sagte Peter mit spitzer Stimme. «Sie ist tot!»

Miss Dewlap starrte ihn ungläubig an und stieß einen Fluch aus, den Peter nicht verstand.

«Es ist wirklich wahr», beteuerte er und achtete darauf, daß seine Stimme erregt klang. «Sie liegt tot im Graben oben auf dem Hügel!» Mit der einen Hand gestikulierte er, mit der anderen wischte er sich über die Augen und schluchzte dazu.

Miss Dewlap ließ das kalt. «Hör auf mit dem Unsinn!» sagte

sie barsch, beugte sich über die Hecke und klapste ihm heftig auf die Schulter.

Aber er ließ sich nicht einschüchtern. «Ehrenwort, es ist wirklich wahr!» rief er. «Ich habe sie auf dem Weg zur Schule entdeckt. Miss Simpson hat mich einen Lügner genannt. Dann habe ich es Mr. Payson erzählt, und der sagte, daß ich nur so durcheinander sei, weil Sam tot ist. Aber das stimmt nicht, sie ist nämlich richtig tot.»

Nachdenklich sah Miss Dewlap ihn an. «Nun, mein Junge, ich werde dich keinen Lügner nennen, obwohl ich von deinen neuesten Untaten gehört habe», brummte sie.

«Werden Sie die Polizei rufen?» schlug Peter hoffnungsvoll vor.

Die stämmige Frau lachte und zündete sich eine neue Zigarette an, mit einem langen Streichholz, das sie an der Schuhsohle anriß. «Den Teufel werde ich tun, Junge! Weißt du was, du kommst erst einmal herein und ißt ein Stück Kuchen.»

Jetzt waren Peters Tränen wirklich echt. «Sie glauben mir nicht», schluchzte er. «Niemand glaubt mir!»

Statt einer Antwort schob Miss Dewlap ihn grimmig durch die Tür ins Haus. Er wäre fast über einen kleinen Hund gestolpert, der aufgeregt an ihm hochsprang. «Runter, Percy!» befahl sie und schubste das Tier zur Seite. «Peter hat es nicht gerne, wenn du sein Gesicht leckst.»

«Aber», wollte Peter protestieren, doch er kam nicht weiter.

«Setz dich hier hin», befahl Miss Dewlap und zog einen Hokker unter dem rotgestrichenen Küchentisch hervor. «Hier hast du ein Messer, und hier ist der Kuchenteller. Schneide dir ein großes Stück ab und leiste Percy Gesellschaft. Ich gehe schnell hinüber und schaue nach, ob Miss Finch zu Hause ist.»

«Sie ist nicht zu Hause», jammerte Peter. «Sie liegt ...»

«Weiß ich, weiß ich», brummte Miss Dewlap. «Tot im Graben und so weiter. Wenn du nichts dagegen hast, werde ich mich trotzdem vergewissern, ob du mich nicht auf den Arm genommen hast.»

Als die Tür hinter ihr zugefallen war, amüsierte sich Peter einen Moment bei dem Gedanken, jemand könnte Miss Dewlap auf den Arm nehmen. Dann hob er den Deckel vom Kuchenteller und besah sich die knallrosa Süßigkeit. Sie reizte ihn nicht. Vielleicht war es die Erinnerung an das weiße Gesicht zwischen den Blumen, oder es war Miss Dewlaps Ruf, die schlechteste Köchin der ganzen Stadt zu sein. Was immer der Grund war, Peter konnte jegliche Art gastronomischer Barbarei nicht ertragen. Er schnitt ein großes Stück von der klebrigen Substanz ab, legte es auf den Fußboden und beobachtete erfreut, wie Percy mit Wonne darüber herfiel.

Der Hund leckte gerade die letzten Krümel auf, als Miss Dewlap zurückkam. Sie ging sofort zum Schrank, nahm eine Flasche heraus und goß etwas in ein Glas. Peter beobachtete, wie sie es in einem Zug leerte.

«Zuerst war ich tatsächlich beunruhigt da drüben», sagte sie. «Du kannst ganz hübsch lügen, mein Junge.»

«Ich habe nicht gelogen!» protestierte Peter. Einen winzigen Augenblick glaubte er, daß sie Miss Finch vielleicht doch angetroffen hätte, etwa beim Verrichten der täglichen Hausarbeit. Aber er konnte sich einfach nicht geirrt haben. Ausgeschlossen! Er erinnerte sich, wie der Stein am Gesicht abgeprallt war.

«Der gute braune Lederkoffer, für den sie zuviel bezahlt hat, ist nicht mehr da, und ein paar Kleider fehlen auch. Wahrscheinlich ist sie zu ihrer Familie nach Maine gefahren. – Percy!»

Sie hob den Hund hoch und preßte ihn gegen ihre stattliche Brust. Rosa Kuchenreste klebten an seinen Barthaaren.

«Er soll nichts Süßes essen!» rief sie empört. «Außerdem sollte der Kuchen eine Freude für dich sein. Normalerweise essen kleine Jungen Kuchen gern. Peter Morehead, ich glaube, ich muß etwas unternehmen. Jungen, die lügen, können ziemlich viel Unheil anrichten.»

Sie packte Peter beim Kragen und marschierte mit ihm aus dem Haus die Straße hinunter. Miss Dewlap hatte vergessen, ihre roten Gummistiefel auszuziehen, aber das Quietschen klang jetzt nicht mehr komisch. Peter war zu vertraut mit dem Zorn der Erwachsenen.

«So», sagte sie und blieb vor seinem Haus stehen, «dein Vater kommt gerade zum Essen. Du wartest hier, bis ich ihm erzählt habe, was du ausgefressen hast.»

Peter versuchte, nicht hinzuhören, aber Worte wie Faulenzer, Lügner und Unheilstifter drangen unheilschwanger an sein Ohr. Dann stampfte Miss Dewlap davon. Sein Vater packte ihn und verabreichte ihm eine schallende Ohrfeige. «Iß jetzt», befahl er, «und geh dann wieder in die Schule. Ich will von dem Unsinn über Miss Finch nichts mehr hören. Ich weiß genau, warum du das erzählst. Du magst Miss Finch nicht. Aber was du da verbreitest, mein Junge, ist Verleumdung, und das kann uns teuer zu stehen kommen.»

Peter nickte. Schweigend würgte er sein Essen hinunter und schielte zu seinen Eltern hinüber, die sich bedeutsame Blicke zuwarfen. Dann war es Zeit, wieder in die Schule zu gehen. Der Weg war menschenleer, denn die meisten Kinder blieben zum Essen in der Schule. Weit und breit war niemand zu sehen, als er in der heißen Mittagssonne Warren Hill erreichte. Oben angekommen, wollte er eigentlich weitergehen, aber seine Füße gehorchten ihm nicht.

Miss Finch war fast nicht mehr zu sehen. Der Morgentau, der das Gras niedergedrückt hatte, war verdunstet. Jetzt hatte sich das Gras wieder aufgerichtet. Wenn Peter nicht gewußt hätte, daß sie da lag, wären ihm jetzt Zweifel gekommen. Schließlich sollte sie ja auch gar nicht dort sein, denn niemand glaubte, daß sie tot war. Alle hatten ihm versichert, daß sie nicht dort sein konnte. Peter fühlte einen kleinen Kitzel von Selbstbewußtsein den Rücken hochkriechen. Eins wußte er bestimmt: Sie war im Graben. Und was ihr Totsein betraf...

Während er behutsam in den Graben kletterte, bemerkte er, wie intensiv es nach Gras und Butterblumen roch. Miss Finchs Augen waren geschlossen. Peter kniete nieder und berührte ihre Haut. Sie war so kalt wie die Haut von Sam – tot oder lebendig.

Jetzt, direkt neben Miss Finch, konnte er auch das kleine Loch an der Seite des Kopfes sehen. Um das Loch herum war Blut. Peter wußte, wie Blut aussah, und außer einer Pistolenkugel gab es nichts, das so ein kleines Loch machen konnte.

Miss Finch war erschossen worden!

Peter war zufrieden. Also hatte er doch recht gehabt. Heute morgen war es für ihn noch von Bedeutung gewesen, daß die anderen ihm glaubten. Aber jetzt hatte er etwas sehr Wichtiges dazugelernt. Es war gleichgültig, ob die andern die Wahrheit wußten oder nicht – solange er sich der Sache sicher war. Was die anderen anbetraf: Sollten sie ruhig glauben, Miss Finch sei verreist. Nun, dachte Peter glücklich, war es ihm gleichgültig.

Peter kletterte zur anderen Seite des Abflußrohres und kümmerte sich nicht darum, daß seine Kleider schmutzig wurden. Als er zur Schule hinunterschaute, sah er, daß die Kinder immer noch im Hof spielten. Er hatte für sein Vorhaben also noch etwas Zeit.

Drinnen im Abflußrohr war es sehr feucht und dunkel und etwas unheimlich. Peter kroch vorwärts und tastete dabei mit den Händen nach etwas, das er bald berühren mußte.

Plötzlich hatte er sie im Griff, die Füße von Miss Finch. Das Leder der Schuhe fühlte sich ganz weich an. Aber ihre Beine waren wie Eisblöcke und mindestens genauso schwer. Peter hatte nicht vermutet, daß es so schwierig sein würde, einen toten Körper zu bewegen. Er mußte dreimal kräftig ziehen, bis sie drinnen im Rohr war. Schweratmend kletterte er zurück in die Sonne.

Die Kinder waren aus dem Schulhof verschwunden. Es mußte geklingelt haben, als er unter Tag gewesen war. Aber schließlich war diese Sache wichtiger. Nun war nichts mehr von Miss Finch zu sehen, außer dem schönen Lederkoffer, den Miss Dewlap erwähnt hatte, aber den beförderte er auch schnell ins Rohr.

Peter fühlte eine große Erleichterung. Nun konnten sie alle recht haben – Mr. Payson, Miss Dewlap und Miss Simpson und sein Vater. Sie würden nichts mehr von Miss Finch hören.

In ein paar Monaten würde selbst das bißchen, das von ihr noch übrig war, nicht mehr existieren. Peter kannte sich da aus. Im Wald hatte er einmal eine tote Katze gefunden, und während des ganzen langen Sommers war er alle ein bis zwei Wochen hingegangen. Wenn es Miss Finch wie der toten Katze erging, was Peter annahm, würde bis zum Herbst nicht mehr viel von ihr übrig sein.

Er richtete das Gras und die Blumen wieder auf, bis nicht mehr zu sehen war, daß jemand da gelegen hatte. Dann kletterte er aus dem Graben. Ein letzter Blick, ein Grinsen, und er rannte den Hügel hinunter.

In der ersten Stunde nach dem Mittagessen wurde immer vorgelesen. Als Peter die Tür zum Klassenzimmer mit Schwung aufriß, saß Miss Simpson an ihrem Pult, vor sich das Buch *Robinson Crusoe.* Miss Simpson erzählte immer, wie herrlich doch Abenteuer seien. Peter wußte jetzt, daß sie nur die meinte, die in Büchern vorkamen.

«Nun, Mr. Morehead», sagte sie mit einer Stimme, die so zuckersüß klang, daß ihm ein Schauer über den Rücken lief. «Wie schön, dich wiederzusehen. Wir müssen nicht erst warten, bis ‹Sehen und Erzählen› dran ist. Ich kann mir gut vorstellen, daß du darauf brennst, uns von deinen neuesten Erlebnissen zu berichten.»

Peter grinste sie so freundlich an, daß es schien, sein Gesicht berste auseinander. Er war jetzt viel zu erwachsen für diese albernen Kinderspiele. «Ich habe nichts erlebt», sagte er glücklich. «Überhaupt nichts.»

# *Fair ist fair*

### *Jane Speed*

Ich merkte gleich, daß Mama außer dem Frühstück noch etwas anderes beschäftigte, als sie mir den Teller Haferflocken hinstellte. Ich meine, weil Samstag war. Gewöhnlich nimmt sie es an Samstagen nicht so genau mit ihrem «Iß-schön-damit-du-groß-wirst», sondern gibt mir, was ich gerade gern möchte.

Ich überlegte noch, ob es Sinn hatte, ihr das zu sagen, da kam Papa herein und setzte sich an den Tisch. So beschloß ich, nur viel Erdbeermarmelade auf die Haferflocken zu tun und zu schweigen. Wenn ich den Mund hielt, vergaß Mama vielleicht, daß ich da war und sprach mit Papa über das, was ihr durch den Kopf ging. Vielleicht nur über Rechnungen. Man soll es nicht für möglich halten, wie meine Eltern sich manchmal über dieses Thema aufregen können.

Papa trank seinen Saft in einem Zug runter, wie immer, und griff zur Zeitung. Aber ich merkte schon an der Art, wie Mama in ihrem Kaffee rührte und rührte, daß er nicht viel zum Lesen kommen würde.

Und tatsächlich, nach etwa einer halben Minute sagte sie: «Harry ...»

Er sagte nur «Hm?» und versteckte sich hinter der Zeitung, obwohl er genau wußte, daß die Schlacht verloren war.

«Herbert Wellmans Mutter ist letzte Woche gestorben.»

«Ach, wirklich?» Papa faltete die Zeitung zusammen und legte sie weg.

Ich mußte erst mal überlegen, wer Herbert Wellman war. Das klingt komisch, weil die Wellmans gleich nebenan wohnen. Aber ich vergesse ihren Namen manchmal, weil Jeddie Brubaker Mrs. Wellman immer nur die Katzentante nennt. Denn sie hat Katzen so gern. Sie hat zwei, und jeden Abend stellt sie

Schüsseln mit Milch und Futter für die streunenden Katzen aus dem ganzen Viertel vor die Tür. Mein Schlafzimmer liegt über unserer Küche, und ich beobachte manchmal aus meinem Fenster, wie sie das Zeug die steile alte Treppe an der Hinterveranda hinunterträgt.

Nachts schreien und streiten sie sich manchmal – die Katzen, meine ich –, und Papa wollte sich schon beschweren, aber Mama ließ ihn nicht. Sie sagte, die Katzen wären doch alles, was die arme Isobel Wellman auf der Welt hätte. Sie hat keine Kinder, und einen Mann hat sie auch kaum. Denn Mr. Wellman ist so gut wie nie zu Hause.

Abends kommt er immer sehr spät, manchmal erst, wenn ich schon im Bett bin, und am Wochenende ist er nie da. Dann fährt er nämlich immer seine Mutter besuchen, um sich um ihr Haus zu kümmern. Sie wohnt in Penn Oaks, einer kleinen Stadt, etwas achtzig Kilometer von uns weg. Aber nun ist sie tot, und ich nehme an, daß er nicht mehr hinfährt.

«Ich glaube, es wird auch langsam Zeit...» fing Papa an, dann schwieg er plötzlich, und ich wußte, ohne hingesehen zu haben, daß Mama ihm zugeblinzelt hatte – was heißen sollte: «Aber doch nicht vor dem Kind...».

«Amy, mein Liebling», sagte sie zu mir mit falscher Freundlichkeit, wie immer, wenn sie mich zu etwas überreden will, wozu ich keine Lust habe. «Es ist so schönes Wetter, willst du nicht hinausgehen und spielen?»

Sieh mal einer an – ausgerechnet, wenn die Sache interessant wird! Immerhin schien sie nicht zu merken, daß ich meine Haferflocken noch nicht aufgegessen hatte. Die Erdbeermarmelade hatten sie auch nicht genießbarer gemacht. Deshalb rutschte ich vom Stuhl und lief auf die Küchenveranda hinaus.

Auf der Treppe zum Garten machte ich soviel Krach wie möglich, dann schlich ich auf Zehenspitzen um die Veranda herum und kletterte auf die Mülltonne unter dem offenen Fenster vom Frühstückszimmer. Mir entging kein Wort.

«...wie wird Isobel sich nun vorkommen?» meinte Mama gerade, «wenn er übers Wochenende zu Hause ist.»

«Sie wird sich freuen, denke ich. Denn hast du dich nicht die ganzen Jahre beklagt, daß er jede freie Minute bei seiner Mutter verbringt und Isobel außer diesen blöden Katzen niemand hat? Ja, ja, ich weiß!» Papa sprach schneller, als ob Mama ihn eben hatte unterbrechen wollen. «So behandelt man seine Frau nicht! Aber Herbert hatte auch seine Sorgen, mit seiner Mutter. Sie muß ein ziemlicher Dickkopf gewesen sein – sie wollte ihr altes Haus nicht aufgeben, und andererseits wollte sie auch keine Hilfe einstellen. Tja, jetzt ist sie tot. Vielleicht können Herbert und Isobel endlich ein normales Eheleben führen.»

«Hoffentlich», sagte Mama seufzend, «ist es noch nicht zu spät dazu.»

«Was zum Teufel meinst du damit?»

«Oh, Harry! Sie haben fünfzehn Jahre lang so gelebt. Man kann doch einen Menschen nicht nach seinen Wünschen tanzen lassen, wie ... wie eine Marionette.»

Eine Weile sagte keiner was, dann fing Mama wieder an. Ihre Stimme klang verändert, ganz ruhig. «Hast du vergessen, wie Isobel Wellman aussah, als sie hier einzog? Wie hübsch sie war?»

Ich fiel beinahe von der Mülltonne, als sie das sagte. Sie sollten Mrs. Wellman mal sehen! Erstens sind ihre Fingernägel immer viel schmutziger, als es Mama bei mir durchgehen lassen würde. Denn außer Katzen liebt sie ihren Garten über alles, und sie trägt nie Handschuhe, weil sie die Erde so gern unter den Fingern spürt.

Dieses Jahr hat sie viel Wicken gezogen, sie ist ganz verrückt damit. Sie sind auch wirklich hübsch, blau mit rötlichem Schimmer. Mrs. Wellman dagegen gar nicht. Ich meine, man kann mit ihr reden und so, aber hübsch ist sie nicht. Sie sieht so eingeschüchtert und verhärmt aus, mit ihrer spitzen Nase, und ihre Haare stehen nach allen Seiten weg, als würde sie sich nie kämmen.

Jeddie Brubaker sagt, sie ist eine Hexe. Und wissen Sie was? Beinahe hätte ich es geglaubt. Da war ich natürlich noch viel kleiner. Aber Mrs. Wellman hat schon immer gern gekocht und gebacken, und ich glaube, sie hat immer mehr gemacht, als sie brauchte, weil sie viel den Kindern aus der Nachbarschaft schenkte. Lange Zeit hatte ich Angst, von ihr was zu nehmen, weil ich dachte, sie würde mich verzaubern oder so.

Aber mal hat mich Jeddie überredet, Kuchen von ihr anzunehmen und gleich aufzuessen. Ich habe es auch gemacht, und er hat ganz gut geschmeckt. Nicht so gut wie Mamas, aber jedenfalls habe ich keinen Durchfall gekriegt oder so was. Man darf Jeddie wirklich nicht mal die Hälfte von dem glauben, was er daherredet.

«Und wie sehr hat sie sich bemüht», Mama kam jetzt richtig in Fahrt, «ihrem Mann ein schönes Zuhause zu schaffen. Wie oft hat sie für ihn gekocht – und er ist nie zum Essen nach Hause gekommen. Dann hat sie es aufgegeben und sich ihr Leben eingerichtet, so gut es ging, mit den Katzen und dem Garten. Ich meine damit, daß ich glaube, sie verläßt sich jetzt darauf, daß Herbert nie da ist.»

«Oh, Madge.» Ich hörte Papa mit dem Stuhl scharren. «Du machst dir wirklich zuviel Sorgen. Sie werden schon zurechtkommen. Das ist meistens so.»

Mama seufzte tief und sagte: «Ich hoffe, du behältst recht.» Dann stand sie auch auf und fing an, den Tisch abzuräumen. Ich rutschte schleunigst von der Mülltonne und lief ums Haus und setzte mich in die alte Schaukel – für den Fall, daß Papa nachsah, was ich tat.

Kurz darauf kamen er und Mama heraus, und er sagte, er wollte sie zum Supermarkt fahren, Gemüse und Obst holen, ob ich mitkäme. Aber ich hatte mein Taschengeld schon ausgegeben, und es ist langweilig, nur herumzustehen und nichts kaufen zu können, deshalb sagte ich, ich wollte lieber zu Hause bleiben. Ich schaukelte ganz hoch hinauf, damit ich ihnen nachwinken konnte, bis sie auf der Straße waren, dann ließ ich die Schaukel ausschwingen, bis sie fast stillstand.

Wie aus heiterem Himmel sprang mir Marmy auf den Schoß. Sie ist eine von Mrs. Wellmans Katzen und mein Liebling. Ich dachte erst, Mrs. Wellman hätte den Namen aus einem Buch, in dem eine Mutter, die viele Kinder hat, so heißt. Das hätte gepaßt, weil Marmy auch viele Kinder hat. Kaum sind sie halbwegs groß, hat sie schon wieder neue.

Aber Mrs. Wellman sagte, sie hätte sie so getauft, weil sie zu den Katzen gehört, die man bei uns Marmeladenkatzen nennt, am ganzen Körper gelb gefleckt. Sie ist kein Prachtexemplar – Marmy, meine ich. Erstens ist sie klein, und sie ist immer mager, obwohl Mrs. Wellman sie gut füttert, und in der Mitte hängt ihr Bauch ein bißchen durch.

Aber ich mag sie gern, weil sie so schlau ist. Sie weiß genau, wer sie leiden kann und wer nicht. Wenn mein Vater jetzt dagewesen und aus der Hintertür gekommen wäre, wäre sie wie der Blitz davongeschossen. Papa täte ihr nie etwas, aber sie merkt irgendwie, daß er Katzen nicht besonders mag.

In dieser Beziehung ist sie ganz anders als dieser dumme Beau, Mrs. Wellmans andere Katze, Beau Brummell. Er ist Marmys Sohn, aber etwa dreimal so groß wie sie. Er ist wie ein Tiger gemustert, bis auf einen weißen Fleck an der Brust, und er ist wirklich ein prächtiger großer Kater. Aber er ist so dumm, wie er groß ist. Oder er ist so eitel, daß er glaubt, alle müßten ihn bewundern.

Er wird es nie lernen. Zum Beispiel bei Jeddie Brubaker. Jeddie schikaniert Beau immer; einmal hat er ihm sogar eine Büchse an den Schwanz gebunden, aber Beau kommt trotzdem angerannt und scheuert sich an seinen Beinen. Marmy käme diesem frechen Kerl nie in die Nähe – Jeddie, meine ich.

Marmy leckte mir die Hand und schnurrte dabei wie ein kleiner Motor. Dann hörte sie plötzlich auf, machte einen Buckel, und mit einem Satz war sie einen Baum hinauf und im Laub verschwunden. Ich begriff erst nicht, was sie so erschreckt hatte, dann sah ich aber, daß nebenan Mr. Wellman auf die Hinterveranda getreten war.

Ich hatte ihn noch nie richtig bei Tageslicht gesehen. Am Abend vorher hatte ich ihn vom Fenster aus beobachtet, und daher wußte ich, warum Marmy weglief. Mr. Wellman kann Katzen nicht ausstehen. Gestern abend kam er in Pyjama und

Bademantel auf die Veranda, mit einer Zigarre. Dann sah er das Futter, das Mrs. Wellman den streunenden Katzen hingestellt hatte.

Er stampfte die steile Treppe hinab, so richtig wütend, und schüttete die Milch aus und warf das andere in die Mülltonne. Und als er wieder hineinging, hörte ich, wie er Mrs. Wellman anschrie, sie sollte das ja nicht wieder tun, er hätte von diesem ewigen Katzengeschrei hinter dem Haus genug.

Jetzt stand er da, sah sich um und runzelte die Stirn, als gefiele ihm nichts, was er sah. Ich glaube, er war noch unglücklich, weil seine Mutter gestorben war.

Dann sah ich Beau. Er kam auf dem Verandageländer langsam und sich zierend wie ein Seiltänzer auf Mr. Wellman zu. Ich wußte genau, was er vorhatte. Ich wollte noch rufen und Beau warnen, aber bei diesem dummen Kater hätte es ja doch nichts genützt.

Und so sprang Beau Mr. Wellman vor die Füße und fing an, sich an seinen Beinen zu scheuern. Mr. Wellman wich zurück und sagte ein ganz schlimmes Wort. Und ehe ich richtig begriff, holte er mit dem Bein aus und trat mit aller Kraft nach ihm. Er traf Beau mit der Schuhspitze mitten in den Magen.

Beau stieß einen fürchterlichen Schrei aus und flog die Stufen hinunter, als hätte er Flügel. Er landete auf allen vieren, aber er blieb nicht auf den Beinen. Er taumelte umher und fiel dann auf die Seite, und die ganze Zeit schrie er so jämmerlich, daß ich mir am liebsten die Ohren zugehalten hätte. Nur wagte ich nicht, mich zu rühren, aus Angst, Mr. Wellman würde herüberschauen und mich bemerken. Wenn er Beau so etwas antun konnte . . .

Mit einem Male hörte Beau auf zu schreien. Ein Zittern durchlief seinen ganzen Körper, dann lag er da und rührte sich nicht mehr. Mr. Wellman ging ein paar Stufen hinunter, und Mrs. Wellman kam aus der Hintertür. Bevor sie etwas sagen konnte, drehte er sich um und rief: «Isobel, es tut mir leid. Aber dieser verdammte Kater ist mir genau zwischen die Beine gesprungen, als ich die Treppe hinunter wollte. Ich konnte es nicht vermeiden, auf ihn zu treten. Es ist ein Wunder, daß ich nicht selber gestürzt bin.»

Und das war eben nicht wahr, nein! Mr. Wellman hatte auf der Veranda gestanden. Ich sah es. Er hatte überhaupt nicht die Treppe hinuntergehen wollen. Ich weiß nicht, ob Mrs. Wellman ihm glaubte oder nicht. Sie sagte kein Wort. Sie ging an ihm vorbei in den Garten und kniete neben Beau nieder und streichelte ihn. Ich glaube, sie weinte, aber gehört habe ich nichts.

Dann stand sie auf und ging unter die Veranda und holte einen Spaten. Ganz behutsam hob sie die große alte Katze hoch und hielt sie in den Armen.

Aus irgendeinem Grund wurde Mr. Wellman darüber wütend. Er stampfte die Treppe hinunter und sagte: «Um Himmels willen, hör auf und mach keine Tragödie daraus.» Er riß ihr Beau und den Spaten aus der Hand und ging nach hinten in den Garten.

Ich hatte Angst, er würde in meiner Nähe stehenbleiben, aber er ging weiter. Dann erkannte ich, wohin er wollte. Er hätte Beau ja irgendwo vergraben können, statt dessen blieb er ausgerechnet vor Mrs. Wellmans Beet mit den Wicken stehen und fing an, es zu zerwühlen, und grub wie ein Wilder. Als er ein großes Loch ausgehoben hatte, warf er Beau wie einen Sack Dreck hinein und scharrte ihn mit Erde und den ausgerissenen Wicken zu.

Die ganze Zeit über stand Mrs. Wellman da und sah ihm zu. Sie sprach kein einziges Wort. Nur einmal rieben ihre Hände seitlich am Kleid entlang, als schmerzten sie die Beine.

Mr. Wellman ging an ihr vorüber, ohne sie anzusehen. Er warf den Spaten in den Geräteverschlag, stieg die Treppe hinauf, ging ins Haus und schlug die Tür hinter sich zu. Mrs. Wellman folgte ihm ein paar Minuten später.

Als sie im Haus war, sprang ich von der Schaukel und lief, so schnell ich konnte, in unser Haus. Es kam mir unheimlich leer vor. Ich fragte mich, wo meine Eltern so lange blieben. Ich kriegte schon Angst, sie hätten einen Unfall und wären ums Leben gekommen und ich müßte ganz allein im Haus wohnen bleiben, neben Mr. Wellman, mein ganzes Leben lang.

Ich habe mich noch nie über etwas so gefreut wie über unseren Wagen, als er in die Garage fuhr. Nachdem meine Eltern in die Küche gekommen waren, fragte mich Papa, wie er das immer tut: «Ist was los gewesen, während wir weg waren?» Das ist so eine Art Spiel zwischen uns, und ich denke mir gewöhnlich Geschichten aus, ganz dummes Zeug – er glaubt natürlich kein Wort davon.

Aber heute, wo tatsächlich etwas passiert war, fiel mir nichts ein. Papa sah mich eine Weile eigenartig an, dann zuckte er die Schultern und half Mama die Sachen auszupacken. Ich glaube, er dachte, ich hätte unser Spiel über.

Ich blieb den ganzen Tag im Haus. Um die Wahrheit zu sagen, ich hatte Angst, Mr. Wellman zu begegnen, wenn ich hinausging, und ich war überzeugt, er würde auf den ersten Blick erkennen, daß ich alles wußte – was er Beau getan und wie er gelogen hatte.

Mama merkte es nach einer Weile, und sie fing an, sich Sorgen zu machen, daß ich krank würde. Sie befühlte mir die Stirn und maß meine Temperatur, und bald nach dem Abendbrot meinte sie, ich sollte zu Bett gehen und mich mal richtig ausschlafen. Als ich dagegen nicht protestierte, sagte Papa, ich wäre wohl tatsächlich krank.

Mama gab mir einen Gutenachtkuß und sagte, ich dürfte noch ein bißchen lesen, wenn ich wollte, und so las ich das Buch aus der Bibliothek aus. Aber als ich danach das Licht ausgeknipst hatte, war ich noch nicht schläfrig.

Ich stand auf und ging zum Fenster, um zu sehen, ob nebenan etwas los war. In Wellmans Küche brannte Licht, aber alles war still. Dann blickte ich auf die Stelle neben der Treppe, und dort standen wie immer eine große Schüssel Milch und ein Teller Küchenabfälle. Mrs. Wellman mußte vergessen haben, was ihr Mann gesagt hatte. Junge, wenn er das sah, platzte ihm bestimmt der Kragen!

Ich hoffte inständig, er würde bald zu Bett gehen und nicht mehr auf die Veranda kommen. Aber da quoll auch schon eine Rauchwolke zur Fliegengittertür heraus, und Mr. Wellman stieß sie auf und trat auf die Veranda. Wie am Abend vorher blieb er da stehen und rauchte. Dann muß er hinuntergesehen und das Futter entdeckt haben, denn er stieß ein richtiges Gebrüll aus und ging zur Treppe. Aber noch ehe er die erste Stufe erreicht hatte, fiel er vornüber.

Er flog nicht wie Beau durch die Luft, dazu war er zu groß und zu schwer. Er fiel einfach hinunter, und dabei stieß er mit dem Kopf die Milchschüssel um. Ich wartete und wollte sehen, ob er aufstand und herumtorkelte, aber er rührte sich nicht. Deshalb beschloß ich, jemand Bescheid zu sagen, denn sicher war er schwer verletzt. Sein Hals sah ganz verdreht aus, so unnatürlich.

Aber ich brauchte niemand zu rufen, denn in diesem Augenblick kam Mrs. Wellman zur Hintertür heraus. Sie mußte gehört haben, wie er geschrien hatte. Sie blieb stehen und betrachtete ihn eine Zeitlang, und dann tat sie etwas ganz Seltsames. Sie bückte sich am Geländer neben der Treppe und band etwas los – eine Schnur, glaube ich – und wickelte es sehr behutsam um die Hand. Dann machte sie die Schnur auch an der anderen Seite der Treppe los, stand auf und steckte sie in die Tasche.

Ich dachte, jetzt wird sie hinuntergehen und nach Mr. Wellman sehen, aber das tat sie nicht. Sie ging wieder ins Haus.

Fast gleichzeitig fing unser Telefon zu klingeln an. Und kurz danach hörte ich meinen Vater die Hintertreppe hinunterlaufen. Er lief durch die Einfahrt und kniete neben Mr. Wellman nieder. Und als Mrs. Wellman wieder herauskam, sprach er ein paar Minuten mit ihr, dann begleitete er sie drüben ins Haus.

Bald darauf kamen ein Polizeiwagen und ein Krankenwagen, und alle standen um Mr. Wellman herum und faßten ihn an und redeten. Schließlich legte man Mr. Wellman auf eine Tragbahre und deckte ihn zu und trug ihn weg.

Noch lange, nachdem ich wieder zu Bett gegangen war, lag ich wach und überlegte, ob ich Papa erzählen sollte, was ich gesehen hatte. Ich weiß, daß es kein Unfall war, als Mr. Wellman die Treppe hinunterstürzte. Aber andererseits – was mit Beau passiert ist, war ja auch kein Unfall. Und da ich Mr. Wellman nicht verraten habe, warum sollte ich Mrs. Wellman verraten? Fair ist fair.

# *Einer gewinnt immer*

*Fay Grissom Stanley*

Wie häufig in letzter Zeit wurde Sari beim Erwachen das leise, ständige Summen der Klimaanlage auf dem Dach bewußt, der ferne, unaufhörliche Gesang der Zikaden im Salbei und das heisere, asthmatische Atmen ihres Mannes, der im Nebenzimmer schlief. Aber heute war da noch ein anderer Ton. Carmen sang unten in der Küche, wobei sie mit Töpfen und Pfannen klapperte und in ihrer Eile, zur Fiesta nach Santa Fé zu kommen, das Geschirr zerschlug. Sari zog sich die leichte Decke bis zum Hals hinauf und fühlte sich plötzlich unerträglich müde und gereizt und kalt.

Verdammte Klimaanlage! dachte sie wütend. Diese erbarmungslose, verdammte Klimaanlage da oben, die unaufhörlich frische Luft hereinwirbelte und die verbrauchte hinausbeförderte, die die Feuchtigkeit bei jedem Atemzug filterte und reinigte und regulierte, die allen Blütenstaub von ihnen abwehrte und Al wieder einen Tag länger am Leben erhielt und sie zwang, in dieser sterilen Luft herumzuhängen wie ein Pelzmantel in der Sommeraufbewahrung. O Gott, wenn sie doch den Schalter umdrehen und sie abstellen könnte und das Geräusch nie mehr hören müßte! Wenn sie doch nur von hier weg könnte, in einen Zug steigen könnte und nie mehr dieses verhaßte Land sehen müßte, wo es nur Wüste und Trostlosigkeit und Lungenkranke gab, die dahinsiechten und nicht sterben konnten ...

Sari preßte verbissen die Augen zu und drückte sich das Kopfkissen auf die Ohren, aber es nützte nichts. Die Klimaanlage summte weiter, und sie konnte nicht mehr einschlafen. Sie versuchte es noch einen Augenblick, dann tastete sie unter ihrem Kissen nach der Flasche, schraubte sie auf und setzte sie an die Lippen. Nach dem zweiten Schluck war ihr besser, sie war jetzt richtig wach, und plötzlich erinnerte sie sich.

Mein Gott, heute war der Tag! Der allerletzte Tag! Der Tag, an dem sie sich entscheiden mußte. Nun, sie hatte ihre Entscheidung getroffen, sie hatte ihren Plan fertig.

Eigentlich war es Al selber gewesen, der ihr am meisten geholfen hatte, weil er diesen letzten Samstag der Fiesta als Termin bestimmt hatte, fast, als ob er sie bei ihrem Plan unterstützen wollte, den sie, das war ihr klargeworden, durchführen mußte: Es war beinahe, als ob er ihr das geschenkt hätte, was sie am dringendsten brauchte – einen Nachmittag ohne Personal. Ja, es war sogar Al gewesen, der Juan gesagt hatte, er könne das Auto nehmen, und der in letzter Minute die Frage des Telefons dadurch gelöst hatte, daß er beim Pistolenreinigen auf das verdammte Ding geschossen hatte. Jetzt war es soweit, sie würden für die Zeit, die sie brauchte, von der Welt abgeschnitten sein. Sie mußte nur noch die Zigarren präparieren.

Zuerst hatte sie natürlich Aconit verwenden wollen. So ein hübscher Name: Aconit. Das hatte sie gleich gedacht, als sie in dem Buch darauf stieß. Das Wort sprang ihr direkt aus dem Zusammenhang ins Auge, als hätten sich die Buchstaben vom Papier gelöst. Sie hatte es noch einmal gelesen und plötzlich war sie sehr aufgeregt geworden.

«Aconit», hatte sie halblaut gesagt, «hat mir das der Arzt damals nicht für meinen Hals verschrieben, Al?»

Al hatte von seinem Buch aufgeblickt mit dem Ausdruck forcierter Höflichkeit, der besagen sollte, daß man ihn unterbrochen hatte, daß er sich ärgerte, unterbrochen worden zu sein, daß er aber seinen Ärger sehr gut beherrschen konnte. «Ich glaube, ja, meine Liebe. Es ist ein Medikament, das häufig bei Laryngitis verschrieben wird.» Er sprach das Wort Medikament sehr gedehnt aus. Seit zwei Monaten tat er das, seit er seine kostbare Margaret Langley kennengelernt hatte.

«Aber es heißt hier, daß es auch ein Gift ist. Wußtest du, daß es ein Gift ist, Al?»

Immer noch dieser Ausdruck geduldiger Gereiztheit. «Ja, meine Liebe, das weiß ich. Ein ziemlich tödliches sogar. Aber warum fragst du, Sari? Hast du wieder mal Selbstmordpläne?»

Sari fühlte, wie ihr langsam das Blut ins Gesicht stieg, wie sich vor Wut ihr Magen verkrampfte. Würde er nie aufhören, sie an die dumme Frühlingsnacht zu erinnern, als sie mit einem Abschiedsbrief und einem leeren Schlaftablettenröhrchen versucht hatte, ihn so zu erschrecken, daß er ihr mehr Taschengeld gab?

Verzweifelt hatte Sari sich an ihre Wut geklammert, in ihrem Kopf war nichts als eine schwarze Leere gewesen, und sie hatte langsam bis zehn gezählt. Dann hatte sie unter ihrer Hand, die auf der Buchseite lag, das kühle Wort Aconit gefühlt, und sie hatte sich wieder in der Gewalt. Ja, er wird damit aufhören, eines Tages wird er nicht mehr davon sprechen, hatte sie gedacht, und während sie es dachte, hatte sie fast gelächelt.

«Ach Unsinn, Al, es kam hier nur gerade in meinem Roman vor», sagte sie zu dem höflichen Gesicht auf der anderen Seite des Tisches und wandte sich wieder ihrem Buch zu. Aber jetzt schien die Geschichte wie weggewischt, nur das eine Wort stand über die Seite verstreut immer wieder da. Das Wort und alles, was es bedeuten konnte. Aconit und seine Wirkung. Eine hübsche Idee.

Sie liebte es, sich vorzustellen, wie Al in seinem Stuhl sitzen würde und das erste, warnende Prickeln in Kehle und Magen spürte, wie er die erste betäubende und lähmende Welle in seinen Nerven fühlte und dann entdeckte, daß er sich nicht mehr bewegen konnte und machtlos war. Sie liebte es, sich vorzustellen, wie Al dasitzen würde, an seinen Stuhl gefesselt, bei vollem Bewußtsein und klarem Verstand, bis zuletzt, und sie ihn beobachtete, zählte, wartete, bis sein Puls und sein Atem langsamer wurden, immer langsamer und schließlich aufhörten.

Sie hatte die Augen geschlossen, um die Szene in ihrer Phantasie festzuhalten. Aber sie wollte nicht stehenbleiben, sie flimmerte und verschwamm, und plötzlich tauchte ein anderes Bild auf, das sie mit Panik erfüllte. Es war nur eine kleine Polizeistation aus Lehmziegeln, aber merkwürdigerweise standen die beiden üblichen Laternenpfähle davor. Dann verschwand es und andere drängten nach. Das Innere der Polizeistation, der Gerichtssaal und zuletzt das Gefängnis. Irgend jemand hatte einmal erzählt, daß einem da die Haare abgeschnitten würden.

Zitternd hatte sie nach dem dicken, goldblonden Knoten in ihrem Nacken gefaßt, und dann war sie plötzlich aufgestanden und nach oben gegangen. Sie hatte sich in ihr Badezimmer eingeschlossen, die Sherryflasche aus dem Wäschekorb geholt und einen tiefen, wohltuenden Schluck genommen. Dann war ihr besser. Danach war ihr immer besser, aber die Frage blieb: Mußte sie es wirklich tun?

Es war der Anblick ihres Gesichtes im Spiegel über dem Waschbecken, der sie schließlich überzeugte. Außer dem Haar war eigentlich nicht mehr viel geblieben – sie hatte schon zu lange gewartet. Gewartet, bis sie nicht mehr gut zur Bühne zurück konnte, bis niemand sie mehr würde haben wollen – nein, nicht einmal Tony –, nicht ohne Geld. Nicht mit nur tausend Dollar im Monat.

Denn Al hatte ihr gesagt, soviel könnte sie haben. Tausend Dollar im Monat. Nicht mehr und nicht weniger. Er hatte so ruhig darüber gesprochen, als ob er über eine Ölquelle oder ein Stück Land verhandelte, als ob er ihr einen Gefallen täte. Als ob ein Tausender im Monat sie für die zerstörte Karriere entschädigen könnte, für den langsam schlaff werdenden Körper, für das vom Wüstenklima und Alkohol zerstörte Gesicht, für all die geduldigen Jahre des Wartens.

*Aber das ist nicht fair, das ist nicht fair,* hatte sie dem Gesicht im Spiegel zugeschrien, genauso, wie sie Al an jenem Morgen vor einer Woche angeschrien hatte.

Al hatte sich nur in seinem Stuhl zurückgelehnt, seine Arme über der Brust gekreuzt und müde die Augen geschlossen. «Hör zu, meine Liebe, wir wollen uns nicht streiten. Ich habe Kopfschmerzen und keine Lust. Nichts, was du sagst, wird meinen Entschluß ändern können. Ich habe mein Angebot gemacht, und ich rate dir dringend, es anzunehmen.»

Er hatte ihr geraten, seinen Vorschlag anzunehmen, nachzugeben und brav nach Reno zu traben, abzutreten und zuzusehen, wie Margaret Langley ihren Platz einnahm und in einem Jahr, einem Monat, vielleicht schon in einer Woche ihre elegante Hand nach dem langerwarteten Lohn ausstreckte. «Und wenn ich es nicht tue?» hatte sie gefragt.

«Dann, meine Liebe, würde ich einfach die Scheidung einreichen. Natürlich ohne, daß du Unterhalt gezahlt kriegst. Ich *habe* Beweise, wie du weißt.»

Plötzlich war ihr alles zu viel geworden. «Beweise!» schrie sie. «Beweise! Glaubst du etwa, ich hätte keine Beweise? Glaubst du vielleicht, du bist der einzige, der Privatdetektive herumschicken und Briefe öffnen und an Türen horchen kann? Glaubst du, ich hätte keine solchen Beweise, wie du sie hast, Al? Und dazu Beweise, die die Steuer interessieren würden, und Beweise, bei denen deinem Theaterflittchen so schlecht wird, daß sie dich nie mehr wiedersehen will. Und glaubst du, daß ich diese Beweise nicht verwenden werde, wenn es soweit ist . . .?»

Sie schwieg abrupt. Sie hatte schon zu viel gesagt. Er war aufgestanden, und sie spürte auf einmal entsetzliche Angst vor dem, was sie in seinem Gesicht sah.

«Nein», hatte er ruhig gesagt und war auf sie zugekommen. «Nein, Sari, du wirst diese Beweise nicht verwenden. Du glaubst zwar im Augenblick, daß du es tust, aber wenn du es dir genau überlegst, wirst du einsehen, daß es nichts nützen würde. Du wirst einsehen, daß du, wenn du mich verklagst, selbst wenn du den Prozeß gewinnst, kaum mehr herausschlägst, als ich dir jetzt anbiete, und dafür würdest du von meinen Anwälten in Stücke gerissen. Ich meine es ernst, Sari – ich bin zu mächtig, als daß man mich verklagen könnte. Ich bin zu mächtig, und ich setze viel zu gern meinen Kopf durch. Ich bekomme immer meinen Willen, was es auch kostet, das weißt du doch, nicht wahr, meine Liebe? Du weißt, daß ich immer meinen Willen durchsetze, nicht wahr, Sari?»

Sari hatte stumm genickt. Sie wußte es. Nur zu gut.

«Schön, ich will also die Scheidung, und ich will Miss Langley heiraten, und auf Grund meiner Beweise ist es nur logisch, daß ich meinen Willen durchsetze. Aber das ist es nicht allein. Ich bin noch dazu verzweifelt. Ich bin ein kranker Mann – der Arzt sagte mir, daß mein Herz nicht noch einen solchen Asthmaanfall aushält wie den letzten – ich habe nicht mehr viel Zeit. Ich rate dir, mir nicht in die Quere zu kommen. Ich rate dir, meine Bedingungen anzunehmen und zu tun, was ich sage – nein, antworte mir jetzt nicht – denk eine Weile ruhig und vernünftig darüber nach, und in einer Woche frage ich dich wieder ...»

Das war das Ende gewesen, und Sari hatte ruhig und vernünftig darüber nachgedacht, bis sie erkannte, daß er recht hatte, und wußte, daß sie nur noch eins tun konnte.

Das Aconit? Sie hatte es wieder erwogen, als sie auf dem Badewannenrand saß. Vielleicht war es doch zu riskant und zuviel verlangt, daß der kleine Dorfarzt die Diagnose stellte, die er stellen sollte. Sie wußte es nicht, aber vielleicht fände sie etwas, das einen echten Anfall verursachte – wie Katzenhaare zum Beispiel oder Nerz, der noch gefährlicher war. Sie war in jener Nacht nicht mehr hinuntergegangen; sie blieb einfach auf dem Badewannenrand sitzen und hatte sich betrunken.

Noch später, sogar jetzt noch, fand Sari es herrlich komisch, daß es ausgerechnet Margaret Langleys Nerz war, der dafür herhalten würde, das winzige Büschel Haare, das sie ihr im La Fonda aus der Stola gezupft hatte. Jetzt mußte sie sie nur noch in die einzige verbotene Zigarre hineinpraktizieren, die Al nach dem Essen rauchte, und abwarten. Alles andere konnte sie ihm überlassen.

«Aber ich muß es jetzt tun – wenn er noch schläft», sagte sie sich energisch. Sie stand auf und zog sich hastig an. Dann nahm sie ihre Handtasche mit den Zigarren, schlich auf Zehenspitzen die Treppe hinunter und ging durch die Terrassentür nach draußen.

Als sie sicher im Gewächshaus war, holte sie die drei Zigarren heraus, eine lange, feine Häkelnadel und das kleine Stückchen Seidenpapier mit dem winzigen Pelzknäuel darin. Wie sie befürchtet hatte, beschädigte sie die erste Zigarre, aber bei der zweiten klappte es hervorragend. Es blieb noch die dritte – sie schauderte ein wenig –, die sie anrauchen mußte. Später, wenn alles vorbei war, würde sie sie mit der anderen vertauschen, die sie Al aus den schlaffen Fingern nahm.

Das war fast das schlimmste an der ganzen Sache, dachte sie, aber sie mußte es tun. Sie hatte schon das Streichholz angezündet, als sie den Schatten sah, der auf die Glasscheibe der Gewächshaustür fiel. Halb verrückt vor Angst duckte sie sich unter ein Pflanzenregal und lag zitternd und keuchend auf dem feuchten, harten Boden. Aber dann bewegte sich der Schatten, und sie begriff, daß es nur Juan war, der langsam und pedantisch die Gartengeräte wegräumte.

Sie wußte nicht, wie lange sie im Gewächshaus festgesessen hatte, aber als sie ins Haus zurückkehrte, war Al schon auf und frühstückte.

Er sah auf, als sie zur Tür hereinkam. «Na, schon so früh draußen, meine Liebe? Manchmal überraschst du mich, Sari. Ich hatte keine Ahnung, daß du Morgenspaziergänge liebst. Trink eine Tasse Kaffee mit mir und laß dir den Schmutz von der Nase wischen.»

Er stand auf und ging mit der Tasse in der Hand auf sie zu. Wenn er noch näher kam, noch einen Schritt, würde er bestimmt den scheußlichen Zigarrendunst riechen, der sie umgab. Sie murmelte eine Entschuldigung und rannte die Treppe hinauf.

Sie wusch sich, zog sich um, putzte ihre Zähne und ging wieder hinunter. Carmen hatte schon für das Mittagessen gedeckt. Sie tauschte die präparierte Zigarre gegen die andere aus, die an Als Platz lag. «Das wäre erledigt», sagte sie entschlossen und ging hinaus, um Juan und Carmen zu bezahlen und ihnen für heute freizugeben.

Als sie zurückkehrte, blieb sie plötzlich wie erstarrt stehen – aus dem Arbeitszimmer drang Stimmengemurmel. Wer war das, um Gottes willen, und was wollten sie hier? Und würden sie zum Essen bleiben? Sari überlegte hastig. Sollte sie hingehen und die Zigarre wegnehmen, oder sollte sie es darauf ankommen lassen, daß sie nicht zum Essen blieben . . .?

Sie zwang sich, langsam und ruhig durch die Halle zur Tür des Arbeitszimmers zu gehen und einzutreten. Es war Marcy Hunt, die schlechteste Malerin von Santa Fé und die größte Klatschbase. Sie begrüßte Sari fröhlich, machte ihr auf dem Sofa Platz und stürzte sich sofort in die Erzählung des neuesten Skandals. Ganz offensichtlich hatte Marcy es mit dem Gehen nicht eilig.

Wie lange dauerte es alles in allem? Eine Stunde? Oder zwei? Sari wußte es nicht mehr. Sie merkte nur, daß die Sonnenstrahlen langsam über den Fußboden krochen, die Uhr in der Ecke die Zeit hinwegtickte und Marcy immer weiter plapperte und plapperte, bis der Augenblick da sein würde, wo man sie erwischte und sie verloren war. Wie hypnotisiert von Marcys Stimme saß sie ergeben da und konnte sich weder rühren noch denken.

Schließlich rettete Al sie. «Werden Sie nicht die Fiesta versäumen, Marcy?» fragte er ziemlich betont. «Wir würden Sie natürlich gerne zum Essen dabehalten, aber in der Stadt ist es bestimmt lustiger, und unsere Köchin hat frei, und wir kriegen sicher nur irgend etwas Aufgewärmtes . . .»

Selbst Marcy hätte da nicht länger bleiben können. Sie packte ihre Handtasche, blieb mit einem letzten Wortschwall an der Haustür stehen und war endlich weg. «Mein Gott!» Al atmete keuchend und kehrte ins Arbeitszimmer zurück. «Mein Gott!» wiederholte Sari und lief in die Küche, um das Essen aus dem Ofen zu nehmen, das Carmen für sie vorbereitet hatte.

Sie hatte vor dem Essen auch noch etwas trinken wollen, aber als sie den Salat hereinbrachte, sah sie, daß Al schon im Eßzimmer war und einen Cocktail mixte. Er hatte das noch nie getan, er mochte es nicht, wenn sie vor dem Essen etwas trank. Sie blieb abrupt stehen und zog fragend die Augenbrauen hoch.

«Für dich, meine Liebe», sagte er, stellte das Glas neben ihren Teller und schob ihr den Stuhl zurecht, als sie sich setzte. «Schließlich ist es ein besonderer Anlaß, findest du nicht?»

Sie gab das Essen auf und wartete darauf, daß er sich setzte und weitersprach.

«Erinnerst du dich nicht, Sari, es ist unser letzter gemeinsamer Tag, jedenfalls nehme ich an, es ist unser letzter Tag – denn du *wirst* doch in die Scheidung einwilligen, nicht wahr, meine Liebe?»

Sari sah ihm über den Tisch in das kalte, einschüchternde Gesicht, das so unglaublich selbstsicher war, und trank ihr Cocktailglas mit einem einzigen Zug aus. «Nein, Al, das werde ich nicht.»

Für einen langen Augenblick sagte Al gar nichts. Er stand nur auf und ging mit ihrem Glas zur Anrichte, schenkte es wieder voll und stellte es ihr neben den Teller. Sehnsüchtig sah sie es an, sie wußte, daß sie eigentlich nichts mehr trinken sollte und er sie nur betrunken machen wollte, aber schließlich gab sie nach und stürzte den Cocktail hinunter. Sie schüttelte sich ein bißchen und fragte dann: «Also?»

«Also, was, Sari? Du hast mir geantwortet, aber du glaubst doch nicht, daß das meine Pläne ändert? Du hättest mir besser zuhören sollen, meine Liebe – ich sagte, daß ich immer bekomme, was ich haben will. Du erinnerst dich doch noch, Sari?»

Sari erinnerte sich, aber sie erinnerte sich wie durch einen seltsamen trägen Nebel, und es war ihr ziemlich egal. Ein merkwürdiges, taubes, wohliges Gefühl kroch ihr über die Schultern und durch die Arme, in der Kehle spürte sie ein halbvertrautes Prickeln. Sie sah ihn über den Tisch an, plötzlich verschwamm ihr alles vor den Augen, sie erkannte sein Gesicht nur noch unscharf, und da begriff sie.

Sie wollte aufspringen, weglaufen, um Hilfe schreien, aber sie konnte sich nicht bewegen. Auch wenn sie die Kraft dazu gehabt hätte, es hätte nichts genützt, denn sie – oder war es die ganze Zeit über Al gewesen? – hatte die Falle zu perfekt gestellt. Obwohl das jetzt merkwürdigerweise keine Rolle mehr spielte, es war nur, daß Al wieder gewonnen hatte.

«Aber sie werden dich erwischen, Al! Sie werden dich erwischen und hängen, und dann hast du verloren», flüsterte sie mühsam mit zugeschnürter Kehle und versuchte, sich so weit aufzusetzen, daß sie sein Gesicht sehen konnte.

Er lächelte selbstsicher. «Nein, meine Liebe, das glaube ich nicht, denn, siehst du, du hast mir nur den Gefallen getan, dich umzubringen. Erinnerst du dich? Du hast es schon einmal versucht und passenderweise einen Zettel hinterlassen ...»

Irgendwie konnte Sari den Rest nicht mehr verstehen, aber sie sah die Zigarre und beobachtete, wie Al das Ende abknipste, sich breit zurücklehnte und sie zwischen die Lippen steckte. Zufrieden sackte sie auf ihrem Stuhl zusammen. Es hatte sich beinahe gelohnt.

# *Weinkenner*

*Lawrence G. Blochman*

Das heisere Röhren der Schiffssirene des Postdampfers mit dem kanariengelben Schornstein hallte über die dschungelbewachsene Landzunge und riß Herrn Controleur Koert aus seinem Mittagsschläfchen. Herr Koert beschloß, dennoch nicht zu fluchen; der Tag war einfach zu heiß für etwas so Anstrengendes wie einen tüchtigen Fluch. Koert öffnete ein Auge und blinzelte durch den Schleier seines Moskitonetzes. Unterhalb der Veranda breiteten sich die in der Sonne glitzernden Wellblechhäuser, die weißgeschrubbten Chinesenläden und Attap-Hütten aus, bis hin zum grünen Ufer des Flusses, der kurz danach in den Ozean mündete.

Ein Stück von der Küste entfernt und jenseits der Mündung des Flusses, der seine schlammigen, braunen Finger hinausstreckte in die fast unbewegliche Bläue des Ozeans, schmauchte der Postdampfer – die einzige Verbindung zwischen Tanjong Samar und der Zivilisation – ungeduldig vor sich hin. Und da Herr Koert hochoffiziell eben diese Zivilisation in Tanjong Samar repräsentierte, beschloß er, auch das andere Auge zu öffnen.

Er beobachtete den Schwarm von Praus und Sampans, die sich auf den Dampfer zu in Bewegung setzten, und schätzte, daß er noch etwa eine halbe Stunde Zeit hatte, bevor er zu einer weiteren Tätigkeit gezwungen sein würde. Dann, in einer halben Stunde also, würde er aufstehen, sich lauwarmes Wasser aus einem javanischen Badekrug über den Körper laufen lassen, eine Tasse Kaffee trinken und sein weißes Leinenjackett bis oben zum Kragen zuknöpfen. Damit wäre er dann der Position an seinem Schreibtisch gewachsen und könnte in der angemessenen Form die öffentlichen Verlautbarungen sowie einen Stapel von

Zeitungen, die Ausgaben zweier Wochen des *Bataviasch Nieuwsblad*, entgegennehmen, die ihm sein Controleur-Aspirant mit der staubiggrauen Haut an Land und in sein Büro bringen würde.

Allerdings beschleunigten sich die zunächst ganz routinemäßigen Vorbereitungen des Controleurs auf das immer wiederkehrende Ereignis, als er beobachtete, wie das erste Boot, welches an Land kam, keineswegs seinen in der Bewegung so beeindruckend langsamen Assistenten, sondern einen munter ausschreitenden, weißen Mann aufs Trockene setzte, den er noch nie zuvor gesehen hatte. Der Fremde kam in einem solchen Eilschritt auf den Bungalow des Controleurs zu, daß Herr Koert gerade noch Zeit hatte, sich mit Würde und dem weißen Jakkett zu umgeben. Dann klopfte es auch schon an die Verandatür. Er watschelte mit gewichtigen Schritten darauf zu, um sie zu öffnen.

Vor ihm stand ein Mann in einem Anzug aus chinesischer Seide. Er trug einen weißen Tropenhelm auf dem Kopf und trocknete sich das schweißnasse Gesicht mit einem seidenen Taschentuch ab. Ein ziemlich wohlgenährter Mann, dessen Bewegungen freundlich und bedächtig wirkten. Sein offenes Lächeln rief tiefe Grübchen auf beiden Wangen hervor, und sein Gesicht strahlte männliche Intelligenz aus – ein Eindruck, der noch verstärkt wurde durch das halb geschlossene, rechte Augenlid über einem etwas farblosen Auge. Die wachsame Vitalität des anderen, gesunden Auges reichte mindestens für zwei.

«Sind Sie Mr. Koert?» fragte der Mann im Seidenanzug. «Mein Name ist Paul Vernier. Der Gouverneur hat mich Ihrer Hilfsbereitschaft empfohlen. Haben Sie seinen Brief erhalten?»

«Sie kommen früher als die Post», sagte der Controleur. «Aber meine Hilfsbereitschaft kann ich Ihnen gern auch ohne den Brief anbieten. Wollen Sie nicht Platz nehmen?»

«Ich möchte gleich zur Sache kommen», erwiderte Vernier und ließ sich auf einen hohen Stuhl sinken, hinter dem ein Fächer angebracht war. «Ich suche einen Mörder.»

«Vielleicht einen der Dayaks?» fragte der rundliche Controleur. «Da müssen Sie schon weit den Fluß hinauffahren, wenn Sie einen von denen finden wollen. Aber bei den Dayaks hört es allmählich auf mit dem Morden. Statt daß wir zusehen, wie sie immer neue Menschenköpfe für ihre Heiratszeremonien jagen, versuchen wir sie davon zu überzeugen, daß sie ja die alten mehrmals verwenden können –»

«Die Dayaks interessieren mich nicht», sagte Vernier. «Ich suche einen Amerikaner. Einen amerikanischen Mörder namens Jerome Steeks. Ich habe seine Spur verfolgt. Sie führt hierher nach Tanjong Samar.»

Koert klatschte in die Hände und brüllte ein paar Worte in Malaiisch, die von einer Art Grunzen in einem der angrenzenden Räume beantwortet wurden.

«Ich lasse Ihnen Kaffee bringen», erklärte er. «Jetzt ist Kaffeezeit. Später ist dann Ginzeit. Wo ist Ihr Gepäck?»

«Ich habe alles, was ich an Gepäck brauche, in der Brusttasche meines Jacketts – den Haftbefehl für Jerome Steeks, vom Generalgouverneur in Batavia unterschrieben. Sobald Sie mir gesagt haben, wo ich diesen Steeks finde, lasse ich ihn festnehmen und an Bord des Dampfers bringen, bevor er wieder abfährt.»

«Aber das ist nicht möglich», sagte der Controleur schlicht und einfach.

«Warum nicht? Ich weiß, daß sich Jerome Steeks hier in Tanjong Samar aufhält.»

«In meinem Distrikt gibt es keinen Mann dieses Namens.»

«Natürlich wird er nicht unter seinem wirklichen Namen reisen. Aber es dürfte doch nicht so schwer sein, den Mann in dieser geschäftigen Metropole aufzutreiben. Gibt es denn keine Amerikaner hier?»

«Es gibt hier drei Amerikaner.» Verniers Augenbrauen hoben sich ein wenig, als Koert fortfuhr: «Alle drei arbeiten bei der Kota Bharu-Kautschukplantage ein Stück weiter den Fluß hinauf. Die Fahrt zur Plantage dauert allein mindestens zwei Stunden, nicht eingerechnet die Zeit, die man braucht, um die Amerikaner zu finden. Der Dampfer dagegen legt in genau einer

Stunde ab. Soll ich nicht doch jemand nach Ihrem Gepäck schicken?»

Verniers Blicke begegneten denen von Koert eine Sekunde lang. Dann breiteten sich seine zusammengekniffenen Lippen zu einem Lächeln aus.

«Na schön», sagte er. «Wenn es Ihnen nicht zuviel Mühe macht.»

Koert klatschte wieder in die Hände und sprach ein paar Worte Malaiisch. Ein Diener erschien mit einem Tablett in der Hand.

«Man wird es Ihnen gleich heraufholen», sagte der Controleur. «Und jetzt können wir in Ruhe Kaffee trinken.»

Es gab keine Kaffeekanne auf dem Tablett, nur zwei Tassen, eine Zuckerdose, ein Kännchen voll heißer Milch und einen kleinen Krug. Vernier sah zu, wie Koert einen Löffel der schwarzen Essenz aus dem Krug in jede Tasse gab und danach die dampfend heiße Milch darüber goß. Die daraus entstandene Flüssigkeit sah aus und roch auch ungefähr wie Kaffee.

«Und nun», sagte Koert, während er seinem Gast eine Tasse reichte, «erzählen Sie mir etwas über den Mann, den Sie festnehmen wollen. Kennt er Sie denn?»

«Nein.»

«Gut. Also wird er keinen Verdacht schöpfen. Sie können ihn ein paar Stunden vor der Ankunft des nächsten Dampfers verhaften. Das erspart uns unangenehme, provisorische Maßnahmen. Wir haben kein besonders sicheres Gefängnis hier. Werden Sie den Amerikaner denn erkennen? Haben Sie ein Foto von ihm?»

«Jerome Steeks ist ein sehr raffinierter Bursche», sagte Vernier. «Er hat die perfekte Flucht nach einem beinahe perfekten Verbrechen geplant. Es gibt nicht ein einziges Foto von ihm, geschweige Muster seiner Fingerabdrücke. Ich kenne ihn nur nach der Personenbeschreibung: mittelgroß, schlank, bleiche Hautfarbe, dunkles Haar, kleiner, schwarzer Schnurrbart.»

Der Controleur legte die Hände um den fetten Bauch, ließ den Kopf in den Nacken sinken, öffnete weit seinen Mund und gab laute, gackernde Geräusche von sich. Nach ein paar Sekunden kam Vernier darauf, daß Herr Koert lachte.

«Sie müssen zur falschen *dessa* gekommen sein», sagte der Controleur dann. «Alle drei sind mittelgroß, aber sie sehen ziemlich kräftig aus, sind glattrasiert, sonnengebräunt wie Kaffeebohnen, und keiner von ihnen hat dunkles Haar.»

«Ich sagte Ihnen doch, dieser Steeks ist sehr schlau.» Vernier lächelte versonnen. «Ich bin völlig sicher, daß er sich hier aufhält. Er kam vor sechs Monaten von Batavia hierher.»

«Alle drei Männer kamen vor sechs Monaten von Batavia hierher, und zwar mit demselben Schiff. Die Plantage hat den Besitzer gewechselt, und der neue Herr beschloß, für die Leitung Amerikaner zu engagieren, weil die amerikanischen Kautschukpflanzer eine Technik kennen, wie man die Bäume aufpfropfen und somit die Ausbeute an Gummi verdoppeln kann. Was für ein Mensch soll denn Ihr Mörder sein?»

Vernier würgte den bitteren Kaffee hinunter. «Völlig skrupellos», sagte er, «aber zugleich ein Gentleman mit vollendeten Manieren. Eine seltene Kombination. Er hat lange Zeit in Europa verbracht, wo man ihn als Kenner und Liebhaber guter Musik, schöner Frauen, erlesener Kochkunst und seltener Weine schätzte. Ich hörte zum erstenmal von ihm, als er sich in Frankreich aufhielt.»

«Ah, Frankreich», sagte Herr Koert und schaute unverwandt auf Verniers halbgeschlossenes Auge. «Dann haben Sie sich also in Frankreich –»

Er machte eine angedeutete Geste, als versuche er, ein delikates Thema möglichst zu umgehen.

«Ja», erwiderte Vernier. «Das Stück von einem Schrapnell. Es brachte mich zu meinem jetzigen Beruf, nehme ich an. Ein Auge reicht nicht aus für eine Karriere bei der Infanterie, also holte man mich von der Front zurück und steckte mich in den Geheimdienst. Dabei knüpfte ich so viele Kontakte mit Franzosen, daß ich sie nach dem Krieg nicht einfach abbrechen wollte. Ich blieb in Paris, um bei der französischen Sûreté die Methode Bertillon zu studieren. Kurz bevor ich nach Hause fuhr, las ich in der Zeitung über einen gewissen Jerome Steeks, der am Bankett der Pariser Weinhändler teilnahm, den üblichen Weintest über sich ergehen ließ und nicht gekennzeichnete Lagen allein durch seine Geschmacksnerven besser identifizierte als die ältesten, berufsmäßigen Weinprobierer.»

Herr Koert machte schmatzende Geräusche mit der Zunge. «Ein Feinschmecker», kommentierte er Verniers Bericht.

«Er war reich. Kein Mensch fragte ihn, woher er diesen Reichtum hatte, aber man ahnte, daß er – sagen wir, nicht ganz legal erworben sein konnte. Vor drei Jahren heiratete er eine reiche Erbin aus San Francisco, brachte sie nach Europa und dann zurück nach Kalifornien. Kurz nach ihrer Rückkehr fand man Mrs. Steeks' Leiche. Sie lag auf einem einsamen Pier, eine Kugel im Kopf. Reifenspuren auf der Mole führten zu einer Suche nach Steeks' Wagen, und den fand man schließlich auf dem Grund des Hafenbeckens. Steeks war anscheinend bei dem Sturz ins Wasser ums Leben gekommen. Eine in dem Wagen entdeckte Notiz sprach von einem Doppelselbstmord. Die beiden hätten das Erbe durchgebracht, gewaltige Summen in Monte Carlo am Spieltisch verloren und beschlossen, lieber zu sterben, als in Armut weiterleben zu müssen. Obwohl Steeks' Leiche nie gefunden wurde, war die Polizei von der Richtigkeit der Selbstmordtheorie überzeugt, gar nicht zu Unrecht, wenn man sich vor Augen hielt, daß die Gezeiten die Leiche ohne weiteres fortgespült haben konnten, daß man einen Revolver mit zwei leeren Hülsen gefunden und entdeckt hatte, daß Mrs. Steeks' Reichtum tatsächlich dahingeschwunden war.»

«Und es war ein Trugschluß?»

«Natürlich. Mrs. Steeks' Tod war kaltblütiger Mord, bei dem es dem Mörder nur um seinen Profit ging. Ein Jahr danach geriet ein berüchtigter Winkeladvokat ins Netz, wurde verhaftet, und in seinem Safe fanden die Polizeibeamten einen Brief von Steeks, der in Batavia aufgegeben war. Der Rechtsanwalt hatte ganz offensichtlich das verloren geglaubte Vermögen der Frau irgendwo aufbewahrt und sollte Steeks benachrichtigen, wenn es so weit war, daß er bei seiner Rückkehr nichts mehr befürchten brauchte. Der Justizminister forderte unverzüglich Steeks' Auslieferung, und ich begab mich nach Batavia, um ihn aufzuspüren. Sicher, in einem Jahr können Spuren verwischt werden oder verblassen. Aber jetzt bin ich soweit, und ich weiß, daß sich Steeks hier aufhält. Da innerhalb der nächsten zwei Wochen kein Dampfer anlegt, kann er mir theoretisch nicht mehr entkommen.»

Controleur Koert schüttelte den Kopf, als halte er das für eine sehr kühne Behauptung. «Ich bin mir da gar nicht so sicher», sagte er. «Es gibt keinen Feinschmecker und keinen wohlerzogenen Gentleman bei den Kautschukplantagen. Die drei sind ganz normale Amerikaner.»

«Und einer von ihnen ist ein Mörder. Wann können wir aufbrechen und ihn unter den dreien herauspicken, Mr. Koert?»

Der Controleur kratzte sich hinter dem Ohr. «Zuerst muß ich dem Dampfer meine Aufwartung machen. Danach können wir uns einen Plan zurechtlegen.»

«Inzwischen werde ich mich ein bißchen im Ort umschauen», sagte Vernier und erhob sich. «Jetzt ist es bedeutend kühler. Vielleicht höre ich das eine oder andere.»

«Halt, Mr. Vernier, machen Sie um Himmels willen die Fliegengittertür noch nicht auf», schrie Koert und rannte mit einem Satz hinter dem Kriminalbeamten her. «Warten Sie einen Augenblick.»

Er rollte ein Stück Zeitung zusammen, zündete es an einem Ende an und wedelte mit der Flamme gegen das feine Drahtnetz, daß die draußen angesammelten Moskitos, die nur darauf warteten, in den kühlen Raum zu kommen, verkohlten oder das Weite suchten.

«Jetzt», sagte er. «Aber machen Sie die Tür rasch wieder zu. Kommen Sie in eineinhalb Stunden zurück. Dann werden wir bei Gin *pahits* einen schönen Plan ausarbeiten.»

Es gelang dem Controleur, Paul Vernier zu überreden, daß er nicht vor dem folgenden Morgen mit seiner Menschenjagd begann. Auf dem kaffeebraunen Fluß glitzerten grelle, harte Sonnenreflexe, als die beiden Männer – Koert in Weiß, Vernier in

Khaki – hinunter zum Ufer gingen. Sie kamen vorbei an den vielen Praus mit den hohen, geschnitzten Vordersteven und den roten und blauen Dämonen, die von den schrägen Masten grinsten. Dann krochen die beiden weißen Männer unter das niedrige, palmblattgedeckte Sonnendach in der Mitte eines langen, schmalen Sampans. Paddel klatschten in das braune Wasser und teilten die Strömung. Das Boot fuhr flußaufwärts.

Der Sampan glitt entlang an den Ufern, die mit niederen Mangrovebüschen und kleinen Palmen bestanden waren und hinter denen sich die grüne Vegetation des Dschungels auftürmte; ineinander verfilzte Riesenpalmen, Kletterpflanzen, zerfetzt von den grünen Lanzetten der Pisangbäume, gefleckt von weißen Wölkchen reifer Baumwolle, dem Gelb des Zuckerrohrs, den roten Flammen der *Lantana*.

Vier nackte, mahagonifarbene Leiber glitzerten im Sonnenlicht, während sich die vier Paddel im Einklang in das Wasser senkten. Der Steuermann achtern vom Sonnensegel gab die Kommandos.

Nach ein paar Minuten lenkte Vernier Koerts Aufmerksamkeit auf einen zweiten Sampan, der dem ihren folgte.

«Aber ja», sagte Koert. «Das ist unser Gepäckschiff. Ich lasse das Gepäck durch ein zweites Schiff nachbringen, weil wir sonst zu beengt wären.»

«Aber ich brauche doch kein Gepäck», entgegnete Vernier. «Ich will nicht lange auf der Plantage bleiben. Ich suche mir den richtigen Mann heraus und komme zurück, um bis zur Ankunft des Dampfers bei Ihnen zu wohnen – vorausgesetzt, Sie sind damit einverstanden.»

«Es wäre mir eine Ehre und ein Vergnügen. Aber ich fürchte, Sie werden ein wenig länger dortbleiben müssen. Ich kenne die drei Amerikaner. Keiner von ihnen paßt auf die Beschreibung Ihres Mörders. Sie werden sie sehr eingehend studieren müssen. Der Generalgouverneur erklärt in seinem Brief, ich soll Ihnen helfen, also habe ich einen Boten voraus zu den Plantagen geschickt und angekündigt, daß wir heute mittag dort ankommen würden und Sie vielleicht ein paar Tage länger bleiben wollen, um den Herstellungsprozeß von Naturgummi an Ort und Stelle studieren zu können.»

Auf dem runden Gesicht des Kriminalbeamten zeigten sich wieder die freundlichen Grübchen. «Aber das kann ich doch nicht machen: Erst die Gastfreundschaft der Leute von der Plantage genießen und dann einem von ihnen die Handschellen anlegen! Wenn ich wirklich gezwungen sein sollte, etwas länger zu bleiben, werde ich den Leuten meine Gründe dafür darlegen. So kann ich mit offenen Karten spielen und ohne schlechtes Gefühl eine Weile bei ihnen wohnen.»

«Aber nein! Nein!» rief der Controleur. «Das können Sie mir nicht antun! Ich habe bereits sagen lassen, daß Sie ein Aktionär der Plantage sind und sich den Betrieb genauer ansehen wollen. Sie können doch den Controleur nicht Lügen strafen.»

Verniers Grübchen verschwanden allmählich. «Können Sie denn nicht sagen, Sie hätten mich mißverstanden?» fragte er.

«Wenn dem Generalgouverneur zu Ohren kommt, daß ich die Leute mißverstehe, dann sieht es schlecht aus mit meiner Beförderung zum stellvertretenden Regierungsbevollmächtigten auf Java. Abgesehen davon können Sie nach meinem Plan bedeutend ungestörter vorgehen.»

«Nun, in Gottes Namen. Versuchen wir es mal eine Weile», sagte Vernier nüchtern. Zwischen seinen Augenbrauen stand eine tiefe Falte.

Ein baufälliger Anlegesteg, zwei Wellblechhütten und eine Lichtung im Dschungel, die Platz schuf für die symmetrischen Reihen der Kautschukbäume, bezeichneten die Stelle, wo die Kota Bharu-Plantage an den Fluß grenzte. Von hier waren es höchstens fünf Minuten zu Fuß bis zu dem großen Bungalow auf Pfählen, der den weißen Pflanzern als Wohnhaus diente.

Der Anblick der drei Männer verwirrte Vernier nicht wenig, als sie ihm vorgestellt wurden. Sie hießen Prale, Wilmerding und Doran.

Der Controleur hatte recht gehabt. Es gab keinen kultivierten Bonvivant unter diesen rauhbeinigen Amerikanern, und alle drei hatten helles Haar. Prale war ein gutmütig dreinblickender Bursche mit sandfarbenem Haar, einem spöttischen Zug um die Mundwinkel und einer Stupsnase. Wilmerding war blond, fast flachsblond, und sein Händedruck zwang den Empfänger in die Knie. Doran, mit kühnen, ruhelosen Blicken, hatte leicht rötliches Haar. Welcher von ihnen konnte der schwarzhaarige Jerome sein? Keiner, hätte Vernier vermutlich gesagt, wenn er nicht so sicher gewesen wäre, daß der Mörder hier untergetaucht war. Es nützte nichts, einer von ihnen war Steeks.

«Hoffentlich haben Sie nichts gegen eine Reistafel einzuwenden», sagte Doran, als sie nacheinander in einen verdunkelten Raum zum Mittagessen traten. «Unser Koch weigert sich nämlich standhaft, zu Mittag etwas anderes zu servieren.»

«Nach denen zu urteilen, die ich auf Java gegessen habe, ist eine Reistafel etwas ganz Köstliches», sagte Vernier.

«Das kann ich nicht behaupten», entgegnete Wilmerding. «Mit einer einzigen Reistafel kann man einer ganzen Büffelherde Magenbeschwerden bereiten.»

Aber wie auch immer die Büffel auf das Nationalgericht der niederländischen Provinzen in Ostindien reagieren mochten, Wilmerding selbst hatte anscheinend keine Angst vor einer Magenverstimmung. Er häufte eine riesige Menge Reis auf seinen Teller und dekorierte ihn mit all den Zutaten, die zwei Diener herbeitrugen: Eier in Currysauce, gebackene Bananen, Zwiebeln, verschiedene Chutneys, Kokosnußraspel, winzige, gebackene rote Fische, Paprika und eine Unmenge stark und eigenartig gewürzter Fleisch- und Gemüsespeisen. Vernier sah Wilmerding zu, der das Ganze dann in der bewährten, niederländisch-ostindischen Weise durcheinandermengte. Dabei bemerkte Wilmerding, daß er von Vernier beobachtet wurde, erinnerte sich, wie er eben noch über die Reistafel hergezogen war und sagte: «Nun, irgend etwas muß der Mensch ja essen.»

«Mit einem Schluck kühlem Bier ist so eine Reistafel doch recht schmackhaft», meinte Vernier höflich.

«Wir haben hier draußen kein richtiges kühles Bier», beklagte sich Wilmerding. «Es gibt kein Eis. Das warme Bier schmeckt ekelhaft.»

Vernier beobachtete Wilmerding noch eine ganze Weile. Er fiel über die Reistafel mit ebenso viel Appetit her wie seine beiden Kollegen, aber Vernier glaubte, eine bestimmte gekünstelte Geste gesehen zu haben, mit der er seine Gabel gehoben hatte. Doch vielleicht war das nur Zufall gewesen, denn jetzt wischte sich Wilmerding den Mund mit dem Handrücken ab, nachdem er einen tiefen Zug aus dem Bierglas getan hatte. Und doch . . .

«In Batavia und Surabaya habe ich öfter sehr guten, einheimischen Wein getrunken. Warum lassen Sie ihn sich nicht herschicken?» fragte er die drei.

«Aus Wein mache ich mir gar nichts», erklärte Wilmerding. «Wissen Sie, wir drei haben einen ausgesprochen plebejischen Geschmack. Wir trinken Bier – und abends Gin oder Whisky. Prale redet zwar immer von den guten Weinen, die er angeblich getrunken hat, aber wenn Sie mich fragen, ist ihm ein Eiskremsoda bedeutend lieber. Und uns anderen auch, glaube ich.»

Er fuhr sich mit den Fingern durch das blonde Haar, nippte nachdenklich an seinem Bier und machte sich wieder mit erneuter Energie über seinen Reisberg her.

Das Tischgespräch ging vom Baseball drüben in den Staaten bis zu dem in dieser Gegend fast klassischen Streitgespräch, welches von den beiden Übeln das größere sei: die Moskitos oder das Nelkenöl. Man sprach über die Liebesgewohnheiten der javanischen Arbeiterinnen auf der Plantage und über eine angebliche Kopfjägerexpedition der Dayaks in einen benachbarten Bezirk. Erst als eine bemerkenswerte Menge Reis vertilgt worden war, erhielt Vernier wieder einen Hinweis darauf, welcher von den dreien der kultivierte Mörder sein könnte. Der Kriminalbeamte riß seine Ohren auf, als Wilmerding vorschlug, Doran könnte ein bißchen Musik machen.

«Musik?» echote Vernier.

«Ja. Doran macht Musik», sagte Prale. «Das heißt, er kann ein Grammophon betätigen.»

Ja, das Grammophon gehöre ihm, gab Doran zu. Was Mr.

Vernier denn hören wolle? Vermutlich gar nichts, denn es sei ziemlich schwierig, hier draußen auf Borneo ein vernünftiges Repertoire zusammenzubringen.

«Darf ich einmal sehen?» fragte Vernier.

Er betrachtete den Stapel Platten, eine nach der anderen, und erwartete wohl, Opernaufnahmen, Symphonien und andere ernste Musik, vorwiegend von französischen Komponisten, zu finden. Statt dessen waren es Jazz- und Schlagerplatten, auf keinen Fall die Sammlung eines Musikkenners mit Geschmack.

«Legen Sie doch irgend etwas auf», sagte Vernier.

Das Grammophon quakte, heulte und brummte. Wilmerding saß neben Herrn Koert und rauchte eine Pfeife. Prale stand an der Verandatür und blickte durch das Fliegengitter hinunter zum Fluß. Doran sortierte seine wertvollen Schallplatten. Vernier ging langsam im Raum auf und ab und nahm alle Einzelheiten mit seinem einen, wachsamen Auge in sich auf. Er blieb vor einem Bücherregal stehen und begann die Titel der Bücher zu studieren.

«Na so was», sagte er. «Wem gehören denn die französischen Bücher?»

«Die waren schon da, als wir herkamen», erklärte Wilmerding. «Vor uns saß ein französischer Pflanzer auf der Plantage. Er hat uns die Bücher hiergelassen.»

«Und wer von Ihnen kann sie lesen?» fragte Vernier weiter und holte einen Band aus dem Regal, der in gelbes Papier eingebunden war.

«Prale hat die französische Sprache geradezu erfunden», sagte Doran. «Fragen Sie ihn doch mal.»

Vernier hielt sich das französische Buch dicht vor die Augen und blätterte langsam eine Seite nach der anderen um. «Ich habe einmal Französisch gelernt», sagte er wie zu sich selbst. Dann hob er den Blick und sagte, als lese er einen Satz aus dem Buch vor. *«Il y a un meurtrier dans cette maison.»*

Er hielt inne und beobachtete die Reaktion der anderen auf seine Ankündigung in französischer Sprache, daß sich ein Mörder im Haus befinde. Aber was er sah, enttäuschte ihn sehr.

Prale schaute ausgesprochen dümmlich drein, während ihn die beiden anderen mit Gelächter und Spott eindeckten.

«Nun, was heißt das denn, Prale?» fragte Wilmerding.

«Übersetz es uns doch», fügte Doran hinzu.

«Ja, also, es ging um Häuser», sagte Prale. «‹Maison› – das ist das französische Wort für ‹Haus›.»

Als das Gelächter abgeebbt war, erhob sich der Herr Controleur Koert. Er schnitt eine Grimasse. «Sie werden mich entschuldigen – ich muß dringend zurück zur *dessa.* Amtsgeschäfte, wissen Sie, leidige Amtsgeschäfte.» Er sagte es so überzeugt, als wisse nicht jeder der Anwesenden, daß es sich bei den Amtsgeschäften höchstens um die tägliche Siesta handeln konnte. «Und Sie, Mr. Vernier? Bleiben Sie noch eine Weile hier auf der Plantage?»

«Wenn ich nicht im Wege bin», sagte Vernier bescheiden. Das herunterhängende Lid des verletzten Auges zuckte fast unmerklich.

«Wir haben genügend Platz», erklärte Wilmerding.

«Und wenn nicht, könnten wir Doran hinauslegen ins Freie, daß er bei den Moskitos schlafen kann», fügte Prale hinzu.

«Was mir immerhin deine dummen Redensarten ersparen würde», konterte Doran.

«Ich würde wirklich sehr gern einmal zusehen, wie ihr hier ein Dutzend Golfbälle und einen Satz Autoreifen aus den Bäumen zieht», sagte Vernier. «Aber ich warne euch.» Er machte eine Pause und schaute Koert eindringlich an. «Ich warne euch, denn ich werde überall in der Gegend auftauchen und dumme Fragen stellen, wie die Freundin im Fußballstadion. Ich bin neugierig und an allem möglichen interessiert.»

Vernier übertrieb seine Neugierde nicht wenig in den folgenden Tagen. Er schlich überall herum und stellte seine Fragen zu allen passenden und unpassenden Gelegenheiten. Er pflegte Prale im Morgengrauen zu folgen, hörte ihm zu, wenn er seine Befehle halb in Englisch, halb in gebrochenem Malaiisch an die Javanerinnen weitergab, die diagonale Schnitte in die Rinde der Heveabäume kerbten, damit das milchige Latex über Rinnen in den Schnabel der winzigen Porzellangefäße tropfen konnte. Wenn die Sonne heiß genug herunterbrannte, so daß der Saft der Bäume stockte, machte Vernier seine Runden mit Wilmerding, der die Javanerinnen in ihren bunten Sarongs beobachtete, wie sie das Latex in die von Büffeln gezogenen Tankwagen umleerten. Danach begab er sich zur chemischen Abteilung, wo Doran in einer Hütte das Latex entgegennahm und in große Fässer goß, damit es zu Rohkautschuk koagulieren konnte.

Aber auch nach drei Tagen war er seinem Ziel keinen Schritt nähergekommen. Er glaubte noch immer, daß einer von den drei Pflanzern Jerome Steeks sein mußte. Und er wußte noch immer nicht, ob es Prale, Doran oder Wilmerding war. Nur eines wußte er mit Sicherheit: Steeks' Haar hatte in den letzten achtzehn Monaten die Farbe gewechselt. Der schwarzhaarige Mörder aus San Francisco war blond geworden. Wasserstoffsuperoxyd oder sonst irgendein Bleichmittel mußte dabei im Spiel sein – und es mußte sogar sehr häufig angewendet werden, denn in den drei Tagen hatte Vernier genau darauf geachtet, ob sich nicht das Haar bei einem der Männer an den Wurzeln schwarz färbte. Vergebens. Das neu nachgewachsene Haar wurde vermutlich sofort wieder gebleicht. Vielleicht war das ein Schlüssel.

Am folgenden Tag, als die drei Pflanzer hinausgegangen waren in den nebligen Morgen, schützte Vernier Kopfschmerzen vor und blieb im Bungalow. Er lag auf seiner Tropenpritsche, bis die Geräusche der emsigen Diener verstummt waren. Dann stand er auf, ging geradewegs in Prales Zimmer und durchsuchte es systematisch bis in die kleinsten Winkel. Eilends durchsuchte er eine Kommode und einen grünen Schiffskoffer. Er rechnete zwar nicht damit, daß ein Mann wie Jerome Steeks belastende Papiere mit sich herumtrug, doch er hoffte, wenigstens das Bleichmittel zu finden. Jedoch entdeckte er nichts außer Kleidung, dem Foto einer alten Frau, das in einem ziemlich zerknitterten Lederfutteral steckte, den Katalog eines Versandhauses in Chicago ...

Dann wiederholte er die Prozedur in Wilmerdings Zimmer.

Gerade als er einen Koffer öffnete, bildete er sich ein, Schritte zu hören. Er stand auf wie der Blitz, lauschte, schaute hinaus. Kein Mensch. Danach kehrte er zu seiner Suche zurück. Die war hier so ergebnislos wie drüben in Prales Zimmer. Und in Dorans Zimmer war es nicht anders.

Aber Doran hielt sich fast den ganzen Tag über in der Chemiehütte auf! Genau der richtige Ort, um ein Bleichmittel oder ein Fläschchen Henna aufzubewahren! Eine Flasche mehr oder weniger würde unter den vielen Chemikalien kaum auffallen. Deshalb ging Vernier hinüber, um sich dort ein wenig umzuschauen. Er stellte Doran, der mit dem Latex beschäftigt war, eine Menge Fragen. Vernier nahm einzelne Fläschchen in die Hand, zeigte auf verschiedene Kanister. Doran seinerseits hatte auf jede seiner Fragen eine zufriedenstellende Antwort. Wieder eine Niete!

Prale? Wilmerding? Doran? Vernier schloß sich in seinem Zimmer ein und dachte den ganzen Nachmittag nach, versuchte, einen Angriffsplan auszuarbeiten, mit dem er den Richtigen aus der Reserve locken konnte. Er war so sehr in Gedanken vertieft, daß er sich zum Abendessen verspätete. Es herrschte eine angeregte Unterhaltung im Speiseraum, die allerdings sofort abbrach, als er in der Tür erschien. Danach, als er Platz genommen hatte, ging es nur noch um allgemeine, unwichtige Dinge, die ganz offensichtlich von den Pflanzern besprochen wurden, um den plötzlichen Themawechsel zu kaschieren. Vernier wußte, daß sie über ihn geredet hatten.

Nach dem Abendessen spielten sie Poker. Die vier Männer saßen um den Tisch auf der Veranda. Schweiß glitzerte auf den Gesichtern, auf den nackten Armen. Das Licht der Lampe ließ die Tröpfchen golden funkeln.

Eine Wolke von Insekten summte und taumelte um die Lampe, wobei gelegentlich eines ins Feuer geriet und zischend verglühte. Andere fielen mit zitternden Flügeln auf die Karten. Vernier war ungewöhnlich still. Er studierte seine drei Mitspieler.

Jerome Steeks war sicherlich ein hervorragender Spieler.

Aber es war denkbar, daß er es sich nicht anmerken ließ. Tatsächlich zeigte einer von den dreien mehr Sinn fürs Kartenspiel als die beiden anderen: Prale. Sicher, das Glück war gegen ihn, und die Chips stapelten sich statt dessen vor Vernier. Die drei waren außerdem keine guten Verlierer. Wenigstens schrieb Vernier einen Gutteil der gespannten Atmosphäre der Tatsache zu, daß er Runde um Runde gewann. Die Unterhaltung floß nur sehr spärlich und war gezwungen, und wenn die drei über nebensächliche Dinge sprachen, wandten sie sich dabei fast nie an Vernier.

Schließlich, als Vernier mit einem Vierer siegte, warf Doran sein Blatt auf den Tisch und räusperte sich.

«Sagen Sie, Vernier», begann er und schaute dem Kriminalbeamten in die Augen. «Was haben Sie eigentlich hier auf Borneo wirklich zu suchen?»

«Ich dachte, Koert hätte Ihnen das erklärt», antwortete Vernier. «Ich bin –»

«Wir meinen den wirklichen Grund», sagte Wilmerding. «Natürlich ist die Aktionärsgeschichte fauler Zauber, denn die Kota Bharu-Plantage ist gar keine Aktiengesellschaft. Der ganze Besitz gehört einem einzigen Mann. Das weiß ich hundertprozentig.»

Vernier lachte. Es war ein echtes, ungezwungenes Lachen, denn obwohl er genau spürte, daß die Situation immer ungemütlicher wurde, fand er den Streich mehr als lächerlich, den er sich selbst gespielt hatte, indem er dem Vorschlag des Controleurs gefolgt war und die Rolle des Aktionärs übernommen hatte.

«Was glaubt ihr denn, weshalb ich hier bin? Um euch Goldbarren zu verkaufen, oder was?» fragte er in freundlichem Ton.

Seine Jovialität fand keinen Widerhall. Ein paar Sekunden lang herrschte betretenes Schweigen. Dann sagte Prale ziemlich betont: «Und was für Goldbarren haben Sie heute morgen in meinem Zimmer gesucht?»

Alle Augen waren auf Vernier gerichtet. Der Kriminalbeamte hielt sein Blatt zusammengelegt zwischen den beiden Händen und fuhr mit dem Daumen an der einen Ecke des kleinen Päckchens auf und ab. Dabei gab es ein scharfes Geräusch, als wenn etwas entzweigerissen würde. Vernier dachte an die Schritte, die er gehört zu haben geglaubt hatte, während er vormittags in Wilmerdings Zimmer gewesen war. Ein spionierender Diener, der sich bei seinem Herrn einschmeicheln wollte und ihm erzählte, wen und was er da belauscht hatte?

«In Ihrem Zimmer?»

«Ja», sagte Wilmerding. «Übrigens auch in meinem. Anscheinend haben Sie heute ein bißchen nach Schätzen gegraben – um Ihre Kopfschmerzen zu kurieren.»

«Mir gefällt so etwas gar nicht», fiel Doran ein. «Sie kommen hierher und belügen uns von Anfang an, Vernier. Weiß der Teufel, was Sie für krumme Dinge im Sinn haben. Wahrscheinlich sind Sie so eine Art Spion.»

«Machen Sie sich doch nicht lächerlich!»

«Er macht sich keineswegs lächerlich.» Es war Wilmerding, der ihm jetzt antwortete. «Wir leben hier am äußersten Rand der Zivilisation. Und wir müssen für uns selbst sorgen. Wir haben weiß Gott mehr als einen Grund, Fremden mit einem gewissen Mißtrauen zu begegnen. Es ist nichts Lächerliches an einem Mann, der gegenüber möglichen Feinden auf der Hut ist.»

«Wieso sind Sie ausgerechnet hierher nach Tanjong Samar gekommen, einem Kaff, von dem die meisten Menschen noch keinen Ton gehört haben?» fragte jetzt Prale. «Und warum haben Sie sich die Kota Bharu-Plantage ausgesucht, wo es doch Hunderte von Kautschukplantagen hier in Ostindien gibt?»

Vernier schabte noch immer mit seinem Daumen über die Ecke des Kartenpäckchens. Die drei Männer am Tisch betrachteten ihn jetzt mit drohendem Schweigen. Ihre schwitzenden Gesichter wirkten im spärlichen Schein der Lampe argwöhnisch, herausfordernd, vielleicht auch ein wenig verächtlich. Vernier warf die Karten auf den Tisch.

«Ich werde Ihnen sagen, weshalb ich ausgerechnet nach Tanjong Samar gekommen bin», erklärte er. «Ich bin hier, um einen Mörder zu fassen.»

Es gab kaum eine Bewegung bei den drei Pflanzern. Vielleicht ein wenig Überraschung und Empörung.

«Ich will ganz ehrlich sein», fuhr Vernier fort. «Ich habe den Controleur gebeten, mich als Aktionär einzuführen, bis ich herausgefunden hätte, welcher von euch dreien der Mann ist, den ich suche. Ich wußte mit absoluter Sicherheit, daß der Mörder sich hier auf der Kota Bharu-Plantage verbirgt.»

Wieder ließ Vernier ein Lächeln aufleuchten, und sein gesundes Auge blitzte sie offen und ehrlich an, so daß sich die Pflanzer in ihren Stühlen zurücklehnten. Die Spannung ließ für den Augenblick spürbar nach.

«Ich möchte wetten, es ist Doran, hinter dem Sie her sind», sagte Prale.

«Wenn Sie noch eine Weile hierbleiben, können Sie mich zumindest für den Mord an Prale festnehmen», erwiderte Doran. «Ich habe so ein Gefühl, daß das nicht mehr zu vermeiden ist.»

«Wie heißt denn der Mörder?» fragte Wilmerding.

«Jerome Steeks.»

Verniers wachsamer Blick wandte sich einem Gesicht nach dem anderen zu, aber er entdeckte nicht das leiseste Zucken einer Wimper.

«Nie gehört.»

«Klingt wie eine Art Gemüse.»

«Welcher von uns dreien ist es denn?»

Vernier zündete sich bedächtig eine Zigarette am gläsernen Schirm der Petroleumlampe an, ehe er antwortete.

«Keiner von euch dreien», sagte er dann. «Ich war noch nicht lange hier, als ich zu der Überzeugung kam, daß mein Tip nicht stimmen konnte. Jerome Steeks hat dunkles Haar. Ihr drei habt natürliches helles Haar, das kann man deutlich sehen. Also fahre ich mit dem nächsten Postdampfer unverrichteterdinge nach Java zurück. Und anschließend nach Hause. Ich könnte mich selbst ohrfeigen, weil ich euch drei in falschem Verdacht hatte, auch wenn es nicht meine Schuld war. Um mich einigermaßen dafür zu revanchieren und um zu zeigen, daß ich von meiner

Seite guten Willens bin, die Sache zu vergessen, möchte ich eine Party geben. Und zwar an dem Tag, an dem der Dampfer anlegt. Ihr könnt euch auf ein wirkliches Fest freuen, denn der Kapitän der *Van Laar* ist ein ausgesprochener Genießer. Er verfügt über einen hervorragenden Weinkeller an Bord – Spezialität: sein Chambertin – und über einen vorzüglichen Koch. Ich werde mir den Koch ausborgen und mir ein paar seltene, alte Flaschen geben lassen, für die besondere Gelegenheit. Und ihr seid eingeladen, euch einmal von der ewigen Reistafel zu erholen und anständig zu essen. Was haltet ihr davon?»

Auf die Einladung folgte keine unmittelbare Antwort. Die Pflanzer machten einen etwas verdrossenen Eindruck. Dann war es wieder Wilmerding, der als erster das Wort ergriff.

«Sicher, wir essen auch gern mal was anderes», sagte er.

«Fein», erwiderte Vernier. «Ich verspreche euch ein Bankett, an das ihr noch lange denken werdet. Was halten Sie von gebratenem Wildschwein in Madeirasauce mit Pilzen? Ich kümmere mich um die Sauce, vorausgesetzt, man kann hier in der Gegend ein Wildschwein auftreiben. Wenn Sie mir ein Gewehr leihen, schieße ich es mir gern selbst.»

«Ich schieße Ihnen ein Schwein», sagte Doran. «Meine Büchse gebe ich nicht aus der Hand.»

Am darauffolgenden Morgen fuhr Vernier auf dem Fluß zurück in den Ort und meldete sich beim Controleur.

«Mr. Koert», sagte er, «wann verläßt der Dampfer der Ost-Borneo-Linie Batavia?»

Der Controleur studierte rote Linien auf einer Wandkarte und schlug dann in einigen Büchern nach.

«Gibt es eine Möglichkeit, mich mit dem Schiff in Verbindung zu setzen, bevor es Java verläßt?» fragte Vernier, während Koert aufgeregt blätterte.

Der Controleur streichelte sein Doppelkinn, ehe er antwortete: «In Balik Papan gibt es eine Funkstation», sagte er. «Für fünfundzwanzig Gulden kann ich einen *Orang Laut* besorgen, der die Küste entlang nach Balik Papan paddelt. Der könnte noch rechtzeitig hinkommen. Warum?»

«Ich möchte den Konsul der Vereinigten Staaten in Batavia bitten, daß er mir ein paar Dinge besorgt und an Bord des Postdampfers schickt. Der Konsul kennt einen guten Weinkeller in Batavia. Er soll mir ein paar Flaschen Chambertin von derselben Lage auftreiben, die er mir anbot, als ich bei ihm zu Besuch war. Ich brauche außerdem noch ein paar andere Weine und einen guten Koch. Den könnte er mir aus dem *Hôtel des Indes* besorgen und zusammen mit den Zutaten zu einem Menü, das ich ihm genau schildern werde, auf das Schiff verfrachten. Und wir brauchen Eis –»

Er setzte sich und entwarf die Mitteilung im Wortlaut.

«Sehr gut», meinte der Controleur. «Wenn Sie mir die fünfundzwanzig Gulden geben, dazu noch die Gebühr für das Funktelegramm, kümmere ich mich darum, daß es gleich auf den Weg geht. Übrigens bin ich sehr froh, daß Sie wieder hier sind. Wären Sie heute nicht gekommen, hätte ich nachmittags nach dem Rechten gesehen. Sie müssen hierbleiben, bis das Schiff eintrifft.»

«Warum das?»

«Weil Ihr Leben auf der Plantage in Gefahr ist.»

«Wie kommen Sie denn darauf?»

«Ich weiß es. Ich höre, was die Eingeborenen reden. Die Dienstboten. Wissen Sie, Gerüchte verbreiten sich in Windeseile, und zuletzt erreichen sie stets mein Ohr. Sie haben den Pflanzern auf Kota Bharu von Ihrem wahren Vorhaben berichtet.»

«Keine Sorge, ich habe Sie nicht mit hineingezogen. Der Generalgouverneur wird nichts Nachteiliges über Sie zu Ohren bekommen.»

«Aber Ihr Mörder wird Sie töten, ehe der Dampfer anlegt.»

«O nein», erwiderte Vernier und lächelte. «Wir sind jetzt gute Freunde. Ich gebe dieses Diner, um den Männern zu zeigen, daß ich keinerlei Hintergedanken mehr gegen sie hege. Außerdem muß ich unbedingt zur Plantage zurück. Alles hängt jetzt davon ab, daß ich dort anwesend bin.»

«Nun, wie Sie wollen; aber denken Sie daran: Ich habe Sie gewarnt.»

«Ich denke daran. Inzwischen sehen Sie zu, daß mein Telegramm rasch befördert wird. Sie sind zu dem Diner selbstverständlich eingeladen.»

Die freundschaftlichen Beziehungen waren offensichtlich voll wiederhergestellt, als Vernier zur Plantage zurückkehrte. Die drei Pflanzer verrieten jedenfalls durch nichts, daß sie Verniers guten Willen nicht akzeptiert hätten, wenn der Kriminalbeamte auch noch immer eine Spur von Argwohn fühlte. Aber er nahm an, daß einer von ihnen aus sehr persönlichen Gründen bei den anderen gewisse feindselige Gefühle ihm gegenüber schürte oder zumindest aufrechterhielt. Daher schlief Vernier nicht sehr fest und steckte sich stets die geladene Pistole unter seine ‹dicke Berta›, die Bettwurst, die man unter jedem Moskitonetz in Ostindien findet und die besser als normale Kissen für die freie Luftzufuhr an den Körper sorgt und ihn vor dem Schwitzen im Schlaf bewahrt.

Während der Woche, die der Ankunft des Postdampfers vorausging, rührte Vernier eifrig die Werbetrommel für sein Abschiedsdiner. Er schilderte das Menü und berichtete von den Weinen, die er zu jedem der verschiedenen Gänge servieren wollte – vor allem vom Chambertin, dem König der roten Burgunderweine, robust, duftig, schwer, der Lieblingswein Napoleons ...

«Jeder Chambertin ist köstlich», pflegte er die Pflanzer zu belehren, «aber ein 1911er Chambertin ist unvergleichlich. Der Superlativ der Weine schlechthin. In jenem Jahr produzierte Burgund so etwas wie reinen Nektar. Sie werden es erleben.»

Drei Tage vor der Ankunft des Schiffes kam wieder die Rede auf das Wildschwein. Alle drei Pflanzer wollten auf die Jagd gehen.

«Kommen Sie doch mit», sagte Prale zu Vernier.

«Ich habe kein Gewehr», erwiderte er und schaute auf Doran.

Doran wandte sich ab und gab keine Antwort.

«Ich habe zwei Büchsen», erklärte Wilmerding. «Sie können eine haben.»

Im letzten Augenblick allerdings stellte Wilmerding fest, daß das Sacken des Kreppgummis für die kommende Schiffsladung nicht schnell genug vonstatten ging. Er beschloß daher, auf der Plantage zu bleiben und die Kulis ein bißchen anzutreiben.

Prale und Doran begleiteten Vernier in den Dschungel hinter der Kautschukplantage. Vernier bemerkte ganz nebenbei, daß er als einziger einen weißen Tropenhelm trug. Die beiden anderen hatten Mützen aus khakifarbenem Stoff auf den Köpfen.

«Wir brauchen gar nicht so weit zu gehen», sagte Prale. «Manchmal kommen sie direkt hierher zu den Bäumen. Halten Sie das Gewehr nur immer nach vorn.»

Das war ihr Plan. Vernier sollte sich um die Gegend vor ihnen kümmern, während Prale und Doran die rechte und linke Seite übernehmen wollten. Voraus pirschten ein paar Malaien als Treiber.

Tatsächlich blieb Vernier stehen, als die beiden anderen im übermannshohen Dickicht verschwunden waren. Er wollte die beiden Männer vor sich haben, nicht hinter sich. Jerome Steeks war immerhin ein Verbrecher, dem man auf keinen Fall trauen konnte ...

Der Kriminalbeamte nahm seinen weißen Tropenhelm ab und hängte ihn in die oberen Zweige eines *Lantana*-Busches. Dann ging er ein paar Schritte zur Seite und setzte sich auf einen Baumstumpf im dampfenden Unterholz. Das Gewehr hielt er zwischen den Knien. Die beiden konnten ihn bestimmt nicht entdecken, aber sie sahen den Tropenhelm – ein strahlend weißer Fleck, der sich deutlich von der grünen Wildnis abhob.

Er saß da und wartete, zwanzig Minuten lang, und verscheuchte die Fliegen und die anderen Insekten. Dann plötzlich hörte er einen Schuß. Zwei weitere folgten, dann ein vierter, und sein Tropenhelm flog hoch, drehte sich in der Luft, prallte gegen einen Baum und fiel dicht neben seinen Füßen auf den Boden. Jerome Steeks konnte also auch gut schießen. Welcher von den beiden mochte es wohl sein? Vernier nahm den Helm in die Hand. Kam der Schuß von links – Prale? – oder von rechts – Doran? Er drehte den Helm so, wie er auf dem Busch gehangen hatte. Dann sah er sich die Einschüsse genauer an. Prüfte sie ein zweites Mal. Der Schuß war weder von rechts noch von links gekommen. Kein Zweifel, man hatte von hinten auf den Helm geschossen. Einer von den beiden hatte Vernier trotz seiner Vorsichtsmaßnahme umrundet. Welcher?

Vernier setzte den Tropenhelm wieder auf und marschierte zurück in Richtung auf die Plantage. Er hoffte, dem Mann, der auf ihn geschossen hatte, den Weg abzuschneiden. Aber er erreichte den Bungalow, ohne auch nur einer Menschenseele begegnet zu sein. Etwa eine halbe Stunde danach kamen Prale und Doran zurück. Die malaiischen Treiber schleppten ein totes Schwein.

Bis zum Tag der Ankunft des Dampfers gab es keine Schüsse mehr, und als das Postschiff mit dem kanariengelben Kamin in der Flußmündung vor Anker ging, war sich Vernier noch immer nicht klar, wer die Schüsse auf ihn abgefeuert hatte.

Das Schiff kam an einem grauen, drückenden Nachmittag an, und es gelang dem Controleur, den Kapitän zu überreden, daß er bis gegen Mitternacht liegenblieb, im Gegensatz zu der Eile, mit der er sonst wieder in See stach. Balik Papan würde er ohnehin rechtzeitig zum Morgengrauen erreichen.

Der aus Batavia gesandte Koch kam in einem Sampan an Land, der mit Körben, Kisten und einem in Jute gepackten großen Eisblock beladen war. Er zog sich unmittelbar danach in Herrn Koerts Bungalow zurück, wo er seine chinesischen Kollegen in eine Ecke scheuchte und begann, seine Kunst wirksam werden zu lassen. Angesichts der besser eingerichteten Küche im Bungalow des Controleurs und der knappen Zeit, die dem Koch zur Verfügung stand, waren die drei Pflanzer damit einverstanden, daß das Diner hier auf der *dessa* stattfand.

Mit Rücksicht auf die Sitten in den niederländischen Kolonien gingen dem Diner ein paar Runden Gin *pahits* auf der Veranda voraus. Währenddessen brachte Vernier eine Menükarte zum Vorschein, die in französischer Sprache abgefaßt war, und die er stolz reihum gehen ließ, wobei er die Gesichter der drei Amerikaner aufmerksam studierte, während sie lasen:

FOIE GRAS AU PORTO
HOMARD À L'AMÉRICAINE
TRUFFES SOUS LA CENDRE
SANGLIER À LA MADÈRE
POMMES SOUFFLÉES
ZABAGLIONE
PETITS FOURS    ROQUEFORT
DEMI-TASSE
MONTRACHET 1904    CHAMBERTIN-CRÉSIGNY 1911
CHAMPAGNE IRROY 1919

Die Augen des niederländischen Controleurs und des Dampfschiffkapitäns, der ebenfalls als Gast geladen war, wurden rund und leuchtend, als sie das Menü studiert hatten. Die drei Amerikaner dagegen zeigten keine Reaktion.

Die Pflanzer leckten sich dann allerdings die Lippen bei der Gänseleber in Rotweingelee und riefen lautstark «Aaaah», als der dampfende Hummer in seiner Sauce aus Weißwein, Kognak, Tomatenextrakt und Gewürzen serviert wurde.

Paul Vernier, der der Tafel präsidierte, die mit funkelndem Kristall und blitzenden Bestecken aus Batavia festlich dekoriert war, schien sich voll und ganz dem Genuß hinzugeben. Wenn es darauf ankam, konnte er genauso laut sein wie die drei Amerikaner. Doch wenn es um Weine ging, sprach er ehrfurchtsvoll und in leisen Tönen.

«Dieser Montrachet», sagte er, während er den blumigen, goldenen Wein einschenkte, der zum Hummer gedacht war, «dieser Montrachet schlägt jeden anderen Weißwein, den es auf dieser Erde gegeben hat. Sicher, man darf ihn nicht mit dem Chambertin vergleichen, aber 1904 war er besser, als jeder andere weiße Burgunder jemals war oder sein wird.»

Die Pflanzer würdigten ihn auf profane Weise. Es gab genügend, also tranken sie auch eine ganze Menge davon. Und der Montrachet steigt zu Kopf. Vermutlich konnten sie die Trüffeln schon nicht mehr voll genießen. Jede einzelne hatte der Koch in eine Kartoffel gebettet und im Holzkohlenfeuer gebacken. Man brauchte danach nur die verkohlte Kartoffel zu schälen und hatte die Trüffel mit all ihrem Saft vor sich ...

Danach folgte das Wildschwein, in einer bläulich-violetten Weinsauce, garniert mit Pilzen. Der Braten strömte einen verführerischen Duft aus.

«Und nun», kündigte Vernier an, «kommt der König der Weine. Es gab nie einen besseren Wein als den Chambertin, und nie einen besseren Chambertin als den von 1911. Sehen Sie!»

Die Flasche, in ein Körbchen mit Henkel eingebettet, zog die Aufmerksamkeit aller auf sich. Vernier machte die anderen auf die Spinnweben um die Flasche aufmerksam. Dann goß er ein wenig von dem Wein in sein Glas und hielt es gegen das Licht, damit man es bewundern konnte.

«Betrachten Sie die Farbe!» rief er. «Rubine. Eine klare, züngelnde Flamme. Das Feuer Tausender von Sonnenuntergängen. Und das Bouquet! Schnuppern Sie, gönnen Sie sich eine Nase voll. Ein Gedicht. Das ist der Wein, den ich Ihnen kredenze – Chambertin!»

Er hielt das Glas jedem Gast unter die Nase und beobachtete ihn scharf, während er den Duft einsog.

«Wenn Sie mir jetzt, bitte, Ihre großen Weingläser reichen wollen. Vielen Dank –»

Vorsichtig, ohne die Flasche viel zu bewegen, goß er jedes Glas dreiviertelvoll. Sein eines, wachsames Auge blickte in die Runde. Dann fuhr er plötzlich mit dem Löffel in eine Schüssel mit gehacktem Eis und begann, in jedes Weinglas ein paar Eiswürfel zu werfen.

Wilmerding stand halb von seinem Stuhl Vernier gegenüber auf, den Mund weit offen, als sei er Zeuge einer grauenhaften Szene.

«Mein Gott, Mann! Tun Sie doch kein Eis in diesen Chambertin!» sagte er in leisem, vorwurfsvollem Ton.

Vernier ließ sofort den Löffel fallen, faßte in seine Tasche und langte über den Tisch, ehe sich Wilmerding wieder setzen konnte. Es gab ein metallisches Klicken, einen wütenden Aufschrei – und Wilmerdings Hände waren mit Handschellen aneinandergefesselt.

Jetzt erhob sich Vernier und sagte leise: «Jerome Steeks!»

Der ganze Raum war sofort in hellem Aufruhr. Die Gäste des Kriminalbeamten sprangen auf, riefen und gestikulierten wild durcheinander. Der Controleur brüllte in Holländisch auf den Schiffskapitän ein, der immer wieder mit dem Kopf nickte. Prale hämmerte mit seiner Faust auf den Tisch und schrie auf Vernier ein. Doran hatte einen Arm um Wilmerding gelegt und versicherte ihm unaufhörlich, es werde alles wieder in Ordnung kommen. Wilmerding selbst starrte Vernier noch immer mit offenem Munde an.

«Jerome Steeks!» wiederholte Vernier.

«Lügner!» brüllte Doran.

«So kommen Sie uns nicht davon, Freundchen!» Prale trat auf Vernier zu und schwang einen Stuhl über seinem Kopf.

«Warten Sie!» Vernier machte eine beschwörende Geste mit beiden Händen. Prale hielt inne. «Ich werde Ihnen sagen, woher ich weiß, daß dieser Mann Jerome Steeks sein muß.» Prale stellte den Stuhl wieder auf den Boden. «Nur ein Genießer, ein Feinschmecker wie Jerome Steeks, konnte derart schockiert sein, als ich das Eis in den Chambertin tat. Nur ein Mensch, der zu essen und zu trinken versteht, ist sich klar, daß man das Bouquet eines Chambertin völlig zerstört, wenn man ein derartiges kulinarisches Verbrechen begeht. Steeks weiß, daß man Rotwein bei Zimmertemperatur genießt. Dieser Mann hier ist Jerome Steeks, der Genießer. Er wird von der Staatsanwaltschaft von San Francisco wegen Mordes gesucht.»

«Was ist, Willy? Ist an der Sache etwas dran?» drängte Prale.

Steeks alias Wilmerding wandte ihm nicht einmal den Kopf zu. Er betrachtete mit traurigen Augen den immer größer werdenden purpurnen Fleck auf dem weißen Tischtuch. Beim Anlegen der Handfessel hatte Vernier in seinem Eifer drei Gläser umgestoßen.

«Sagen Sie, Vernier», fragte der gefesselte Mann nach einer ganzen Weile, «würden Sie mir einen Gefallen tun?»

«Klar», entgegnete Vernier. «Vorausgesetzt, sie erweisen mir auch einen. Verraten Sie mir, wie Sie Ihr Haar ohne Bleichmittel so hell bekommen haben.»

Wilmerding-Steeks mußte lächeln. «Es war immer blond», gestand er. «Als ich begann, von der Dummheit anderer Leute zu leben, rechnete ich bereits damit, daß ich eines Tages würde untertauchen müssen. Also färbte ich es schwarz und ließ es dabei, weil ich wußte, ich konnte es im Notfall blond nachwachsen lassen. Darf ich Sie jetzt um den Gefallen bitten?»

«Was ist es denn?» fragte Vernier.

«Schenken Sie mir ein Glas Chambertin ein. Aber bitte kein Eis.»

# *Die Höllenhunde*

*Bryce Walton*

Was mir in Manhattan passierte, hätte ich eigentlich in meine Autobiographie eines weißen Jägers – *Die letzte Safari* – aufnehmen sollen, denn es war in seiner merkwürdig heiklen Art mindestens ebenso raub- und habgierig wie alles, was ich im afrikanischen Busch erlebte. Aber mein Buch war eben vom Verlag Norman Press angenommen worden, mein Agent war noch dabei, die Bedingungen mit dem Verleger auszuhandeln – der einzige Köder, der mich nach Manhattan oder sonst in eine Stadt locken konnte. All die Millionen fremder Menschen, die in ihren Steinhöhlen ein- und ausschwärmten, machten mir angst. So vergrub ich mich schon nach ein paar Tagen in einem einfachen Hotel in der 34. Straße Ost und wagte mich nur noch nach draußen, um etwas zu essen und Scotch Whisky zu kaufen. Sonst wäre ich nicht so leicht erreichbar gewesen, als das Telefon klingelte. Ich nahm den Hörer ab, und der Mann vom Empfang sagte: «Sie haben Damenbesuch, Mr. Vanderveer.»

Ich schaute in den Schreibtischspiegel und wünschte, ich wäre jünger gewesen oder hätte besser ausgesehen. Dann überlegte ich, wer die Dame wohl sein könnte, denn ich war noch nicht lange in der Stadt und hatte noch keine Freundin. Da jedoch mein Agent Besorgnis über meinen Hang zur Einsamkeit geäußert hatte, dachte ich, daß er vielleicht unaufgefordert etwas dagegen unternommen hatte. «Bitte, fragen Sie sie nach ihrem Namen!» meinte ich.

Der Empfangsportier antwortete: «Mrs. Frank McClinton.»

Im ersten Moment sagte mir der Name nichts. Dann fühlte ich plötzlich ein tödliches Zucken in der Magengegend. Ich hatte kein Licht gemacht, und nur ein grauer, dämmriger Schimmer drang durch die schmutzigen Fensterscheiben von der verregneten Betonschlucht der Straße ins Zimmer.

Ich hatte den Vorfall absichtlich vergessen, und nun spürte ich ihn plötzlich mitten im Raum wie ein aufdringliches, gespenstisches Wesen, das sich nur schwer greifen und in die Erinnerung zurückholen ließ: Das eigenartig vertraute Zwitschern und Pfeifen klang schwach aus einem dunstig grünen Dschungel. Dann sah ich in der Ferne, draußen in der sengenden rhodesischen Steppe, den gelben Staub zwischen den riesigen Ameisenhügeln aufwirbeln. Die schweren Gewehre begannen wieder zu donnern. Da war der feuchte, rostige Geruch von Blut, und dann dieses fürchterliche Geräusch, das ich nur einmal im Leben gehört hatte, das ich um alles in der Welt nicht wiederhören wollte, auch nicht in meiner Einbildung – dieses gräßliche, glokkenähnliche Bellen, das mit unglaublicher Geschwindigkeit auf mich zuraste ...

«Sagen Sie ihr, ich bin gleich unten», sagte ich und wollte auflegen, aber der Portier erklärte: «Sie ist schon auf dem Weg nach oben, Mr. Vanderveer.» Ich hatte gerade noch Zeit, einen Bademantel anzuziehen und einen doppelten Scotch hinunterzukippen, da ging auch schon der Summer an meiner Tür.

Ein blasses, schlankes, verschrecktes Mädchen stand im trüb beleuchteten Flur. Lose Haarsträhnen hingen ihr ins Gesicht, und wenn sie Make-up trug, dann war es sehr dezent oder hatte sich aufgelöst. Unter ihren großen, schwarzen Augen lagen dunkle Schatten. Ich fühlte eine spontane Welle der Sympathie für sie – wie sie so dastand und mich anschaute, so verlegen und schutzbedürftig.

Sie vermied es, mich direkt anzusehen, ihr Blick wanderte über den Fußboden und die Wände. Sie sprach mit leiser Stimme. «Ich hätte erst anrufen sollen. Tut mir leid, daß ich hier so hereinplatze. Ich wollte nicht stören ...»

Sie begann, auf den Fahrstuhl zuzugehen. «Einen Moment!» sagte ich. Sie blieb stehen. «Sie stören nicht, Mrs. McClinton! Ich habe doch recht, wenn ich Sie mit dem Großwildjäger Frank McClinton in Zusammenhang bringe?»

Sie hob das Kinn, als schaue sie im Geist zu ihm auf. Soviel ich mich erinnerte, war er ein riesiger Kerl von über einsneunzig. «Ach, wissen Sie, es gibt ja nur einen Frank. Er ist einmalig in seiner Art, finden Sie nicht?»

«Ein Exemplar von Seltenheitswert», sagte ich.

«Aber er geht nicht mehr oft zur Jagd, ich meine ... zur Großwildjagd. Damit hat er kurz nach unserer Hochzeit aufgehört.»

«Ein Glück», meinte ich, «für die Tiere zumindest. Weshalb wollten Sie mich sprechen, Mrs. McClinton?»

«Wegen Frank. Aber es war dumm von mir, hierherzukommen. Mein Psychiater erwartet mich um drei Uhr in seiner Praxis.»

«Da haben Sie noch fast eine Stunde Zeit», sagte ich. «Kommen Sie herein!»

Sie ging sofort an mir vorbei, ohne noch ein Wort zu sagen. Es war wie eine Reflexhandlung, als folge sie einem Befehl.

Ich nahm ihr den Mantel ab, und sie zog sich scheu in das Dunkel am Fenster zurück. Dort stand sie und beobachtete mich nervös wie ein nasser Vogel, der verschreckt unter einem Blatt kauert. Ich trat an den Schreibtisch, den ich zu einer Bar umgestaltet hatte, und schenkte zwei große Portionen Scotch in zwei Gläser.

«Hoffentlich mögen Sie Scotch», sagte ich. «Ich trinke nichts anderes. Ich hatte nicht mit Besuch gerechnet, darum gibt es nur Scotch bei mir – mit oder ohne Soda.»

«Oh, ich darf so was nicht trinken», sagte sie hastig. «Das ist das Schlimmste, was ich tun kann, sagen sie – beinahe so schlimm wie allein oder ohne Erlaubnis aus dem Haus gehen. Man hat mir gerade erst erlaubt, allein zum Psychiater zu gehen – versuchsweise.»

«Man?» fragte ich.

«Frank und Dr. Rosner. Frank kann ja so schrecklich wütend werden. Und ... nun, ich mag es ebensowenig wie jeder andere, wenn ich bestraft werde.»

Ich brachte mühsam ein Lächeln zustande. «Müssen Sie in der

Ecke stehen, oder werden Sie ohne Abendessen zu Bett geschickt?»

«Am schlimmsten ist es, wenn Frank mich in der Wohnung einsperrt und mich nur zum Besuch bei Dr. Rosner ausgehen läßt. Manchmal monatelang.»

Ich stellte ein Glas auf ihre Seite des Kaffeetisches, das andere auf meine. Ich wählte langsam und bedächtig eine Zigarre aus der Kiste und zündete sie an – eins meiner Liebhaberstücke für Kenner, die ich mir regelmäßig aus Gibraltar schikken lasse: fest gerollt, schlank, mit grünen Streifen im zarten Braun, trocken und kühl im Rauch und mit einem starken unvergleichlichen Aroma.

Aber diesmal schmeckte sie mir nicht. Die Frau interessierte mich und erweckte in mir ein immer stärker werdendes seltsames Mitgefühl – wie ich es empfinde, wenn ich ein Tier vergeblich gegen eine Stahlfalle ankämpfen sehe.

«Setzen Sie sich doch!» sagte ich.

Sie setzte sich rasch, wieder, als ob sie einem Befehl gehorche. Sie preßte die Knie gegeneinander und versuchte, den kurzen Rock weiter hinunterzuziehen. Fast hätte sie das Glas mit Scotch umgestoßen. Immer wieder streifte ihr Blick darüber.

Ich setzte mich auch und hob mein Glas. «Und wie geht es unserm schießwütigen alten Frank?»

«Es ist einfach zu albern», sagte sie und verschränkte ihre kleinen, blassen Hände. «Ich meine . . . der Gedanke, ich könnte Frank helfen. Es ist so lächerlich. Aber Dr. Rosners Praxis ist nur ein paar Straßen weiter, in der Lexington Avenue, und ich kam gerade zufällig vorbei . . .»

Ich fragte, woher sie wisse, daß ich überhaupt in den Staaten sei, und sie erzählte, daß sie in Earl Wilsons Gesellschaftsspalte einen kurzen Hinweis auf meine Ankunft mit der Queen Mary gelesen habe. Sie habe angenommen, daß ich derselbe Jon Vanderveer sei, der Frank auf einer Jagd als Führer gedient habe. Er habe meinen Namen erwähnt und mein erstes Buch gekauft.

«Sie wollen Frank helfen? Ausgerechnet Frank?»

Sie saß in ihrer jungmädchenhaften Art da und schaute zum

Fenster hinaus in den strömenden Regen. «Frank braucht keine Hilfe», erklärte sie dann müde und langsam. «Es ist nur eine dumme Idee von mir gewesen, weiter nichts. Frank braucht nur sich selbst, sonst niemand und nichts. Er hat nie jemand gebraucht und wird nie jemand brauchen. Er ist wie Stahl, wissen Sie, hart wie Stahl . . .»

«Und Sie dachten, er braucht Hilfe?» fragte ich. «Was für Hilfe?»

Sie blickte mich an und blinzelte. Dann sagte sie feierlich: «Es ist sicher sehr dumm, Mr. Vanderveer. Lachen Sie bitte nicht, aber ich habe manchmal das Gefühl, als ob Frank vor irgend etwas Angst hat.»

Ich starrte sie an und merkte, daß meine Zigarre ausgegangen war.

Sie strich sich zerstreut mit der Hand über das Haar und sah weg: «Können Sie sich das vorstellen?» flüsterte sie. «Frank, der vor *irgend etwas* Angst hat!»

Ich war wieder mit dem Anzünden meiner Zigarre beschäftigt und konnte nur den Kopf schütteln, aber unsere Augen trafen sich einen peinlichen Moment lang.

Ihre Stimme klang jetzt tiefer, zögernder und äußerst vorsichtig. «Wirklich dumm von mir, sich so etwas einzubilden. Ich gehe jetzt wohl am besten, Mr. Vanderveer.»

«Wie kommen Sie darauf, daß er vor etwas Angst hat?» fragte ich.

«Er hat noch nie Angst gehabt, so etwas gibt es bei ihm nicht, nicht bei Frank. Unser Haus auf Long Island hatte fünfundzwanzig Zimmer, und alle Wände waren bedeckt mit Jagdtrophäen. Die gefährlichsten wilden Tiere der Welt, sagte er immer, er habe sie alle erlegt. Was er alles erlebt hat – und wie er über alles lacht, wovor andere Menschen Angst haben! Er lacht einfach . . .»

Sie warf mir einen scheuen Blick zu und lächelte gezwungen. «Wenn er einen Raum betritt, Mr. Vanderveer, überragt er alle, die Menschen kommen sich so klein vor. Er ist nicht wie die anderen – er bewegt sich in höheren Regionen, und es ist allein schon ein Privileg, einen solchen Mann zu kennen. Seine erschreckende Stärke, seine Macht über andere. Er ist da, er ist einfach immer da, und man fühlt sich sicher. Man fühlt sich nicht mehr verloren und hilflos. Man hat keine eigene Verantwortung mehr, braucht nicht mehr zu kämpfen. Ich weiß, ich kann mich immer auf seine Hilfe und seinen Schutz verlassen, ich brauche mir nie wieder über etwas Sorgen zu machen . . .»

Sie saß immer noch in ihrer seltsam mädchenhaften Art da und wirkte verlegen und beinah hoffnungslos schutzbedürftig.

«Aber angenommen, Frank hätte Angst vor irgend etwas», sagte ich. «Was hätte ich damit zu tun?»

«Sie kennen den Grund!»

«Ich? Wieso?»

«Er hat böse Träume. Das ist es ja, was mich auf diese verrückte Idee gebracht hat. Dr. Rosner sagt, daß Alpträume von irgendwelchen verdrängten Ängsten verursacht werden.»

«Aber warum kommen Sie zu mir?»

«Ich dachte, ich könnte ihm helfen herauszufinden, wovor er Angst hat, und es ihm bewußt machen. Dann würden diese Alpträume vielleicht aufhören. Dr. Rosner meint, einer wirklichen Angst bewußt ins Auge zu sehen, ist eine Sache, aber eine verdrängte Angst kann mit der Zeit immer schlimmer werden. Sie schwärt, sagt er, und kann auch bei sehr starken und gesunden Menschen krankhaft werden. Frank weiß nicht, daß er träumt. Ich hab' es einmal erwähnt, und da wurde er sehr böse. Er träumt nie, hat er behauptet. Er wollte es nicht zugeben, nicht einmal sich selbst – und gerade darum hat er ja diese üblen Träume.»

«Und Sie wollen ihm helfen, die Ursache herauszufinden?»

«Er darf nicht auch noch krank werden», flüsterte sie. «Was würde dann aus mir? Es gibt nur zwei Menschen, die sich um mich kümmern – Frank und Dr. Rosner –, und Dr. Rosner interessiere ich vermutlich nur, weil Frank ihn bezahlt – sehr gut sogar.»

«Und warum soll ich wissen, wovor er Angst hat, Mrs. McClinton?»

«Weil Sie in seinen Alpträumen vorkommen. Er ruft Ihren Namen. Manchmal schreit er ihn sogar laut heraus.»

Sie beugte sich über den Kaffeetisch. «Wie oft hat er geschrien: ‹Helfen Sie mir, Vanderveer! Vertreiben Sie sie!› Er ruft es immer wieder.» Sie lächelt nervös. «Was bedeutet das, Mr. Vanderveer?»

Diesmal verzichtete ich beim Scotch auf das Soda. Ich schwitzte heftig. Im Zimmer war es dunkel geworden.

«Ja», hörte ich mich sagen. «Einmal passierte etwas . . .»

Er war wirklich ein absolut furchtloser Mann. Unsere Boys hatten ihm in ihrer Massai-Sprache einen Namen gegeben: Marsimba, «der Mann, der den Löwen ins Gesicht lacht».

Er ging nie auf Sicherheit, wie es die meisten Jäger tun. Er schoß nie von einem gepanzerten Fahrzeug oder einem Baumhaus aus. Er schoß nie mit einem Dutzend schwarzer Boys mit schweren Gewehren im Rücken. Er übernahm jedes faire Risiko, und er jagte oft allein. Er ging keiner Gefahr aus dem Wege, nicht einmal einem wütenden Flußpferd. Von allen Jägern, die ich kenne, war er der einzige, der es mit einem wütenden Flußpferd aufnahm.

Leider erstreckte sich seine Unbekümmertheit nicht nur auf sein eigenes Leben, sondern auch auf das anderer. Ihn interessierte nur er selbst, seine eigene Macht, sein eigener Ruhm. Als Typ war er aber nicht einzigartig. Es gibt echte Sportsleute, ich meine die, die unter Jagen einen ehrlichen Kampf verstehen. Zu ihnen gehörte Frank McClinton nicht. Er gehörte zu der Minderheit, die tötet um des Tötens willen. Und was ist daran schon so einmalig? Trotzdem war McClinton in seiner Art, als Individuum gesehen, einmalig – eine echte Rarität.

McClinton war mein schießwütigster Kunde, so sehr vom Töten besessen wie keiner der anderen, die mir begegnet sind oder die ich vom Hörensagen kenne – und mir sind schon allerhand Musterexemplare untergekommen.

Als ich McClinton traf, hatte ich beschlossen, als Führer aus dem Großwildjagdgeschäft auszusteigen. Ich hatte die Nase voll von der Jagd und von den Typen, die sich dieses Vergnügen leisten konnten. Ich war gerade in den Kongo zurückgekehrt und ruhte mich in John Kreigers Jagdhaus von den Strapazen aus. John Kreiger war der Provost Marshal, und ich spekulierte auf einen Job als sein Stellvertreter. Dann erhielt ich ein Telegramm von Kreiger, der damals in der Gegend von Stanleyville eine Bande von Wilddieben verfolgte. Er fragte an, ob ich nicht einen alten Freund führen wollte, mit dem er nach dem Krieg bei irgendeiner Alliierten Kommission in Deutschland gedient hatte. Dieser Freund befand sich auf einer langen Safari, brauchte einen Führer, und Kreiger bat mich, ihm zu Gefallen diese Aufgabe zu übernehmen. Ich konnte nicht gut ablehnen – zumindest glaubte ich das damals.

McClinton war ein mürrischer, kraftstrotzender Grobian, kein Freund von vielen Worten. Er hatte seine eigenen Boys, Gewehre und Fahrzeuge. Seine Reiseausrüstung war perfekt, aber er brauchte, wie er sagte, einen Führer über den Sambesi ins Löwenrevier. Er wußte, daß Löwen immer nur im reichsten Revier jagen, und er hatte nicht die Absicht, sich ausstechen zu lassen. Und so stieß ich denn am Lunga-Fluß in Nordrhodesien mit ihm zusammen.

Unsere Safari kam von diesem Zeitpunkt an bis zu ihrem verheerenden Ende kaum noch zum Atemholen. McClinton hatte eine unglaubliche Ausdauer, verstärkt noch von einem wahnsinnigen Drang zum Töten. Es trieb ihn immer weiter, und von mir verlangte er nur, daß ich ihm den Weg zeigte. Sein Ziel: in kürzester Zeit soviel wie möglich abzuschlachten.

Mein Boy Gombi, ein hagerer, drahtiger junger Halbmassai mit traurigen, sensiblen Augen, begleitete mich wie schon seit Jahren. Wir waren unzertrennlich. Wir waren Hunderte von Meilen gemeinsam auf der Jagd gewesen und kannten den seltenen Zustand von wortlosem Einverständnis, den man nur erreicht, wenn man so oft wie wir denselben Atem des Todes verspürt hat.

Und McClinton roch für uns beide nach Tod. McClinton trieb es zu weit. Aber wenn ich ihn warnte, es sei gefährlich, müde und abgespannt auf die Jagd zu gehen, lachte er nur. Für jede Andeutung von Schwäche oder Angst hatte er nur ein hämisches Grinsen. Immer wieder trieb er die Leute voran, ohne Gnade und Mitleid. Das hatte unvermeidliche Zwischenfälle zur Folge. Verletzungen und sogar Todesfälle bedeuteten McClinton nichts – außer vielleicht, daß wieder einmal ein unwürdiger, wertloser Organismus vernichtet worden war.

Tag und Nacht trieb er uns an, jeden Morgen ließ er vor Morgengrauen abmarschieren und kehrte oft erst am nächsten Tag ins Lager zurück. Er tötete alles, was sich bewegte. Zebras, Büffel, Sassas, Kudus, Gnus, Nashörner, Flußpferde, Krokodile, Antilopen, Leoparden knallte er ab. Warzenschweine und Strauße und sogar langschwänzige Singvögel schlachtete er hin. Er sah sich kaum um und blieb kaum stehen, um sich fotografieren zu lassen. Er dachte nur ans Töten und ließ die Kadaver fliegenumschwärmt in der Sonne liegen.

Er hatte alles erlegt, nur etwas fehlte ihm noch – ein Elefantenbulle. Er wollte sich mit nichts weniger zufriedengeben als dem größten Bullen Afrikas, und er würde keine Ruhe geben, bis er ihn hätte. Wir andern ermüdeten allmählich, unsere Kräfte ließen in der sengenden Sonne nach. Mit der abstumpfenden Erschöpfung wuchs die Furcht, die uns jede Nacht bedrückte und uns auf unseren Gewaltmärschen begleitete. Ich sah sie in Gombis Augen und er in meinen – die Furcht, die vom Töten ohne zu jagen herrührt.

Als ich darauf bestand, daß unsere erschöpften Boys Ruhe brauchten, ging McClinton einfach allein weiter und sah sich nicht einmal um. Verächtlich und unerbittlich stapfte er mit seiner Mannlicher davon. Und ich folgt ihm, und Gombi folgte mir, denn McClintons Sicherheit bedeutete meinen Ruf und meinen guten Namen.

Wir hatten den Sambesi überquert, waren nun im Löwenrevier und hatten unser Lager auf der Ebene aufgeschlagen, wo nur wenig Bäume auf vereinzelten Erhöhungen wuchsen. Zur Linken zog sich eine niedrige Bergkette hin – ein Paradies für Jäger, ein Tummelplatz für Schlächter, überall standen kleinere

Herden, die uns furchtlos beäugten, denn damals konnte man sich den Tieren in Afrika bis auf kürzeste Entfernung nähern, und sie liefen auch dann oft noch nicht weg.

Die Wagandas machten ein Feuer und legten die Planen und Zelte aus. Gombi saß abseits und schärfte sein Abziehmesser. Ich hatte für den Notfall ein Reservegewehr mit Munition in einem hohlen Baum versteckt, und das Gras hatten wir mehrere Meter im Umkreis niedergetrampelt, damit die Schlangen uns nicht zu nahe kommen konnten. Antilopenherden wagten sich bis auf fünfzig Meter ans Lager heran, und eine Gruppe Gazellen tummelte sich wie Präriehasen im wadenhohen, braunen Gras. Und natürlich gab es auch Millionen winziger Fliegen, die uns in Nase und Mund schwärmten.

Dann rief mich Gombi, und ich sah, daß McClinton und zwei seiner Kaffern das Lager verlassen hatten. Wir folgten ihnen sofort. Als wir McClinton eingeholt hatten, befahl er Gombi vorauszugehen, weil er allen im Spurenlesen überlegen war. Diesmal würde er das ersehnte Elfenbein bekommen.

Mühsam schleppten wir uns unter der glühenden Sonne weiter und bahnten uns einen Weg durch immer dichter werdendes Dornengestrüpp, später durch hohes gelbes Gras, zwischen Riesenameisenhügeln hindurch über Gelände aus feinem gelbem Staub. McClinton trieb die Boys erbarmungslos zur Eile an, immer wieder mußte Gombi vor und zurück laufen, Spuren suchen, wittern und verfolgen.

Dann plötzlich roch Gombi Elfenbein. McClinton war es nicht entgangen. Er lehnte rauchend an einem Ameisenhügel, und in seinen Augen blitzte es auf. Er wandte den Blick nicht mehr von Gombi, der draußen im gelben Sand den Boden absuchte und schnüffelte. Gombi versuchte, die Spuren zu lesen, drehte Kot um und prüfte ihn, um festzustellen, wie lange er schon dagelegen hatte.

Schließlich kam er zu mir zurück und sagte traurig: *«Mingi tembo!»* Das bedeutete: «Große Elefanten ganz nah.» McClinton hatte seine Worte erraten und war schon wieder in Bewegung. Wir hatten die richtigen Schüsse durchgesprochen. Der beste Schuß war der Schulterschuß, der die dichte Konzentration von Blutgefäßen durchschlug und in Sekunden zum Tod führte. McClinton wußte, daß der Kopfschuß meist gefährlich war, weil das Geschoß in den schwammigen Lufthöhlen des Schädels seine Durchschlagskraft verlor, wenn der Schuß nicht direkt in die weiche Stelle über den Augen eindrang. McClinton verstand mehr vom Schießen als die meisten Jäger, aber kein Jäger weiß alles. Kein Jäger, und wenn er ein Leben lang in Afrika gejagt hat, weiß alles über die Jagd in Afrika.

Auf ein Zeichen von Gombi folgten wir ihm in den Busch, wo sich Dickicht mit freier Fläche und hohem Grasland abwechselten. Ich schob zwei Patronen in meine Büchse. Die Vegetation wurde dichter, die Büsche nahmen an Umfang und Höhe zu. Bäume mit massivem Lianenbewuchs tauchten auf, und die Sonne brannte. Kein Wind regte sich, während Gombi uns durch das scharfe Gras führte, schließlich schneller lief und mit dem Finger in die Ferne zeigte.

Die Kaffern stoben nach rechts in den Schutz der Bäume. Wir duckten uns und drangen mit Gombi weiter vor. Ich sagte zu McClinton, wir hätten es mit Elefantenkühen und ihren Jungen zu tun, und wenn er sie abschösse, müsse er das vor Kreiger bei dessen Rückkehr verantworten. Aber es war, als ob mich McClinton gar nicht hörte, als existierte ich für ihn nicht. Er stapfte weiter. Ich versuchte ihm klarzumachen, eine trächtige Kuh abzuschießen sei schon schlimm genug, aber noch schlimmer könne es werden, wenn dadurch die ganze Herde in wilden Aufruhr geriete. Dann müßten wir sie vielleicht alle töten. McClinton lächelte dünn, als ob ihm der Gedanke gar nicht unangenehm sei.

Schmarotzende Vögel flogen von den Elefanten auf, als wir uns fallen ließen und auf Händen und Knien vorwärtskrochen. Weniger als fünfzig Meter entfernt sah ich in einem Dickicht deutlich die Massen aus alter, zerfurchter Haut, die beinahe mit dem Gesträuch verschmolzen und das Gras weit überragten.

Gombi kroch an der Spitze, und McClinton folgte ihm auf den Fersen. Ich schrie McClinton zu, er solle umkehren, aber dann ertönte plötzlich ein schriller Trompetenstoß, und ich bezweifle, daß er mich überhaupt hörte. Wie hypnotisiert kämpfte er sich durch das dichte Gras, und als das Unterholz höher wurde, verlor ich jeden Orientierungssinn.

Die Sonne war nur noch ein verschwommener Fleck. Ich sah McClintons schattenhafte Umrisse, wie er sich im wirbelnden gelben Staub umdrehte. Dann kamen von vorn das Donnern der schweren Gewehre und gellende Trompetenrufe. Die Tiere schrien empört, die Erde bebte. Die Ohrenfächer eines Bullen kamen durch den Staub direkt auf mich zu. Der Bulle attackierte mich, der Rüssel pendelte hin und her, dann rollte er ihn zusammen und schrie. Das Tier kam direkt auf mich zu, ich mußte einen Kopfschuß riskieren.

Ich richtete mich auf die Knie auf und schoß schräg nach oben. Es war, als ob der Körper des Bullen in Sekundenschnelle erschlaffte und alterte. Er sackte in sich zusammen, und aus dem weitaufgesperrten Rachen flog der Speichel über mich hinweg. Er stieß einen letzten, empörten Trompetenton aus. Im Fallen traf mich der Rüssel und schleuderte mich in den Staub, wo ich benommen unter seinem einen Bein liegenblieb.

Gombi schrie immer wieder: «Komm zurück, Baas, zurück!» Er rannte hinter McClinton her, ein verwischter Strich gegen den Horizont.

Aber McClinton war völlig verwirrt und halb blind vom Staub. Er torkelte schreiend von einer Richtung in die andere, noch immer auf der Suche nach «seinem» Bullen, dem größten Stück Elfenbein in ganz Afrika.

Aber alle Elefanten waren längst verschwunden. McClinton stürzte in einer Wolke aus gelbem Staub und welkem Gras davon.

Gombi schrie wieder, ich hörte ihn ganz deutlich: «Höllenhunde!» rief er. «Die Höllenhunde ...»

Der betäubende Gestank traf mich durch den plötzlich aufkommenden Wind mit voller Wucht. Es gelang mir, mich auf Hände und Knie hochzuziehen, und ich sah die höllische Meute über die

Hügel am Horizont heranrasen. Die Hunde wälzten sich in fürchterlichem Tempo über die Ebene auf uns zu, und der entsetzliche Geruch wehte ihnen voraus.

Ich hustete und würgte und schrie McClinton zu, er solle zurückkommen in den Busch. Dort, im Dornengestrüpp, hätten wir sie uns vom Leib halten können, aber er hörte mich nicht. Oder aber er lachte mich aus, weil er vor einer Meute räudiger Köter davonlaufen sollte. Aber Gombi blieb McClinton auf den Fersen; er entfernte sich immer weiter von der Sicherheit, die der Busch bot. Er tat es für mich, das wußte ich.

Die Hunde kamen immer näher.

Dann sah sie auch McClinton aus größerer Nähe und hob sein Gewehr. Ein Rudel häßlicher Köter, dachte er vermutlich, und darum lachte er. Inzwischen waren es mehr als fünfzig, die da heranrasten und schon im Kreis liefen. Ihr glockenähnliches Gebell – ein helles *Uuuu-ing* – erfüllte die Luft.

Der afrikanische Jagdhund ist das bösartigste, gefährlichste Tier, das es gibt. Sein Leben ist einzig und allein der Freude am Töten gewidmet – ein Trieb, den nur dieses eine Tier mit dem Menschen gemeinsam hat.

Er jagt mit fieberhaftem und unermüdlichem Vergnügen. Die Hunde reißen ihre Opfer bei Tag und Nacht, sie erlahmen nie in ihrem Drang nach Fleisch und frischem, warmem Blut. Sie laufen in riesigen Meuten, oft über hundert. Erschöpfung kennen sie nicht, sie lösen sich ständig ab. Sie jagen nicht nach Nahrung, sondern aus reiner Freude. Sie töten wahllos alles, was lebt, ihre Artgenossen nicht ausgeschlossen. Es sind die furchtlosesten Bestien in Afrika. Alle anderen Tiere außer dem Flußpferd und dem Nashorn laufen in panischer Angst vor ihnen davon.

Ich habe selbst gesehen, wie Höllenhunde einen Löwen vor sich herjagten und ihn im Laufen in Stücke rissen. Der Höllenhund fährt seinem Opfer nie an die Kehle, sondern läuft neben und hinter der völlig verschreckten Beute her, schlägt seine messerscharfen Fangzähne in sie hinein, zerbeißt die Sehnen und lähmt das Tier, reißt ihm den Bauch auf, so daß die Eingeweide hervorquellen – und das alles, während das Tier in blindem Schreck weiterläuft.

Und die ganze Zeit hört man das gräßliche *Uuuu-ing* – wie das hohe Läuten von hundert zarten Glocken.

Mindestens fünfzig Hunde umkreisten McClinton, der in die Meute hineinfeuerte. Ihm war das Lachen vergangen. Er tötete die Hunde im Laufen, aber dann war seine Büchse leer, und er hatte keine Zeit zum Nachladen. Gelbschwarze Lichtstreifen huschten heran, und McClinton schrie auf. Und dann rannte er, aber es war schon zu spät: Er konnte die Richtung seiner Flucht nicht mehr wählen. Das Blut rann durch seine zerfetzte Hose. Er ließ das Gewehr fallen. Er fuchtelte wild mit den Armen, und seine Nackenmuskeln spannten sich im Laufen.

Ich holte mit meiner Savage mehrere Hunde heraus. Andere fielen sofort über sie her, rissen sie auseinander und fraßen sie. Ich rief McClinton zu, er solle in den Busch laufen. Ich hatte noch acht Patronen. Meine 45er und Reservemunition hatte ich im Camp gelassen.

Ich schoß weiter, und dann hatte ich nichts mehr zum Schießen, während die Höllenhunde sich in vier Rudel aufteilten und McClinton zu umkreisen begannen. Ein weiteres Rudel trennte sich ab und kam auf mich zu. Ich schlug zwei mit dem Kolben nieder und lief tiefer ins Unterholz. Die anderen machten halt, um die Toten zu fressen.

McClinton war jetzt wirklich auf der Flucht. Die Hunde hielten ihn in Trab, und sie genossen seine Flucht. Je schneller ein Fliehender läuft, desto mehr versuchen sie, ihn anzuspornen und die Sache in die Länge zu ziehen. Sie jagten ihn im Kreis und stachelten ihn an. Sie sprangen ihn pfeilschnell an und ritzten ihn leicht. Sie wollten seine Flucht hinauszögern. Sie nahmen die Sache von der sportlichen Seite. Und wenn McClinton langsamer wurde, sprangen sie ihn wieder an. Seine Khakihose, seine Buschjacke, sein Hemd, alles hing in Fetzen.

Er rannte im Kreis. Er rannte an dem Busch vorbei, hinter dem ich mich versteckte. Gombi tauchte auf, auf Knien. Er sah völlig verschmiert aus, wie ein öliger Klumpen. Er schrie laut.

Dann wälzten sich die Hunde über ihn her. McClinton rannte wieder an meinem Versteck vorbei, von wo aus ich seine entsetzliche Flucht beobachtete.

Er schrie um Hilfe. Aber was konnte ich schon tun – nichts, absolut nichts!

Ich weiß nicht, wie viele Male McClinton an mir vorbeirannte, aber er lief nun doch sehr langsam. Seine Kleider flatterten in Fetzen hinter ihm her. Sein Körper war mit einer Kruste aus Staub, Schweiß und Blut bedeckt. Als er sich wieder von mir entfernte, war es, als schwebe er – als bilde er einen Teil einer Fata Morgana. Alle Ähnlichkeit mit einem Menschen war verflogen, er war nur noch ein klägliches, wahnsinniges Etwas mit angespannten Halsmuskeln und Beinen, die in einer letzten, langen, krampfhaften Anstrengung auf und nieder ruckten.

Die Meute teilte sich dann in zwei Hälften und folgte ihm zu beiden Seiten. Wenn sein Tempo nachließ, fielen auch die Höllenhunde in einen leichten Trab. Sie ließen ihm zum Spaß sogar einen geringen Vorsprung. Sie kannten alle Tricks, das Spiel noch ein Weilchen zu verlängern.

Sie jagten ihn über eine Stunde lang. Am Ende torkelte er nur noch, aber er blieb in Bewegung. Er wußte, er durfte nicht hinfallen, nicht stehenbleiben. Er torkelte weiter, immer im Kreis herum, bis schließlich die Wagandas mit dem Fahrzeug aus dem Camp eintrafen und aus fünf Gewehren vom sicheren gepanzerten Wagen aus das Feuer auf die Hunde eröffneten.

Während die Boys, so gut sie konnten, McClinton Erste Hilfe leisteten, begrub ich Gombi. Dann landete auch das Flugzeug, das wir über Funk angefordert hatten, und brachte McClinton ins Krankenhaus eines Handelspostens am Fluß ...

Als ich zu Ende erzählt hatte, war es im Zimmer dunkel geworden, bis auf das Aufleuchten der Neonreklame vor dem Fenster. Nach einer Weile lachte Mrs. McClinton leise auf.

«Hunde», sagte sie. «Wer hätte das gedacht?»

Ich sah auf meine Uhr. «Ich fürchte, jetzt haben Sie Ihren Termin bei Dr. Rosner verpaßt.»

«Hunde», wiederholte sie. «Das war es also. Wissen Sie, er schaffte alle Jagdhunde ab. Er ging allen Hunden aus dem Weg, aber ich hätte nie gedacht ... und dann diese komische Geschichte damals in Mexiko: Wir waren in einem kleinen Café. Ein paar Hunde kamen herein und liefen zwischen den Tischen herum und suchten nach Krabben- und Fischresten. Frank wurde blaß und wich bis an die Tür zurück. Dann lief er davon. Er sagte, ihm sei einfach nach Laufen zumute gewesen.»

«Das glaube ich gern», meinte ich.

«Und die schrecklichen Narben an seinem Körper. Er behauptete immer, sie stammten aus dem Krieg.»

«Nein», sagte ich. Ich stand auf und schaltete die Lampe an. Ihre Wangen waren gerötet, in ihren traurigen Augen lag ein dunklerer Schimmer. Sie warf mir ein verstohlenes Lächeln zu.

Monate später erhielt ich in Australien einen Brief von ihr. Er war ursprünglich an meinen Verleger adressiert, und mein Agent hatte ihn mir nachgeschickt.

Der Brief enthielt ein Bild aus einer Zeitung mit einem angehefteten Zettel von Mrs. McClinton. Es war ein Foto von ihr. Sie lächelte und winkte. Auf den ersten Blick erkannte ich sie nicht, sie sah sehr elegant und schick aus.

Die Bildunterschrift lautete: *Scheidungsvergleich über fünf Millionen.*

Dazu schrieb sie:

Sehr geehrter Mr. Vanderveer!

Vielen tausend Dank für Ihre Hilfe. Es war alles ganz einfach, und ich hatte fast keine Angst – jedenfalls nicht sehr lange.

Dr. Rosner sah ich nie wieder. Noch am selben Tag habe ich auf dem Heimweg in der Stadt ein paar Hunde gekauft.

In Dankbarkeit
Myra

# *Über jeden Verdacht erhaben*

*Jay Wilson*

Ein Mord hat es an sich, daß man aufs Ganze gehen muß – und zwar allein. Es gibt keine Proben, keine Wiederholungen, kein Umschreiben einer Szene, keine Änderung der Besetzung. Wenn ein Opfer seinen letzten Seufzer getan hat, geht der Vorhang auf. Der Killer steht mitten auf der Bühne und ist allein mit einem Ensemble, das sein Textbuch nicht gelesen hat.

Mr. Piper war sich dessen sehr wohl bewußt. Er hatte alles reiflich überlegt, denn ein Mord erschien ihm als die schnellste, einfachste und tatsächlich auch zuverlässigste Lösung für ein Problem, das in den letzten Jahren immer dringlicher geworden war.

Mr. Piper war fünfundfünfzig Jahre alt und ging langsam auf die Pensionierung zu. Nach außen war er ein leutseliger, rosiger, leicht zur Fülle neigender kleiner Mann, der ein wenig jünger aussah, als er wirklich war. Dieser Eindruck war das Ergebnis eines angenehmen Lebens. Er führte ein Junggesellendasein, trank guten Scotch, hatte Spaß am Theater, spielte am Wochenende Golf und gönnte sich eine teure kleine Wohnung. Ein Mann, der nur an sich selbst denken mußte, konnte sich diese kleinen Annehmlichkeiten leisten, auch wenn er nur das Gehalt eines Bankkassierers bezog. Doch natürlich blieb dabei nicht viel übrig. Die geringen Beträge, dic cr als Obcrkassierer einer Stadtzweigstelle der New Amsterdam Trust Company trotzdem sparen konnte, gingen für kleine Extras wie Pferdewetten oder abendliche Damengesellschaft drauf.

Solche Passionen werden aber leicht zur Gewohnheit. Allerdings sah Mr. Piper sie nur als einen berechtigten Ausgleich für die Monotonie einer Bankkarriere an, die an einem wesentlich niedrigeren Punkt zu Ende war, als er vor langen Jahren gehofft hatte. Sein Problem bestand darin, sich die kleinen Annehmlichkeiten des Lebens auch für die Zukunft zu sichern – durch gewisse Zuschußbeträge zu seiner mageren Pension, die bald sein einziges Einkommen darstellen würde.

Mr. Piper hatte oft mit dem Gedanken gespielt, Geld aus seiner Kasse für kleine gewinnbringende Unternehmungen an der Börse zu verwenden, wobei niemand zu Schaden kam, wenn er das Geld wieder zurücklegte, ehe die Differenz bemerkt wurde. Wenn er genügend Gewinne aus diesen Transaktionen zog, ließ sich damit etwas Kapital ansammeln, das durch Spekulationen so anwachsen konnte, daß er genügend hatte, um damit zusätzlich zu seiner Pension über die Jahre zu kommen, und das den Unterschied zwischen einem bloßen Überleben und einem lebenswerten Dasein ausmachte. Der Gedanke an die Bankrevisoren hatte Mr. Piper immer wieder von diesem Plan abgebracht.

Auf den gefahrloseren Weg eines Mordes kam Mr. Piper, als George Manetti zum Kunden der Bank wurde und an Mr. Pipers Schalter seine Einzahlungen und Abhebungen vornahm. Es war Manettis Fehler, daß ihm Mr. Piper zu gefallen schien und er zuviel redete. Das lag daran, daß sich Mr. Pipers berechnend-bösartiges Wesen bei seinem liebenswürdigen Äußeren nicht bemerkbar machte und es sich Manetti nicht leisten konnte, während seiner Geschäftszeit überhaupt jemand zu mögen, und es dann besser für ihn war, möglichst wenig zu reden. Der geringe Glaube, den Manetti in die Menschheit setzte, wäre sicher schwer erschüttert worden, hätte er gewußt, daß Mr. Piper ihn mit kühler Objektivität bald als den Schlüssel zu seinen Altersfreuden betrachtete.

Manetti wurde in den Büchern der Bank als Gemüsehändler geführt. Mr. Piper merkte bald, nach welchem System Manetti seine Einzahlungen und Abhebungen vornahm. Abhebungen fanden gewöhnlich kurz vor Schalterschluß am Freitagnachmittag statt; Manetti legte dann gewöhnlich einen eigenen Barscheck über fünf-, zehn- oder fünfzehntausend Dollar vor. Eingezahlt wurde normalerweise am Montagmorgen, und diese Beträge lagen im Durchschnitt höher als die Abhebungen.

«Sie haben mir letzten Freitag nur neue Scheine gegeben», beklagte sich Manetti an einem Montag. «Sie klebten aneinander, und ich habe mehr auf den Tisch geworfen, als ich eigentlich wollte. Bitte geben Sie mir künftig immer gebrauchte Fünfziger.»

Mr. Piper sah den stämmigen jungen Mann mit dem Oliventeint über den Schaltertisch an.

«Sie sind Spieler?» fragte er.

Über Manettis ausdrucksloses Gesicht glitt ein Grinsen. «Nur im technischen Sinne, Mr. Piper. Spieler sind Leute, die glauben, Geld könnte reden. Pokerspieler hören auf die Karten. Ich bin Pokerspieler. Ich lebe davon, daß ich mit anderen Leuten Poker spiele.»

Es war der schützende Instinkt eines Gleichgesinnten, der Mr. Piper veranlaßte, einen Blick zur Seite zu werfen, ob der nächste Kassierer etwas gehört hatte. Offensichtlich war das nicht der Fall. Er sagte: «Wenn Sie Ihr Konto bei der Bank behalten wollen, Mr. Manetti, sollten Sie über Ihren ... äh ... Beruf nicht ganz so deutlich sprechen.»

Von diesem Augenblick an war Manetti fest in Mr. Pipers Hand. Sein Grinsen wurde noch breiter. «Ja – das habe ich ganz vergessen. Vielen Dank, Mr. Piper. Sie sind in Ordnung. Ich habe mir diese Bankfiliale ausgesucht, weil ich dachte, daß niemand darauf kommen würde, daß ich es täte. Ich möchte bei meinen Einzahlungen und Abhebungen ungestört sein.»

Es war sein Pech, daß Manetti den netten Mr. Piper auch weiterhin in Ordnung fand – und redete. Er brauchte jemand, vor dem er sich mit seinen Erfolgen ein wenig brüsten konnte. «Eines meiner Geheimnisse, Mr. Piper, ist die Vorbereitung. Die meisten Burschen, mit denen ich zu tun habe, trinken. Ich nicht. Wenn ich das Geld abgehoben habe, gehe ich nach Hause und lege mich aufs Ohr, bevor ich später losziehe. Wenn die anderen dann die Dreien nicht mehr von den Assen unterscheiden können, bin ich noch immer munter und lege sie aufs Kreuz.»

Der Gedanke, Manetti umzubringen, wurde aus Neid geboren. Mr. Piper sah, wie Manettis Guthaben immer mehr wuchs. Da war also ein junger Mann, der mit leichter Hand ein kleines Vermögen anhäufte, während er, Mr. Piper, nach über dreißig makellosen Dienstjahren, in deren Verlauf er mehr Geld in den Händen gehabt hatte, als sich Manetti jemals erträumen würde, bald mit einer kläglichen Pension in den Ruhestand versetzt würde. Man erwartete von ihm, daß er nach der üblichen Bürofeier still und dankbar ging, nachdem man ihm die übliche gravierte Uhr überreicht hatte mit der üblichen witzigen Bemerkung, daß er jetzt an ihr seine Faulenzerzeit ablesen könne, während seine alten Freunde noch immer auf die Uhr in der Bank starren müßten.

Mr. Piper begann zu überlegen, wie lange Manettis Glückssträhne anhalten mochte. Wie lange würde es dauern, bis jemand, der einmal zu oft aufs Kreuz gelegt worden war, seinerseits etwas unternahm – etwa in einer dunklen Straße? Aus war es dann mit Manetti und mit seinem Geld, das ihm dann nichts mehr nützte. Nicht annähernd das nützte, was Mr. Piper damit anfangen konnte.

Als der Gedanke erst einmal geboren worden war, vergaß er ihn nicht wieder, was Mr. Piper auch gar nicht wollte. Vielmehr pflegte er seinen Plan ganz bewußt weiter, während er am Abend im Sessel saß und Scotch mit Soda trank. Mit zehn- oder fünfzehntausend Dollar konnte er nach seiner Pensionierung zum stillen Teilhaber bei einer aufstrebenden kleinen Firma werden, die eine Finanzspritze brauchte. Diese Teilhaberschaft garantierte ihm ein Einkommen, das seine Pension auf angenehme Weise bereicherte. Und mehr wollte Mr. Piper gar nicht. Er wollte nur die Möglichkeit haben, sein angenehmes Leben fortzusetzen. Mr. Piper kannte sich ein wenig mit Verträgen aus. Er wollte dafür sorgen, daß die Bedingungen, zu denen er in die aufstrebende kleine Firma einstieg, einen Weg offenließen, den anderen Besitzer hinauszudrängen, wenn die

Geschäfte wirklich zu florieren begannen oder wenn ein schneller Verkauf angebracht war.

Um an das Geld heranzukommen, mußte er allerdings Manetti loswerden. Eine wichtige Überlegung war dabei, ob das gefahrlos möglich war oder nicht. Konnte er sich zum Beispiel Zugang zu der Wohnung verschaffen, während Manetti vor einem Spiel im Bett lag und schlief?

Mr. Piper sah sich an Ort und Stelle um. Er stand auf der anderen Straßenseite und beäugte das Mietshaus, in dem Manetti wohnte. Es war ein durchschnittlich aussehendes Gebäude und hatte keinen Pförtner. Die Leute, die es betraten, benutzten entweder einen Schlüssel oder drückten einen Summknopf im Eingang. Zwischen halb sechs und halb sieben waren nicht viele Leute in das Haus gegangen oder hatten es verlassen. Das Bürovolk, das hier wohnte, las jetzt schon Zeitung, saß vor dem Fernseher oder aß zu Abend.

Mr. Piper überquerte die Straße und betrat die Vorhalle. George Manettis Namensschild zeigte an, daß er im zweiten Stockwerk wohnte. Während Mr. Piper noch die Tafel anstarrte, öffnete ein Mann die Tür zur Halle. Ohne Mr. Piper eines Blickes zu würdigen, eilte er auf die Straße hinaus. Die Bewohner dieses Hauses schienen voneinander kaum Notiz zu nehmen. Es war kein Problem, das Haus ungesehen zu betreten und wieder zu verlassen.

Das Textbuch seines Stückes machte Fortschritte, während Mr. Piper in seinem Zimmer saß und an seinem guten Scotch nippte. Gewisse Umstände waren dabei für ihn sehr von Vorteil. Was sehr wichtig war – Manetti vertraute ihm. Manetti würde ihm jede einigermaßen glaubhafte Entschuldigung abnehmen, wenn Mr. Piper plötzlich vor seiner Wohnungstür stand. Mr. Piper wußte auch, wann er zuschlagen mußte. Er wollte warten, bis Manetti wieder eine größere Abhebung gemacht hatte. Mr. Piper besaß eine kleine Pistole, die Ballistikexperten unmöglich zu ihm zurückverfolgen konnten. Er hatte sie vor mehreren Jahren während eines Ferienaufenthaltes in einem anderen Staat gekauft. Wenn er sie Manetti fest in den Rücken drückte und schoß, konnte er kaum viel Lärm machen. Später wollte er sie von einer Fähre in den Fluß werfen. Außerdem mußte es eine große Zahl geeigneter Verdächtiger unter den Spielern geben, die eher ein Motiv hatten als ein ehrenwerter Oberkassierer nach über dreißigjähriger einwandfreier Tätigkeit bei der New Amsterdam Trust Company. Ein Verdacht gegen Mr. Piper mußte sich gegen die ganze Bank richten. Die Polizei würde es sich also zweimal überlegen, ehe sie wegen eines kleinen toten Spielers den Zorn dieses mächtigen Institutes riskierte. Weil Manetti wirklich kein großes Tier war, zog es ganz sicher auch keine Kreise, wenn die Polizei den Fall einfach abschrieb – wie es nach Mr. Pipers Ansicht wahrscheinlich geschehen würde, wenn man nicht schnell einen Verdächtigen aufstöberte, der kein Alibi besaß.

Die Kehrseite der Medaille schien ebenfalls wenig Risiko zu bedeuten. Es bestand natürlich eine geringe Chance, daß er beim Betreten oder Verlassen des Gebäudes gesehen und daraufhin später auch identifiziert würde. Ein Killer, der nichts mit der Bank zu tun hatte, würde sich nicht die Mühe machen, Scheckbücher oder Bankauszüge verschwinden zu lassen, die Manetti mit seiner Bank in Verbindung brachten. Aus diesem Grunde wollte Mr. Piper solche Unterlagen unangetastet lassen. Das hieß natürlich, die Polizei würde schnell herausfinden, daß Mr. Piper von der Geldsumme gewußt hatte, die der Ermordete abgehoben hatte und die jetzt fehlte. Aber wie konnte das auch anders sein, da er Manetti so lange bedient hatte? Es war sicher das beste, den geraden Weg zu gehen. Die Bank würde sowieso sofort von Manettis Tod erfahren, das Konto überprüfen und der Polizei die Abhebung melden. Der Verdacht mußte sofort auf einen Bankangestellten fallen, der seine Spuren verwischen wollte, wenn am Ort des Verbrechens keine Unterlagen über Manettis Konto gefunden wurde. Andererseits konnte es in gewisser Weise auf seine Unschuld hindeuten, wenn die Kontounterlagen vorhanden waren. Außerdem konnte sich Mr. Piper das Risiko eines zurechtgebogenen Alibis nicht leisten.

Wenn man ihn fragte, würde er einfach sagen, er wäre zu Hause gewesen und hätte gelesen. Problemlos stand er so als Unschuldiger da, dem nichts bewiesen werden konnte. Die kleinen Schwächen seiner Situation konnten sich sogar vorteilhaft auswirken.

Das war das Wichtige – Routinefragen zu überstehen. Wahrheitsgemäß antworten zu können, bis auf eine einfache kleine Lüge – daß er zu Hause gewesen war.

Dann war da das Problem, was mit dem Geld werden sollte. Mr. Piper dachte lange darüber nach. Ein Privatsafe in irgendeiner außerhalb gelegenen Bank erschien ihm als die beste Lösung. Er mußte ihn natürlich im voraus mieten. Er konnte unter falschem Namen ein Sparkonto eröffnen und nebenher ein kleines Schließfach nehmen, ohne daß es deswegen die geringste Rückfrage gab. Er durfte nur nicht vergessen, die jährliche Schließfachmiete zu bezahlen, ehe der nichtexistierenden Person eine Rechnung zugeschickt wurde. Er wollte das Geld erst nach seiner Pensionierung anrühren.

Damit war nur noch zu klären, wo er das Geld lassen sollte, bis er es in das Schließfach tun konnte. Wenn das große Ereignis an einem Freitagabend stattfand, konnte er die Scheine erst Montagmorgen in sein Versteck bringen. Aber es war außerordentlich wichtig, daß er Montag pünktlich seine Arbeit begann, so pünktlich wie seit vielen Jahren. Im Zusammenhang mit anderen Faktoren betrachtet, konnte jede Abweichung von der Norm plötzlich höchst gefährlich sein. Er würde in Ruhe abwarten müssen, bis er seine Bank aufsuchen konnte. Es bestand sogar die Möglichkeit, daß das mehrere Tage dauerte. Wenn das der Fall sein sollte, war es natürlich gefährlich, einen Stapel Scheine unbewacht in seiner Wohnung zu verstecken. Mr. Piper lachte leise und genehmigte sich einen zweiten Drink, als ihm die Lösung dieses letzten Problems einfiel. Unter den anderen Scheinen in den Geldfächern seiner Kasse mußte der Betrag völlig verschwinden. Sobald dann keine Gefahr mehr bestand, würde er ihn in sein Schließfach bringen.

Mr. Piper war fasziniert von seinem Plan: von dem Textbuch, das er für sein Spiel geschrieben hatte. Der Handlungsablauf war einfach, es gab wenig Dialoge, und man konnte alles leicht behalten. Manetti war jetzt schon kein Mensch mehr. Er war ein Bühnenrequisit, das für Mr. Pipers Starrolle herhalten mußte. Es ist nur schade, überlegte Mr. Piper, daß kein Publikum da ist, das mir applaudiert.

Zwei Wochen später nahm Manetti seine größte Abhebung vor. Der Scheck, den er Mr. Piper zuschob, lautete auf fünfundzwanzigtausend Dollar. Mr. Piper starrte den Scheck an.

George Manetti lachte: «Damit hätten wir noch ein paar hundert auf dem Konto, Mr. Piper. Geben Sie mir die üblichen Fünfziger.»

«Ich ... ich muß erst ein paar Päckchen aus dem Tresor holen, Mr. Manetti.»

Manetti grinste. «Drücken Sie mir die Daumen, Mr. Piper. Ich habe heute einen der großen Wallstreet-Bosse am Tisch. Ein wirklich großes Tier. Ich verdopple mein kleines Vermögen und lasse dann die anderen um den Rest kämpfen.»

Vielleicht schafft er das, vielleicht auch nicht, überlegte Mr. Piper unten im Tresorraum. Wenn er es schafft, reichten vielleicht schon fünfzigtausend, daß ihm seine Spielkumpane nach Hause folgten. Manetti konnte morgen früh tot sein oder pleite – oder beides. Aber ehe so etwas passieren konnte, ging Manetti mit einem Barbetrag nach Hause, der um zehntausend Dollar höher war als der, für den Mr. Piper eigentlich hatte in Aktion treten wollen.

Mr. Piper wußte, daß jetzt die Zeit für seine Premiere gekommen war, wenn das Stück überhaupt über die Bühne gehen sollte.

Um genau 18 Uhr an diesem Abend drückte Mr. Pipers behandschuhter Finger auf den Summerknopf zu Manettis Wohnung.

Gleich darauf meldete sich Manetti über den Hauslautsprecher: «Ja? Wer ist da?»

«Piper. Sie wissen schon, Piper von der Bank. Es tut mir leid, Sie zu stören, aber ich muß Sie einen Augenblick sprechen.»

«Wie? Piper? Bank? O ja! He, was ist los?»

«Ich glaube, ich habe Ihnen heute nachmittag zuviel ausbezahlt. Dürfte ich bitte nach oben kommen und mich davon überzeugen? Ich meine, ich habe heute eine Differenz gehabt, und die Revisoren sind bald fällig. Es könnte sein, daß sie schon Montag morgen kommen.»

«Oh. Natürlich, Mr. Piper. Kommen Sie herauf. Ich drücke auf den Öffner.»

Mr. Piper legte seine Baumwollhandschuhe ab, als er den Selbstbedienungsfahrstuhl verließ und durch den Korridor schritt. Der Lärm aus den Fernsehgeräten drang durch die Türen, an denen er vorbeikam – Schüsse, Rufen und laute Stimmen. Die Westernprogramme waren in vollem Gang. Das war eine Hilfe, mit der Mr. Piper nicht gerechnet hatte.

Manetti wartete an seiner Wohnungstür. Er trug Pyjamahosen und ein Unterhemd. Einen Augenblick lang war Mr. Piper unsicher. Konnte eine winzige Kugel diesen mächtigen Körper erledigen? So schnell, daß es kein Aufbäumen, keinen Kampf gab?

«Kommen Sie herein, Mr. Piper!» sagte Manetti herzlich und laut.

«Bitte, Mr. Manetti», flehte Mr. Piper und trat hastig ein. «Nicht so laut! Sie wissen doch, wie das bei einer Bank ist. Ich habe hier eigentlich gar nichts zu suchen.»

«Wie? O ja.» Manetti schloß lachend die Tür. «Unsere Mrs. Grumpy ist wirklich sehr neugierig, da haben Sie recht. Wissen Sie, Mr. Piper, Sie führen wirklich ein Hundeleben.»

Mr. Piper lächelte. «Es hat seine Vorteile, Mr. Manetti. Und einmal im Leben darf jeder Hund mal beißen.»

Manetti legte einen mächtigen Arm um die schmalen Schultern des anderen. «Na, dann verschwenden Sie diesen Biß nur nicht an mich, Mr. Piper», sagte er freundlich. «Ich wollte Sie nicht beleidigen. Also, wie war das mit Ihrer Differenz?»

«Ich muß Ihnen ein Tausenddollarpäckchen zuviel gegeben haben. Ich habe ja auch sehr schnell ausgezahlt. Ich meine, um diesen Betrag stimmte meine Kasse heute abend nicht.»

«Das ist kein Problem, Mr. Piper. Wir zählen einfach die Päckchen und werden dann ja Bescheid wissen.»

Niemand sah Mr. Piper gehen. Er hinterließ einen toten Manetti mit zwei Einschüssen im Rücken. Als Mr. Piper dem anderen die kleine Pistole hart in den Rücken preßte und abdrückte, hatte es kaum ein Geräusch gegeben, nur ein überraschtes Aufschnaufen und zwei gedämpfte Abschüsse, die in den Geräuschen der Fernsehsendungen untergingen. Mr. Piper hatte die Baumwollhandschuhe wieder angelegt und keine Fingerabdrücke hinterlassen.

In seiner Wohnung legte Mr. Piper die Pistole und das in braunes Packpapier gewickelte Geld in ein Schrankfach. Er machte sich nicht die Mühe, die Scheine zu zählen. Er wußte, daß alles stimmte. Jetzt brauchte er einen Drink. Einen doppelten. Er schenkte sich ein und sank in seinen Lieblingssessel. Das Ganze war eine ziemliche Aufregung für ihn gewesen. Seine Nerven mußten erst wieder zur Ruhe kommen. Er durfte eine Weile überhaupt nicht nachdenken. Er würde sich langsam betrinken, damit er vergaß, wie entsetzlich still Manetti zu Boden gegangen war.

Als Mr. Piper am nächsten Morgen erwachte, war er noch angezogen und lag über seinem Bett. Er hatte fürchterliche Kopfschmerzen und erinnerte sich überhaupt nicht mehr, das Zimmer betreten zu haben. Er blieb still liegen, bekämpfte eine empfindliche innere Leere und eine alptraumhafte Angst, eine Grenze überschritten zu haben, wo es kein Zurück mehr gab. Dann kehrte die Erinnerung wieder.

Mr. Piper rührte sich noch immer nicht. Instinktiv scheute er sich, körperliche Unannehmlichkeiten auf sich zu nehmen oder seine Situation zu überdenken. Nachdem er sich mehrmals seinen Erinnerungsfilm vorgespielt hatte, erhob er sich schließlich. Er trat an den Schrank. Geld und Pistole lagen im Fach. Die Sache war also tatsächlich geschehen.

Duschen. Er mußte sich duschen – und rasieren. Er brauchte etwas zu essen. Er brauchte einen Drink. Mr. Piper erschauerte.

Nein, keinen Drink. Er brauchte einen klaren Kopf. Und bis er den hatte, durfte er nicht weiter über die Angelegenheit nachdenken.

Nachdem er sich einigermaßen wiederhergestellt fühlte, setzte sich Mr. Piper in seinen Lieblingssessel und überdachte seine Situation in aller Ruhe. Ihm fiel nichts ein, das in irgendeiner Weise schiefgegangen sein konnte. Manetti war ganz schnell gestorben, so schnell sogar, daß Mr. Piper sicher war, die Szene bald aus seinen Gedanken verbannen zu können. Er brauchte nur noch eine Fahrt mit der Fähre nach New Jersey zu machen und die Pistole in einer Papiertüte in den Fluß fallen zu lassen. Montag morgen würde er das Geld in seine Fächer einordnen. Es war geschafft! Er besaß einen Spargroschen von fünfundzwanzigtausend Dollar und konnte das Leben genießen!

Mr. Piper stand auf und mixte sich einen Drink. Er brachte einen stummen Toast auf den Erfolg seines Planes aus und auf die Art und Weise, wie er ihn ausgeführt hatte.

Manettis Tod wurde schon in der Sonntagszeitung gemeldet – in einem kurzen Bericht auf einer Innenseite. George Manetti, ein bekannter Kartenspieler, war am Vorabend in seiner Wohnung erschossen aufgefunden worden. Ein Cockerspaniel, der zu seinem Abendspaziergang ausgeführt wurde, hatte an Manettis Wohnungstür gebellt und geschnüffelt. Der Besitzer des Hundes hatte den Hausmeister geholt, der die Wohnung öffnete. Die Polizei deutete an, daß sich Hinweise auf einen Raubmord ergeben hatten.

Mr. Piper las den Artikel Wort für Wort. Also hatte man sein Scheckbuch entdeckt, in dem die Freitag-Abhebung vermerkt war. Das Geld war natürlich nicht gefunden worden. Mr. Piper zuckte die Achseln. Das hatte er ja vorhergesehen. Es bedeutete nur, daß die Polizei bald in der Bank auftauchen würde, um sich über die Abhebung Klarheit zu verschaffen. Er hatte nichts zu verbergen. Das war das Schönste an der Sache. Er konnte die Wahrheit sagen, fast die ganze Wahrheit.

Mr. Piper schlug den Sportteil auf. Es kam jetzt darauf an, daß er seinen normalen Tagesablauf einhielt. Da gab es heute nachmittag ein Rennen mit zwei sehr guten Pferden. Und heute abend, so überlegte er, war Fern vielleicht frei. Mr. Piper lachte leise. Er war in der Tat ein Mann mit vielfältigen Interessen.

Niemand in der Bank schien den Artikel über Manetti gelesen zu haben. Mr. Piper hatte überhaupt keine Schwierigkeiten, das Geld am Montag morgen unter das andere zu stecken.

Detective Sergeant Henderson traf ein, als die Türen für den Publikumsverkehr geöffnet wurden. Der Zweigstellenleiter, Mr. Farnsworth, war jung und hoffte, bald stellvertretender Direktor zu werden. Auf dem College war er Herzog genannt worden – ein Titel, der ihm in Anerkennung besonderer Leistungen gegeben worden war.

Als Mr. Piper eintrat, erhob er sich nicht. Er hatte den leicht angeschlagenen Blick eines Seekapitäns, dessen erstes Schiff soeben auf Grund gelaufen ist. Er deutete auf einen stämmigen Mann im Stuhl neben seinem Schreibtisch.

«Piper, das ist Sergeant Henderson. Polizei. Es ... es hat den Anschein, als wäre einer unserer Kunden ermordet worden.»

Sergeant Henderson stand nicht auf. Er begrüßte Mr. Piper mit einem Nicken. Wenn es überhaupt einen kitzligen Augenblick bei der ganzen Sache gab, dann jetzt. Von Hendersons ausdruckslosem Gesicht ließ sich nichts ablesen. Mr. Piper spürte, wie seine Handflächen ein wenig feucht wurden. Er zwang sich, den ruhigen Blick des Polizisten einen Augenblick lang zu erwidern, und wandte sich dann an Mr. Farnsworth. Die Wahrheit, so ermahnte er sich, nur eine kleine Lüge, und er war außer Gefahr.

«Ja, Sir. Ich las gestern in der Zeitung darüber. Der Name fiel mir auf, weil Manetti immer an meinen Schalter kam. Ich wollte eben kommen und Ihnen berichten.»

«Was wir fanden», sagte Sergeant Henderson, «war ein Scheckbuch von dieser Bank. Der letzte Scheckabschnitt beweist, daß fünfundzwanzigtausend Dollar in bar abgehoben wurden. Das Geld war nicht in seiner Wohnung.»

Mr. Piper nickte. «Ja, Sir. Er löste Freitag nachmittag einen

Scheck über diesen Betrag ein. Jetzt sind nur noch etwa hundert auf dem Konto.»

«Haben Sie die Seriennummern?»

«Nein, Sir. Ich meine, Mr. Manetti hat immer wieder eingezahlt und abgehoben. Außerdem zog er gebrauchte Noten vor. Fünfziger werden immer in Bündeln zu fünfhundert und tausend Dollar zusammengefaßt, aber wir notieren uns gewöhnlich keine Seriennummern.»

Sergeant Henderson seufzte. «Na, wenigstens wissen wir jetzt, daß er Freitag nachmittag mit fünfundzwanzigtausend abgezogen ist.» Er sah Mr. Piper an. «Und im Augenblick sind Sie der einzige, dem diese Tatsache bekannt war.»

Das war es! Mr. Piper erstarrte entrüstet. «Nun, man kann kaum erwarten, daß ich das nicht wußte. Ich kenne noch andere Kunden, die unsere Bank mit beträchtlichen Barsummen verlassen haben!»

Sergeant Henderson hob seine große Hand. «Okay, okay. Seien Sie nicht gleich beleidigt. Ein Polizist muß Tatsachen zusammensuchen. Zum Beispiel – wo waren Sie Freitag abend, sagen wir zwischen 17 und 22 Uhr?»

«In meiner Wohnung. Ich habe ein Buch gelesen!» schnappte Mr. Piper.

«Einen Augenblick!» schaltete sich Farnsworth ein. «Piper ist seit über dreißig Jahren bei dieser Bank und hat sich einwandfrei geführt! Er wird eine gute Pension beziehen, wenn er sich zur Ruhe setzt. Natürlich wußte er, daß der Mann das Geld bei sich hatte. Und warum sollte er nicht zu Hause gewesen sein und ein Buch gelesen haben? Und wenn Sie etwa andeuten wollen, daß Mr. Piper für die Tat verantwortlich ist – hätte er dann das Scheckheft liegengelassen, das Sie sofort hierhergeführt hat? Außerdem sagten Sie, Manetti wäre ein Spieler gewesen. Da muß es doch massenweise Verdächtige geben!»

Mr. Piper frohlockte innerlich, daß Mr. Farnsworth Henderson all diese Dinge vor Augen hielt.

Sergeant Henderson grinste. «Regen Sie sich nicht auf, Mr. Farnsworth. Niemand in Manettis Haus hat etwas gesehen, niemand hat etwas gehört, und es hat auch niemand Fingerabdrücke hinterlassen, die nicht in die Wohnung gehören. Die Ballistiker werden den Besitzer der Waffe wahrscheinlich nicht feststellen können. Auf den ersten Blick hätte Mr. Piper der Täter genauso sein können wie jeder andere auch. Nur hat er es nicht getan. Wer dreißig Jahre lang Bankkassierer ist, rafft sich nicht mehr zu einer solchen Tat auf. Wir werden den Fall routinemäßig behandeln – wir werden herumhorchen und abwarten, bis jemand mit Fünfzigdollarscheinen um sich zu werfen beginnt.» Henderson stand auf. Er nickte Piper zu. «Jedenfalls besten Dank für Ihre Information – ich wollte Sie wirklich nicht aufregen.»

«Es macht nichts», sagte Mr. Piper. «Von heute an werde ich dafür sorgen, daß ich immer einen Zeugen habe.»

«Dann nehme ich Sie besonders unter die Lupe, Mr. Piper.»

Mr. Farnsworth sagte: «Äh ... wäre es möglich, den Namen der Bank aus dieser Angelegenheit herauszuhalten? Ich bin sicher, daß wir uns Ihnen auf irgendeine Weise erkenntlich zeigen könnten.»

«Da sehe ich keine Möglichkeit, Mr. Farnsworth», erwiderte Henderson kühl. «Wenn wir den Namen der Bank verschweigen könnten, würden wir's tun. Aber wenn wir den Burschen fangen, müssen wir beweisen, daß Manetti das Geld hatte – und dann sind Sie mit drin. Wiedersehen.»

Und das ist alles, dachte Mr. Piper jubilierend. Die Polizei würde sich jetzt in Manettis Bekanntenkreis umtun, bis sie die Nase voll hatte und nicht noch mehr Geld und Mühe auf den Fall verschwenden wollte.

Mr. Piper wandte sich um und sah Mr. Farnsworths düsteren Blick auf sich gerichtet. «Schlimm, schlimm, Piper», sagte er.

«Sehr schlimm. Es wird uns nicht gut bekommen, daß wir das Konto eines solchen Burschen geführt haben.»

Mr. Piper war das völlig gleichgültig. Er sagte: «Aber es war ein gutes Konto, Mr. Farnsworth.»

«So gut nun auch wieder nicht, Piper. Ganz und gar nicht!

Und wenn nun dieser Beamte berichtet, daß ich ihn bestechen wollte?»

«Das tut er bestimmt nicht», sagte Mr. Piper beruhigend. Er amüsierte sich innerlich. Mr. Farnsworth war besorgter wegen dieser Kleinigkeiten als er, Piper, über die Tat selbst. «Vielleicht fangen sie überhaupt keinen. Dann brauchen wir doch nur den Mund zu halten, und niemand wird etwas erfahren.»

«Seien Sie nicht blöde, Piper! Sie wissen genausogut wie ich, daß ich einen Bericht an die Zentrale machen und erklären muß, warum wir diesen Kunden genommen haben!» Mr. Farnsworth stöhnte. «Das wirft mir einen gehörigen Knüppel zwischen die Beine.»

«Beruhigen Sie sich doch, Mr. Farnsworth. Ich bin sicher, Sie machen aus einer Mücke einen Elefanten.»

Mr. Farnsworth starrte ihn erbost an: «Glauben Sie? Meinen Sie, man sucht sich die Direktoren unter Zweigstellenleitern aus, deren Kunden ermordet werden? Und was hier in den Büchern steht! Das macht die Sache noch schlimmer. Gemüsehändler!»

Mr. Piper hielt die Zeit für gekommen, Mr. Farnsworth zu beruhigen und wieder an die Arbeit zu gehen. «Aber Sie hätten doch kaum wissen können, mit welcher Art Gemüse er handelt, Mr. Farnsworth, das wird man verstehen.»

«Man versteht überhaupt nichts!» knurrte Mr. Farnsworth. «Man wird nur begreifen, daß ich nicht wußte, mit wem ich in Geschäftsverbindung stand!» Farnsworths Augen zogen sich zu Schlitzen zusammen. «Sie haben gesagt, er kam immer an Ihren Schalter. Wollen Sie behaupten, daß Ihnen sein Konto überhaupt keinen Hinweis gegeben hat? Daß Sie nicht einmal einen Verdacht hatten, als er immer gebrauchte Fünfziger verlangte?»

Mr. Piper überlegte hastig. Der Zweigstellenleiter konnte die Unterlagen nachprüfen lassen und das System der Einzahlungen und Abhebungen herausbekommen. In seiner augenblicklichen Stimmung mußte er zu dem Schluß kommen, daß nur ein Dummkopf Manetti nicht als ungewöhnlichen Kunden eingestuft hätte, dessen Konto zumindest dem Zweigstellenleiter vorgelegt werden mußte. Über dreißig Jahre lang hatte sich Mr. Piper stets als aufmerksamer Verfechter der Bankinteressen erwiesen.

«Piper! Ich habe Ihnen eine Frage gestellt! Ich will eine Antwort!»

Mr. Piper zog ein gekränktes Gesicht. «Ich mag meine Vermutungen gehabt haben, Mr. Farnsworth. Vielleicht hat Manetti dann und wann tatsächlich eine Bemerkung fallenlassen, die mich etwas mißtrauisch machte. Aber es war ein gutes, wachsendes Konto. Es hat sich für das Standing der Zweigstelle ausgewirkt. Es war auch für Sie gut, Mr. Farnsworth. Natürlich hätten Sie es auflösen müssen, wenn Sie persönlich einen Verdacht gehabt hätten. Wenn es ein Fehler war, meine Vermutungen für mich zu behalten, so habe ich das in bester Absicht getan.»

Mr. Farnsworth war nicht sonderlich beeindruckt. Er schnappte: «Sie wissen, mit was die Straße zur Hölle gepflastert ist, wie?»

Mr. Piper begann, sich zu ärgern. Dieser Wichtigtuer konnte ihm überhaupt nichts anhaben. Es wurde Zeit, ihm das einmal zu sagen.

«Ich glaube, Mr. Farnsworth», sagte er leise, «Sie haben da die Grenzen des guten Geschmacks und Ihrer Autorität etwas überschritten. Ich stehe jetzt über dreißig Jahre im Dienst der New Amsterdam Trust Company. Sie selbst haben eben gesagt, daß ich einen vorzüglichen Leumund habe. Man hat mich niemals ermahnen müssen. Wenn ein Tadel in diesem Falle angebracht ist, bin ich gern bereit, ihn von einer Person entgegenzunehmen, die mich schon viel länger kennt als Sie.»

*Daran kann sich der junge Farnsworth die Zähne ausbeißen!* dachte Mr. Piper.

Der junge Farnsworth betrachtete Mr. Piper wuterfüllt. «Es läuft also darauf hinaus», sagte er, «daß Sie ein Konto nicht meldeten, das Ihren Verdacht erweckte. Jetzt berufen Sie sich auf Ihre gute Führung und behaupten, das Recht zu haben, auch einmal einen Fehler zu machen, wie?» Mr. Farnsworth beugte sich über seinen Schreibtisch und fuchtelte Mr. Piper mit einem langen Finger vor dem Gesicht herum. «Ich habe eine Neuigkeit für Sie! Ich habe absolut nichts zu verlieren und vielleicht eher etwas zu gewinnen, wenn ich entschlossen handle, nachdem ich jetzt über das Manetti-Konto Bescheid weiß. Piper, Sie sind entlassen!»

«Damit kommen Sie nicht durch!» rief Mr. Piper, der noch nicht ganz begriffen hatte, was diese Entlassung für ihn bedeutete. «Meine Führung ...»

«Sie und Ihre verdammte Führung!» tobte Mr. Farnsworth. «Vielleicht haben Sie Manetti nicht erledigt, aber mich haben Sie ganz bestimmt erledigt. Damit komme ich nicht durch, wie? Nun, das werden wir sehen!» Er griff nach dem Telefonhörer auf seinem Schreibtisch. Er starrte Mr. Piper kalt an, während er sagte: «Geben Sie mir Martinson ... Hallo? Martinson? Sie sind von jetzt an Oberkassierer. Gehen Sie und zählen Sie Pipers Barbestand durch!»

# *Originaltitel der Geschichten und ihre Übersetzer*

Charlotte Armstrong: The Splintered Monday (Kein gewöhnlicher Montag) – übersetzt von Margret Schulz-Wenzel

Francis Beeding: Death by Judicial Hanging (Mord ist keine Lösung) – übersetzt von Klaus Prost

Robert Bloch: Floral Tribute (Täglich frische Blumen) – übersetzt von Edda Janus

Joseph Payne Brennan: Canavan's Back Yard (Canavans Garten) – übersetzt von Heinz Kausträter

Marguerite Dickinson: A Murderous Slice (Intuition ist alles) – übersetzt von Michael und Helma Koser

Charles Einstein: The New Deal (Glück im Spiel) – übersetzt von Renate von Walter

Guy Fleming: Boomerang (Der Bumerang) – übersetzt von Thomas Schlück

Anthony Gilbert: Sleep Is the Enemy (Der Schlaf ist mein Feind) – übersetzt von Hella von Spies

Joe Gores: The Second Coming (San Quentin) – übersetzt von Karl Wilhelmi

Dion Henderson: From the Mouse to the Hawk (Wer andern eine Falle stellt) – übersetzt von Fried Holm

Morris Hershman: Letter to the Editor (Brief an den Herausgeber) – übersetzt von Bernhard Matt

James Holding: Second Talent (Für Geld töten) – übersetzt von Renate von Walter

Adobe James: The Ohio Love Sculpture (Die Liebesskulptur) – übersetzt von Edda Janus

Day Keene: Homicide House (Zusammen – für immer) – übersetzt von Maria Lampus

Lael J. Littke: A Feline Felony (Zwei rechnen ab) – übersetzt von Hella von Spies

John D. MacDonald: The Homesick Buick (Der Buick bringt's an den Tag) – übersetzt von Klaus Prost

James McKimmey: Run with the Wind (Frei wie der Wind) – übersetzt von Heinz Kausträter

Margaret Manners: Squeakie's Second Case (Fortsetzung folgt) – übersetzt von Margret Schulz-Wenzel

Harold Q. Masur: The Silent Butler (Das schwache Herz) – übersetzt von Maria Lampus

Margaret Millar: McGowney's Miracle (McGowneys Wunder) – übersetzt von Renate von Walter

Jack Ritchie: Ten Minutes from Now (Noch zehn Minuten) – übersetzt von Bernhard Matt

Mary Linn Roby: See and Tell (Miss Finch ist nicht tot) – übersetzt von Heidi von Nagy

Jane Speed: Fair's Fair (Fair ist fair) – übersetzt von Karl Wilhelmi

Fay Grissom Stanley: The Last Day of All (Einer gewinnt immer) – übersetzt von Renate von Walter

Lawrence G. Blochman: Red wine (Weinkenner) – übersetzt von Fried Holm

Bryce Walton: The Man Who Laughs at Lions (Die Höllenhunde) – übersetzt von Heinz Kausträter

Jay Wilson: The Unsuspected (Über jeden Verdacht erhaben) – übersetzt von Thomas Schlück